원천으로 가는 길

서양 고전 문헌학 입문

국립중앙도서관 출판시도서목록(CIP)

원천으로 가는 길: 서양 고전 문헌학 입문
지은이: 안재원.
- 서울: 논형, 2019
p. ; cm. -- (논형학술총서)

참고문헌과 색인수록
ISBN 978-89-6357-218-5 94100 : ₩22,000

서양 고전[西洋古典]
고전 문헌학[古典文獻學]

001.3-KDC6
001.3-DDC23 CIP2019001795

원천으로 가는 길

서양 고전 문헌학 입문

안재원 지음

논형

들어가는 말

서양 고전 문헌학은 말과 글을 전하는 문헌의 전승 관계를 조사하고 그 관계를 해명한다. 그 해명을 바탕으로 원전을 복원하는 학술(ars)이고 원천에 다가가는 길(via)이다. 원천으로 가는 길을 만들자는 주장은 기원전 3세기에 알렉산드리아 도서관에서 일했던 학자들에 의해 제기되었다. 이 주장은 2400년이 지난 지금도 유효하고, 지금도 그 길은 만들어지고 있는 중이다. 이 책은 이 길의 연장선 가운데 하나이다. 이 책이 아시아와 특히 한국에서, 키케로의 말대로, "원천으로 가는 길을 알려주는 손가락(digitum ad fontes)"이* 되기를 희망한다. 이 희망의 그물에 몇 명의 학생이 걸리기를 바란다. 물론 그물망을 대부분 빠져 나가가겠지만, 그래도 몇은 걸릴 것이라는 바람으로 용기를 내어 책을 세상에 내보내고자 한다.

책을 서두르게 되었다. 사연인 즉 이렇다. "대학인문역량강화"사업의 일환으로 2015년부터 시행된 코어(CORE) 프로그램의 한 과목으로 "고전 문헌학"이 개설되었다. 강의를 통해서 의미있고 소중한 만남들이 있었다. 늘 그렇듯이, 국가에서 지원하는 학술과 교육 프로젝트들이 겪는 혹은 겪어야 하는 운명을 맞았다. 내부 질시와 외부 비판의 압력을 견뎌내지 못한 탓도 있겠지만, 학술과 교육에 대한 장기적인 안목의 부재도 한 원인일 것이다. 교육과 학술에 대한 지원과 투자는 콩나물에 물주기와 같다. 콩나물에 물을 주면 물론 대부분은 시루를 빠져 나가버리지만,

---

* 키케로, 『연설가에 대하여』 제1권 203절.

그래도 콩나물은 그 물을 먹고 자란다. 콩나물 신세만도 못한 것이 우리의 교육과 학술 정책이다. 소위 "일몰 사업"이라는 이상한 개념이, 즉 1970년대에 유행했던 개발 전략이 사람을 기르는 교육과 학술에 적용되어 좌지우지하고 있다. 아무튼 코어 프로그램은 끝났다. 하지만 이 과정에서 만난 소중한 인연과 앞으로 만나게 될 귀중한 인연을 지속적으로 묶어주고 엮어주는 뭔가가 필요하다는 생각이 들었다. 이것이 이 책을 서둘러 세상에 내놓은 사연이다. 책이 겨냥하는 독자는 두 부류이다. 지금 서양 고전 문헌학을 공부하는 학생과 앞으로 공부하려는 학생이다. 책은 서양 고전 문헌의 비판 정본 작업과 주해 작업에 요청되는 기초 역량의 함양을 목적으로 한다. 책은 세 부분으로 구성되었다. 먼저 서양 고전 문헌학의 형성과 발전 과정에 대한 이야기를 풀어 놓았다. 다음으로 서양 고전 문헌학의 실제를 살펴보는 기회를 제공했다. 마지막은 서양과 동양 문헌학의 만남을 통해서 서양 고전과 동양 고전이 어떻게 만나야 할지를 고민하는 자리로 꾸몄다. 여기에 동양 고전 문헌학의 방법론의 유사성과 차이점을 살필 수 있는 이야기와 서양 고전 문헌학과 중세와 현대 문헌학 사이에 있는 연속성과 비연속성을 살필 수 있는 생각할 거리도 보태었다. 또한 매체 전환의 시대에 디지털 도서관은 어떠해야 하는지, 아울러 서양 고전 문헌학이 한국 고전 문헌학에 기여할 수 있는 것이 무엇일지에 대한 고민도 조금 밝혔다. 책이 비록 서둘러 나가지만, 책을 구성하는 개별 이야기들은 나름 시간을 가지고 저술되었다는 점을 삼가 밝힌다. 2006년부터 여기저기에서 발표하거나 출판한 글들이다. 출처는 해당 자리에 밝혀 놓았다.

차례

3부 만남

1부
역사

서양 고전 문헌학은 2천 년이 넘는 역사를 지닌 학문이다. 그 역사는 크게 여섯 시기로 구분된다. 알렉산드리아 도서관의 서양 고전 문헌학, 중세의 서양 고전 문헌학, 르네상스 시대의 서양 고전 문헌학, 16세기에서 18세기에 이르는 알프스 북쪽 지역의 서양 고전 문헌학, 19세기 이후의 독일의 서양 고전 문헌학, 디지털 시대의 서양 고전 문헌학 시기가 그것들이다.

1장
헬레니즘 시대의 서양 고전 문헌학

알렉산드리아 도서관을 건립한 학자는 알렉산드로스 대왕의 후손인 프톨레마이오스 2세의 스승이었던 필리타스(Philitas)였다. 기원전 3세기초 필리타스는 도서관을 새로운 시(詩)문화의 발전소로 만들어서, 도시 알렉산드리아를 지중해 지역의 문명과 문화를 선도하는 지역으로 발전시킬 계획이었다. 이는 당시 지중해 세계의 문화 '배꼽(omphalos)'인 도시 아테네를 염두에 둔 시도였다.

기원전 3세기 알렉산드리아 도서관의 서양 고전 문헌학은 다음의 특징을 지니고 있다. 문헌이 대규모로 수집되었고, 체계적으로 분류되었으며, 소위 '편집' 개념이 도입되었다. 제노도토스(Zenodotos)는 필리타스의 제자로 호메로스 서사시를 소위 '문헌학(philologia)'의 관점에서 연구한 최초의 학자였다. 그가 문헌 교정을 시도하는 과정에서 자신의 박식함과 상상력이 아닌 수집된 문헌을 실증 자료로 이용했기 때문이다. 문헌 교정에 필요한 편집 기호를 만들어 사용했고, 사전의 효시에 해당하는 단어장을 만든 학자였다. 칼리마코스(Callimachos)는 제노도토스의 후계자였다. 칼리마코스는 도서관에 소장된 책들의 목록(pinakes)을 만들었다. 칼리마코스는 시인이기도 했다. 이는 상상력을 중시하는 문학과 엄밀함을 중시하는 문헌학이 결합되기 시작했다는 점에서 중요하다. 도서관에 모인 문헌을 바탕으로 새로운 이야기와 연구서들이 집필되기 시작한 것은 이 결합 덕분 때문이다. 로도스 출신의 아폴로니오스

오토 폰 코르벤(Otto von Corven)의 〈고대 알렉산드리아 도서관〉(1886년경).

(Apollonios)의 『아르고호의 모험』이 저술된 것도 도서관에 모인 문헌들 덕분이었고, 'Peri-'(~에 대하여, ~론)라는 제목을 단 연구서들이 본격적으로 출판될 수 있었던 것도 칼리마코스 덕분이다. 칼리마코스가 문학과 문헌학을 결합시켰다면, 에라토스테네스(Eratosthenes)는 자연학과 문헌학을 연결시켰다. 에라토스테네스는 자연학자인 아르키메데스(Archimedes)의 친구였다. 이 관계가 중요한 것은 에라토스테네스의 연구 경향에서 해명된다. 예컨대 수학에 입각해서 역사와 지리를 계산했는데, 이를 바탕으로 에라토스테네스는 호메로스의 서사시에 나오는 지역의 거리를 실측하려고 시도했다. 에라토스테네스를 이어서 뷔잔

티온 출신의 아리스토파네스(Aristophanes)를 소개해야 한다. 그는 시인도 자연학자도 아니었다. 하지만 문헌학의 관점에서 볼 때에 그는 순수 문헌학자였다. 호메로스와 헤시오도스의 서사시에 대한 이른바 비판 정본(editio critica, critical edition)을 만들었기 때문이다. 그는 정본 작업을 위해서 교정 부호, 마침표, 악센트 표기를 이용했다. 알렉산드리아 도서관에서 이뤄진 문헌 작업의 정점을 찍은 이는 아리스타르코스(Aristarchos)였다. 그는 주해를 본격적으로 시도한 학자였다. 그는 호메로스에서부터 희극작가 아리스토파네스에 이르는 작가들에 대한 학습용 주해서와 전문적인 단행본을 저술하였다. 산문 문헌에 대한 주해도 최초로 시도하였다. 헤로도토스와 투퀴디데스의 역사서가 대상 문헌이었다. 문헌학과 소위 '해석학'의 본격적인 결합이 아리스타르코스에 의해서 처음 이뤄진 셈이다. 아리스타르코스의 주해 방식에 대해서 반기를 든 사람은 스토아 철학자였고 페르가몬 학파의 수장이었던 말로스 출신의 크라테스(Krates)였다. 특히 호메로스 서사시에 나오는 비유 표현에 대해서 크라테스는 아리스타르코스의 입장에 반대했다. 예를 들면 크라테스는 "천둥 번개의 제우스"라는 표현을 자연 현상의 알레고리에 불과한 것이지 그 이상의 신화적인 의미를 부여해서는 안 된다는 입장을 취했다. 페르가몬 학파의 학문적 기여는 문법 이론을 정교하게 만들었다는 점이다. 여기까지가 지중해의 동쪽 지역에서 수행한 문헌학자의 성과에 대한 보고이다.

지중해 서쪽 지역, 즉 로마의 문헌학은 알렉산드리아 학파와 페르가몬 학파를 함께 수용하며 문법학교라는 시장의 주도권을 두고 서로 경쟁을 치열하게 벌였다. 하지만 제노도토스에 의해서 시작되었고 아리스타르코스에 의해서 완성된 문헌학의 방법론이 큰 변화 없이 계승되었다. 전거는 아래와 같다.

마르쿠스 발레리우스 프로부스는 베뤼투스 출신으로 오랜 기간 동안 백부장으로 활동한 군인이었다. 이런 군인 생활에 싫증이 난 그는 학문에 열정을 쏟아 붓게 되었는데, 속주에서 문법 스승을 모시고 몇 권의 옛날 작가들이 저술한 서적을 탐독했다. 그 속주들은 아직까지도 옛날 작가들에 대한 기억이 살아남아 있었고 로마처럼 그 명맥이 완전히 사라지지는 않은 곳들이었다. 프로부스는 이들 책을 다시 읽고 싶어 했을 뿐만 아니라 다른 책에 대해서도 알고 싶은 열망에 휩싸였다. 다른 모든 사람들의 눈에 책을 읽는 것이 존경과 유익한 일이 아니라 멸시당하는 일임을 잘 알고 있었음에도 그는 자신이 마음먹은 바를 충실하게 실천에 옮겼다. 그는 많은 사본(寫本)을 수집했고, 이 사본을 비교-교정했으며 비판장치를 덧붙이는 노력을 아끼지 않았다. 다른 일에는 전혀 관심을 두지 않았고, 오로지 문헌 다루는 이 일에만 전력을 기울였다. 그에게는 몇 명의 학생이 있었는데, 학생이라기보다 그들은 추종자에 가까웠다. 왜냐하면 그의 강의 방식이 학교 교실에서 교사가 하는 역할을 따르는 것이 결코 아니었기 때문이다. 오후 시간에 한 명 내지 두 명 정도, 혹은 많게는 세 명 내지 네 명 정도의 학생을 강의에 받아들이곤 했다. 주연에서 사용하는 의자에 비스듬하게 누워서 이런 저런 세상 이야기를 나누는 중에 몇 개의 구절을 읽었기 때문이다. 이렇게 하는 경우도 실은 아주 드물었다. 저술은 거의 출판하지 않았다고 보는 것이 맞으며 출판을 했다 해도 아주 지엽적인 문제에 대해서 서술한 소책자를 세상에 내놓았다. 하지만 그는 조사하고 관찰해서 수집하고 정리한 고어(古語) 자료집을 남겼는데, 이 자료집은 마치 나무로 가득 찬 숲처럼 고어들로 풍부한 보고(寶庫)였다.(수에토니우스 『로마의 문법학자들』 제26장 프로부스 편)

수에토니우스에 따르면, 프로부스는 '사본들(exemplaria)을 추적하고 모았다. 이는 문헌 추적(investigatio) 과정을 말한다. 수에토니우스는 프로부스가 문헌을 비교-검증(contracta emendare ac distinguere)했다고 전한다. 이 비교-검증이 실은 문헌들의 내적 판독(paleography)

에 해당한다. 이를 뒷받침해주는 사실이 프로부스가 다른 많은 사본을 수집했다는 수에토니우스의 언명이다. 이는 또한 프로부스가 주어진 사본을 곧이곧대로 받아들이지 않고 비판적으로 접근했다는 것을 보여주는 증좌이다. 수에토니우스가 언급하는 바에 따르면, 문헌의 "비교-검증(contracta)"을 통해 원전을 복원하려던 프로부스가 현대의 서양 고전 문헌학자가 행하는 것과 같은 방식으로 필사본 텍스트를 다루었음을 알려준다. 흥미로운 것은 수에토니우스의 "adnotare"라는 언표이다. 보통 주석 혹은 해설로 번역하는 말이다. 하지만 수에토니우스의 이 표현은 통상적 의미의 주석이라기보다는 다른 사본에 전해 내려오는 텍스트에 대한 교정 기록으로 보아야 한다. 그러니까 현대적 의미의 '비판장치(apparatus criticus)'라고 부를 정도의 텍스트 형식을 갖춘 것은 아니지만 그럼에도 그 기능은 비판장치가 하는 역할을 수행하고 있다고 볼 수 있다. 이에 대한 결정적인 전거로 파리사본 7530(Par. Lat. 7530)에 남겨진 '프로부스'에 대한 기록을 제시할 수 있다. 기록에는 예컨대 화살표(→ 전승 문헌이 아니거나 호메로스의 표현이 아님), 속칭 '당구장 기호'라고 알려진 참고표(※ 올바른 전승), 참고표와 화살표(※ → 잘못된 시행) 등의 알렉산드리아 문헌 교정 기호와 함께 "이러한 기호들을 사용해서 엔니우스, 루킬리우스, 역사가들의 사본들을 교정했다. 바로, 세르비우스, 엔니우스, 아일리우스 [스틸로(L. Aelius Praeconius Stilo)], 마지막으로 프로부스가, 특히 프로부스는 베르길리우스, 호라티우스, 루크레티우스를 교정했다. 마치 아리스타르코스가 호메로스를 교정하듯이"라는 언명이 전해지고 있다. 이상에서 살필 수 있듯이, 서양 고전 문헌학은 알렉산드리아 도서관에서 시작되어 로마로 수용되어 하나의 독립적인 학문으로 그리고 엄밀한 학적 체계를 갖추었다고 말할 수는 없지만, 비교-검증에 입각한 문헌 교정을 시도하면서 시작되었다.

2장

중세 시대의 서양 고전 문헌학

이시도루스의 『어원론』을 중심으로

서양 고전 문헌학은 긴 역사만큼이나 그 역사에 대한 연구도 많다. 대표적으로 알렉산드리아 도서관 시기의 서양 고전 문헌학의 역사에 대해서는 대표적으로 파이퍼(Rudolf Pfeiffer, 1889~1979)의 연구를 들 수 있다. 이 연구는 호메로스 시대로부터 형성되기 시작한 서양 고전 문헌학이 어떤 과정을 거쳐 하나의 학술로 정초되고, 이어서 로마로 수용되어가는지를 추적한 것이다. 중세의 서양 고전 문헌학은 레이놀즈와 윌슨의 책이 유명하다.[1] 이 책은 서양 고전 문헌학을 공부하는 학생을 위해서 저술된 것으로 문헌의 전승 방식과 필사본의 판독에 매우 요긴한 도움을 제공한다. 르세상스 시대 이후부터 18세기까지 발전해 온 서양 고전 문헌학의 역사에 대해서는 다시 파이퍼의 저술이 중요하다. 이 저술은 그 제2권이 한국어로 번역되어 『인문정신의 역사』라는 서명으로 출판되었다.[2] 19세기 독일 서양 고전 문헌학의 특징에 대해서는 뵈크의 연구가 중요하다.[3] 서양 고전 문헌학이 19세기 말에 일본과 중국에 누구를 통해서 어떤 방식으로 수용되었는지에 대해서는 최정섭의 연구가 참조할 만

1) Reynolds, Wilson(1991).
2) 루돌프 파이퍼(2011).
3) Boeckh(1877).

하다.[4] 서양에서 전개된 서양 고전 문헌학과 동양 고전 문헌학의 관계에 대해서는 허니(David B. Honey)의 『위대한 중국학자(*Incense at the Altar*)』가 중요하다. 서양 고전 문헌학의 방법론과 관련해서 해외 연구로는 웨스트(M.L. West, 1937~2015)의 저술[5]과 국내 연구에는 안재원의 연구[6]를 들 수 있다.

서양 고전 문헌학은 약 2400여 년에 걸쳐 발전한 학술이다. 서양 고전 문헌학에는 이렇게 긴 역사를 거치면서도 변하지 않은 원칙이 하나 있다. 서양 고전 문헌학의 학술적인 정체성을 담지하고 있는 것이 실은 이 원칙이다. 이에 따라 서양 고전 문헌학을 정의하겠다. 한마디로 서양 고전 문헌학은 '통발' 학문이다. 『채근담』[7] 217장에 이런 말이 나온다.

> 善讀書者 要讀到手舞足踏處 方不落筌蹄.
> 善觀物者 要觀到心融神洽時 方不泥迹象.
> 책을 읽는 자는 손이 춤을 추고 발이 땅을 두드리는 경지에 이르러야 바야흐로 올가미에 떨어지지 않으며, 사물을 잘 관찰하는 자는 마음이 일어나 정신이 합치하는 때에 이르러야 비로소 사물의 자취에 얽매이지 않는다.

호탕함과 기개가 느껴지는 말이다. 하지만 서양 고전 문헌학은, 적어도 방법론적인 관점에서는, 『채근담』에서 올가미에 떨어지지 말라고 하는 전제지학(筌蹄之學)이고 적상지술(迹象之術)을 추구하는 학술이다. 그 증명은 어렵지 않다. 서양 고전 문헌학이 전제지학일 수밖에 없고 적상

---

4) 최정섭(2016: 239~262).
5) West(1973).
6) 안재원(2008: 257~282).
7) 『채근담』(1977: 225).

지술일 수 밖에 없는 지를 소개하겠다. 예시를 통해 논의를 펼치는 것이 이해에 도움을 줄 것이다.

서양 고전 문헌학은 전제지학(筌蹄之學)이다

이를 예증하는 글을 하나 소개하겠다. 스페인 세비야의 주교를 지낸 학자 이시도루스(Isidorus, 560~636)가 남긴 것이다. 먼저 라틴어 원문을 제시하겠다.

> XXI. DE NOTIS SENTENTIARVM. [1] Praeterea quaedam scripturarum notae apud celeberrimos auctores fuerunt, quasque antiqui ad distinctionem scripturarum carminibus et historiis adposuerunt. Nota est figura propria in litterae modum posita, ad demonstrandam unamquamque verbi sententiarumque ac versuum rationem. Notae autem versibus adponuntur numero viginti et sex, quae sunt nominibus infra scriptis. [2] ⋇ Asteriscus adponitur in his quae omissa sunt, ut inlucescant per eam notam, quae deesse videntur. Stella enim ASTER dicitur Graeco sermone, a quo asteriscus est dirivatus. [3] — Obolus, id est, virgula iacens, adponitur in verbis vel sententiis superflue iteratis, sive in his locis, ubi lectio aliqua falsitate notata est, ut quasi sagitta iugulet supervacua atque falsa confodiat. Sagitta enim Graece OBELOS dicitur. [4] ⸓ Obolus superne adpunctus ponitur in hisdem, de quibus dubitatur utrum tolli debeant necne adponi. [Falsitate notatum est.] [5] ÷ Lemniscus, id est, virgula inter geminos punctos iacens, opponitur in his locis, quae sacrae Scripturae interpretes eodem sensu, sed diversis sermonibus transtulerunt. [6] Ẏ Antigraphus cum puncto adponitur, ubi in translationibus diversus sensus habetur. [7] ⋇— Asteriscus cum obolo. Hanc proprie Aristarchus utebatur in his versibus, qui non suo loco positi erant. [8] Ⱶ Paragraphus ponitur ad separandas

res a rebus, quae in conexu concurrunt, quemadmodum in Catalogo loca a locis et [regiones a] regionibus, in Agone praemia a praemiis, certamina a diversis certaminibus separantur. [9] Positura est figura paragrapho contraria et ideo sic formata, quia sicut ille principia notat, ita ista fines a principiis separat. [10] Cryphia, circuli pars inferior cum puncto, ponitur in his locis, ubi quaestio dura et obscura aperiri vel solvi non potuit. [11] Antisimma ponitur ad eos versus quorum ordo permutandus est. Sic et in antiquis auctoribus positum invenitur. [12] Antisimma cum puncto ponitur in his locis ubi in eodem sensu duplices versus sunt, et dubitatur qui potius eligendus sit. [13] Diple. Hanc scriptores nostri adponunt in libris ecclesiasticorum virorum ad separanda vel [ad] demonstranda testimonia sanctarum Scripturarum. [14] Diple PERI STICHON. Hanc pri[m]us Leogoras Syracusanus posuit Homericis versibus ad separationem Olympi a caelo. [15] Diple PERIESTIGMENE, id est cum geminis punctis. Hanc antiqui in his opponebant quae Zenodotus Ephesius non recte adiecerat, aut detraxerat, aut permutaverat. In his et nostri ea usi sunt. [16] Diple OBOLISMENE interponitur ad separandos in comoediis vel tragoediis periodos. [17] Aversa OBOLISMENE, quotiens strophe et antistrophus infertur. [18] Adversa cum obolo ad ea ponitur quae ad aliquid respiciunt, ut (Virg. *Aen.* 10,88):

Nosne tibi 〈fluxas〉 Phrygiae res vertere fundo
conamur? nos? an miseros qui Troas Achivis
obiecit?

[19] Diple superne obolata ponitur ad conditiones locorum ac temporum personarumque mutatas. [20] Diple recta et adversa superne obolata ponitur finita loco suo monade, significatque similem sequentem quoque esse. [21] Ceraunium ponitur quotiens multi versus inprobantur, nec per singulos obolatur;

CHERAUNION enim fulmen dicitur. [22] ⁑ C(h)risimon. Haec sola ex voluntate uniuscuiusque ad aliquid notandum ponitur. [23] ℙ. Phi et Ro, id est FRONTIS. Haec, ubi aliquid obscuritatis est, ob sollicitudinem ponitur. [24] ⚓ Anchora superior ponitur ubi aliqua res magna omnino est. [25] ⚓ Anchora inferior, ubi aliquid vilissime vel inconvenientius denuntiatum est. [26] ⸎ Coronis nota tantum in fine libri adponitur. [27] 〉 Alogus nota [quae] ad mendas adhibetur. [28] Fiunt et aliae notulae librorum pro agnoscendis his quae per extremitates paginarum exponuntur, ut, ubi lector in liminare huiusmodi signum invenerit, ad textum recurrens eiusdem sermonis vel versiculi sciat esse expositionem, cuius similem superiacentem notam invenerit.

우리말 번역이다.

『어원론』 제1권 21장 문헌 부호에 대하여.

[1] 아주 유명한 저자들 사이에서 널리 사용되었던 문헌 부호들이 몇 개 있다. 또한 옛날 저자들이 문장을 구분하기 위해서 운문과 역사 [문장]에 덧붙여 놓은 것들도 있다. 부호란 글자 형태의 고유한 모양을 가지고 있고, 단어와 문장과 시행들을 하나하나 구별해주는 표시다. 운문에 붙이는 부호는 26개다. 명칭들은 아래에 서술해 놓았다. [2] ⋇ 별표는 글이 없어진 자리에 놓는다. 이를 통해서 뭔가가 빠진 것임을 알려준다. 그리스어로 별은 아스테르다. 여기에서 아스테리쿠스(별표)가 파생했다. [3] — 화살표는 누운 작대기다. 불필요하게 반복된 단어들이나 문장들이나 다음의 자리에 그어진다. 즉 어떤 문장이 잘못 표기되어 있는 자리에 말이다. 마치 화살이 꿰뚫듯이 불필요한 것과 잘못된 것을 꿰찌른다. 화살은 그리스어로 오벨로스다. [4] — 위에 긋는 화살표는 다음의 자리에 놓인다. 그대로 남겨두어야 할지 아니면 지워야 할지에 대해서 의심스러운 자리를 표시한다. [잘못 기록되었다.] [5] ÷ 렘니스쿠스(리본)는 두 점 사이에 놓은 작대기로 『성경』의 번역자들이 한 뜻의 문

장을 다른 여러 문장들로 번역했음을 표시한다. [6] ⸕ 안티그라푸스(베낌)는 다른 뜻으로 옮긴 번역들의 자리에 점을 곁들여 표시한다. [7] ※— 화살표와 함께 그려진 별표는 원래는 아리스타르코스가 운문에 사용했다. 제자리에 놓이지 않은 것을 표시한다. [8] F 파라그라푸스(나란히 쓰기)는 이어져 묶인 것들을 내용에 따라 나눔을 표시한다. 마치 지도에서 장소와 장소를 그리고 [지역을] 지역으로부터 구분하고, 경기에서 상의 등수를 나누고 시합과 시합을 구별하는 것과 같다. [9] ꟻ 포시투라(시작점)는 파라그라푸스(문단) 표시를 거꾸로 한 모양을 취한다. 이런 모양을 취하게 된 이유는 이렇다. 포시투라는 시작을 표시하고, 파라그라푸스는 시작들로부터 끝자리들을 구분하는 표시이기 때문이다. [10] ☉ 크뤼피아(숨어 있는)는 반원 안에 점을 찍은 것으로, 어렵고 분명하지 않아서 해명하거나 해결할 수 없는 물음을 표시한다. [11] Ɔ· 안티심마(그리스어 철자 시그마를 뒤집어 놓은 것)는 운문에서 자리가 뒤바뀐 자리를 표시한다. 옛날 작품에서 이렇게 표시된 경우가 있다. [12] Ɔ· 점을 곁들인 안티심마(응답표시)는 같은 뜻인데 반복된 말을 표시하는 것으로 어떤 것을 선택하는 것이 좋을지 의심스러울 때에 사용된다. [13] 7 디플레. 이는 두겹표이다. 글을 적는 사람들이 성직자들의 책에서 『성경』에 대한 증언들을 구분하고 명시하기 위해서 사용한다. [14] ⸢ 디플레 페리스티콘(시행). 이는 쉬라쿠사이의 레오고라스가 처음으로 사용했다. 호메로스의 시구에서 올륌포스를 하늘로부터 구분할 때 사용되었다. [15] 7: 디플레 페리스티그메네(두 점을 찍어놓은 두겹표). 이는 쌍둥이 점이 찍힌 표시이다. 옛날 사람들은 이것으로 에페소스의 제노도토스가 올바르지 않게 더해 놓았거나 빼어 버렸거나 자리를 바꿔놓은 자리를 표시한다. [16] 7 디플레 오볼리스메네(화살를 품은 두겹표). 비극이나 희극에서 페리오도스(절이나 연)를 나눌 때에 삽입하는 표시이다. [17] ⸓ 아베르사 오볼리스메네(화살을 뒤집어 놓는 것). 운문에서 이끄는 연과 맞장구치는 연이 들러붙어있을 때 사용한다. [18] ⸓ 아드베르사 쿰 오볼로(화살 표시와 함께 뒤집힌 모양). 되돌아보게 되는 것을 표시한다. 예를 들면 (베르길리우스 『아이네이스』 제10권 88행, 당신을 위해 [흔들렸던] 프리기아를 바닥까지 뒤집어 버리는 일을 애쓰는 것이 우리입니까? 아니면 불쌍한 트로인들을 아카이아인들 앞에 내던진 그자입니까?

[19] ⌐ 디플레 수페르네 오볼라타(위에 화살을 가진 두겹표). 장소와 시간과 인물들이 바뀐 자리를 표시한다. [20] ⋝ 디플레 렉타 에트 아드베르사 수페르네 오볼라타(두겹표가 정반 양방향으로 합쳐진 것). 한 단위가 끝나는 자리임을 표시한다. 이는 뒤따르는 것이 또한 같다는 것도 표시한다. [21] ☓ 케라우니움은 잘못된 시행들이 많은 자리임을 표시한다. 개별 행들에 화살표를 표시하지 않아도 된다. 케라우니온이 번개를 뜻하기 때문이다. [22] ☓ 크리사이몬. 이는 의미있는 자리임을 표시한다. 어느 누구나 자신이 원하는 뭔가가 있을 때에 이 표시를 한다. [23] ℘. 피 에트 로. 다시 말해 주의를 뜻한다. 뭔가 분명치 않을 때 주의하라는 표시이다. [24] ♈ 앙코라 수페리오르. 이는 닻을 위로 세운 모양이다. 아주 중요한 일을 가리키는 표시이다. [25] ⅆ 앙코라 인페리오르. 이는 닻을 아래로 내린 모양이다. 뭔가 아주 천하고 상식에 맞지 않는 자리임을 표시한다. [26] ⌐ 코로니스. 이는 곡선 모양이다. 책이 끝났음을 알리는 자리에만 사용된다. [27] 〉 아로구스. 이는 말이 안되는 단순 실수를 알린다. [28] 책들에는 여타의 작은 표시들이 있다. 이것들은 책장의 외곽 구석 자리에 놓여진다. 독자가 책장을 넘기는 경계에서 이런 표시들을 보게 되면, 이것들은 독자로 하여금 산문 혹은 운문이든 이 표기들이 앞장에서 보았던 바로 그 표기들이 뒷장에서도 반복된다는 점을 알려준다.

위에 인용한 라틴어 원문은 흔히 접할 수 있는 온라인 데이타 베이스(www.thelatinlibrary.com)에서 가져 온 것이다. 라틴어 문헌을 읽지 못해도 이 원문이 아래의 번역과 비교해 볼 때에 문제가 많다는 점을 얼른 파악할 수 있을 것이다. 문헌 부호들이 제대로 표기되지 않았다는 것이 가장 큰 문제다. 이 문제를 해결하는 방법은 간단하다. 원천 필사본을 찾아보면 된다.

Rursus si medium eius apicem scindes dasian et
psilin facis. DE POSITURIS.
Positura est figura ad distinguendos sen
sus per cola et commata et periodos quae
dum ordine suo adponitur sensum nobis lecti
onis ostendit. Dictae autem positurae
vel quia punctis positis adnotantur vel quia
ibi vox pro intervallo distinctionis deponitur.
has graeci thesis vocant. Latini posituras.
Prima positura subdistinctio dicitur eadem
et comma. media distinctio sequens est
ipsa et cola. ultima distinctio quae totam
sententiam cludit ipsa est periodos cuius ut
diximus partes sunt cola et comma quarum di
versitas punctis diverso loco positis de
monstratur. ubi enim initio pronuntiationis
necdum plena pars sensui est et tamen respi
rare oportet fit comma id est particula
sensus punctusque ad imam litteram ponitur.
et vocatur subdistinctio ab eo quod punctum
subtus id est ad imam litteram accepit. Ubi autem
in sequentibus iam sententia sensum praestat
sed adhuc aliquid superest de sententiae pleni
tudine fit cola mediamque litteram puncto no
tamus et mediam distinctionem vocamus quia
punctum ad mediam litteram ponimus. Ubi vero
iam per gradus pronuntiando plenam sententiae
clausulam facimus fit periodos punctumque
ad caput litterae ponimus et vocatur distinc
tio id est disiunctio quia integram sepa
ravit sententiam. hoc quidem apud orato
res. ceterum apud poetas ubi in versu post
duos pedes sillaba remanet comma est.

quia ibi post scansionem praecisio verbi facta est. ubi
vero post duos pedes de parte orationis nihil
superest colon est. totus autem versus periodus est.

DE NOTIS SENTENTIARUM.

Praeterea quaedam scripturarum notae apud cele
berrimos auctores fuerunt quas antiqui ad
distinctionem scripturarum carminibus et
historiis adposuerunt. Nota est figura propria
in litterae modum posita ad demonstranda
unamquamque verbi sententiarumque ac ver
suum rationem. Notae autem versibus adponuntur
numero viginti et VII quae sunt nominibus
infrascriptis. ※ Asteriscus apponitur
in his quae omissa sunt ut inlucescant per eam notam
quae deesse videntur. Stella enim aster dicitur
graeco sermone a quo asteriscus est dirivatus. — obolus id est virgula iacens adponitur
in verbis vel sententiis superflue iteratis sive
in his locis ubi lectio aliqua falsitate
notata est ut quasi sagitta iugulet et sup
vacua atque falsa confodiat. sagitta enim
graece obolus dicitur. ÷ obolus superne adpunc
tus ponitur in his de quibus dubitatur utrum
tolli debeant necne apponi. ÷ lemniscus
id est virgula inter geminos punctos iacens
opponitur in his locis quae sacrae scrip
turae interpraetes eodem sensu sed diver
sis sermonibus transtulerunt. Antigrafus
cum puncto apponitur ubi in translationibus
diversus sensus habetur. ※— asteris
cus cum obolo hanc proprie aristarcus
utebatur in his versibus qui non suo loco
positi erant. ⸏ paragrafus ponitur

ad separandas res a rebus quae in conexu
concurrunt quemadmodum in catalogo loca alo
cis et regionibus in agone prima a primis
certamina aduersis certaminibus separant ;
⌐ positura est figura paragrafo contraria
et ideo sic formata quia sicut ille principio
notat ita ista fines a principiis separat ;
cryfia circuli pars inferior cum puncto
ponitur in his locis ubi quaestio dura et ob
scura aperiri uel solui non potuit ; ↄ· anti
sigma ponitur ad eos uersus quorum ordo
permutandus est sicut et in antiquis auctoribus
positum inuenitur ; ↄ· antisimma cum puncto
ponitur in his locis ubi in eodem sensu du
plices uersus sunt et dubitatur quis potius le
gendus sit ; > diple hanc scriptores
nostri apponunt in libris ecclesiasticorum
uirorum ad separanda uel demonstranda
testimonia sanctarum scripturarum ; > diple
peristicon hanc primum leogoras siracusanus
posuit omericis uersibus ad separationem
olimpi a caelo ; > diple per stigmen
id est cum geminis punctis hanc antiqui in his
opponebant quae zenodotus effesius
non recte adiecerat aut detraxerat aut
permutauerat in his et nostri ea usi sunt ;
> diple obolismene interponitur ad separan
dos in comediis uel tragediis periodos ;
< auersa obolismene quotiens strofe
et antistrofus infertur ; < auersa cum
obolo ad ea ponitur quae ad aliquid respi
ciunt ut nos ne ubi frigus res ueste re
fundo conamur nos an miseros qui

troas a ciuis obiecit ; ⌐ diple superne obolata
ponitur ad conditiones locorum ac temporum per
sonarumque mutatas ; recta et auersa
superne obolata ponitur finita loco suo mona
de significans similem sequentem quoque esse ;
X ceraunium ponitur quotiens multi uersus
improbantur nec per singulos obolatur ceraunium
enim fulmen dicitur ; ☧ crisimon haec sola ex
uoluntate uniuscuiusque ad aliquid notan
dum ponitur ; P phi et ro id est frontis haec
ubi aliquid obscuritatis est obsolletudine
ponitur ; ancora superior ponitur ubi ali
qua res magna omnino est ; ancora
inferior ubi aliquid uilissime uel inconuen
entius denuntiatum est ; coronis nota
tantum in fine libri adponitur ; alogus
nota ad mendas adhibetur ; fiunt et
aliae notulae librorum pro agnoscendis
his quae per extremitates paginarum exponun
tur ut ubi lector in limine huius
modi signum inuenerit ad textum recurrens
eiusdem sermonis uel uersiculi sciat esse
expositionem cuius similem superiacentem
notam inuenerit ;

XI DE NOTIS UULGARIBUS

Vulgares notas ennius primus mille et
centum inuenit. Notarum usus erat ut quic
quid pro contione aut in iudiciis diceretur
librarii scriberent conplures simul astantes
diuisis inter se partibus quot quisque uerba et quo
ordine exciperet ; Romae primus
tullius tiro ciceronis libertus commen
tus est notas sed tantum praepositionum

이 필사본은 프랑스의 프로방스 지역에 위치한 소도시 라옹(Laon)의 자치도서관에 소장되어있다. 9세기 초엽에 메이앙스 사제와 아일랜드 출신의 프로부스가 작성했다. 이 필사본은 문헌을 다룰 때에 원천 문헌을 직접 보지 않으면 안되는지를 잘 보여준다. 다음은 최근에 영어로 번역된 텍스트의 시작 부분이다.[8)]

I.21.1

XXI. CRITICAL MARKS IN MANUSCRIPTS

The ancients placed critical marks, scripturarum notae, in the manuscripts of the most celebrated authors, to make distinctions in both poetry and history books. A critical mark is a particular shape placed in the midst of the writing to show something about the wording.
The following are the twenty-six critical marks placed in poetry.

2 An asteriscus(*) is put where something is left out. By this mark things seen to have been omitted shine forth. In Greek a star is ἀστήρ; from it the word asterisk derived.

3 An obolus(-), a small rod, lying down, is placed on words or sentences which are repeated, or where some mistake has been noted in the reading. It is as if an arrow were killing unnecessary things, piercing

이 번역은 나온 지 얼마 되지 않아서 3판을 찍었다. 번역과 주해의 내용을 놓고 볼 때에 큰 칭찬을 받아 마땅하다. 하지만 아쉽게도, 위의 이미지에서 볼 수 있듯이, 필사본에 표기된 문헌 부호들이 누락되어 있다. 그러나 이 텍스트는 문헌 부호를 설명하는 것이다. 따라서 문헌 부호들을 있는 그대로 살려주었어야 했다. 기술적인 한계 때문으로 추정된다. 아무튼 이 필사본은 원천 문헌이 왜 중요하고, 함부로 "수무족답(手舞足踏)"의 경지로 올라가서는 안되는지를 잘 보여준다. 답답하지만 통발에

---

8) Barney(2011).

갇혀서 문헌을 다룰 수밖에 없는 운명을 지닌 학술이 서양 고전 문헌학이다.

서양 고전 문헌학은 적상지술(迹象之術)이다

원문으로 다시 돌아가자. 여러 이야기를 해야 하겠지만, 세 가지만 말하겠다. 이해를 돕기 위해서 먼저 이 글에서 구분하여 사용하는 문헌 부호와 편집기호 사이에 있는 용어 사용의 차이를 말하겠다. 편집기호는 문헌을 필사하고 편집하고 전승할 때 사용된 부호들을 말한다. 그러나 문헌 부호는 문헌의 편집에만 이용된 것이 아니라 읽기를 위한 지침으로 사용된 부호를 가리킨다.

가장 큰 물음부터 해명하겠다. 그것은 '문헌 부호' 편이 이시도루스가 처음으로 다룬 논의이고, 직접 썼는지에 대한 논쟁이다. 스테인노바에 따르면, '문헌 부호'에 대한 논의는 이시도루스가 처음으로 다루었던 것은 아니다. 멀리는 알렉산드리아 도서관 시대(기원전 3세기)로 거슬러 올라가야 하기 때문이다. 그 증인은 이시도루스 자신이다.

> [15] ⁒ 디플레 페리스티그메네(두 점을 찍어놓은 두겹표). 이는 쌍둥이 점이 찍힌 표시이다. 옛날 사람들은 이것으로 에페소스의 제노도토스가 올바르지 않게 더해 놓았거나 빼어 버렸거나 위치를 바꿔놓은 자리를 표시한다.

이시도루스가 소개하는 문헌 부호들은, 이미 앞에서 살폈듯이, 알렉산드리아 도서관에서 활약한 문헌학자들이 만들었거나 아마도 그 전부터 사용되었던 편집기호들로 보인다. 스타인노바에 따르면,[9] 이시도루스의 '문헌 부호' 편에 소개된 기호들은 이미 서기 2세기에 활약한 수에토니

9) Steinová(2016: 32~33).

우스에 의해서 수집되었고 정리되었다. 이에 대한 전거는 앞에서 소개한 파리사본 7530이다. 하지만 수에토니우스도 실은 편집기호들을 직접 만들거나 정리한 것은 아니고 그 이전에 누군가가 정리한 것을 참조한 것으로 보인다. 적어도 프로부스로 거슬러 가야 하고, 그 이전으로는 알렉산드리아 도서관으로 거슬러 올라가야 하기 때문이다. 따라서 이시도루스의 '문헌 부호' 편은 적어도 대략적으로 800년의 역사를 거쳐 축적된 내용을 바탕으로 지어진 것이다. 이시도루스의 '문헌 부호'를 제대로 이해하기 위해서는 어쩔 수가 없다. 서양 고전 문헌학이 적상지술(迹象之術)일 수 밖에 없다는 소리다.

두 번째로 큰 문제는 '문헌 부호'의 수와 배열 순서이다. 수와 관련해서 이시도루스가 제시하는 '문헌 부호'는 26개다. 그러나 통상적으로 사용되었던 '문헌 부호'의 수는 21개다. 다음은 스타인노바가 정리한 표이다.[10)]

이해를 돕기 위해서 보충하겠다. 이시도루스의 '문헌 부호'는 625년에 정리되었다. '21개의 문헌 부호(*Notae XXI*)'는 779~799년간에 작성되었다. 가장 왼쪽에 소개된 문헌 부호는 '21개의 문헌 부호'의 초창기 모습을 추정한 것이다. 따라서 시기적으로 '21개 문헌 부호'가, 필사된 시기는 후대이지만 저술된 시점은 이시도루스의 '문헌 부호'보다 앞선다. 왜냐하면 이어서 해명하겠지만, 결정적으로 이시도루스의 '문헌 부호'에 나타나는 『성경』 해석과 관련된 풀이가 '21개의 문헌 부호'에는 없기 때문이다. 그러니까, '21개의 문헌 부호'가 알렉산드리아 문헌학 전통을 그대로 전한다는 것이다. 이에 따르면, '21개의 문헌 부호'는 라틴어로 문헌 부호에 대한 논의를 처음 시작한 학자로 기원전 1세기에 활약한 문법

10) Steinová (2016: 348~349).

	De notis sententiarum	*Liber Glossarum*	*Notae XXI b-i*	*Notae XXI b-iii*	*Item sicut alibi*	Paris Lat. 4841
1	asteriscus	asteriscus	obelus	obelus	obolus	asteriscus
2	obolus	obolos	asteriscus	asteriscus	asteriscus	obolus
3	obolus superne adpunctus	obolus superne adpunctus	asteriscus cum obelo	asteriscus cum obelo	asteriscus cum obelo	limnicus
4	lemniscus	limniscus	simplex ductus	simplex ductus	paragrafus	antigraphus cum puncto
5	antigraphus cum puncto	antigrafus cum puncto	diple	diple aperistikton	diple sive antilamda	paragraphus simplex ductus
6	asteriscus cum obelo	asteriscus cum obolo	diple peristigmene	diple peristigmene	diple peristigmene	crifa
7	paragraphus	paragrafos	antisigma	antisigma	antisigma	cresimon, keir io
8	positura	anfibolen	antisigma cum puncto	antisigma cum puncto	antisigma cum puncto	ancora superior
9	cryphia	antisma	coronis	coronis	choronis	ancora inferior
10	antisimma	antisma cum puncto	diple obolismene	ceraunium	diplo obolismene	
11	antisimma cum puncto	diple sive antilabda	aversa obolismene	aversa obolismene	aversa obolismene	
12	diple	diple persticon	ceraunion	obelus cum puncto	ceraunium	
13	diple peri stichon	diple prestigmen	obelus adpunctus	diple obolismene	obolus superne adpunctus	
14	diple peristigmene	diple obolismene	obelus cum aversa	aversa	obolus cum aversa	
15	diple obolismene	aversa obolismene	diple superobelata	diple superne obelata	diple superne obolata	
16	aversa obolismene	aversa cum obolo	recta et aversa superne obelata	recta et aversa superne obelatae	recta et aversa superne obolata	
17	aversa cum obolo	diple superne obolata	chi et ro	chi et ro	chi et ro ΡΝΣΙΜΟΝ	
18	diple superne obolata	recta et versa superne obolatae	fi et ro	fi et ro	phi et ro	
19	diple recta et aversa superne obolata	ceraunium	anchora superior	anchora superior	anchora superior	
20	ceraunium	crisimon	anchora inferior	anchora inferior	anchora inferior	
21	c(h)risimon	pietro I	alogus		alagus	
22	phi et ro	pietro II				
23	anchora superior	anchora superior I				
24	anchora inferior	anchora superior II				
25	coronis	anchora inferior				
26	alogus	cronis				
27		alogus				

학자 바로(Varro, 기원전 116~27)를 들고 있다. 사정이 이러함에도 이시도루스의 '문헌 부호'의 기본적인 골격은 '21개의 문헌 부호'에 바탕을 두고 있음이 분명하다. 전거는 다음과 같다.

Paris, BnF, Lat. 7530, fols. 28rv

Notae .XXI. quae versibus apponi consuerunt. – *obelus.* ⁜ *asteriscus.* ⁜– *asteriscus cum obelo.* – *simplex ductus.* > *diple.* ⸖ *diple periestigmene.* Ↄ *antisigma.* Ↄ· *antisigma cum puncto* ⸎ *coronis.* >– *diple obelismene.* < *aversa obelismene.* ⋇ *ceraunion.* ÷ *obelus adpunctus.* –< *obelus cum aversa.* >̄ *diple superobelata.* >̄– *recta et aversa superne obelata.* ☧ *chi et ro.* ⳩ *fi et ro.* ⊤ *anchora superior.* ⊥ *anchora inferior. alogus. His solis in adnotationibus Hennii Lucii et historicorum usi sunt. Varros. Hennius. Haelius. aequae. postremo Probus. qui illas in Virgilio et horatio. et Lucretio apposuit, ut Homero Aristarchus.* – *Obelus versibus apponitur hac causa. Pisistratus quondam Atheniensum.*

또한 위의 표의 『용어사전(*Liber Glossarum*)』의 문헌 부호도 이시도루스의 '문헌 부호'를 이어받았다. 저술시기는 7세기다. 지금까지의 논의만으로 볼 때에도 이시도루스의 '문헌 부호'를 전하는 문헌들의 전승과 영향 관계가 매우 복잡했음을 보여준다. 이를 잘 보여주는 것이 이시도루스 자신의 증언이다.

> [1] 아주 유명한 저자들 사이에서 널리 사용되었던 문헌 부호들이 몇 개 있다. 이것들은 또한 옛날 저자들이 문장을 구분하기 위해서 운문과 역사 [문장]에 덧붙여 놓은 것들이다. 부호란 글자 형태의 고유한 모양를 가지고 있고, 단어와 문장과 시행들을 하나 하나를 구별시켜주는 표시이다. 운문에 붙이는 부호는 26개다.

인용의 "아주 유명한 저자들 사이에서" 사용된 문헌 부호 몇 개를, 그러니까 5개는 이시도루스가 '21개의 문헌 부호'에 추가했을 가능성이 있다. 이시도루스 자신이 직접 "아주 유명한 저자들 사이에서 널리 사용되었던 문헌 부호들이 몇 개 있다"고 증언하고 있기 때문이다. 스타인노바는 아쉽게도 이 문제를 더는 추적하지 않았다. 이에 대한 엄밀한 추적이 요청된다. 이시도루스가 '21개의 문헌 부호'를 바탕으로 자신의 '문헌 부호'를 자신의 필요에 따라 자기의 것으로 만들었음이 분명하다. 여기까지가 서양 고전 문헌학이 함부로 "심융신흡(心融神洽)"할 수 없는 "적상지학(迹象之學)"임을 보여주는 두 번째 예시다. 문헌증거가 없으면 일단은 논의를 멈추는 학술이 서양 고전 문헌학이다. 사실 스타인노바가 5개의 문헌 부호의 역사를 추적하지 않으려 했던 것은 아니었을 것이다. 아마도 전거를 찾지 못했기에 추적을 멈춘 것으로 보인다. 어쩔 수 없을 때에는 거기서 멈춰야 한다. 그리고 기다려야 한다. 문헌이 소식을 전해올 때까지 말이다.

세 번째 물음은 그리스도교의 특징에 대한 해명이다. 앞에서 언급했듯이, 이시도루스의 '문헌 부호'에는 '21개의 문헌 부호'와 가장 다른 점은 교회와 『성경』에 대한 언급이 추가되어 있다는 것이다. 전거는 아래와 같다.

> [5] ÷ 렘니스쿠스(리본)는 두 점 사이에 놓은 작대기다. 『성경』의 번역자들이 같은 뜻의 말이지만 다른 문장들로 옮겨버린 자리들을 표시한다.

이를테면 『70인역 구약성경』의 판본 전승은 매우 복잡하다. 그것을 다시 라틴어로 옮길 때에 어떤 판본을 저본으로 삼아야 할지에 대해 주의하라는 표시가 렘니스쿠스(리본)다. 흥미로운 점은 렘니스쿠스(리본)가 시리아어 필사본에 표시되어 있다는 것이다.[11] 다음과 같다.

이 필사본을 번역하면 다음과 같다.

---

11) *London. BL. Add. 17148.*

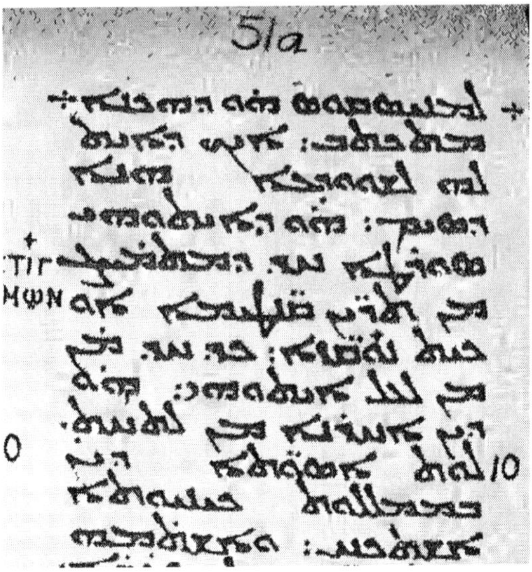

> 렘니스쿠스는, 여기에 기호가 놓여있듯이, 그것은 ÷ 이다. 이것은 두 점 사이에 그려진 선이다. 이것은 의사들이 의술에서 사용하는 표시이다. 수술을 할 때에 사용하는 용어에서 가져온 것이다. 즉 살을 분리할 때에, 즉 칼로 가를 때에, 가르는 두 부분의 중간에 하나의 화살이 정확하게 그려지기 때문이다.

시리아 필사본의 원천 문헌은 그리스어 문헌이다. 에피파니오스(Epiphanios)가 392년에 지은 『길이와 무게에 대하여(*De mensuris et ponderibus*)』이다. 두 가지를 지적하겠다. 하나는 '문헌 부호'를 구성하는 한 전통이 『성경』의 번역 과정에서 부딪힐 수밖에 없었던 판본 전승의 복잡함을 해결하기 위해서 지어진 『길이와 무게에 대하여』일 가능성이 높다는 것이다. 다른 하나는 위의 인용한 시리아어 필사본을 놓고 볼 때 이시도루스가 '문헌 부호'를 쓸 당시에 참조한 저본이 에피파니오스의 텍스트였을 가능성도 높다는 것이다. 하지만 이시도루스가 '문헌 부호'를 너무 간략하게 축소해 놓았기 때문에 다른 가능성도 있다. 지금까지 발견된 문헌의 전승 사정을 놓고 볼 때에 그 저본은 에피파니오스의 텍스트였을 가능성이 있다. 물론 에피파니오스의 축약본을 참조했을 가능성도 배제할 수는 없다. 정리하면, 이시도루스의 '문헌 부호'는 '21개의 문헌 부호'를 저본에 놓고 에피파니오스의 텍스트에 소개된 5개의 문헌 부호들을 추가했을 것이다. 또 다른 가능성도 있다. 이를테면 저본 문제와 관련해서 결정적으로 중요한 저자 가운데에 한 사람으로 카시오도루스를 들 수 있기 때문이다. 스타인노바는 이시도루스가 카시오도루스의 책을 직접 접하고 참조한 것은 아니지만 다른 문헌을 통해서 접했다고 말한다. 이 추적이 이 글의 중심 논지는 아니므로 이에 대해서는 다른 자리에서 상술하겠다. 결론적으로, 서양 고전 문헌학은 수무족답을 맘껏 펼칠 수 없는 혹은 통발에 갇혀 지낼 수 밖에 없는 것은 바로 이런 저런 전승 사정과 영향 관계가 복잡하기 때문이다.

문헌 부호에는 또 다른 사용법이 있었다

앞에서도 언급했지만, 문헌 부호는 전적으로 문헌의 편집에만 활용된 것이 아니었다. 읽기를 위한 지침으로도 사용되었다. 본격적인 해명을 위해 카시오도루스와 이시도루스를 비교하겠다. 먼저 카시오도로스의 문헌 부호를 살펴보자.

카시오도루스의 『시편 해설(*Expositio Psalmorum*)』[12)]

조상들의 방식에 따라 다양한 부호들을 정해진 자리에 놓을 줄 알아야 한다. 이 부호들을 해설과 함께 아래에 제시한다. 탐구하고자 하는 것

12) Cassiodorus, *Expositio Psalmorum*, ed. M. Adriaen, CCSL. 97~98, Turnhout: Brepls, 1957.

이 무엇이든 독자가 이 부호들의 유추를 통해서 어떤 어려움도 없이 발견할 수 있도록 하기 위해서다.

PP 이는 원래의 말들에 붙인다. 이는 신성한 법이 나오는 원래의 언명을 가리킨다.

⳩ 이는 매주 중요한 가르침에 붙인다.

ꝭ. 이는 정의에 붙인다.

SCHE 이는 문채(文彩)에 붙인다.

ET 이는 뜻풀이에 붙인다.

RP 이는 이름의 풀이에 붙인다.

RT 이는 수사학의 기술에 붙인다.

TOP 이는 [변론에 사용되는 공론을 정리한] 토피카에 붙인다.

SYL 이는 추론에 붙인다.

R 이는 산수에 붙인다.

GO 이는 기하학에 붙인다.

M 이는 음악에 붙인다.

⳩ 이는 천문학에 붙인다.

인용에서 확인할 수 있듯이, 카시오도루스의 문헌 부호는 엄밀하게 문헌을 편집할 때에 사용하는 부호들이 아니다. 여기에서 이시도루스와 카시오도루스 사이에 있는 결정적인 차이가 분명하게 드러난다. 전자는 문헌 부호를 편집기호로 사용했지만, 후자는 문헌 부호를 다른 목적으로 사용하고 있다. 이와 관련해서 강상진은 카시오도루스의 '문헌 부호'를 "영적 독서"를 위한 지침서로 소개한다.[13]

13) 강상진(2006).

이러한 수행이 수도원에 안착하는 과정으로부터 종래의 이집트, 시리아, 팔레스티나 지방의 수도원과는 구별되는 서방세계의 수도원 문화가 시작되었으며, 카시아누스(Cassianus c. 360~435), 베네딕투스(Benedictus c. 480 ~ c. 547), 카시오도루스(Cassiodorus, c. 490 ~ c. 585)와 같은 인물들이 큰 역할을 했다는 사실이다. 시편 혹은 다른 성서를 명상 혹은 상상이 전개되는 받침대(jumping-off points for the imagination)처럼 쓰는 여러 종류의 몰입의 방식이 기술되고 실행되었으며, 수사학의 많은 문채들이 영적 독서에서 특정 종류의 연상 내지 기억술과 직결되었다는 점도 언급해두기로 하자.

인용은 문헌 부호가 영적 독서(lectio divina), 즉 『성경』 읽기의 길잡이로 사용되었음을 보여준다. 다음은 문헌 부호가 영적 독서 혹은 성서 읽기에 사용되었다는 점을 명시적으로 보여준다.

그레고리우스 나지안주스의 연설에 붙여진 문헌 부호에 대한 설명[14)]

※ 아스리테리코스. 이 부호는 별의 모양으로 위대하신 하느님과 우리의 구세주이신 예수 그리스도가 육화를 통해서 구현하려는 계획에 신학자가 논의하는 자리에 붙인다.

ℐ 호라이온. 이 부호는 표현이 우아하거나 의미가 유려하거나 이 두 가지 모두 탁월한 대목에 붙인다.

♂ 헬라이콘. 이 부호는 태양의 모양으로 교부가 신학에 대해서 설명하는 자리에 붙인다. 왜냐하면 성서에서 하느님은 정의의 태양으로 불리기 때문이다.

ꝺ 세미오사이. 이 부호는 특이하고 전혀 예상을 못한 표현을 교리에 따라 혹은 역사에 따라 혹은 독자들에게 주석을 달아주어야 하는 자리에

14) Steinová (2016: 325~326).

붙인다.

인용은 그레고리우스(Gregorius Nazianzus, 서기 330~389)의 연설에 붙은 6세기에 작성된 것으로 추정되는 문헌 부호에 대한 설명이다. 물론 영적 독서의 기원이 어디에서 비롯되었는지에 대한 논의는 또 다른 큰 문제이다. 이에 대한 추적이 요청되지만 여기에서 중단하겠다. 이 글의 주요 논지와 관련해서, 중요한 점은 카시오도루스의 '문헌 부호'보다 그레고리우스의 그것이 시기적으로 앞선다는 것이다. 그렇다면 영적 독서의 기원 문제와 관계없이 문헌 부호를 영적 독서에 사용하게 된 이유를 묻지 않을 수가 없다. 여러 이유가 있겠지만, 앞에서 인용했듯이, 그 가운데에 하나가 『성경』의 안전한 독서를 위해서였다. 예컨대 『성경』에 나오는 비유를 파악하면서 그것이 비유가 아니라 실제로 해석하는 경우가 있는데, 이는 특히 신앙심이 깊을수록 이런 잘못들을 많이 범한다. 어떤 표현은 비유에 불과하므로 과도하게 비약하지말라는 "주의"를 해주어야 하는데, 이를 일러주는 표시가 문헌 부호였다. 그렇다면 이시도루스 안에서 영적독서의 흔적을 찾아볼 필요가 있을 것이다. 하지만 『성경』 읽기와 직접적으로 관련된 흔적을 찾기는 쉽지 않다. 그럼에도 읽기의 안전한 길을 일러주는 문헌 부호들이 없지는 않다. 다음과 같다.

> [22] ☧ 크리사이몬. 이는 의미있는 자리임을 뜻한다. 어느 누구나 자신이 원하는 뭔가가 있을 때 이 표시를 한다. [23] ℟. 피 에트 로. 이는 주의해야 하는 자리임을 표시한다. 뭔가 분명치 않을 때 주의하라는 표시다. [24] ⚲· 앙코라 수페리오르. 이는 닻을 위로 세운 모양이다. 아주 중요한 자리임을 알리는 표시이다. [25] ⚳ 앙코라 인페리오르. 이는 닻을 아래로 내린 모양이다. 뭔가 아주 천하고 상식에 맞지 않는 자리임을 표시한다.

인용은 문헌 부호들이 편집부호이지만 다른 한편으로 읽기를 안전하게 이끄는 길잡이 부호로 활용되었음을 보여준다. 이를 보강해 주는 전거이다.[15)]

☧ [*HOC IN DOGMATIBVS VEL DE NECESSARIIS*]
Nequando rapiat ut leo animam meam. Leoni confertur diabolus. Leoni frequenter conparatur et Christus. Ille quod ad interitum rapit, iste quod deripit ad salutem. (Exp. Ps. 7, 3)

HOC IN DEFINITIONIBUS
Neque in furore tuo corrippias me. Ira et furor iudicis contra reum damnationis effectus est. Id est motus animi concitatus ad poenam provocans inferendam, sed ira longa indignatio est. Furor repentina mentis accensio. Haec autem[980] *allegorice translativis verbis edicta sunt.* (Exp. Ps. 6, 1)

번역하면 다음과 같다. 먼저 '크리사이몬'에 대한 풀이가 재밌다. "그것이 사자처럼 나의 마음을 사로잡지 않도록 해야 한다. 악마는 사자와 비교된다. 종종 그리스도도 사자에 비교된다. 그러나 사자는 죽음으로 사로잡아 가지만 그리스도는 구원으로 붙잡아 이끄신다." 다음으로 '피 에 트 로'에 대한 풀이도 함께 읽어보자. "결코 너의 광기에 나를 낚아채가면 안된다. 재판관의 분노와 광기는 피고에게 반하는 처벌로 이어진다. 다시 말해 처벌을 주라는 마음이 일어나도록 만드는 것이다. 분노는 오래가는 성냄이다. 광기는 갑작스런 마음의 불타오름이다. 그런데 이것들은 은유를 통해서 비유적으로 발화된다." 더 따져 보아야 할 것이 많지만, 문헌 부호들이 문서를 읽을 때나 독서를 할 때에 가져야 할 일종의 마음 사용서로 사용되고 있음을 보여준다. 물론 이시도루스의 '문헌 부호'가 카시오도루스의 그것들처럼 서양의 영적 독서 전통에서 마음 사용서로 사

15) Steinová (2016: 331).

용된 것으로 보이지는 않는다. 하지만 적어도 이시도루스의 '문헌 부호'가 읽기에서 주의하고 조심해야 할 자리를 알려주는 글잡이 기호로 사용되었음은 분명하다. 이런 정황을 놓고 볼 때에도 서양 고전 문헌학은 전제지학이자 적상지술의 처지를 벗어나기는 힘들어 보인다.

결론적으로 서양 고전 문헌학은 통발에 갇힌 물고기이다. 이와 관련해서 두 가지를 강조하고자 한다. 먼저 통발 신세를 기본적으로 인정해야 한다. 자유는 구속을 전제로 할 때에 그 의미를 획득한다. 시간이 감춰버리고 없애버린 흔적과 자취를 추적할 때에는 달리 어쩔 수가 없다. 시간이 만들어 놓은 통발 안에서 머무를 수밖에 없다. 적상지술일 수밖에 없다. 하지만 통발에 갇힌 신세라 해서 재미가 아예 없는 것은 아니다. 또한 성과가 전혀 없었던 것은 아니다. 심융신흡의 경지에서 맘대로 자유를 누릴 수는 없지만 달팽이가 집 옮기는 속도로 문헌을 추적하고 조사하다 보면 나름 시간이 덮어 놓은 사실과 진실이 종종 자신의 모습을 빛 안으로 드러내어 주기도 하기 때문이다. 그런데 이렇게 찾은 사실과 진실이 가끔은 심융신흡의 경지에서 토해내는 큰 주장들보다 더 위력을 발휘하는 경우가 있다. 반대로 심융신흡의 경지에서 떠드는 말들이 대개는 물거품으로 사라지고 때로는 아주 위험한 결과들을 초래하는 경우를 우리는 너무도 자주 보아왔기 때문이다. 10년은커녕 1주일도 못 넘기는 파도거품 같은 말들이 얼마나 많은가? 굳이 이 자리에서 사례를 들 필요는 없을 것이다. "오늘 그리고 여기"를 만드는 데에 직접적으로 참여하지 않는 것처럼 보일지 몰라도, 적어도 "어제 그리고 거기"를 밝히는 데에 직접적인 기여를 하는 학술이 실은 적상지술이다. 또한 내일이라는 미래도 실상 오래된 과거의 하나일 뿐이다. 내일도 어제의 오늘에 불과한 것이기 때문이다. 그러는 한에서 내일을 안전하게 준비하고 만드는 것은 적상지술이다. 서양 고전 문헌학은 이런 성격의 적상지술을 자처한다.

다음으로, 비록 전제지학을 강조하지만 서양 고전 문헌학이 그렇다고 심융신흡의 경지로 올라가는 것을 막지는 않는다. 심융신흡의 경지에 오름에 있어서 실은 조심하고 또 조심해야 한다는 것을 강조할 뿐이다. 보충이 필요하다. 해서 도우미로 위그(Hugues de Saint-Victor, 1096~1141)를 초대하겠다. 위그에 따르면, 읽기를 통해서 심융신흡의 경지로 올라가기 위해서는 두 능력이 필요하다. 가르기와 살피기가 그것들이다.

제3권 9장 읽기의 활동 방식[16)]

읽기의 활동 방식은 가르기다. 모든 가르기(divisio)는 끝에서 시작해서 끝이 없는 쪽으로 나아간다. 모든 끝은 잘 알려진 것이고 앎에 의해서 잡을 수 있는 것이다. 가르침은 잘 알려진 것으로부터 시작한다. 알려진 앎을 통해서 감추어져 있는 앎에 도달한다. 뿐만 아니라 헤아림을 통해서 살피고 원래 그것에 해당하는 것을 가른다. 개별들의 본성들의 살핌과 가름을 통해서 우리는 보편에서 개별로 내려간다.

글자의 모음인 단어들의 결합이 문장이다. 문장의 뜻을 파악하며 그 뜻이 가리키는 세계에 대한 이해가 읽기다. 그런데 위그에 따르면, 읽기는 가르기다. 아는 것과 모르는 것을 가르는 일이 읽기라고 한다. 기지(旣知)에서 미지(未知)로의 여행이 읽기라고 한다. 하나는 분명해진다. 좁은 지면에 갇혀있는 정답을 찾아내는 것이 읽기의 본래 소임은 아님이. 아는 것을 다시 확인하는 것이 아니라 아는 것에서 모르는 것으로 나가는 일이 읽기의 소임이므로. 정답이 아니라 아직 미지의 물음을 찾아

16) *HUGONIS DE SANCTO VICTORE DIDASCALICON DE STUDIO LEGENDI* (1939).

내는 것이 읽기의 실체라는 소리다. 읽는 여정에서 미지의 물음을 만날 때에 할 수 있는 일이 있다면 그것은 무엇일까? 바로 살피기다. 다시 위그의 말이다.

> 제3권 10장 살핌에 대하여
>
> 살핌은 지성을 통해서 개별 사태들의 원인, 기원, 방법, 유용함을 헤아리고 수색하는 생각의 반복이다. 살핌은 읽기에서 시작한다. 그럼에도 살핌은 읽기의 어떤 규칙이나 지침에 얽매이지 않는다. 왜냐하면 일종의 탁트인 공간을 내닫는 것은 즐거운 일이기 때문이다. 진리를 살피는 일에 살핌이 눈을 자유로이 둘 수 있는 그곳에서는 그렇다. 또한 즐거운 일은, 때로는 만물의 이런 원인들을, 때로는 저런 원인들을 천착하고 더욱이 때로는 각각의 심원한 것들을 깊이 파고 들고, 애매한 그 무엇도 불분명한 그 무엇도 남겨두지 않는 것이다. 따라서 가르침의 시작은 읽기로부터 시작하고, 완성은 살핌에서 이루어진다.

'살핌'은 라틴어 'meditatio'를 번역한 것이다. 원래 '명상' 혹은 '묵상'을 뜻한다. 하지만 읽는 과정에서 생각의 움직임을 지칭하는 것으로 명상은 적당하지는 않다. 읽기란 기지에서 미지로의 여행에서 이뤄지는 살피기이기 때문이다. 한편으로 가르고 다른 한편으로 살피는 행위가 읽기인데, 이와 같은 가름과 살핌을 통해서 자신이 원하는 답을 찾을 때에 읽기는 완성된다. 지면 위에 글로 쓰인 표현을 찾아내는 것이 읽기가 아니라는 소리다. 그 표현 너머에 있는 미지의 앎을 찾아가는 행위가 읽기이다. 그 미지의 대상 가운데에 하나가 신의 심오함이다. 읽기를 통해서 신의 심오함을 접하기까지의 과정이 바로 '렉티오 디비나(lectio divina)'다. 위그가 『읽기에 대하여』를 지은 것도 실은 렉티오 디비나의 실천을 위해서였다. 마지막 소임은 영혼이 자유를 누리는 방법을 제공하는 것이다. 잘 노는 방법을 가르치는 것이다. 물론 위그가 말하는 렉티오 디비나가 이른바 '잘 노는 방법'과는 직접적으로 관계없다. 하지만 읽는 활동에 참여하는 생각에게 자유가 무제한적으로 주어진다는 위그의 주장은 깊게 들여다 볼 필요가 있는 언명이다. 그의 말이다.

> 살핌은 읽기의 어떤 규칙 혹은 지침에 의해서 속박되지 않는다. 어떤 열린 공간에서 달리는 것을 즐긴다. 이 공간에 진리를 잡기 위한 자유의 시선을 꽂는다.

진리라는 목적 단서가 달려있지만 진리에 도달하기까지의 과정 안에서만큼은 생각이 자유를 누린다는 것에 눈길이 간다. 위그가 말하는 진리는 그리스도의 가르침을 가리킨다. 진리라는 목적 단서를 받아들일지는 믿음의 문제이다. 이에 대해서는 여기에서 자세히 따지지 않겠다. 소임과 관련해 중요한 점은 읽는 과정에서 생각이 자유를 누린다는 것이다. 잘 노는 법, 곧 새로운 놀이가 포착되는 순간이기 때문이다. 엄밀히 새로운 것은 아니다. 실은 아주 오래된 것이다. 다만 시험 기술에 밀려서 뇌에서 생겨난 탓에 잊혀졌을 뿐이기 때문이다. 여기까지가 대략적으로 오랜 놀이였던 읽기가 뇌로부터 추방된 사연이다. 사실 읽기가 뇌로부터 추방될 수밖에 없었던 데에는 자기 탓도 컸다. 요구사항이 너무 까탈스러웠기 때문이다. 위그에 따르면, 네 조건이 충족되야 한다. 외면의 번잡함이 아닌 내면의 평화를 유지해야 한다. 늘 깨인 정신을 가져야 한다. 배가 불러서도 안된다. 아예 세속의 세계로부터 망명해야 한다. 그럴 때에 읽기 버릇은 하나의 능력으로 뇌에 자리잡는다고 한다. "글을 쓸 때의 정성으로 글을 읽기" 위해서는 이런 까탈스러움을 받아들여야 한다는 것이다. 이런 탓에 읽기는 다시 잊혀질 놀이가 될 공산이 크다. 하지만 하나는 분명하다. 읽기가 공부의 한 방식이라면 그 공부의 과정 자체가 놀이라는 점이다. 하지만 성격의 까탈스러움 탓에 읽기버릇은 뇌의 주변에서 잔소리로 남을 가능성이 높다. 그러나 잘 노는 법을 능력으로 만들어 주는 것이 읽기의 특권인 한, 쉽게 사라지지는 않을 것이다. 진짜 잘 노는 법이 읽기이기 때문이다. 하지만 결론적으로 저 신적인 심오함의 단계로 오르기까지는 혹은 진짜 잘 노는 경지에 오르는 과정에는 수많은 비약과 오해의 위험이 숨어 있다는 점을 명심해야 할 것이다. 따라서 안전을 보장하는 안내 표지가 필요하다. 그것이 다름 아닌 '문헌 부호'였다는 점을 마지막으로 강조하고자 한다. 서양 고전 문헌학이 적상지술이자 전제지학임을 자처할 수밖에 없는 사연은 여기까지다.

3장
르네상스시대 이후의 서양 고전 문헌학

전승된 고전 원전 중에는 원저자의 필체로 기록된 문헌은 거의 찾아 보기 힘들다. 설령 원저자의 기록이라 하더라도, 우리는 원저자의 필체를 알고 있지 못하므로, 그것이 원저자의 기록인지 아닌지를 확인할 방법이 없다. 그래서 고전 문헌학자는 전승된 문헌에 대하여 원저자의 기록-저술이 아니라는 가정 하에 문헌 작업을 진행한다. 만약 주어진 문헌이 필사본이라면, 최소한 필사-모본(模本)이 있었다는 것은 당연한 일일 것이다. 그래서 고전 문헌학자는 필사-모본을 찾기 위해 문헌을 추적한다. 한편으로 문헌 추적은 앞선 시대의 모본에만 국한되는 것은 아니다. 필사-손자본도 추적하게 된다. 예컨대 도서관이나 박물관 혹은 고문서 보관소의 목록집이나 문서고를 뒤지다 보면 다양한 종류의 판본을 발견하게 된다. 이러한 과정을 통해서 발견된 문헌(필사본)은 처음 보기에는 아무런 연고 없는 고아처럼 보이지만, 조금 자세히 연구하면 어딘가에는 일가 친척이 있는 텍스트이고, 어딘가에는 친척 관계에 있는 다른 텍스트의 내용을 비교해 주어야 하는 경우가 대부분이다. 이러한 사정 때문에 서양 고전 문헌학자는 "주어진 텍스트"를 소위 '원전'으로 인정하지 않는다. 그도 그럴 것이 '주어진 텍스트'는 한편으로 원전이라 보기에는 힘들게 만드는 많은 종류의 오류로 가득 차 있고, 다른 한편으로 이런 종류의 오류를 교정하려는 시도 때문에 원전과는 전혀 다른 모습으로 원문이 바뀐 경우가 있었으며, 원문에는 없던 문장이 후대 삽입(interpolatio)된 경우도 비일비재하기 때문이다. 그런데 전승된 문헌의 이러한 상태를 처음 발견하고, 의심하면서 교정하려는 노력은 최근의 현상이 아니었다. 앞에서 보았듯이, 기원전 3세기 헬레니즘 시대에 이미 시도되었다. 알렉산드리아 도서관을 중심으로 문헌 간의 비교와 교정 작업이 진행되었는데, 이러한 작업은 이후 로마에 그리고 중세에도 있었다. 고전학자들의 연구에 따르면, 특히 알렉산드리아 도서관에서 활동했던 고전 문헌학자의 연구와 작업 수준이 매우 전문적이었고, 그들이 발견하고 개발한 문헌 다루는 방법과 이를 토대로 한 연구 성과가 매우 높은 수준에 도달했다고 한다. 하지만 주어진 필사본을 고전 원전으로 인정하지 않고, 고전 문헌학적 자의식을 가지고 문헌학적 방법을 통해서 고전 원전 복원을 시도했던 시대는 르네상스다.

14세기 서양 고전 문헌학

르네상스 시대를 연 학자는 소위 "인문주의의 시조"로 알려진 페트라르카(Francesco Petrarca, 1304~1374)다. 페트라르카는 '르네상스'라는 말을 학술적 전문어로 처음 사용한 문헌학자다. "renascens(다시 태어난)"는 두 의미로 사용된다. 좁은 의미로 고전 원전의 복원을 뜻하고, 넓은 의미로 인문주의(humanitas)의 부활을 뜻했다. 그런데 인문주의는 다시 두 영역으로 나뉘어 이해된다. 하나는 구체적인 학문 방법론으로 그리고 교양-교육(paideia)으로 인문학(studia humanitatis)을 지칭했다. 다른 하나는 그리스어 philanthrophia(인간사랑, 인본

문헌-작업을 하고 있는 페트라르카.

주의, 박애주의)에 해당하는 인문정신이다. 이 정신은 매우 중요하다. 유럽 사회가 신본주의라는 사고방식에서 인본주의 중심의 사고로 전환할 수 있는 계기를 제공한 개념이 인본주의 개념이기 때문이다. 원래 이 정신은 테렌티우스(Terentius, 기원전 195 혹은 185 추정~159)의 희극에서 유래한다. 등장인물 중 한 노예가 "나도 한 사람이고 한 인간이다. 인간인 한, 인간사 그 어떤 것도 나와 무관하지 않다고 생각한다."[1]라는 대사로 주인에게 신분상 노예이지만 평등한 인간으로 대해줄 것을 요구하는 데에서 인본주의는 역사의 무대에 주요 의제로 등장한다. 이는 키케로(Cicero)의 humanitas론에 의해서 완성된다. 키케로의 humanitas론이 교육을 통해서 교육되어야 할 덕목들은 크게 네 가지로 요약된다. 자기 검증 정신(probabilitas), 박애 정신(misericordia), 관용 정신(liberalitas), 마지막으로 교양 정신(urbanitas)이 그것들이다. 페트라르카는 이와 같은 키케로의 humanitas 정신을 되살리고자 했고, 이때 그에게 절실하게 필요했던 것은 고전 문헌이었다. 고전에 대한 페트라르카의 열정은 참으로 대단했다. 이는 다음과 같은 행적에서 잘 드러난다. 그는 문헌을 수집하기 위해 여행을 많이 떠난다. 주로 프랑스 남부 지방으로 많이 갔는데, 그는 이곳에서 많은 필사본을 찾아낸다. 이 과정 중에 그가 얻은 많은 필사본 중에는 선물로 받은 것도 있고, 본인이 직접 필사한 것도 있고, 구매한 것도 있다. 페트라르카는 이렇게 수집하고 모은 필사본을 모아 개인 도서관을 세운다. 이 도서관은 고대 알렉산드리아 도서관을 염두에 두고 건립한 것이다. 이 도서관은 나중에 베네치아 공공 도서관으로 확장 발전했다. 이렇게 모은 문헌을 그는 철저하게 고증하고 검증하였는데, 이 때 그의 검증 방식은 다음과 같다. 문헌과 문헌의 비교(collatio)가 그것인데, 이

1) 『스스로를 고문하는 사람(*Heauton timorumenos*)』 77행: homo sum: humani nil a me alienum puto.

비교를 통해서 두 개의 문헌이 서로 다른 단어나 표현을 가지고 있을 경우, 이를 철저하게 기록하고, 필사본 교정에 활용하였다. 이 때 중요한 것은 그가 필사본에 기재되어 있는 문제의 텍스트를 마구 지우고 그 위에 새로운 교정을 기록한 것이 아니라는 점이다. 대신에 그는 텍스트의 외곽의 빈 공간에 정성스럽게 기록해 놓았다. 그가 이렇게 한 데에는 물론 당연히 문제가 되는 자리의 해석과 이해에 도움을 주기 위한 의도도 한 몫하고 있지만, 더 근본적으로는 오류 교정과 관련해서 필사본을 접하게 될 사람에게도 판단의 기회를 제공하기 위한 뜻이 결정적으로 작용했다. 이렇게 페트라르카가 난외에 교정 제안을 기록한 필사본은 100년 후 마찬가지로 고전 문헌학사에 중요한 족적을 남긴 발라(Lorenzo Valla, 1407~1457)의 손에 들어간다. 발라는 페트라르카의 기록을 비판적으로 검토하는데, 마찬가지로 문제가 있는 대목을 발견할 경우, 자신의 교정 제안을 페트라르카의 기록 옆에 보충한다. 이러한 연속-교정 작업은 문헌학에서 매우 중요한 의미를 갖는데, 이는 곧 본격적인 문헌 편집의 중요한 지침 내지 방법으로 발전하기 때문이다. 따라서 소위 문헌 '교감학(校勘學)' 혹은 문헌에 대한 비판 정본학(text-criticism)의 첫 계단을 놓은 사람이 페트라르카이다. 페트라르카의 고전 문헌에 대한 사랑은 라틴 문헌에만 국한되지 않았다. 그는 그리스 문헌에도 지대한 관심을 보였다. 이는 다음의 사건에서 잘 나타난다. 1354년 아비뇽의 교황에게 파견되었던 비잔티움 제국 황제의 사신이

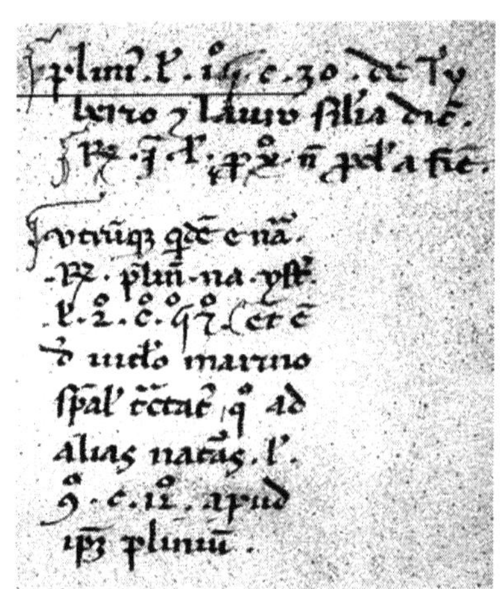

페트라르카의 필체.

었던 시게로스(Nicholas Sigeros)가 그에게 『일리아스』 복사본 한 질을 선물한다. 이 때 페트라르카는 열정적으로 껴안으면서 다음과 같이 말했다고 한다. "당신의 호메로스가 나의 손에 있다 그러나 입을 열지 않는다 …. 그 얼마나 간절하게 그 목소리를 듣고 싶어 했는데..."[2] 하지만 그의 그리스어 수준이 낮았기 때문에, 라틴 문헌을 다루는 정도의 수준에서 그리스 문헌을 취급한 것은 아니었다. 해서 그는 그리스어가 모국어였던 필라토(Leonzio Pilato)로 하여금 호메로스의 작품을 라틴어로 번역하도록 하였다.

페트라르카에 이어 등장한 인문학자가 보카치오(Giovanni Boccacio, 1313~1375)이다. 보카치오는 파리 출신으로, 아버지는 이탈리아 사람으로 상인이었고 어머니는 프랑스 출신이었다.

단편 이야기 묶는 재주가 탁월했던 그는 우리에게도 잘 알려진 『데카메론』의 저자이다. 그는 페트라르카를 열정적으로 존경하고 흠모했던 사람이었다. 하지만 페트라르카처럼 문헌 복원하는 일에 관심을 두지는 않았다. 대신에 그는 번역에 집중하였다. 그리고 많은 여행을 하였기에 중요한 필사본을 많이 발견하였다. 예컨대 타키투스의 역사서(*Ann. XI–XVI*(『연대기』 제11~16권), *Hist. I–V*(『역사』 제1~5권)를 몬테 카시노(Monte Casino) 수도원에서 발견했다. 이 문헌과 관련해 후대 학자들은 보카치

보카치오의 초상.

2) *Fam. XVIII 2* (1354, 1.10): Homerus tuus apud me mutus ... quam cupide te audirem.

오가 훔쳤다고 주장한다. 그가 훔쳤다고 전하는 작품 중에는 언어학적으로 중요한 바로(Varro)의 『라틴어에 대하여』(*De lingua Latina*, cod. Laur. 50.10)도 속한다. 그러니까 그가 한번 왔다 가면 뭔가 중요한 문헌이 사라졌다고 한다. 문헌학에 대한 그의 기여는 두 가지다. 하나는 1360년에 피렌체로 필라토를 초청해서 호메로스를 번역하도록 한 것인데, 이는 지중해 서쪽 라틴어 권에서 중세 이후 최초의 호메로스 라틴어 번역본이고, 그리스어를 본격적으로 가르치도록 했다는 것이다. 다른 하나는 보카치오가 사람들에게 소위 필사본이 학문적 가치 이외에 재산적 가치가 있는 것임을 일깨우는 데 중요한 역할을 했다는 것이다. 이는 많은 왕과 공국의 주요 인사들, 그리고 교회의 수장들, 돈 많은 유력가들로 하여금 책을 모으게 하는 계기를 제공하였다. 이러한 계기로 새로이 생겨난 직업이 비유컨대 문헌사냥업이다. 여기까지가 소위 인문주의자 1세대에 대해서다. 그러면 2세대와 3세대 대한 소개로 넘어 가겠다.

살루타티(Coluccio Salutati, 1331~1406)는 원래 루카(Lucca) 출신으로 페트라르카의 친구였던 물리오(Pietro da Muglio)에게서 수사학을 공부한다. 하지만 학자의 길로 접어든 사람은 아니고 관료로서 주로 활동한다.

콜루치오 살루타티.

살루타티는 나중에 피렌체의 수상을 역임한다. 이 사람은 다음과 같은 점에서 중요하다. 그의 인생 자체가 인문학(studia humanitatis)과 공직 생활의 결합을 상징하기 때문이다. 이 결합은 인문학 교육을 받은 사람들이 본격적으로 국가의 일에 참여하고, 나아가 주도할 수 있는 계기를 제공한다. 이 계기를 통하여 많은 젊은 인문학도들이 국가 자체의 정치적, 문화적 헤게모니를 장악하게 되었고, 국가를 새로운 국가로 만들어 나갔다. '르네상스' 하면 왜 피렌체를 떠올리게 되는지가 이 대목에서 해명 가능하다 하겠다. 그렇다면 과연 살루타티가 기초로 삼았던 인문학 교양이 무엇이었기에 도시를 바꿀 수 있었는지 문제 제기가 가능할 것이다. 인문학의 교양으로부터 살루타티가 배웠던 것은 바로 키케로의 시민(civis)과 공동체(res publica) 사상, 자유에 대한 사랑이었다. 문헌학과 관련해서 살루타티의 기여는 크게 두 가지이다. 하나는 많은 책들을 수집하고(약 800 두루마리를 모았는데, 이 중 111 두루마리가 그의 소장품이었음이 확인되었다), 이 책들을 위한 도서관을 세웠다는 데 있다. 다른 하나는 피렌체의 청년들이 그리스어를 직접 공부할 수 있는 계기를 제공한 사람이었다는 점이다. 살루타티는 크뤼솔라스(Manuel Chrysolas)를 콘스탄티노플에서 초대한다(1396~1400). 크뤼솔라스는 피렌체에서 나중에 문헌학적으로 큰 활약과 기여를 하게 될 많은 제자를 양성한다. 예컨대 브루니(Leonardo Bruni, 1370?~1444)가 대표적인 제자이다. 브루니는 그리스 문헌을 라틴어로, 그러니까 소위 원전 번역을 본격적으로 행한 사람이다.

유명한 문헌 사냥꾼이자 서간문 작가이면서 단편이야기 묶는 재주가 뛰어났던 포지오(Poggio Bracciolini, 1380~1459)는 글씨를 아름답게 쓰는 것으로 유명하다. 그의 필체는 필사자들 사이에서 하나의 새로운 서체의 한 유형으로 자리 잡을 만큼 유려했다.

여기에서 서체란, 이런 비교는 엄격한 의미에서 성립하지 않겠지만, 예컨대 동양에서 '안진경체', '구양순체', '왕희지체' 식의 서체 스타일과 유사하다 하겠다. 문헌학적으로 그는 다른 선대 인문학자와 마찬가지로 판독하기 쉬운 텍스트를 생산하려고 시도했다는 점, 필사 과정에서 생긴 오류들을 교정하려고 시도했다는 점이다. 그런데 흥미롭게도 이 과정

포지오가 필사한 키케로의
『카틸리나 탄핵 연설 4』 마지막 부분.

을 그는 'emendare(교정하다)'라 정의하는데, 이는 나중에 문헌학의 전문용어로 자리 잡는다. 약 500년 이후 마아스(Paul Maas, 1880~1964)는 이를 'emendatio'(교정)라 부른다. 그도 문헌사냥꾼이었다. 이를 위해 그는 자주 외국을 방문했다. 방문할 때 마다 중요한 성과를 올렸는데, 특히 1416년에 상갈렌(Sant-Gallen) 수도원에서 수사학자 퀸틸리아누스의 『수사학 교육』(*Institutio Oratoria*)전집을 발견한 것은 기념비적인 사건이다. 이어 1417년에 그는 독일의 풀다(Fulda) 수도원에서 루크레티우스의 『자연의 본성에 대하여』(*De rerum natura*)를 발견한다. 이 발견은 발견 당시로서는 유일본(codex unicus)이었다. 만약 이 필사본이 발견되지 않고 먼지 속으로 사라졌다면 루크레티우스의 작품은 이름만 전해졌을 것이다. 만약 그랬더라면 아마도 세계 역사도 현재의 모습은 아닐지도 모른다. 왜냐하면 이 작품은 나중에 계몽주의 시대에 중요한 텍스트로 사용되었고, 아울러 예를 들면 뉴턴(Isaac Newton, 1643~1727)같은 자연과학자들에게 매우 큰 영향을 끼쳤기 때문이다. 또한 이 문헌의 발견은 문헌 계보 구성과 관련하여 매우 중요한 사건이다. 『자연의 본성에 대하여』 작품의 다른 모든 필사본들이 포지오가 발견한 필사본이 가지고 있었던 오류를 유지하고 있었고, 이 오류들의 유전 관계를 이용해 약 400년 후에 독일의 문헌학자 라흐만(Karl Lachmann, 1793~1851)이 문헌 계보도를 작성할 수 있는 계기를 제공했기 때문이다. 그러니까 이 발견은 소위 문헌계보(stemma codicum) 연구의 탄생을 예비한 사건이라 하겠다. 14세기 서양 고전 문헌학의 역사에 대한 보고는 여기까지다.

15세기의 서양 고전 문헌학

15세기로 접어들면서 서양 고전 문헌학은 '시민 대중'의 바다로 본격적인 항해를 시작한다. 이와 관련해서 서양 고전 문헌학사에서 뿐만이 아니라 그리고 서양 역사에서 반드시 언급되어야 하고, 그런 점에서 재평가가 요구되는 인물이 1407년에 로마에서 태어난다. 발라(Lorenzo Valla, 1407~1457)이다.

발라를 높게 평가하는 이유는 그가 표방했던 합리주의 정신 때문이다. 때는 바야흐로 비잔티움 제국이 몰락하던 시대였다. 발라에게는 중요한 학문적 동지이자 나중에 정적 관계였던 친구가 한 명 있었다. 그의 이름은 베사리온(Cardinal Basilios Bessarion, 1403~1472)이라 불리는 콘스탄티노플의 추기경이었다. 추기경은 굉장한 애서가였고 문헌학자였다. 인문학에 대해서도 높은 학덕을 소유한 학자였다. 비잔티움 제국이 몰락할 때 추기경은 두루마리 약 800개 분량의 그리스 필사본을 베네치아로 가져 왔다. 이렇게 많은 필사본이 대량으로

로렌초 발라의 초상.

한꺼번에 서유럽으로 유입된 것은 역사적으로 처음 있었던 일이었고 이런 일은 이후 다시 일어나지 않았다. 어찌 되었든 이렇게 유입된 필사본을 위해 추기경은 도서관을 건립하였고, 이 도서관이 오늘날 베네치아 마르치아나 도서관(Bibliotheca Marciana)이다. 추기경은 그리스어 『신약성경』 필사본을 가지고 있었는데, 당시 발라는 신부들과 히에로니무스(Hieronrymus, 347~420)의 라틴어 성경 번역을 놓고서 다투고 있었던 상황이었다. 그러니까 발라는 그리스 성경의 도움이 간절하게 필요한 상황이었다. 다툼이 벌어졌던 문장은 「요한복음」 21장 22절이다. 이 문장에 필요한 단어가 sic(영어의 so)인가 아니면 si(영어의 if)인가를 놓고서 싸웠는데, 성직자들은 가톨릭 전통에 따라 sic을 고집하였고, 발라는 si라 주장하였다. 이 논전은 다른 필사본이 발견되어 현대에 와서는 다른 방식으로 해결되었지만, 당대 논쟁에서는 발라가 승리했다고 볼 수 있다. 왜냐하면 그리스어 『신약성경』이 발라의 주장을 뒷받침해 주었기 때문이다. 그리스어 필사본은 εί(if)로 되어 있었다. 그런데 정작 논쟁이 격화되자, 추기경 베사리온은 입을 굳게 닫아버린다. 그러나 발라는 당시 추상같은 권력을 누리고 있던 성직자들에게 용감하게 맞선다. 이런 용기가 도대체 어디에서 유래했는지 질문할 수 있다. 그것은 그의 숭상하는 정신과 학문적 태도에서 유래했다 하겠다. 그가 중히 여기는 학문적 태도는 "도대체 어떤 작가가 이성보다 더 뛰어날 수 있단 말인가?"[3]라는 인용에서 확인할 수 있다. 인용은 발라가 합리주의자였으며 철저히 이성을 신봉한 학자였음을 보여준다. 그는 신앙이 아니라 진리를 택한 것이다. 신앙과 진리가 다시 갈라서기 시작하는 지점이라 하겠다.

발라의 이성주의는 이후 넓게는 서양 역사에서 좁게는 문헌학사에

---

3) *Confutatio prior in Benedictum Morandum Bononiensem*, op. p. 448, 1.16 (cf. R. Pfeiffer(1976:42).

서 고비 때마다 중요한 역할을 수행한다. 예컨대 1516년에 에라스무스(Erasmus)가 그리스어 『신약성경』을 편집할 때에도 가장 큰 영향을 준 힘이 바로 발라의 이성주의였다. 물론 발라와는 달리 에라스무스는 진리와 신앙은 상호 적대 관계가 아니라 동반자 관계이고 상호 도움을 줄 수 있다는 입장을 취했다. 이것만 봐도 발라의 이성주의의 힘은 대단했다고 할 수 있다. 왜냐하면 중세의 상황을 잠시만 생각해보면 이를 분명하게 확인할 수 있기 때문이다. 즉 중세에서 신앙과 진리의 관계는 종속 관계였다. 그러나 에라스무스에 오면 이제 신앙과 이성이 동반자 관계로 바뀌고 있다는 것을 확인할 수 있기 때문이다. 어찌 되었든 발라의 이성주의에 입각해 에라스무스는 『신약성경』을 편집한다. 편집 이후 많은 비판에 직면했고, 이 때문에 에라스무스는 엄청난 마음의 상처를 입었지만, 그의 시도는 역사적 패배로 종결되지 않았다.[4] 바로 이어 루터(M. Luther, 1483~1546)가 독일어로 『성경』을 번역할 때 에라스무스의 『신약성경』을 저본으로 참조했기 때문이다. 이 사건은 주지하시다시피 서양 근세가 열리는 전주곡이라 할 수 있다. 종교개혁으로 이어지고, 이어 시민혁명, 나아가 산업혁명으로 이어지는 계기를 제공했기 때문이다. 이러한 일련의 역사적 전환의 기저에서 바로 발라의 이성주의가 작동하고 있다 하겠다. 어찌 보면 발라의 이성주의는 아주 사소한 표현 하나 때문에 시작했다고 볼 수 있다. 하지만 그것은 단순한 표현 문제가 아니었다. 이 사소한 표현 문제가 『성경』 해석의 갈래를 나누었고, 이 갈라짐은 종국에는 서양사를 뒤흔들었고 현대 사회의 근간을 결정한 사건이기에 그렇다. 바로 이 대목에서 문헌학의 위력과 힘이 드러난다 하겠다.

발라의 이성주의는 좁게는 문헌학의 발전에도 결정적인 영향을 행사

---

4) cf. Timapnaro(1971: 12~13).

한다. 이 영향은 17세기 영국 고전 문헌학의 태두라 볼 수 있는 벤틀리(Richard Bentley, 1662~1742)에게서 찾아볼 수 있다. 벤틀리 문헌 편집의 특징은 필사본이 불분명한 텍스트 자리를 많은 추정(coniectura)을 통해서 보충했다는 점에서 찾을 수 있다. 그의 추정은 대부분 정확했다. 이는 나중에 발견된 필사본에 의해서 검증되었다. 그래서 문헌학자들은 이러한 추정을 "신적인 영감(divinatio)"이라고 부른다. 어찌 되었든 벤틀리의 신적인 추정 능력은 자신이 추정-보충한 원래 주인인 호라티우스(Horatius, 기원전 65~8)보다 더 호라티우스적이라고 평가 받을 정도였다. 이러한 자신의 작업 방식에 대해서 비판 편집본 서문에서 벤틀리는 "필사본에만(…) 무게를 두지 마라! 대신에 너 자신을 통해서 용기를 내어 꿰뚫어 볼 수 있도록 해라!"[5]이어 "오로지 이성만이, 예민한 판단만이, 비판 훈련이!"[6] "백 권의 필사본 중에서 고른 필사본"[7]보다 신뢰할 만한 것이라고 선언할 정도였다. 벤틀리의 이성주의는 앞서 언급한 에라스무스를, 이어 발라를 기억하도록 만든다. 발라의 이야기로 돌아가야 하는데, 말이 나온 김에 벤틀리의 이야기를 좀 더 하겠다. 벤틀리의 문헌학적 공적은 다음과 같다. 벤틀리는 에라스무스의 『신약성경』을 개정 보완하고자 계획한다. 한데 이 때 그가 세운 계획은 당대 입장에서 보면 황당무계한 것이었다. 그것은 『신약성경』의 모든 필사본을 모아서 비교해서 새로이 편집하자는 것이었다. 이는 결국 책상 속의 계획으로 머물고 만다. 그러나 이 계획은 약 100년이 지나 실천되었고 성취되었는데, 바로 계획을 실행한 사람이 라흐만(Karl Lachmann, 1793~1851)이었다. 라흐만은 『신약성경』의 필사본들을 수집하고 비교해서 『신약성경』의 필

---

5) noli...librarios solos venerari; sed per te sapere aude.

6) sola ratio, peracre iudicium, critices palaestra.

7) suoque ipsa lumine aeque se probat, ac si ex centum scriptis codicibus proferretur. 이상 라틴어 인용문은 Pfeiffer(1976; 154) 참조.

사본들에 대한 문헌계보의 분류 작업을 시도했다. 그러나 문헌 계보도는 작성하지 못했다. 왜냐하면 『신약성경』의 필사본은 전승 전통이 너무 다양해 문헌 계보를 원래 작성할 수 없는 소위 '열린 관계(recensio aperta)'에 놓여 있는 문헌이었기 때문이다. 하지만 라흐만은 앞에서 언급한 루크레티우스의 『사물의 본성에 대하여』의 필사본의 문헌 친족 관계를 조사해 문헌 계보도를 완성한다. 소위 "문헌 계보도(ars stemmae codium)"를 창시한 셈이다. 발라는 텍스트의 진위(Echtheitsproblematik) 문제를, 혹은 원작자(Authorship) 문제에 대한 논쟁을 촉발한 학자이다. 사도 바오로와 철학자 세네카(Seneca)의 편지 교환이 유명한데, 이 때 교환된 편지들이 실제로 바오로와 세네카가 지은 서신이냐를 놓고서 설왕설래된 문헌들이다. 발라는 이것들이 위서임을 밝혀냈다.

안젤로 폴리치아노의 초상.

발라의 학문적 경쟁자였던 폴리치아노(Angelo Poliziano, 1454~1494)에 대해서 간략하게 소개하겠다. 마흔의 젊은 나이에 죽은 이 학자는 발라와 그 유명한 피렌체의 메디치 가문이 후원하는 대표적인 학자였다. 폴리치아노는 발라와 문체 논쟁을 벌인 것으로 유명하고 이것 때문에 길이길이 사람들의 입에 오르내리는 사람이다. 교리문답적이고 형식 논리에 갇힌 중세적 글쓰기 형식에 반기를 들고 인문주의적 가치를 널리 퍼지게 만들기 위해서는 새로운 문체가 필요했는데, 그 대안으로 제시된 것이 키케로의 문체이다. 키케로 문체를 르네상스 시대의 유럽의 지성계에 소개한 사람은 로렌초 발라이다. 하지만 감정 개입이 심하고, 강건 만연체인 키케로 문체는 세 가지 점에서 널리 유행하지 못했다. 우선 자유로운 정신의 전파에 봉사했던 키케로 문체 뒤에 숨어 있는 정신과 그 영향력은 중세의 봉건 구조를 위협하는 요소로 작용했다. 이 때문에 암암리에 성직자들의 견제를 받았다. 다음으로, 고전 라틴어 중에서도 가장 복잡하고 어려운 키케로의 문장 구조를 이해할 수 있는 독자층이 넓지 않았다. 마지막으로, 고전 라틴어와 중세 라틴어 사이에 생겨난 언어 변화는 키케로 문체를 널리 확산시키지 못하게 했다. 키케로의 문체의 이러한 난점을 폴리치아노는 잘 알고 있었고, 소위 키케로 문체 모방에 대해서 "왜냐하면 나는 키케로가 아니기 때문에(Non enim sum Cicero.)"[8]라는 말로 키케로 문체를 거부한다. 하지만 키케로를 '모방하는 문체'를 거부한 것이지, 키케로의 말하기 혹은 글쓰기 방법론 자체를 거부한 것은 아니다. 이는 두 가지로 구성된다. 하나는 양방향으로 사고하고 말하기(in utramque partem dicere)이고, 다른 하나는 논증 구조(argumentatio)에 기반한 말하기였다. 전자는 토론에서 중추 역할을 담당하고, 후자는 말과 글의 체계를 짜고 세우는 데 필수적인 것이었다. 이는 현대 학문 세계에서도 여전히 유효한 표현 방법이다. 현대 서구 대학에서 통용되는 학문적 글쓰기 방법이 확립된 것은 어쩌면 르네상스 시기일 것이다. 폴리치아노가 요절했기 때문에 완성한 비판 정본은 없다. 그러나 폴리치아노는 서양 고전 문헌학의 발전에 네 가지의 큰 기여를 한다. 먼저, 폴리치아노는 필사본 전체를 통독-비교(collatio)한다. 필사본과 필사본을 부분적으로 읽지 않았다. 이 방식은 나중에 문헌학의 중요한 한 방법으로 자리 잡는다. 다음으로, 필사본의 비교를 본격적으로 했기 때문에 따라서 폴리치아노는 필사본들 가운데에서 더 나은 필사본이 있다는 것을 알고 있었다. 하지만 문헌 편집을 하다 보면 모든 필사본

---

8) *Politiani epistolae*, Amsterdam: 1642: 307, cf. Pfeiffer(1976: 43).

을 편집에 다 반영할 수는 없다. 필사본들 중 일부는 중요하지 않은 판본일 경우가 많기 때문이다. 따라서 중요 필사본과 그렇지 않은 필사본을 분리–정리해 주어야 한다. 이 과정을 통해서 문헌 편집에 참조해야 할 필사본들이 최소화 과정을 밟게 된다. 이 과정을 후대 문헌학자들은 eliminatio(최소화)라 부른다. 이 최소화 작업 방식의 기원이 폴리치아노의 문헌 처리 방식에 있는 셈이다. 이어서, 필사본 난외에 뭔가 특기 사항을 기록해야 하는 경우가 많은데, 이 경우 지면 공간이 부족할 때가 많다. 이 때 기록자는 약호를 만들어 사용한다. 폴리치아노는 이런 약호(sigla)들을 많이 사용하는데, 이것들은 후속 세대 사이에서 많이 애용되었고 현대에도 사용된다. 마지막으로, 필사자들이 자기 취향에 따라 텍스트를 조작하거나 텍스트에 불필요한 내용을 첨가(interpolatio)한다는 사실을 발견하고서 이에 대해 본격적인 문제 제기를 했다.

15세기는 문헌학적으로 크고 많은 발전과 개신이 있었던 시기였다. 14세기와 15세기 사이에 있는 가장 큰 차이는 14세기 문헌학은 학자들 개인의 헌신적인 노력에 의해서 발전했다면 15세기 문헌학은 공적 제도의 보호를 받으며 육성되었다는 것이다. 교황청이 고전 문헌들을 적극적으로 수집했고, 이를 보존하기 위해 도서관을 건립했다는 사실이 이를 잘 대변해 준다. 여기에는 피렌체의 메디치 가문의 후원도 빠트릴 수 없다. 뿐만 아니라 소수에게 한정되었던 고전 교육을 일반 대중이 받을 수 있었다는 점도 중요하다. 이는 이 시대에 저술되고 출판된 고전 라틴어와 그리스어 문법서의 종류와 책 수에서 잘 확인된다. 문법 교육은 단지 어학 교육으로 끝나지 않았다. 문법 교육을 받은 사람들의 궁극적인 목표는 고전 작품의 직접적인 이해에 있었다. 따라서 대중의 고전 작품에 대한 주석과 해설과 번역 수요가 발생하는 것은 자연스러운 현상이었다. 이 시대에 많은 주석서와 해설서가 저술되었다. 예컨대 우르케우스(Codrus Urceus)라는 문헌학자는 베랄도(Beraldo)에 대해 다음과 같이 언급한다. “매우 탁월한 능력으로(...) 볼로냐(대학의) 주석가는 (...) 주석하는 규칙들을(...) 보존했을 뿐만 아니라 거의 정립시켰다고 할 수 있다(per excellentiam quandam ... commentatorem ... legem ... commentandi npn servasse modo ... sed prope constituisse)”. 우르케우스에 따르면 주석 방법론에 대한 기초를 닦은 사람이 베랄도이다. 물론 많은 주석서들이 대학의 교수들에 의해서도 저술되었지만, 15세기에 들어오면 동아리 중심의 사적 연구 모임(예컨대 피렌체의 Studio)의 연구 성과물인 경우도 많다. 이러한 연구 모임은 당연히 학자들 간의 많은 교류를 가능케 했다. 이를테면 알프스 북쪽의 학자들이 학문 연마를 위해서 이탈리아를 본격적으로 방문한다. 독일, 프랑스, 영국에서 이탈리아로 많은 학자들이 유학한다. 이는 이탈리아 중심의 인문주의가 이제 본격적으로 서부 유럽으로 퍼져 나가기 시작했음을 의미한다. 예를 들면 1456년 독일 하이델베르크 대학에 교수로 초청 받은 루더(Peter Luder, c. 1415~1474)는 자신의 강의에서 다음과 같이 선언한다. “그는(아마도 살루타티를 지칭하는 것 같음) 인문학을, 즉 시인들과 연설가 그리고 역사가들의 작품들이 공공 교육을 통해서 읽힐 수 있도록 시작했다(studia humanitatis i.e. poetarum, oratorum ac historiographorum libros publice legi instituit)”[9]. 이탈리아를 중심으로 진행되던 인문학 교육이 서부 유럽으로 확산되고 있음을 말해주는 선언이다. 그러나 누가 뭐라 해도 15세기에 서양 문화에 혹은 인류사에 역사적으로 문화적으로 중요한 한 획을 그었다 볼 수 있는 사건은 역시 출판 혁명이었다. 구텐베르크(Gutenberg, c. 1400~1468)의 인쇄기 발명 덕분이었다.

9) cf. Pfeiffer(1976: 63).

구텐베르크가 개발한 금속활자로 인쇄된 『신약성경』.

인쇄술의 발전은 대량 생산과 대량 소비를 특성으로 하는 산업화의 최초 모델 역할을 했으며, 책의 보급은 고립 단위로 단절된 하위 문명권과 지역을 묶어 내었기 때문이다. 인쇄소가 있는 곳에 대학이 서고 연구가 진행되어 책으로 엮어 전파되었다. 그 결과 새로운 정신과 새로운 삶의 양태가, 다시 말해 정치적으로는 민주주의가, 경제적으로 산업화와 시장 경제가, 문화적으로 개인의 발견이 이루어졌고, 사회적으로 시민 사회가 설 수 있었다. 이와 같은 발전의 방법론적 기초를 제공한 것이 곧 인쇄술과 책이었다. 요약하자면 책과 인쇄술은 서양 근대의 단초가 되는 역할을 했다는 것이다. 서양 고전 문헌학과 근대화와 상관성에 대해서는 이어지는 논의에서 해명하겠다.

16세기 서양 고전 문헌학

16세기의 가장 중요한 특징은 서양 고전 문헌학과 인쇄술의 만남이다. 이 만남의 중심에 서 있는 사람이 알두스(Aldus Manutius, 1449~1515)이다. 로마 남쪽 바시아노(Bassiano)에서 태어난 그는 대학에서 인문학을 정식으로 배운 학자였다. 그의 스승은 구아리노(Battista Guarino,

알두스의 초상.

1435~1505)였다. 구아리노는 그리스어 문법서를 저술한 것으로 유명한 사람이었다. 이런 스승 밑에서 공부를 마친 알두스는 1480년에 페라라(Ferrara)라는 지역에서 지역 유지의 아이들을 교육하는 과외 교사로 활동한다. 1489년에 그는 중대한 결심을 하는데, 교육자로서의 인생을 포기하고 출판업자로서의 길을 선택하기로 한다. 이를 위해서 그는 페라라를 떠나 당시 상업의 중심지였던 베네치아로 간다. 베네치아에서 그는 토렌사노(Andrea Torrensano, 1451~1529)를 만난다. 토렌사노는 당시 베네치아에서 향료업으로 어마어마한 부를 쌓은 사람으로, 이후 알두스가 출판업을 시작할 때, 물심양면으로 지원을 아끼지 않는다. 1505년에는 토렌사노의 딸 마리아와 결혼하게 되는데, 이 둘 사이의 아들도 마찬가지로 출판업자로 명성을 날리게 되는 피우스(Pius Manutius)이다. 알두스가 베네치아에 출판사를 세운 해는 1493년이었다. 이 회사의 사훈은 "천천히 서둘러라(festina lente!)"였다.

"천천히 서둘러라"라는 사훈을 기치로 내건 알두스 출판사는 수많은 책들을 '시나브로' 펴내기 시작한다. 시작은 더디었지만, 이 출판사가 펴낸 책의 수는 나중에는 너무 많아 여기에 다 소개할 수 없을 정도이다. 대표적인 저자를 소개하면 이렇다. 헤시오도스(1495), 아리스토텔레스(1495~7), 아리스토파네스(1498), 필로스트라토스, 베르길리우스, 호라티우스, 페트라르카, 마르티알리스, 유베날리스, 페르시우스(1501), 키케로, 루카누스, 투퀴디데스, 소포클레스, 스타티우스, 헤로도토스, 막시무스, 오비디우스, 카툴루스, 티불루스, 프로페르티우스(1502), 루키아노스, 헤로디아노스, 에우리피데스(1503), 호메로스, 데모스테네스

알두스 출판사의 로고.

(1504), 아이소포스(1505), 에우리피데스(1506), 소 플리니우스(1508), 플루타르코스, 살루스티우스, 그리스의 수사학자들(1509), 카이사르(1513), 플라톤, 알렉산드로스 아프로디시아스, 핀다로스, 칼리마코스(1513), 농경에 관한 저술 모음, 헤쉬키오스 사전, 퀸틸리아누스, 『수다 사전』(1514), 테르툴리아누스, 루카누스, 겔리우스, 루크레티우스(1515), 루키아노스, 파우사니아스, 수에토니우스, 스트라본, 오비디우스, 프톨레마이오스(1516). 이상은 알두스가 직접 펴낸 작품의 주요 저자의 목록이다. 이 때 출판된 작품 대부분이 초판본(editio princeps)인데, 이 초판본은 이후 약 500년 동안 진행되어 온 모든 서양 고전 원전의 개정-편집본이 나올 때마다, 주요 저본으로 지금도 참조되고 있다. 반면 사회적으로 중요한 것은 아마도 바로 이렇게 출판된 책을 통해서 특정 소수에게 국한되었던 지식이 이제 대중에게 제공되었다는 점일 것이다. 이를 통해서 서부 유럽에는 '정신의 새로운 대륙'이 형성되기 시작한다. 알두스가 출판업에 성공할 수 있었던 계기는 크게 네 가지 요인에서 찾을 수 있다. 첫째는 문헌 편집을 전문가에게 의뢰했다는 것이다. 예컨대 1509년에 출판된 『그리스의 수사학자들』의 경우, 수사학자인 무수루스(Musurus)라는 전문가에게 맡겼다. 이는 일종의 책임-편집 제도인데, 이를 통해서 가능한 한 오류를 줄였다. 이렇게 출판된 책이 독자

들의 신뢰와 사랑을 받는다는 것은 당연한 일이라 하겠다. 이를 통해서 알두스 출판사는 당시 지식인들 그리고 특히 성직자들의 문헌 편집에서 생겨나는 오류 때문에 들어야만 했던 출판 서적에 대한 비난과 오해를 극복할 수 있었다. 구텐베르크가 사업에 실패하게 된 것도 실은 출판본의 오류들에 대한 비난 때문이었다. 필사의 경우, 『성경』 말씀이 잘못 필사된 경우, 한 번의 오류만 생겨나지만, 책의 경우 한 번의 실수로 3000개의 오류가 생겨나기 때문이다. 바로 이 문제를 알두스는 정확하게 파악하고 있었다. 이를 위해 1500년에 자신의 집에 많은 학자와 전문가들을 초대한다. 이렇게 초대된 사람들은 일종의 문헌 연구회(sodalitas)를 결성한다. 이 연구회에 모인 사람의 면모를 소개하면 다음과 같다. 암스테르담의 에라스무스, 프랑스 왕립학사인 뷔데(Guillaume Budé, 1468~1540), 이 사람은 나중에 소위 부엉이 로고의 출판사인 뷔데 출판사를 파리에 세운다. 둘째는 책값의 인하이다. 그는 당시 초등학교 교

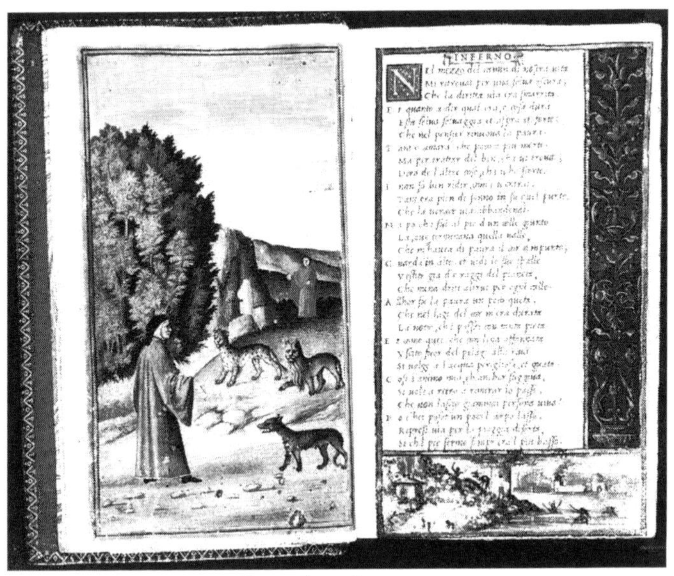

이탤릭체로 출판한 단테의 『신곡』(1502).

사 한 달 급료의 삼분의 일에 해당하는 가격에 책을 판매하였다. 일종의 박리다매 판매 전략인데, 이 전략은 사업적으로 적중했고, 출판사는 대성공을 거두었다. 알두스는 아울러 책의 제작비용을 낮추고 운반의 효율성을 높이기 위해서 책의 크기를 줄였는데, 이 크기가 바로 소위 '펭귄 클래식' 시리즈 규모의 크기이다. 누구나 호주머니에 책을 가지고 다니면서 읽을 수 있도록 만든 것이라 하겠다. 세 번째는 향료가 팔리는 곳이면 책이 팔린다는 말이 있다. 이는 알두스가 책의 수요처를 정확히 파악하고, 이에 따라 판매 전략을 세웠다는 것이다. 상업적으로 성공했지만 졸부라 비난받던 신흥 상업 세력의 지적 욕구는 대단했다. 왜냐하면 능력에 비해 대접을 제대로 받지 못하고 있다는 것이 그들에게는 언제나 불만이었기 때문이다. 이러한 이유에서 책의 출현을 가장 반겼던 세력이 소위 나중에 부르주아지라 불리는 사람들이었다. 네 번째로 알두스는 책의 내용뿐만 아니라 책 자체를 구입하도록, 그러니까 책 자체가 상품이라는 것을 꿰뚫어 보고 있었다. 책을 편하게 읽도록 도와주려는 목적도 있었지만, 책을 한번 보면 사지 않았을 수 없도록 만들자는 전략이라 하겠다. 해서 그는 읽기 쉬운 글자체를 개발하는데, 이 때 개발한 글자체가 소위 이탤릭체이다.

물론 알두스가 최초의 출판업자는 아니었다. 최초의 출판업자는 독일인이었다. 이 사람의 이름은 요한네스(Johannes)였고, 그가 출판사를 차린 곳은 마인츠 지역의 스파이어라는 조그만 동네였다. 아울러 그리스어 인쇄 글꼴을 처음 개발한 사람은 프랑스인 장손(Nicholas Jenson, 1402~1480)이었다. 그러나 중요한 것은 알두스가 이 새로운 시대가 도래하고 있음을 간파하고, 이 변화에 적극적인 대응을 해 나갔다는 것이다. 아마도 소위 '블루오션(blue ocean)'을 증명한 최초의 CEO일 것이다. 그러나 사업가로서 알두스의 이런 능력이 처음부터 주어진 것은 아니었고, 근본적으로 인문학에 대한 열정(studia humanitatis), 책에 대한 사랑(philobiblia) 혹은 문헌에 대한 사랑(philologia)이 있었기에 가능했다 하겠다. 그러니까 이 사랑이 없었다면 사업적으로 그가 아무리 수완이 뛰어난 사람이라 할지라도, 그 수많은 학자들이 그에게 모여 들지 않았을 것이기 때문이다. 어찌 되었든 알두스를 기점으로 유럽은 이제 새로운 정신적 대륙을 만들어 가기 시작한다. 왜냐하면 또 다른 알두스가 등장하기 때문이다. 그 대표적인 인물이 레나누스(Beatus Rhenanus, 1485~1547)이다.

베아투스 레나누스의 초상.

라인강이 발원하는 곳에서 태어났다 해서 레나누스라 불린다. 레나누스는 주로 프랑스의 파리에서 왕립학사로 주로 활약한다. 그는 말년에 고향 스트라스부르로 돌아간다. 이곳에서 그는 한편으로 많은 문헌을 편집하고, 다른 한편으로 많은 학자와 교류를 나눈다. 이 교류 반경에 속하는 지역이 독일의 프라이부르크, 스위스의 바젤, 상갈렌, 현재는 프랑스의 스트라스부르 지역이다. 이는 유럽 남부에서 일어난 일들이다. 이와 같은 방식으로 이탈리아의 문헌학은 알프스를 넘어서 유럽의 심장부로 이동한다. 이를 잘 보여주는 인물이 로이힐린(Johannes Reuchlin, 1455~1522)과 멜란히톤(Philipp Melanchton, 1497~1560)이다. 이들은 에라스무스와 함께 유럽 북부의 인문학을 주도한 학자들이다. 이들의 활동과 교류가 중요한 것은 한편으로 에라스무스의 『신약성경』 편집에 직-간접으로 영향을 끼쳤다는 점이고, 다른 한편으로 루터의 독일어 성경 번역에 중요한 기여했기 때문이다. 특히 멜란히톤은 비텐베르크에서 1518년에 대학을 다녔는데, 이곳에서 루터를 만난다. 이 만남은 이 후 성경문헌학사의 관점에서 볼 때, 매우 큰 의미가 있다. 이러한 만남과 교류를 통해서 이제 문헌학은 세속에 깊은 영향을 주게 된다. 16세기는 아울러 문헌 교정과 관련해서 그 방법론이 체계화되기 시작한 시대였다. 칸터(Willem Canter, 1542~1575)의 정리[10]를 소개하겠다.

[그리스 문헌 교정 방법에 대한 일목]
(Syntagma de ratione emendandi scriptores Graecos)

1. 철자 생략과 제거해야 할 철자에 대해서
(De litteris omissis et supervacuis)
2. 음절과 단어의 생략과 제거에 대해서
(De syllabis et verbis addendisque tollendisque glossis)
3. 난외 주석에 있는 주석 처리에 대하여(marginales notae)
4. 단어의 결합과 분리에 대하여
(De conjunctione vocum et disiuntione)
5. 철자와 단어의 위치 이동에 대하여
(De Metathesi litterarum et verborum)
6. 악센트에 대하여(De accentibus)
7. 동일한 철자나 동일한 단어로 끝나는 경우 생략에 대하여
(De homoeartis et homoeteleutis)
8. 생략 표현의 해독에 대하여(De abbreviationibus)

이렇게 16세기는 이제 필사본을 본격적으로 비교하고, 문법적으로 맞지 않거나, 혹은 문맥에 의미가 상통하지 않으면 교정하고, 간단히 말해, 문헌의 비판적 검토가 이루어지는 시대다.[11] 그런데 문헌을 비교하다 보면, 크게 두 가지 문제에 직면하게 된다. 전승 과정 중 잘못 표기된

10) Canter(1566).
11) 참조 Timpanaro(1971: 12~26).

단어들의 처리가 그 중 하나이다. 잘못 베낀 단어들 중에는 한 번만 나오는 표기(hapax legomena)들도 많이 포함되어 있다. 이런 사정 때문에 틀렸다고 함부로 지우거나 교정해서는 안 된다. 다른 하나는 단어들이 올바르게 표기되어 전해져 왔다 해도, 의미 변화로 인해 텍스트 이해가 안 되는 경우가 그것이다. 예를 들어 원래는 일상어였는데 특수 전문어로 사용된 경우, 즉 사회 문화사적 변동으로부터 생겨난 의미 변화 경우들도 이해가 안 된다고 해서 함부로 텍스트를 교정하거나 고쳐서는 안 되는 것들이다. 이런 사정 때문에 당시의 문헌학자들은 한 단어가 형태적으로 시대와 지역에 따라 어떻게 변화해 가는지 그리고 그 단어의 의미 변화가 어떻게 나타나는지를 보여 주는 사전을 갖기를 꿈꾸어 왔다. 이 꿈이 구체화되어 나온 것이 바로 *Thesaurus linguae Latinae* 사전이고 *Thesaurus linguae Graecae*이다. 이것들은 크게 두 가지를 목표로 한다. 하나는 개별 단어에 나타나는 문법적, 혹은 언어학적 특이 사항을 모두 기술해 주는 것이고, 다른 하나는 그 개별 단어의 일생사(fatum verbi)를 보고하는 것이다. 마치 한 개인의 전기라고 생각하면 된다. 사전의 개별 항목은 한 단어가 어떻게 태어나서, 누구를 만나고, 어떻게 성장하고, 어떻게 형태와 의미가 변하고, 시대와 공간의 어떤 영향을 받고, 어떤 다른 단어로 대체되었는지, 혹은 축소되었는지, 그리고 어떻게 생을 마감했는지를 기술한다. 사전학의 시조(Princeps Lexicographorum)라는 칭호를 얻은 스테파누스(Robertus Stephanus)는 직접 자료를 모아 분석, 정리하여 *Theasaurus linguae Latinae* 사전을 1531년 파리에서 출판한다. 이에 대해서는 이어지는 장에서 상세하게 보고하겠다. 그리스 사전의 경우 스테파누스의 아들 스테파누스가 1572년에 파리에서 출판한다.

17~18세기 서양 고전 문헌학

17세기의 문헌학자 중에는 사이몬(Richard Simon, 1638~1712)과 마비용(Jean Mabillon)을 소개하겠다. 사이몬은 성경 필사본학의 시조이다. 그는 1678년에 『구약성경의 '필사본 역사'에 대한 비판적 고찰(*Critical History of Old Testament*)』를 출판하고 1689년에 『신약성경』의 필사본 전승사에 착수한다. 문헌 전승사에 대한 연구의 뿌리가 여기에 있다 하겠다. 사이몬에 의해서 시작된 문헌 전승사는 300년 이후 마아스(Paul Maas)의 문헌 계보도(stemma codicum) 이론으로, 최근에는 웨스트(M.L. West)의 비판 정본학(text criticism)으로 이어진다. 마비용은 파리의 생 제르망 출판사의 직원이었고, 『문서학(*De re diplomatica*)』을 출판하는데, 이 책은 라틴 문헌 필사본의 역사와 진위 문제를 문헌학자의 직감이나 개인적인 경험을 바탕으로 해결하는 것이 아니라 자료의 체계적인 비교를 통해서 해결하려고 시도했다는 점에서 중요하다. 사실, 18세기 서양 고전 문헌학의 역사는 내용적인 측면에서 17세기의 그것과 크게 차이가 없다. 18세기에 활약한 문헌학자 가운데에서는 몽포콘(Bernard de Monfaucon, 1655~1741)을 소개하겠다. 그가 1708년에 출판한 『그리스어 문헌 판독학(*Palaeographia Graeca*)』은 11,630 두루마리의 필사본에 대한 목록을 정리했고 그것들의 판독 방법에 대한 지침을 제시한다. 이 책이 지닌 학술적 가치는 소위 "통행본(textus vulgatus)"의 권위를 무너뜨리는 결정적인 기여를 했다는 데에서 찾을 수 있다. 이쯤되면 14세기 이탈리아에서 시작한 서양 고전 문헌학이 이제는 완전히 유럽의 심장부에 자리잡았다고 하겠다. 그러니까 여기까지 오는 데 약 300년의 시간이 소요된 셈이다. 17세기에서 18세기 사이에는 크고 작은 많은 사건이 있었고, 이 사건의 중심에서 중요한 기여를 한 많은 학자들이 있다. 이러한 사건의 주요 특징을, 한마디로 요약한다면,

서양 고전 문헌학이 파리를 중심으로 다시 유럽 전역으로 퍼져 나가고 있다고 말 할 수 있다. 그 중 가장 대표적으로 네덜란드 문헌학자들의 주도적인 활약을 예로 들 수 있다. 보시우스(Vossius)나 립시우스(Lipsius)가 바로 그들이다.

그러나 18세기의 중요한 사건은 무엇보다도 이제 영국 문헌학의 전면적인 등장이다. 그 주역을 담당한 사람이 바로 벤틀리(Richard Bentley, 1662~1742)이다. 그의 학문적 업적과 활동에 대해서 소개하겠다. 벤틀리는 1726년에 『신약성경』의 비판 정본을 준비한다. 같은 시기에 그는 호메로스 편집을 준비했고, 1732년에 이 작업을 착수한다. 호메로스 편집 중에 그는 중요한 학적 발견을 하게 된다. 그가 발견한 것은 그리스어 디감마 현상이다(digamma aolicum oinos *F*oinos). 이 디감마는 필사본 어디에도 표기되지 않았다. 그러나 그는 알렉산드리아 문법가의 작품과 비문의 연구를 통해서 라틴어의 v에 해당하는 발음 현상이 있었음을 밝혀냈다. 이는 언어학적으로 그리고 운율 연구에 있어서 중요한 사건이었다. 이러한 언어에 대한 천부적 감각은 계속해서 운율 연구에 대한 중요한 기여를 했다. 예컨대 고대 로마의 희극작가 테렌티우스가 사용한 운율은 두 종류, 즉 이얌부스(iambus)와 트로카이우스(trochaius)밖에 없다고 알려졌다. 그런데 벤틀리는 테렌티우스가 이 두 종류 이외에 다른 운율 종류를 사용하고 있음을 발견한다. 운율론의 연구가 본격적으로 시작한다고 하겠다. 벤틀리는 당대 유명한 학자들과 함께 매주 한 번씩 모여 독회를 개최하였다. 이 독회에 에블린(John Evelyn), 렌(Christopher Wren), 로크(John Locke) 그리고 뉴턴(Isaac Newton)이 참여했는데, 이들 모두 영국 지성사를 빛낸 인물들이다. 벤틀리가 주도한 독회의 역사적 의미는 다음의 사건에서 잘 드러난다. 1692년에 유명한 화학자 보일(Robert Boyle)이 무신론자라는 이유로 교회의 공격을 받는 사건이 발생한다. 보일의 입장은 과학과 신앙은 동반자로, 과학이 신앙이 세운 체계를 무너뜨리지 않는다는 믿음을 가지고 있었다. 그러나 이 생각은 버클리(George Berkeley)를 비롯하여 많은 신학자와 철학자들에게는 위험한 생각이었다. 그들은 과학으로 인해 무신론의 확산을 경계했기 때문이다. 따라서 과학계와 종교계 사이에는 뜨거운 논쟁 전선이 형성되어 있는 형국이었다. 바로 논쟁 전선에서 벤틀리는 보일 독회(Boyle Lecture)를 통해서 보일의 입장을 옹호하고 정당화하는 입장을 취한다. 이에 대해서 뉴턴은 증명 중에 수학적 오류는 있지만 전체적으로 보면 벤틀리의 논증과 논거는 타당성이 있는 것으로 평가한다. 벤틀리의 이런 학제적 활동에서 우리가 내릴 수 있는 평가는 인문학과 자연과학의 만남이다. 물론 이러한 만남이 가능한 것은 기본적으로 벤틀리의 명민한 지적 능력도 작용했겠지만, 근본적으로는 발라, 에라스무스를 거쳐 문헌학 혹은 인문학의 저변에 깔려 있는 이성주의 혹은 합리주의라는 중요한 원칙이 있었기에 가능했다. 벤틀리의 이성주의는 이후 영국 문헌학의 중요한 경향으로 자리 잡는다. 이 경향은 포슨(Richard Porson, 1759~1808) 같은 문헌학자의 작업 방식에서도 잘 확인할 수 있다. 이상이 18세기 영국 문헌학에 대한 보고이다.

한편 유럽 대륙의 한 구석에서는 19세기와 20세기의 고전 문헌학의 방향과 기본 골격을 결정할 새로운 방법에 입각한 문헌학이 태동하고 있었다. 이 '새로운 방법'이란 바로 교육(education)과 연구(research)의 결합이다. 이 방법은 기존의 교육이 암기 중심의 교육 방식이었다면, 연구를 통해서 교육을 혁신해야 한다는 것이었다. 교육과 연구의 결합 문제에 대해서 체계적으로 그리고 본격적으로 실천에 옮긴 사람은 하이네(Christian Gottlob Heyne, 1729~1812)였다. 교육과 연구의 결합은 훔볼트(Wilhelm von Humboldt)의 주장으로 잘 알려져 있다. 그러나 실은 이 주장의 원 지적 소유권은 하이네에게 있다. 훔볼트는 바로 하이네의 제자였기 때문이다. 물론 지적 소유권이 누구에게 있느냐 더 따져 본다면 이 주장의 발원자는 고고학자 빙켈만(Johannes Jochaim Winkelmann, 1717~1768)이다. 빙켈만의 고고학 연구는 하이네에게 지대한 영향을 끼쳤다. 한편으로 하이네 자신이 탁월한 고고학자로 활동하는데, 이는 빙켈만의 영향이라 하겠다. 다른 한편으로 하이네가 문헌에 대한 실증 연구의 중요성을 자각하는 과정에서 빙켈만의 고고학적 실증 연구 중시 태도가 한 몫 단단히 했기 때문이다. 하이네의 문헌에 대한 실증적 연구는 이후 독일 고전 문헌학의 성격과 방향을 결정하는데, 예컨대 그의 제자였던 볼프(Friedrich August Wolf, 1759~1824)의 연구도 실은 하이네 전통에서 진행된 것이다. 자신의 유명한 논문 「호메로스 문제들에 대한 서문」에서 볼프는 소위 호메로스 텍스트의 통일성을 연구한다. 이 연구를 통해서 그는 호메로스 텍스트는 오랜 시간에 걸쳐 퇴적된 작품이라는 사실을 밝혀낸다. 이 사실은 작가가 호메로스 한 사람이 아니라 많은 직업 가객들일 수 있다는 주장으로 이어진다. 그러나 이 주장은 아직도 논쟁 중이다. 소위 단일론이냐 분석론이냐를 놓고 싸우고 있는데, 중요한 것은 어느 쪽이 맞느냐가 아니라, 실은 이 논쟁을 통해서 혹은 논쟁 중에 많은 중요한 사실과 학문적 발전이 이루어졌다는 사실이다. 예컨대 패리(Milman Parry)같은 사람은 단일론 진영에 속하는데, 이 학자가 시도한 것은 다음과 같다. 패리는 유고슬라비아 지역의 직업 가객의 암송 능력을 연구하고, 이 연구 방법을 호메로스 직업 가객의 경우에 대입시킨다. 결론은 그러니까 한 직업 가객이 예컨대 『일리아스』 24권을 다 외울 수 있었고, 따라서 한 시인이 『일리아스』를 지었을 수도 있다고 주장한다. 패리의 연구 방법은 나중에 옹(Walter

Ong)이 『문자 문화와 구술 문화』의 차이를 연구하는 데, 중요한 단초를 제공한다.

하이네의 실증주의 연구 전통은 볼프의 제자였던 뵈크(Boeckh)와 베커(Bekker)로 이어진다. 베커는 아리스토텔레스 편집자로 한국에도 많이 알려진 문헌학자이다. 이들은 자신의 선배였던 훔볼트가 1810년에 베를린에 세운 훔볼트 대학에서 활약하게 된다. 이들의 연구는 그리고 연구에 입각한 교육은 훔볼트의 이념에 가장 부합한다 하겠다. 그러니까 일종의 교과서가 있어서 이 교과서를 매년 반복하는 방식이 아니라 새로운 문헌 텍스트를 편집하고, 그 텍스트를 연구하고 가르쳤다는 것이다. 오늘날 시각에서 보면 아무것도 아닌 일처럼 보이겠지만 이는 가히 교육 방식의 혁명적인 전환이라 하겠다. 왜냐하면 당시 유럽의 유수 대학에서는 아직도 옛날 수도원식 독해와 암기 중심이었고, 새로운 연구를 교육 과정에 반영하고 있지 않았기 때문이다. 즉 늘 가르치던 내용을 반복해서 가르쳤기 때문이다. 이렇게 연구와 교육의 결합이 가능했던 것은 물론 하이네의 통합 정신이 결정적으로 작용했기 때문이라고 평가할 수 있다. 그러나 실은 더 중요한 것은 하이네가 단지 이 통합 정신에 대하여 구호 차원의 선언에 머무르지 않고 구체적으로 이를 실천에 옮겼다는 것이다. 하이네는 연구를 위해서는 무엇보다도 자료의 중요성을 간파하고 있었다. 해서 그는 도서관을 건립한다. 이 도서관이 다름 아닌 괴팅엔 대학 도서관이다. 이 도서관은 후대 대학 도서관의 전범 역할을 담당한다. 예컨대 하버드 대학 도서관도 괴팅엔 대학 도서관의 구조와 제도를 모방하였다. 하이네가 도서관장으로 재직 시 수집한 장서수가 200,000권에 이르렀다. 다음은 하이네가 수집한 책들에 대한 사진이다.

도서관 없이는 어떤 연구도 제대로 수행되지 않는다. 이 도서관에 기

하이네가 모은 200,000권의 책들(독일 괴팅엔대학 도서관).

초해 괴팅엔 대학은 이후 다수의 노벨상 수상자를 배출한다. 연구와 교육의 결합이 가져다 준 결과라 하겠다. 연구를 위해서 하이네는 괴팅엔 학술원(Göttinger Akademie)을 결성한다. 이 아카데미는 오늘날 규모에서 보면 학술원, 혹은 한림원에 해당한다. 그러나 초기 모습은 오늘날 의미의 학회 규모에 해당하는 연구자 모임이라고 볼 수 있다. 이 아카데미는 흩어져서 개별적인 연구에 그쳤던 학자들을 한 자리에 모았다. 이를 통해 학자들은 연구의 결실을 공동으로 누리고 아울러 개인 차원에서는 감히 생각할 수 없었던 거대 학문 프로젝트를 실천에 옮길 수 있게 된다. 그 대표적인 예가 소위 『라틴어 대사전(*Thesaerus linguae Latinae*)』 집필이라 하겠다. 물론 이 프로젝트의 제안자는 볼프였다. 그러나 이것이 가능했던 것도 실은 하이네가 기초한 아카데미가 있었기 때문에 가능했다. 이 아카데미는 대학 외부의 제도와 권력으로부터 학자들을 보호해 주는 역할도 담당했다. 아울러 외부의 사회와 대학이 학적으로 개입할 수 있는 통로 역할도 수행하였다. 연구사 차원에서 하이네의 또 다른 공로는 학회지를 만들었다는 데에서 찾을 수 있다. 엄밀한 의미에서 학회지의 모습을 갖춘 것은 아니지만 일종의 회보(periodica, 오늘날의 저널이란 말은 이 단어에서 의미 번역한 것임)를 통해서 그는 학회와 학자의 연구 동향 그리고 학자간에 벌어지는 학적 논쟁을 학회 회원에게 알렸다. 이를 통해서 학자들은 연구와 동향과 최신 연구 성과를 접할 수 있게 되었고, 필요한 경우 어디에 누가 무엇을 연구하고 있는지를 파악할 수 있게 해 주었다. 결론적으로 하이네의 학적 기여에 대해서 다음과 같은 평가를 내릴 수 있다. 한마디로 말한다면 하이네는 연구와 교육의 결합을 통해서 연구 중심의 현대 대학의 탄생의 기초를 닦은 사람이다. 따라서 이 탄생과 관련하여 언급하고자 하는 바는 '현대 대학'의 뿌리를 거슬러 올라가면, 그 뿌리가 인문학 더 정확히 서양 고전 문헌학이라는 샘에서 발원하고 있다 하겠다.

4장

근현대의 서양 고전 문헌학[1]

서양 고전 문헌학이 독립 학문으로 인정받고 대학 내에 정식 학과로 인정받게 된 것은 19세기 이후다. 이를 위한 서양 고전 문헌학자들의 전략은 크게 두 가지였다. 하나는 서양 고전 문헌학을 '국민 국가 형성(nation building)'의 방편으로 이용했다는 것이다. 다른 하나는 서양 고전 문헌학을 하나의 독립 학문으로 만드는 작업이 그것이다. 전자를 보충하면 다음과 같다. 당시 독일은 한편으로 여러 개의 작은 소국으로 분열된 나라였고, 다른 한편으로 다른 유럽 국가와 비교해서 아직 국민 국가의 이념도 마련되지 않은 상태였다. 이러는 과정에서 독일의 국가발전을 놓고 치열한 노선 투쟁이 벌어졌는데, 이 노선 투쟁에 관여했던 세력은 크게 두 부류이다. 하나는 경제와 군사적 힘을 바탕으로 하는 로마를 모델로 삼아 제국으로 나가야 한다고 주장했던 역사학파이다. 드로이젠(Johann Gustav Droysen), 니부어(Barthold Georg Niebuhr), 몸젠(Theodor Mommsen)이 대표적인 인물이고, 니체(Friedrich Wilhelm Nietzsche)도 이 노선을 적극적으로 찬동했던 사람이다. 다른 하나는 아테네와 같은 도시 국가를 모범으로 삼아 문화와 교양 국가로 발전시켜야 한다는 고전 문헌학자들과 철학자들 집단이다. 여기에 속하는 대표적인

1) 이 글은 안재원(2017: 119~136)를 바탕으로 재구성.

인물이 니체와의 논쟁으로 유명한 빌라모비츠(Ulrich von Wilamowitz-Möllendorf)이다. 이 논쟁에서 잠정적으로 승리한 세력은 역사학파이다. 독일의 제3제국과 히틀러와 같은 전체주의 세력이 결국은 득세했기 때문이다. 물론 지금은 보편 교양주의자들이 대세를 다시 장악했지만 말이다. 이 과정에서 서양 고전 문헌학이 방법론적으로 기여한 것은 이른바 실증주의 전략이다. 당시 독일에서 크게 유행했던 학문이 동방학이다. 이 학문이 각광을 받은 이유는 독일 인종의 기원인 아리안의 뿌리를 동방에서 찾으려는 연구였기 때문이다. 대체로, 이런 연구의 특징이 그러하듯이, 주장하는 내용에 비해 이를 뒷받침해주는 실증적인 자료가 빈약한데, 이 논쟁에서 이미 그리스도교와 오랜 전투 경험이 있는 서양 고전 문헌학은 큰 위력을 발휘했다. 실증 가능한 문헌 전거와 고고학 유물의 근거에 바탕을 두지 않는 신화와 이야기에 불과한 주장들을 검증함에 있어서 서양 고전 문헌학의 방법론보다 위력적인 수단은 없었기 때문이다. 요즈음 한국 역사학계에서도 나름 "핫이슈(hot issue)"라 할 수 있는 고대사 논쟁도 이와 유사한 양상으로 진행되고 있는데, 이 논쟁의 뿌리가 실은 19세기에 시작된 일본의 "국수주의" 논쟁으로부터 영향을 받은 것이고, 그런데 그 뿌리는 독일의 역사학자들과 동방학자들에게로 거슬러 올라간다. 민족의 기원에 대한 논쟁과 예컨대 대일본주의나 대독일주의는 모두 초록이 동색이기 때문이다. 이 논쟁에서, 독일 고전 문헌학자들 대부분은 한편으로 신화와 사실을 엄격하게 구분하고 다른 한편으로 사실과 논증의 중요성을 강조하는 입장을 취한다. 요즈음 한국의 학계 일부가, 특히 재야 학자들이 비판하는 "실증주의 방법론"의 기원도 실은 독일 고전 문헌학자들의 그것들이다. 어쨌든 독일 고전 문헌학은 양면 전략을 취한다. 국민 국가 형성에 필요한 이념과 가치를 아테네와 로마에서 발굴 가공하여 "교양(Bildung)"의 이름으로 포장하여 독일 국민에게 제공하였다. 하지만 이른바 "대독일주의(Das Grosses Deutschland)"에는 찬동하지 않았다. 독일 고전 문헌학자들의 양면 전략은 바로 이어서 살피겠지만 일본과 중국의 문헌학에서도 관찰된다. 이에 대해서는 바로 이어서 소개하겠다. 아무튼 독일 고전 문헌학은 독일의 국민 국가 형성에 크게 두 가지 점에서 기여한다. 한편으로 사분오열 쪼개져 있는 독일 국민을 통합함에 있어서 요청되는 보편 이념과 가치를 고대 그리스로부터는 인간 이념을, 로마로부터는 공화정과 제정에서 통용되었던 정치적인 통합 원리와 방식을 끌어다가 독일식으로 체계화시켰기 때문이다. 다른 한편으로 독일의 역사적 정체성을 그리스와 로마에 놓음으로써 21세기 후반에 본격화된 유럽 통합의 가능성을 예비했다. 이와 같이 국민 국가 형성에 기여하는 점을 들어서 독일 고전 문헌학은 대학의 제도에서 머무를 수 있는 공간을 확보할 수 있게 된다. 뵈크의 일갈이다.

> 인간 정신은 모든 기호와 상징을 매개로 사용한다. 그러나 앎을 드러내주는 가장 적확한 표현이 언어이다. 구어이든 문어이든, 그것들을 연구하는 것은, 필로로기(Philologie)라는 이름이 말해주듯이, 가장 근본적인 문헌에의 욕구로써, 그 욕구는 누구에게나 있는 것이고 필연적인 것이라는 점은 다음의 사실에서 분명해진다. 왜냐하면 매개가 없이는 지식은 커녕 삶 자체가 형편없을 수밖에 없기 때문이다. 따라서 필로로기는 사실적으로 삶을 가능케 하는 제일 조건들 가운데에 하나다. 기본 요소이다. 그것은 인간 본성의 가장 깊은 곳에 자리 잡고 있으며 문화의 연결고리들 가운데에서 가장 근원적인 것이다. 필로로기는 교양을 지닌 국민들의 기본 욕구에서 자신의 존재 근거를 찾는다. 교양이 없는 국민도 필로소페인(philosophein, 철학하기)은 할 수 있다. 하지만 필로로게인(philolgein, 문헌학하기)은 할 수 없다.[2)]

2) Boeckh(1877: 11~12).

다른 하나로 문헌학을 하나의 학문으로 정립시키려는 독일 고전 문헌학자들의 노력과 투쟁을 들 수 있다. 독일 고전 문헌학을 대학에서 정식 학과로 만들기 위한 투쟁은 문헌학에서 처음 발견되는 현상이 아니다. 단적으로, 칸트가 철학과를 교양학부에서 독립시키려 했던 분투를 들 수 있기 때문이다. 그의 「학부 논쟁」(Der Streit der Fakultäten, 1798)이 그 전거이다. 칸트의 분투는 서양 고전 문헌학자들에게도 영향을 준다. 대표적으로 뵈크를 들 수 있다. 뵈크는 볼프의 제자인데, 칸트 철학의 영향을 깊게 받은 사람이다. 이는 뵈크가 문헌학을 하나의 독립 학문으로 정초시키는 과정에서 "학문" 일반에 대한 칸트의 생각을 중요하게 의식하고 있다는 사실에서 확인된다. 뵈크는 문헌학을 "인간 정신에 의해서 만들어진 것, 즉 알려진 것들에 대한 앎(das Erkennen des vom menschlichen Geist Producierten, d.h. des Erkannten zu sein)"[3]으로 정의 내리는데, 이 정의는 문헌학을 구성하는 개별 경험들과 하위 분과 기술들의 백과사전식 편제를 극복하려 했던 것이다. 즉 여러 잡다한 것들을 보편의 지평에서 하나로 묶어주는 통일성을 제공하는 이념을 확보해야 한다는 뵈크의 생각은 전형적으로 19세기 독일 대학을 지배했던 칸트 철학의 한 흔적이다. 이는 1877년 출판된 그의 책 『문헌학을 위한 방법들과 모든 학술들(*Encyklopädie und Methodologie der philologischen Wissenschaften*)』의 시작하는 문장에서 확인된다.

> 어느 학문이든, 이는 문헌학도 마찬가지인데, 그것을 실제 있도록 만드는 개념은, 만약 그것이 단적으로 학문적인 뭔가를 지니는 것이 되고자 한다면, 그것은 부분들에 대해서 다음과 같은 관계를 가져야 한다. 즉 그 개념은 모든 부분들에 통용되는 개념의 공통성을 가져야 하고, 그 부분

3) Boeckh(1877: 10).

들은 개념으로서 자신들을 포괄하는 어떤 개념에 포함되어야 한다. 또한 개별 부분들은 다시 자신 안에 전체성을 담지하고 있어야 한다. 비록 부분을 부분으로 만드는 특정의 제약에 의해서 한정될 수밖에 없음에도 말이다.[4)]

그런데 흥미로운 점은, 뵈크가 칸트의 "문헌학" 정의에는 동의하지 않는다는 것이다. 뵈크는 칸트가 문헌학을 협의의 의미로 규정한다고 비판하는데, 이는 다음과 같다.

문헌학과 고대학에 대한 칸트의 개념은 너무 협소하다. 칸트는 문헌학을 "책들과 말들에 대한 비판적인 앎"(『논리학』 서문 vi) 이라고 규정한다. 그런데 이 정의는 경험의 관점에서 볼 때에 전혀 들어맞지 않고, 이 개념으로는 어떤 것도 착수할 수가 없다. 왜냐하면 그것은 학문의 통합성 없이 이것저것들을 긁어모은 것에 불과하기 때문이다.[5)]

앞의 인용에서 확인할 수 있듯이, 뵈크는 문헌학을 독립 학과로 정초하기 위해서 일반론적인 관점에서 학문에 대한 칸트의 생각을 빌어다 사용하고 있지만 개별적인 관점에서는 칸트의 문헌학 정의를 거부한다. 이는, 앞에서 살펴보았듯이, 뵈크가 문헌학을 철학의 대각점에 위치시켰다는 사실에서 잘 드러난다. 뵈크에 따르면, 앎은 보편의 지평에서 성립하는 것이지만, 그것이 역사의 맥락과 공동체의 맥락을 구성 조건으로 요구한다는 것이다. 앎도 그러니까 역사의 검증을 받을 때에 앎으로써 의미있게 작용한다는 것이다. 그런데 이를 행하는 학문이 문헌학이라는 것이다. 다시 말해서, 이는 철학자들의 사변적인 공론(speculation)의 공허

4) Boeckh(1877: 8).

5) Boeckh(1877: 3).

함을 비판하는 대목인데, 역사를 통해서 검증받은 앎들을 다루는 것이 문헌학이라는 것이다. 이것이 문헌학을 "알려진 것들에 대한 앎"으로 규정하는 뵈크의 기본 생각이다. 사실 세상에 새로운 생각과 새로운 말을 만드는 것은 결코 쉽지 않다. 그도 그럴 것이, 역사와 문명을 구성하고 움직이는 말들과 생각들을 선점해버린, 적어도 서양의 경우 그리스어와 라틴어가 그러한데, 이 말들의 역사를 살피는 과정에서 새로운 개념과 이념이 탄생했기 때문이다. 이와 관련해서는 단적으로 "서양 철학은 플라톤 철학의 주석"이라는 화이트헤드의 말 한마디로 충분할 것이다. 이와 같은 생각에 입각해서 뵈크는 철학에 대등하게 위치한 학문으로 문헌학을 정초하기 위해서 많은 고민과 반성을 행한다. 아닌 게 아니라, 알려진 것들을 알아가는 방법과 검증하는 체계를 만드는 일이 결코 쉬운 작업은 아니었기 때문이다. 뵈크의 시도는, 아리스토텔레스의 학문 관점에 접근한다면, 방법론적인 특징이 강한 문헌학을 경험(empeiria)과 기술(techne)의 심급에서 지식(episteme)의 심급으로 끌어 올리려는 것이었기 때문이다. 물론 뵈크의 시도가 과연 성공했는지의 여부에 대해서는 아직도 논쟁 중이다. 하지만 문헌학을 지식의 심급으로 끌어 올리려는 뵈크의 시도는 백과사전식 편제로 구성된 문헌학의 여러 방법들을 하나로 묶어내기 위한 이념의 창출로 이어졌다. 이를 위해서 그는 당시 통용되고 있던 문헌학에 대한 이해들을 비판적으로 검토한다. 크게 여섯 가지이다.

첫째는 문헌학을 고대학(Altertumsstudium)으로 보는 이해에 대한 비판이다. 이에 대한 뵈크의 입장은 문헌학은 서양 고대에 관한 학문으로 국한할 수 없다는 것이다. 왜냐하면 "이탈리아 문학이나 영문학"도 문헌학의 대상이 되어야 하고, 한 국가의 언어와 문학을 다루는 한에서 현대의 언어와 국민 문학도 모두 문헌학의 대상이 될 수밖에 없기 때문이라고 한다. 단테와 셰익스피어도 문헌학의 중심 연구 대상이 되어야 하고 중세 문헌들도 문헌학의 대상으로 인정해야 한다는 것이 뵈크의 기본 입장이다. 이와 같은 입장은 인도 문헌, 유대 문헌, 중국 문헌들을 포함해서 동방학에 관련된 문헌들에 대한 연구도 문헌학에 포함된다. 이를 통해서 뵈크는 문헌학에 둘러싸고 있던 시간과 공간의 제한을 해제시키는데, 문헌학(general philology)이 여기에서 시작된다.

둘째는 문헌학을 언어연구로 한정해서 보려는 이해에 대한 비판이다. 이와 관련해서, 뵈크는 필로로기아(philologia)라는 이름에 포함되어 있는 로고스(logos)는 언어(glossa)가 아니라고 강변한다. 언어를 연구하는 것은 문법인데, 문법은 문헌학의 하위 분야에 속하는 분과학문에 불과하다는 것이다. 그도 그럴 것이 문법은 언어 형식에 대한 연구이기 때문이라고 한다. 하지만 문헌학에는 요컨대 문학사와 같은, 문법과는 다른 차원에서 접근하는, 즉 형식이 아닌 내용에 대한 탐구가 포함되어 있기 때문이라고 한다. 문헌학과 언어학의 분기는 이미 여기에서부터 시작되었다고 하겠다.

셋째는 문헌학을 박학다식(polyhistorie)의 공부로 보려는 이해에 대한 비판이다. 뵈크에 따르면, 박학다식은 엄밀한 체계를 가진 학문 개념이 아니다. 이와 관련해서 뵈크는 헤라클레이토스의 말을 인용한다. "박식은 정신을 낳지 못한다(polymathie noon ou physei)"[6]라는 헤라클레이토스의 말에서 "정신(nous)"은, 뵈크에 따르면[7], 경험을 뛰어넘는 심급에 위치하는 이론 체계이다. 문헌학은 경험을 뛰어넘는 이론으로 보아야 한다는 것이다.

넷째는 문헌학을 비판학(Kritik)으로 보려는 견해에 대한 비판이다. 문

6) Boeckh(1877: 7).

7) Boeckh(1877: 7).

헌학의 중심에 비판 정본(critical edition)을 만드는 기술이 있는 것은 사실이지만, 그것이 문헌학의 목적 개념은 될 수 없다는 것이 뵈크의 입장이다. 비판 정본을 만드는 기술은 단지 수단에 불과하기 때문이라고 한다. 문헌학의 또 다른 분야인 해석학도 포함되어야 한다는 것이다.

다섯째는 문헌학을 글들의 역사로 보려는 이해에 대한 비판이다. 이것도 경험적인 것이라는 것이다. 이런 이해는 요컨대 형식의 학문인 문법에 대한 이해가 결핍되어 있다는 것이다.

여섯째는 문헌학을 인문 교육(Humanitätsstudium)으로 보는 이해에 대한 비판이다. 이 이해도 학문적인 것이 아니고 너무 포괄적이기 때문이라고 한다. 뵈크는 인문 교육에서 요청되는 문헌을 다루는 방법과 기술을 제공하는 수단으로서 문헌학의 학문적 특성이 간과되기 때문이라고 주장한다. 여기에, 문헌학이 인문 교육이 될 수 없는 이유로 뵈크는 문헌학은 인간에 대한 이해뿐만이 아니라 신적인 것(divinitas)에 대한 연구와 교육도 포함되기 때문이라고 한다.

이상의 비판을 바탕으로 뵈크는 문헌학을 이미 "알려진 것을 알아가는 것(das Erkennen des Erkannten)"으로 정의 내린다. "알려진 것들"이라는 언표는 문헌학의 역사성과 문헌학이 다루는 대상을, 즉 질료로서의 성격을 함의하고, "알아가는 것"이라는 언표는 문헌학의 방법론, 즉 형식으로서의 특성을 내포한다. 뵈크는 이와 같은 일반화를 통해서 문헌학을 지식 일반의 메타 층위에 자리매김하고 문헌학을 질료와 형식의 결합체로 정의 내린다. 문헌학을 하나의 학문으로 정립시키는 일이, 그런데 문헌학이 이룩한 학문적인 성취와 업적을 놓고 볼 때에 뵈크가 시도했던 일반화와 규범화가 과연 어떤 의미를 지닌 것인지는 더 따져보아야 할 것이나, 뵈크의 이런 시도는 하나의 이념적 통합체로 성립할 수 있을 때에 하나의 학문으로 간주될 수 있다는 당시 19세기의 지성계의 영향권 아래에 놓여 있음을 고스란히 보여준다. 중요한 점은 "알려진 것을 알아가는 것"이라는 기치를 내걸고 뵈크가 문헌학을 다음과 같은 체제로 편성한다는 것이다.

1. 문헌학의 형식적 이론 체계
  1.1 해석학
    1.1.1 문법에 근거한 해석
    1.1.2 역사에 근거한 해석
    1.1.3 개인에 근거한 해석
    1.1.4 장르에 근거한 해석
  1.2 비판 정본학
    1.2.1 문법에 근거한 비판 정본학
    1.2.2 역사에 근거한 비판 정본학
    1.2.3 개인에 근거한 비판 정본학
    1.2.4 장르에 근거한 비판 정본학
2. 고대학의 대상을 다루는 지침들
  2.1 일반 고대학
  2.2 특수 고대학
    2.2.1 고대 그리스와 로마의 공적 생활
      2.2.1.1 연대기
      2.2.1.2 지리학
      2.2.1.3 정치사
      2.2.1.4 정체론
    2.2.2 고대 그리스와 로마의 사적 생활
      2.2.2.1 도량형

2.2.2.2 사회관계와 경제활동

2.2.2.3 가족관계와 가족구성

2.2.3 종교와 기술

2.2.3.1 의례와 제의

2.2.3.2 기술

A. 만드는 기술(a. 건축, b. 조각, c. 그림)

B. 움직이는 기술(a. 체조, b. 무술, c. 음악)

C. 공연 기술(a. 음송, b. 합창, c. 드라마)

2.2.4. 고대학

2.2.4.1 신화

2.2.4.2 철학사

2.2.4.3 개별학문의 역사

2.2.4.4 문학사

2.2.4.4.1 그리스문학사(a.운문(서사시, 서정시, 드라마), b. 산문(역사, 철학, 수사학))

2.2.4.4.2 로마문학사(a. 운문(드라마, 서사시, 서정시), b. 산문(역사, 수사학, 철학))

2.2.4.5 언어사

2.2.4.5.1 문자학(a. 음운학, b. 판독학, c. 정서법과 정음학)

2.2.4.5.2의미론(a. 사전학, b. 형태론, c. 통사론, d. 문체론)

물론 뵈크가 위의 체계를 처음 제시한 것은 아니다. 소위 문헌학 대계를 처음으로 기획한 이는 프리드리히 볼프였다. 뵈크의 기획은 볼프의 그것을 비판적으로 계승하고 보완한 것이다. 이는 빌라모비츠의 "고대학(Altertumswissenschaft)"으로 이어진다.

서양 고전 문헌학의 역사에서 19세기의 가장 중요한 특징은 학자들이 연구의 중요성을 자각하고 본격적인 연구에 착수하기 시작했다는 점이다. 대학도 마찬가지로 연구를 대학의 기본 사명으로 간주했기 때문에, 대학은 학자들의 연구를 제도적으로 지원하였다. 이러한 지원 아래 연구는 촉진되었고, 그 결과 많은 새로운 학문 분과들이 탄생하였다. 특히 자연과학의 발전이 두드러졌다. 하지만 자연과학 못지 않게 인문학도 발전하였다. 특히 철학, 역사학, 법학, 고고학, 문학, 언어학 등 개별 학문들이 하나의 독립된 분과학으로 발전하였다. 따라서 서양 고전 문헌학도 다른 학문들과 본격적으로 상호 영향과 도움을 주고 받게 된다. 다시 말해 이렇게 발전한 개별학의 발전으로 서양 고전 문헌학의 주변 여건이, 다시 말해 연구 환경이 개선되었다는 것을 뜻한다. 여기까지가 여러 제반 학문의 발전을 바탕으로 서양 고전 문헌학은 이제 고대학으로 나가야 한다는 주장이 나오게 된 배경이다. 이 주장을 제기한 학자가 빌라모비츠이다. 1871년 니체와의 논쟁 덕분에 한국 독자에게 조금 알려진 빌라모비츠는 19세기부터 20세기까지의 서구 인문학을 주도하는 소위 "German Philology"의 주창자였다. 빌라모비츠 "고대학"이 목표로 하는 바는 "여기-오늘(hic et nunc)"의 시각에서 "거기-그때(ibi-tunc)"를 보는 것이 아니라 "거기-그때"를 "거기-그때"의 맥락과 시각에서 바라 볼 수 있는, 그러니까 "과거를" 있는 그대로의 과거로 이해하고 보자는, 그러니까 온전한 '과거'의 복원이었다. 온전한 과거를 보기 위해 빌라모비츠가 주창한 "고대학"은 예컨대 다음의 종합-학문-체제로 발전한다.

1. 서문과 보조학문들
2. 그리스어 문법, 라틴어 문법, 수사학

3. 고대 근동사, 그리스사, 로마사

4. 그리스의 국가 이론, 그리스와 로마의 병법과 전쟁 기술

5. 철학사, 수학사, 자연과학사, 종교사

6. 고고학

7. 그리스 문학사

8. 라틴 문학사

9. 중세 라틴 문학사

10. 고대 법학사

11. 비잔티움 연구 방법

이 『고대학 총서(*Handbuchs der Altertumswissenschaft*(=*HdA*))』는 1885년 고전 문헌학자 뮐러(Iwan von Müller)에 의해서 처음 기획되었고 지금도 개정-쇄신되고 있다. 인용에서 살필 수 있듯이 총서는 예컨대 문법, 수사학, 전쟁사, 고고학, 역사, 등 그때-거기를 다룰 때 보조적으로 필요한 도구와 수단을 모아 놓은 고대학의 공구서(organon)이다. 이상이 19세기에 대한 보고이다. 20세기 서양 고전 문헌학의 흐름는 엄밀하게 말하다면 빌라모비츠가 주창한 고대학의 구체적 실천 과정이었다. 위에서 살펴보았듯이 전 세계에서 고대학은 개별 분과 영역에서 묵묵히 진행되었다. "과거를" 있는 그대로의 과거로 이해하고 위해서, 즉 온전한 과거를 재구성하기 위해서 서양 고전 문헌학은 그리스어 문법, 라틴어 문법, 수사학, 근동 고대사, 그리스사, 로마사, 그리스-로마의 국가 이론, 그리스-로마의 병법과 전쟁 기술, 철학사, 수학사, 자연 과학사, 고고학, 그리스 문학 및 문학사, 라틴 문헌 및 문학사, 중세 라틴 문헌 및 문학사, 고대 법학사, 비잔티움 문헌에 대한 연구 방법론 등의 고대학의 토대 연구들이 필수적이기 때문이다. 요컨대 그리스와 라틴 필

사본을 다루기 위해서는 사실 매우 다양한 분야에 대한 지식이 필요한데, 특히 비판 정본 작업을 수행하기 위해서는 서지학, 목록학, 비문학, 문법, 운율론, 수사학(특히 문체 특징 규정과 관련해서), 어느 시대에 속하는 작품인지를 구별할 수 있도록 도와주는 시대별 문예 사조의 특징을 잡아낼 수 있는 능력, 사유 전개의 특성을 구분할 수 있는 능력(논리학), 해당 문헌의 전문적인 지식에 대한 장악 능력(예컨대 수학, 음악, 천문학), 고대 세계와 관련한 지식 일반의 지원을 받아야 가능하기에 그렇다. 빌라모비츠의 고대학이 일차 목표로 삼고 있는 것은 전승 문헌에 생기를 불어넣어 문헌 원래의 모습으로 살려내는 것이었다. 일차 목표가 이러다 보니 고전 문헌학자들은 전승 자료가 허용하는 것 이상의 해석이나 발언을 하지 않는 것을 덕목으로 삼는다. 사실 빌라모비츠의 입장은 역사-실증주의(positivism)라고 불리는 전통으로 이해되었다. 이 전통은 자료-실증주의에 갇혀 있고, 또한 너무 고대에만 초점을 맞춘 것도 사실이다. 이러한 경향과 흐름에 대해서 반발하는 학자들이 당연히 나오게 되는데, 그 대표적인 사람이 니체였다.

니체는 "무엇을 위한 고전이란 말인가?"라고 비판한다. 니체의 관심은 '어제의 고전'에 있지 않았고, '고전과 오늘'에 있었다. 이 차이는 결국 소위 '본(Bonn) 사태'로 확장되고, 니체는 이 싸움에서 패배한 후, 끝내 고전 문헌학의 세계로 복귀하지 않는다. 대신에 자신이 발견한 새로운 학적 영역, 미학의 태두로 활약하게 된다. 어떤 의미에서 니체의 비판은 나름대로 설득력이 있고 중요한 문제 제기이다. 하지만 빌라모비츠의 입장이 옳다. 고전 문헌학자들이 당시 니체의 입장을 따랐다면, 과연 지금의 고전 문헌학의 위상과 면모는 가능하지 않았을 것이기 때문이다. 물론 당면한 문제에 대해서 고전의 재해석을 통해서 어떤 기여를 분명히 할 수 있다. 문제는 누구나 다 그렇게 한다면 그 많은 전승 문헌들을 누가 살려내고, 이를 통해서 고대의 복원을 안전하게 해줄 사람들은 누구일까? 물론 시대와 사회가 요구하는 바에 고전에서 찾은 지혜를 가지고 참여하고 봉사하며, 현실과 현장 참여에서 삶의 보람을 찾을 수도 있었지만, 많은 서양 고전 문헌학자들은 당대 문제에 대해서 일정 정도 거리를 두고 묵묵히 뚝심을 가지고 문헌 편집과 고대학에 필요한 개별 방법론들을 세워 나갔다. 사실 이러한 뚝심을 가지고 문헌을 정리하는 작업을 수행한 선배 서양 고전 문헌학자들의 200년에 걸치는 작업 덕분에 서양은 고대학이라는 고대로 안전하게 들어갈 수 있는 공동의 지적 사다리를 확보할 수 있었다. 이 사다리를 통해서 21세기의 서양 고전 문헌학자들은 무한정하게 자유롭지는 않지만 일정 정도는 고대를 있는 그대로의 고대로 볼 수 있는 학적 세계를 세워 왔고, 그 성과를 번역과 논문을 통해서 일반 독자와 대중에게 제공하고 있다. 따라서 이 고대학이라는 안전한 학적 세계의 지원을 통해서 이제는 현대에서 고대로의 안전한 통로가 확보된 셈이다. 필요에 따라서 고대는 고대대로 보도록 지원하고, 요청에 따라서는 현대의 당면 문제에 고대의 지혜를 제공하게 되었다. 이는 서양 고전 문헌학의 지속적인 발전을 통해서 세대와 세대를 거친 공동 작업의 결과라 하겠다. 결국 빌라모비츠의 입장이 옳았다. 니체의 비판이 서양 고전 문헌학에 어떤 의미가 있는지에 대해서 이후 더 자세한 논의가 필요하겠지만, 그러나 서양 고전 문헌학은 수많은 이름 없이 사라져 간 문헌학자들의 공동 노력에 의해서 세워진 학문 세계이다.

요약하자면, 19세기 서양 고전 문헌학은 세 가지 점에서 이전의 서양 고전 문헌학 전통과는 근본적으로 성격을 달리한다. 첫째, 서양 고전 문헌학은 독립적인 학문으로 정립되었고, 근대 국가 형성과 깊은 관계를 맺으며 직간접으로 '국민 국가 형성'에 관여하면서 발전했다. 둘째, 단편적인 경험들을 모아놓은 공구 총서(organon)에 모인 방법론들을 아우르는 이념을 제공하고 고대학으로 확장되었다. 셋째, 서양 고전 문헌학이 유럽에서 벗어나서 세계의 학문으로 확산되기 시작했다.

5장
서양 고전 문헌학과 동양 고전 문헌학의 만남[1)]

서양 고전 문헌학이 동아시아에 소개된 것은 19세기 말 20세기 초반이었다. 일본과 중국의 사례를 중심으로 논의를 전개하겠다.

서양 고전 문헌학문헌학과 일본 고전 문헌학의 만남

서양 고전 문헌학이 일본에 소개된 것은 19세기 말이다. philology를 문헌학(文獻學, 분켄가쿠)으로 번역한 이는 니시 아마네(西周)였다. 전거는 1870년에 출간된 『햐쿠가쿠렌칸(百學連環)』이다.

> Literature라 불리는 여러 학문들을 거쳐 그 마지막인 것은 Philology(語原學)이다. 이 어원학이란 말은 희랍어의 φιλο로서, 영어의 fond of이다. 이 Philology를 온갖 이름으로 부른다. Comparative(比較) 혹은 Scientific Etymology(語法學) 혹은 Phonology(音聲學) 혹은 Glossology 혹은 Glossography라고 부른다. 비교란 각국의 학문(學)을 비교하여 어원(語原)을 바로잡음을 말한다. 그 밖에 語法學이라고 말하고 音聲學이라고 말하기도 하고 혹은 Glossology라고 말하는 것도 모두 어원학이라는 뜻에 다름 아니다. 이 語原學(フィロジ)이라는 것은 서양의 1840~50년대 무렵에 만들어진 까닭에, 그 이전에는 이처럼 갖가지로 불린 것이다. 또 근세에 만들어진 까닭에, 아직 학문영역의 경계도 없고, 단지 자

1) 이 글은 안재원(2017a: 136~166)을 바탕으로 재구성.

국 원래의 말 혹은 외국으로부터 들어오는 말 등을 변별하여 그 근원을 바로잡는 학문(學)이다. 근대에 처음으로 이 학문을 Philology라고 그 경계를 말한 사람은 독일의 슐레겔(Schlegel, 1772~1829)이다. 서양의 오늘날의 언어의 기원은 모두 천축(天竺)에서 온 것이다. 옛날에는 그것을 유대로부터 온 것이라고 했지만, 후에 이르러서 점차로 그것을 고증하여 어원(語原) 및 인종에 이르기까지 분명히 천축으로부터 나온 것을 밝혔다. 그러므로 근세의 모든 언어를 일컬어 Indo-Germanic(印度-獨逸)이라고 한다.(西周, 『西周全集』(第一卷)(東京: 日本評論社, 1945), 93쪽.)[2]

최정섭에 따르면, "니시 아마네가 『햐쿠가쿠렌칸』을 출판한 1870년은 독일 고전 문헌학의 집대성자인 뵈크(August Boeckh)의 강의록인 『문헌학을 위한 방법들과 모든 학술들(*Encyklopädie und Methodologie der philologischen Wissenschaften*)』이 출판되기 전이었고, 후일 일본 국문학의 창립자 하가 야이치(芳賀矢一)가 접하게 되는 독일 고전 문헌학이 완전히 정립되기 직전이었다. 니시 아마네는 주로 영어 자료를 이용하여 서양의 학술을 소개하고 있었으므로, 영어권에서 사용하는 개념대로 philology를 소개하면서, 그것을 비교언어학이라는 의미에서 語原學이라고 옮겼다. Philologie라는 독일어가 일본어로 옮겨진 것은 좀 더 이후의 일이다."[3] 독일에서 통용되는 의미의 문헌학 개념을 일보에 소개한 이는 우에다 빈(上田敏)으로 추정된다. 이에 대한 전거는 다음과 같다.

ぶんけんがく[文獻學](Philologie 독일)(우에다 빈에 의한 역어): 문헌의 원전 비판·해석·성립사·출전연구를 행하는 학문. 또 그것에 기초하

2) 최정섭(2016: 241~42) 인용.
3) 최정섭(2016: 242) 인용.

여 민족과 시대의 문화를 연구하는 학문. 언어학이라는 의미로도 이용하였다.(新村出編, 『廣辭苑』(第六版)(東京: 岩波書店, 2008), 2508쪽.)[4]

최정섭은 우에다 빈의 문헌학이 뵈크의 개념을 수용한 것으로 주장한다. 그러나 최정섭의 주장은 엄밀한 고증이 요청된다. 왜냐하면 우에다 빈의 문헌학 개념이 뵈크의 생각을 받아들였다는 가능성은 있지만, 그렇다고 그것이 곧 뵈크의 개념을 직접 수용한 것으로 보이지는 않기 때문이다. 적어도 이를 뒷받침해주는 전거를 제시해야 한다. 하지만 이에 대한 전거를 제시하지 않는다. 오히려 우에다 빈의 문헌학 개념은 당시 유럽은 물론 미국의 문헌학을 주도했던 빌라모비츠의 생각으로부터 영향을 받았을 가능성도 배제할 수 없을 것이다. 그도 그럴 것이, 뵈크의 문헌학 개념은 뵈크만의 고유한 것도 아니고 유럽과 미국에서 보편적으로 통용되는 공통 생각이었기 때문이다. 최정섭에 따르면, 서양의 문헌학을 일본에 본격적으로 소개한 사람은 하가 야이치이다. 전거는 다음과 같다.

필로로기(Philologie)라는 말은 영국과 독일에서는 용법이 다르다. 영어 필로로지라는 것은 일본에서 말하는 博言學이라는 것에 해당하고, comparative philology는 比較博言學이라는 것에 해당하지만 이 의미와는 전혀 다르다. 우선 언어를 취하여 학문의 연구제목으로 삼음에, 무릇 세 가지 구별이 있다. 첫째는 言語哲學으로, 이것은 언어는 어떻게 성립하는 것인가라는 것으로서, 언어가 생기는 원리를 心理學으로부터 연구하는 것으로서, 철학의 일부분이다. 둘째는 言語學, 대학에서도 언어학과라는 말이 있지만, 이것은 영어의 比較博言學에 해당하는 것인데, 영어에서 science of language라고 하는 것, 독일어의 Sprachwissenschaft에 해당한다. 그것을 일본에서 言語學이라고 번역한 것이다. 거기에 셋

4) 최정섭(2016: 248) 인용.

짜가 文獻學, 이 셋이 언어 학문의 종류이다. 옛 희랍, 로마의 문명의 연구는 곧 셋째인 문헌학에 의해 진행되고 있다. 그런데 문헌학의 방법은 희랍과 로마의 언어로 쓴 옛 문학을 기초로 하는 것이다. 詩도 散文도, 희랍어 또는 라틴어로 쓴 것에 의해 연구를 쌓고, 古代의 문예에서 徵해야 할 것이 있으면, 이것에 의해 희랍의 문명, 로마의 문명을 조사해본다는 것이 되는 것이다. 거기서 文獻學이라는 것은, 문명이 없는 나라에는 본래 가능하지 않은 것이다. 言語學은 文明이 없는 나라의 언어라도 취한다. 아프리카의 야만인종의 언어라도 연구 대상으로 취한다. 에스키모어 등도 언어학자는 연구하지 않으면 안 된다. 文獻學에 있어서는 文獻의 徵해야할 것이 없으면 연구는 성립하지 않는 것이다. 필로로기라는 학문, 곧 文獻學은 어디까지나 옛 문명이 盛大했던 나라에 있어서 비로소 성립하는 것이다.[5)]

인용은 하가 야이치가 뵈크의 저술을 읽었음을 보여준다. 그것은 다름 아닌 "文獻學이라는 것은, 문명이 없는 나라에는 본래 가능하지 않은 것이다"라는 언명인데, 이는 앞에서 인용한 뵈크의 "교양이 없는 국민도 필로소페인(philosophein, 철학하기)은 할 수 있다. 하지만 필로로게인(philologein, 문헌학하기)은 할 수 없다"라는 주장을 바로 환기시킨다. 차이는 뵈크가 문헌학을 철학에 대비시켰다면, 하가 야이치는 철학의 자리에 언어학을 놓았다는 것이다. 이런 사실을 놓고 볼 때에 하가 야이치가 뵈크의 책을 읽은 것은 분명하다. 뵈크가 활동하던 시기에 "언어학"은 아직 하나의 학문으로 정립되기 전이다. 중요한 사실은, 하가 야이치가 1901년에 1902년에 이르는 기간에 독일 베를린 대학으로 유학해서 문헌학을 배웠다는 것이다. 이 시기는 독일 고전 문헌학의 완성자인 빌라모비츠가 베를린 대학에서 서양 고전 문헌학을 가르쳤던 기간이기도 하다.

5) 최정섭(2016: 248) 인용.

사정이 이와 같다면, 서양 고전 문헌학에 대한 하가 야이치의 생각은 뵈크보다는 빌라모비츠로부터 직접적인 영향을 받았을 것이다. 이에 대한 전거는 아래와 같다.

> 한마디로 말하면 고대의 문화 일체의 일을 안다는 것이 文獻學者의 일이다. 환언하면 국민 전체의 社會上의 생활 상태, 활동 상태를 과학적으로, 학술적으로 연구하여 안다는 것, 이것이 文獻學의 목적이 된다. 역사를 연구하는 것은 역사가의 일, 미술을 연구하는 것은 미술가의 일, 문학을 연구하는 것은 문학자의 일, 법제를 연구하는 것은 법률가의 일이지만, 그 역사, 미술, 문학, 법제 등 사이에 일관한 바의 관계를 발견하는 것은 文獻學者의 일이다.[6)]

따라서 하가 야이치의 문헌학 개념이 뵈크에게서 직접적으로 영향을 받았다는 최정섭의 견해는 약간의 수정이 필요해 보인다. 뵈크의 책을 읽은 것은 분명하지만 문헌학 개념의 일반적인 생각은 빌라모비츠의 그것에 오히려 더 가깝기 때문이다. 단적으로 하가 야이치도 문헌학을, 빌라모비츠가 그랬듯이 고대학이라고 주장하기 때문이다. 전거는 아래와 같다. 이와 같은 것이 바로 "Altertumswissenschaft, 즉 古代學이라는 부르는 것"이다. 참고로 Altertumswissenschaft라는 용어를 학술 용어로 정립시킨 학자는 빌라모비츠이다. 하지만 독일 유학을 마치고 일본으로 돌아온 하가 야이치는 서양 고전 문헌학에 매진하지 않고, 일본문헌학의 정립의 길로 나간다. 그의 말이다.

> 내가 여기서 말하는 바 '日本文獻學'이란 Japanische Philologie의 의미로서, 곧 國學이다. 國學者가 종래 해온 사업은 곧 文獻學者의 사업에 다름 아니다. 단지 그 방법에서 개선해야 할 것이 있고, 그 성질에서 확장

---

6) 최정섭(2016: 249) 인용.

해야할 것이 있다.[7]

인용에서 주시해야 할 점은 하가 야이치가 문헌학을 국학으로 명명한다는 것이다. 이는 훔볼트의 생각이다. 전거는 아래와 같다.

역시 독일의 대가이다만, 빌헬름 훔볼트라는 학자가 있었다. 이 사람은 문헌학을 무엇라고 명명했는가 하면, 비센샤프트 데어 나치오날리태트(Wissenschaft der Nationalität), 곧 국학이라고 명명한 것이다. 국민의 학문이라는 의미이다. 일본의 국학과 같은 명칭을 문헌학에 부여한 것이다. 이 사람은 어디까지나 국을 근본으로 하고, 앞서 말씀 드린 대로 국학자가 하는 일, 곧 서양의 문헌학자의 일인 것은, 이것을 Science of the Nationality라고 해도 좋다고 주장한 것이다. 사회상의 관행, 葬祭上의 儀式은 물론 모든 생활상의 모든 곳에 들어와서, 그 국민을 그 외의 국민과 구별하는 것이 국학의 목적이라고, 훔볼트는 더욱 명료하게 말하고 있다. 모든 일국에는 그 국 특유의 특성이 있다. 그 특성을 지적하는 것이, 국학자의 역할이다.[8]

독일 고전 문헌학이 독일의 국민 국가 형성에 봉사했다는 점에 대해서는 이미 앞에서 언급했다. 인용은 독일 고전 문헌학의 경향이 일본 문헌학에 이식되었음을 잘 보여준다. 이와 관련해서 하가 야이치는,

근래 각국의 문화도 점차 연구할 가치가 있다는 것이고, 옛날에는 그저 古學이라고 부르고 희랍, 로마의 문명을 연구하고 있던 것이, 한 걸음 나아가 이번에는 영국의 문헌학, 프랑스의 문헌학, 독일의 문헌학이라는 식으로 된 것이다.…… 그러므로 로망스 인종의 文獻學, 게르만 인종의 文獻學이라고 말하는 일도 있다.

7) 최정섭(2016: 249) 인용.

8) 최정섭(2016: 249) 인용.

라고 주장하는데, 이 주장의 원천 저작권은 뵈크에게 있다. 문헌학에 대한 뵈크와 하가 야이치의 차이는 다음과 같다. 비록 국민 국가 형성에 서양 고전 문헌학이 중요함을 강조했지만, 뵈크는 서양 고전 문헌학을 국학이라고 규정하지는 않았다. 반면, 하가 야이치는 문헌학을 국학이라고 규정한다. 이는 뵈크가 아니고 훔볼트의 생각이다. 이와 관련해서 하가 야이치는 빌라모비츠와 같은 서양 고전 문헌학자들의 노선을 따르지 않고, 대독일주의를 표방했던 테오도르 몸젠과 같은 역사학자들의 노선을 수용한 것으로 추정된다. 일본 문헌학이 나중에 "국수주의(國粹主義)"의 노선으로 발전하는데, 그 기원이 여기에 있음이 분명하다. 이와 관련해서, 최정섭의 다음 주장은 재고의 여지가 있다.

> 무라오카 츠네츠구의 문헌학 이해는 한마디로 뵈크류의 독일 문헌학으로부터 國的성질, 國學的 성질을 제외해 버린 것이다. 독일문헌학, 특히 뵈크의 문헌학에 대한 무라오카 츠네츠구의 소개는 그의 저서 『本居宣長』(346~360)에 소개되어 있는데, 그야말로 國과의 관계는 배제된 채 '인식된 것의 인식'이라는 개념을 중심으로 설명되어 있다.

왜냐하면 문헌학을 국학으로 주장한 이는 훔볼트이지 뵈크가 아니었기 때문이다. 따라서 무라오카 츠네츠구의 주장이 오히려 타당하다는 소리이다. 뵈크가 서양 고전 문헌학을 독일 국학으로 놓치는 않았기 때문이다. 독일 고전 문헌학이 일본의 국학 혹은 일본 문헌학의 이념과 방법론에 어떤 영향을 끼쳤는지에 대한 보고는 여기까지다. 이런 움직임과는 별개로 서양 고전 문헌학은 1893년부터 일본에서 본격적으로 가르쳐지기 시작한다. 국적은 러시아이지만 혈통은 독일인이고 독일에서 서양 고전 문헌학을 공부한 쾨버(Raphael von Köber) 교수가 도쿄대에 이 해에 초청된다. 그는 도쿄대에서 20여 년 동안 서양 고전 문헌학을 강의했다. 이후 일본의 서양 고전 문헌학계를 주도했던 학자들이 거의 모두 그의 제자들이었다. 현재는 도쿄대, 교토대, 나고야대, 도호쿠대, 게이오대 등의 주요 대학에 서양 고전 문헌학과가 설치되어 서양 고전 문헌학을 연구하고 교육하고 있다. 따라서 일본의 서양 고전 문헌학은 그 시작부터 독일 고전 문헌학의 영향을 강력하게 받았다.

서양 고전 문헌학과 중국 고전 문헌학의 만남

서양 고전 문헌학과 중국 고전 문헌학의 관계를 살펴보겠다. 이와 관련해서는 량치차오(梁啓超)를 언급해야 한다. 량치차오가 1898년에 일본에 유학한 것은 잘 알려진 일이다. 량치차오는 이 시기에 혹은 그 이후의 시기에 일본에 소개된 서양 고전 문헌학 혹은 더 정확하게는 독일 고전 문헌학을 접한 것으로 추정된다. 량치차오는 1923년 1월에 발표한 『治國學的兩條大路(치국학적양조대로)』에서 문헌학의 개요를 다음과 같이 소개한다.

1. 문헌의 학문은 객관적인 과학적 방법을 이용하여 연구하여야 한다.
   (文獻的學問, 應該用客觀的科學方法去研究).
2. 이밖에, 사학과 그 범위가 겹치거나 성질이 유사한 문헌학도 많이 있는데, 모두 과학적 방법을 이용하여 연구하여야 한다.
   (此外,和史學範圍相出入或者性質相似的文獻學還有許多,都是要用科學方法研究去).
3. 이상 몇 가지는 모두 그중 가장 중요한 것을 든 것이며, 사실 문헌학이 포함하는 범위는 더 많이 있다. 위에서 말한 몇 가지를 분석해보면, 모두 무수한 세목이 있으며, 우리는 이런 문헌 학문을 세 기준을 내걸고서 도달하여야 한다.
   (以上幾件,都是擧其最重要者,其實文獻學所包含的範圍還有許多. 就是上所講的幾件, 剖析下去,每件都有無數的細目, 我們做這類文獻學問,要縣着…三個標準以求到達.).

> 4. 이상으로 문헌학에 관해서 다 말한 셈이지만, 두 가지 길에서 하나는 이미 말했으며, 이밖의 것은 덕성학이다.(…) 문헌학이 객관적인 과학적 방법을 이용하여 연구해야 하는 것과는 전혀 다르다.
> (以上關於文獻學,算是講完,兩條道路已言其一,此外則爲德性學.(...)與文獻學之應 以客觀的科學方法研究者絕不同.)[9]

인용은 문헌학에 대한 량치차오의 생각이 기본적으로 독일 고전 문헌학을 바탕으로 하고 있음을 여실히 보여준다. 요컨대 량치차오가 강조하는 "객관적인 과학적 방법"은 독일 고전 문헌학의 "실증주의" 노선과 궤도를 함께 하기 때문이다. 또한 량치차오는 1924년 4월에 발표한 『國學入門書要目及其讀法(국학입문서요급기독법)』에서

> 2.(甲) 수양의 응용 및 사상사에 관계된 서적류(修養應用及思想史關係書類),
> (乙) 정치사 및 기타 문헌학 서적류(政治史及其他文獻學書類),
> (丙) 운문서적류(韻文書類),
> (丁) 소학서적 및 문법서적류(小學書及文法書類),
> (戊) 편한 대로 읽는 서적류(隨意涉覽書類)[10]

라고 주장하는데, 이 주장도 실은 앞에서 소개한 뵈크와 빌라모비츠의 고대학의 중국 사례라 하겠다. 이와 같은 과정을 통해서 philologie는 "분켄가쿠(文獻學)를 거쳐 원셴쉐(文獻學)"[11]로 수용된다. 이와 관련해서, 두 가지를 지적하고자 한다. 하나는 량치차오도 문헌학을 국학으로 연결시키고 있다는 점이다. 다른 하나는 량치차오가 과학적 객관성을 강조한다는 점이다. 여기에는 아마도 古學으로 취급되었던 전통 학

9) 최정섭(2016: 254) 인용.
10) 최정섭(2016: 254) 인용.
11) 최정섭(2016: 256) 인용.

문을 서양 고전 문헌학의 객관적 방법론을 빌어서 한편으로 서양 학문에 대등한 것으로 다른 한편으로 현대의 학술 체계의 중심으로 놓고자 했던 전략이 숨어 있었던 것으로 보이고, 이 과정에서 "국학"이라는 용어는 매우 중요한 전략 개념으로 이용되었던 것으로 추정된다. 하가 야이치가 서양 고전 문헌학의 방법론을 이용해 일본 국문학을 현대 학술 체계로 정초하는 데에 방점을 찍었다면, 량치차오는 역사학에 무게 중심을 둔다. 최정섭의 연구에 따르면, 량치차오는 문헌학을 협의의 문헌학과 광의의 문헌학으로 구분한다. "협의의 문헌학은 板本, 目錄, 辯僞, 校勘을 주 내용으로 한다."[12] 이는 서양 고전 문헌학의 비판 정본학(ars critica)에 해당한다. 광의의 문헌학은 뵈크나 빌라모비츠가 주도한 고대학(Altertumswissenschaft)에 대응된다. 량치차오의 입장은 다음 세대인 "정허성(鄭鶴聲) · 정허춘(鄭鶴春) 형제와 장순훼이(張舜徽)에게로 이어진다. 정허성 · 정허춘은 중국에서 문헌학 개념을 최초로 제시한 것으로 인식되기도 하는 『중국문헌학개요(中國文獻學概要)』(1930년, 商務印書館)를 편찬하였는데, 펑수신(彭樹欣)에 의하면 정씨(鄭氏) 형제는 량치차오가 제출한 '문헌학' 개념에 따라 이 학과(學科, discipline)를 명명한 것이다. 또한 정씨 형제는 문헌학을 '서적에 대한 연구(治書)'라는 좁은 틀에서 벗어나 '학문에 대한 연구(治學)'라는 더 넓은 영역으로 나아갔고, 중국 고대문화의 가치에 대한 인정이 곧 중국 고대 전적의 가치에 대한 인정과 이어진다는 면에서 량치차오의 영향을 받았다."[13]

대만의 사정도 중국 대륙과 유사하다. 이를 잘 보여주는 책이 2015년에 하버드 대학교 출판부에서 출판된 『세계 문헌학(*World Philology*)』이다. 책의 서문에서 편집책임자 왕(Fan Sen Wang)은 다음과 같이 말한다.

12) 최정섭(2016: 257) 인용.

13) 최정섭(2016: 257) 인용.

'시나카 아카데미카'의 역사 분야의 책임자였던 위인케 첸(Yinke Chen)은 하버드와 베를린에서 역사학과 문헌학을 배웠다. 그는 여러 언어들 가운데에서 산스크리트어와 몽골어를 중국의 고대 문헌들의 해독에 적용했다. 이 문헌들은 특히 외국의 지명과 인명이 중세의 전승 과정에서 생겨난 문제점들을 지닌 것들이다. 첸은 나중에 당제국의 역사의 연구에 집중했는데, 그는 당을 구성하고 있던 중세의 다민족, 다언어, 다종교로 구성된 나라들과 왕조들에 대한 자신의 견해를 피력했다. 그는 역사적으로 매우 다양한 여러 언어들을 다룰 수 있었는데, 이것들 모두 외국에서 습득한 것이고, 특히 중국 역사에 나타나는 다민족성에 대한 자신의 섬세한 감각은 독일 고전 문헌학(German classical Philology), 혹은 고대학(Alterumswissenschaft)과 중세 유럽 역사학의 상식에 뿌리를 둔 것이라고 밝힌다.[14]

대만의 학문 전통과 관련해서는 호적(好適)을 언급해야 한다. 그가 생각했던 문헌학의, 그러니까 '교감학'의 의무는 '전사 과정에서 발생하는 오류를 수정하여 문헌의 본래 모습을 복원하거나 그것에 가깝게 회복하는 것이다. 그리고 그 구체적인 작업의 핵심은 여러 이본(異本)의 대조를 통하여 실증적 근거를 밝히는 것이다. 김효신에 따르면, "호적은 근대 학술의 "과학성"을 판별하는 핵심적인 기준으로 "실증"과 "근거"를 도드라지게 내세우는데,"[15] 이것 역시 독일 고전 문헌학의 실증주의 전통과 그 생각의 궤적을 같이 한다. 물론 호적 이전에 청대 고증학의 역사에서 이미 서양 고전 문헌학에서 수행된 판본 비교와 교정의 지침들과 거의 유사한 교감 원칙들과 방법들이 이미 있었다. 따라서 중국 고전 문헌학과 서양 고전 문헌학의 관계를 어떻게 설정할지에 대한 본격적인 공동 연구와 논의가 요청된다. 지금까지의 논의 과정을 통해서 한 가지 분명한 점

---

14) Wang(2015: vii) 인용.
15) 김효신(2016: 5) 인용.

은 "실증"과 "근거"를 중시하는 비판 정본학의 방법론적인 엄격성과 문헌들을 접근함에 있어서 종합적인 연구 기반을 구축해야 한다는 소위 "고대학"의 이념에 하가 야이치든 량치차오이든 호적이든 정신적 영향을 받았다는 것이다. 물론 이 과정에서 독일 고전 문헌학계에서 부분적으로 강조되었던 국수주의 이념이 동아시아에서는 전면적으로 부각되기도 했지만 말이다. 요컨대 문헌학을 국학으로 자리매김하는 일은 독일 고전 문헌학자들은, 일부 역사학자들을 제외하고 행하지 않았다. 왜냐하면 이 일을 수행한 이들은 독일어와 독일 문학을 연구했던 학자들이고, 실은 이것 때문에 보편 인류 교양이냐, 개별 국민 교양이냐를 놓고서 서양 고전문학자들과 독일 문학자들사이에 치열한 논쟁이 벌어지기도 했기 때문이다. 이 과정에서 요컨대 부각된 개념이 humanitas 같은 보편 이념이었다. 고전 문헌학을 객관적이고 과학적 방법론을 빌어서 현대 학술 체계에 자리매김하는 것까지는 적어도 성공한 것으로 보인다. 하지만 일본과 중국의 이와 같은 일련의 문헌학적 노력들은 그럼에도 불구하고 국학을 넘어서서 보편학으로 끌어올리지는 못한 것으로 보인다. "국학"이라는 말에 갇힌 형국으로 보아야 할 것이다.

물론 엄밀한 추적을 해보아야 하겠지만, 한국은 서양 고전 문헌학의 수용 역사를 추적함에 있어서 일본이나 중국의 사례에서 살필 수 있었던 명시적인 흔적을 찾기가 쉽지 않다. 아예 없는 것은 아니다. 예컨대 19세기에 김대건(金大建, 세례명: 안드레아) 신부와 최양업(崔良業, 세례명: 토마스) 신부가 마카오에서 라틴어를 배웠고 이를 기반으로 라틴어로 교황청에 보내는 기해박해(1840)의 실상을 증언하는 저술을 남겼기 때문이다. 또한 천주교와 개신교의 신학교를 통해서 서양 고전 문헌학이 교육되었을 가능성이 있는데, 이에 대한 연구가 필요하다. 이와 관련해서, 한 가지 추가할 것은 1920년 이후에 〈조선일보〉와 〈동아일보〉에 서양 고전 문헌학에 속하는 작품들이 연재물의 형식으로 소개되었다는 점이다. 아래의 사진은 1929년 10월 8일 〈조선일보〉의 한 면인데, 이 면에는 호메로스의 『일리아스』가 소개되어 있다.

泰西名作梗槪
이리앗드 (1)
心鄕山人

사진은 서양 고전 작품들이 1920년대에 이미 일반 대중에게도 소개되고 있음을 보여준다. 물론 방법론적인 관점에서 서양 고전 문헌학이 어떻게 수용되었는지를 보여주는 사례는 아니지만, 위의 자료 사진은 광의의 의미에서 서양 고전 문헌학이 한국에 소개된 역사는 적어도 1920년대, 어쩌면 이보다 더 이른 시기로 거슬러 올라갈 수 있음을 보여준다. 당장, 心鄕山人(심향산인)이 누구인지, 신문에 소개된 글의 내용이 무엇을 담고 있는지, 신문에 소개된 다른 작품들은 무엇인지를 추적해야 할 것이다. 이에 대해서는 제2부 사례 작업을 통해서 다시 언급하겠다. 또한 예컨대 경성제국대학에서 교육된 서양 고전 문헌학의 특성이 어떠했는지도 조사의 대상에 포함되어야 할 것이다. 이에 대해서는 후속 연구를 통해서 추적하겠다. 참고로 서양 고전 문헌학의 한국 수용과 전개 과정에 대해서는 이 자리에서 자세하게 소개하지 않겠다. 이와 관련해서는 1945년 이후의 역사에 대해서는 이미 잘 정리된 선행 연구들이 있기 때문이다.[16]

마지막으로 서양의 동양 고전 문헌학자들에 대해서 살펴보자. 이와 관

16) 참조, 김남두(2009); 김덕수(2010).

련해서는 대표적으로 허니(David B. Honey)를 증인으로 내세울 수 있다. 그의 저서 『위대한 중국학자(*Incense at the Altar*)』[17]에는 서양 고전 문헌학과 서양의 동양 고전 문헌학의 관계를 생생하게 보여주는 몇 사례가 소개되는데, 다음과 같다. 먼저, 할로운(Gustav Haloun, 1898~1951)을 소개하겠다. 서양의 동양 고전 문헌학에 서양의 비판 정본 작업을 접목시키려 했던 학자이다. 허니의 말이다.

> 할로운의 성숙한 장악력은 데니스 트위체트가 "비판 정본작업의 한 가장 엄격한 개념"이라고 규정했는데, 굳건한 방법론적 토대 위에 그 학과를 세웠다. 비록 그의 예를 따르는 이는 좀처럼 없었지만 말이다. 그의 솜씨는 산일(散逸)된 철학적 단편들의 텍스트들을 재구하는 데 바쳐진, 『대아시아(*Asia Major*)』에 실린 일련의 논문에서 주로 표명된다. 이 논문들에서 그는 그러한 재구들을 위한 비평 장치의 예들을 동양이든 서양이든 중국학 서클 내에서는 최초로 제공하였다. 할로운은 하나의 독창적인 포맷을 발전시켰는데, 재구된 텍스트들의 하위 영역(subdivision), 평행구(parallel passage), 운(韻)을 포함하는 비평장치가 모두 한 페이지 안에 있었고, 번역과 주석을 맞은편 페이지에 두었다. 그는 심지어 판본들의 전승계보를 설정하는 stemma 즉 계통수(系統樹)도 포함하였고, 또 고전중국어 구절들을 문법적으로 설명할 때 부드버그보다 6년 앞서 콜로메트리(colometry)를 이용했다. 그러나 물론 그는 순전히 자신이 받은 고전 교육에만 의존하고 있었는데, 왜냐하면 그가 채용한 포맷은 당시 옥스퍼드의 또 다른 독일인 피난민 학자의 작업, 즉 루돌프 파이퍼의 커다란 『칼리마코스(*Callimachus*)』 편집본을 환기시키기 때문이다. 할로운의 논문들은 케임브리지대학 도서관에 보관되어 있다. 아마도 가장 중요한 항목은 「중국비판 정본작업(*Chinese Textual Criticism*)」이라는 제목의 19쪽짜리 수고일 것이다. 그것은 독일어로 된 매우 작은 글씨로

17) D. B. Honey, *Incense at the Altar*(『위대한 중국학자』), 안재원/최정식 옮김(2018: 347).

쓴 강의 원고이다.[18)]

또 다른 사례를 살펴보자.

젊은 펠리오(Pelliot, 24세)가 최초로 작업한 독창적인 학적 기여들은 하나의 역주와 그의 철저한 중국 목록 장악을 대변하는 논문인 「중국목록에 대한 단평(Notes de bibliographie chinoise)」이다. 여기에 담긴 서평들에서 그는 중국에서는 사라져버렸고 일본에서 여러 수준으로 보존되어 살아남은 많은 귀중한 중국 저작들을 기술한다. 이 논문은 중국에서 여러 세기 전에 사라져버린 고대의 사본, 고판본(古版本), 인쇄본의 총서인 『고일총서(古逸叢書)』의 내용 분석을 둘러싸고 작성되었다. 『고일총서』는 19세기 후기 일본에 주재중이던 두 중국인 외교관 양수경(楊守敬)과 여서창(黎庶昌)이 수집하였다. 이 총서의 가치는 각 표제에 대한 펠리오의 분석과 평가에서 보인다. 첫째, 그는 서명(書名)을 일일이 번역하는데, 이는 오늘날에도 일반적으로 따르는 관행이 아니다. 그 다음에 그 저작의 분석이 뒤따르는데, 저자, 권수, 출판연대와 장소, 모든 주석가의 정체, 일실(逸失)되기까지의 전승사, 중국의 전통적 목록들 속에 나타나는 그 텍스트에 대한 모든 참조문헌들과 같은 관련 측면들을 설명한다. 마지막으로는 ① 유일한 현존본, ② 최상본 혹은 최초본, ③ 통행본에 반하는 목격자로서 귀중한 가치를 가지는 판본, ④ 참고를 위해 귀중한가 여부 혹은 ⑤ 통행본 텍스트에 대한 문제적 읽기들을 확인하는 것 외에는 실제적 유용성이 없음 등으로 그 텍스트를 설정함으로써, 현대 중국학이 가지는 가치와 관계하여 각 저작을 비판 정본작업의 관점에서 평가한다. 마지막으로, 펠리오는 이 저작들이 어떻게 기존의 견해를 변경하거나 수정할 수 있는지 혹은 지지 받지 못한 이론을 지지할 수 있는지에 대한 실례들을 제공한다.[19)]

18) 최정섭/안재원(2018: 346~347) 인용.

19) 최정섭(2018: 98~99) 인용.

인용에 소개되는 펠리오의 방식은 서양 고전 문헌학에서 통용되는 작업 방식이다. 이 대목에서 서양의 동양 고전 문헌학이 서양 고전 문헌학에 의존하고 있는 바가 상당하다는 점이 확인된다. 마지막으로, 동양 고전 문헌학을 국학이나 지역학의 관점에 아닌 인류 보편의 고전 문헌학으로 보아야 한다고 주장하는 클리브스(Francis Woodman Cleaves, 1911~1995)를 소개하겠다.

클리브스는 신실한 열정과 동정심을 가진 사람, 그리스도교적 자비와 경건으로 충만한 사람으로서, 종종 옛 선생님들과 스승들, 동료들, 그리고 심지어는 학생들에게(예를 들면 조셉 플레처(Joseph Fletcher)와 존 비숍(John Bishop) 개별 논문들을 바침으로써 마음을 표현하였다. 예를 들어, 한 1949년의 출판물에 부친 헌사는 이렇다. "우리의 가장 위대한 스승 폴 펠리오를 경건하게 기억하며(IN PIAM MEMORIAM/PAVLI PELLIOT/MAGISTRI ILLUSTRISSIMI)" 모스태르, 윌라디슬라브 코트비츠, 메디 바르라미, 보리스 야코슬레비치 블라디르미르코프(BORISII IACOBI FILII라고 재치있게 라틴어화되었다), 월러스 브렛 도넘(Wallace Brett Donham)에게 바쳐진 라틴어 명문들은 훨씬 더 길고 표현력이 있다. 그의 동료들과 그의 연구 주제인 몽골인들을 향한 그의 인류애는 다음의 헌사에서 감동적으로 표현된다. 이는 전지구적 인문주의 속에 유목민족들을 포함하는 데에 대한 피터 A. 부드버그의 헌신보다 앞선 것이다. 내가 너무나 많은 빚을 지고 있고 또 1938년이래 우정으로 아주 가까와진 성모성심회(聖母聖心會) 사제 앙투안 모스태르에게, 나의 큰 존경과 깊은 애정의 표현으로서, 13세기의 가장 위대한 몽골인들 중 한 사람의 전기에 대한 이 번역을 드린다. 몽골의 오르도스-불멸의 수도사들인 요한네스 데 플라노 카르피니(Iohannes de Plano Carpini)와 뤼브뤽의 윌리엄이 사귀었고 또 로마교황청과의 관계가 중세사의 큰 장(章)들 중 하나를 이룬 몽골인들의 후손들-에 사역하러 간 앙투안 모스태르는 몽골인들의 친구들 중 가장 성실한 사람이며 형제들 중 가장 가까운 이이다. "친구는 언제나 사랑하며, 형제는 역경을 위해 태어납니다." 이 소

> 박한 사제보다 더 서양 세계에 몽골인들의 문화적 유산의 풍부함을, 그들의 삶의 방식의 아름다움을, 그들의 역사의 장대함을 드러내어 준 사람은 아쉽게도 없다. 고투(古套)이지만 완벽한 그의 『몽고비사』 번역이 25년간 지체된 뒤 뒤늦게 출현한 것은 아마도 그가 인간적이었기 때문이었을 것이다. 아마 신사답게도 『몽고비사』의 연대 설정에 관한 윌리엄 훙의 의견에 대한 반박을 꺼린 것이 발행의 지연에 기여하였을 것이다. 더욱이 그는 자금조달에 관해 갑작스럽게 페어뱅크(Fairbank)와 사이가 틀어지는 일을 직접 겪었다. 클리브스는 로엡고전총서(Loeb Classical Library)의 노선을 따라 고전 중국어 텍스트들을 위한 원문 대조 번역 총서를 수립하고 싶어 한 반면, 페어뱅크는 같은 기금을 그의 역사학 연구서 총서를 착수하는 데에 이용하고 싶어 했다. 페어뱅크가 이겼기 때문에 클리브스는 장차 하버드에 더욱 환멸을 느꼈고, 또 이미 준비하였으나 아직 출판하지 않았던 번역더미들을 갖고 있도록 내버려 두었다.[20)]

흥미로운 점은 클리브스와 페어뱅크 사이에 벌어진 갈등이다. 이 갈등은 중국학을 지역학의 일환으로 여기는 페어뱅크 식의 연구가 지금은 대세를 장악해 버렸고, 서양에서 펠리오나 샤반느와 같은 대가들이 더 이상 나오지 않게 되었다는 점에서 중요하다. 각설하고, "로엡고전총서(Loeb Classic Series)"에서 출판되는 서양 고전총서의 맞수에 해당하는 동양 고전총서의 작업이 추진되지 못했다는 것이 몹시 안타깝다. 반전은 여기서부터다. 페어뱅크가 주도했고 지금도 중국학의 대세를 주도하고 있는 지역학 중심의 서양의 연구 동향과 물론 여기에는 동아시아의 중국학계의 움직임도 포함시켜야 하는데, 이런 흐름에 가장 대척점에 서 있는 연구 사업을 하나 소개하겠다. 바로 중국의 『유장(儒藏)』 사업이다. 2차 대전 전까지 서양의 동양 고전 문헌학자들이 시도해 왔던 비판 정본 총서 작업을 이제는 중국 학자들이 주도하기 시작했기 때문이다. 규모

---

20) 최정섭/안재원(2018: 206) 인용.

도 규모지만, 사업의 취지와 내용이 이른바 '대국'의 면모를 여실히 보여준다. 베이징 대학 『유장』 편찬 센터의 홈페이지(http://www.ruzang.com/)에 걸린 소개의 글이다. 사업 취지는 이렇다.

> 20세기 이후 80년 동안 우리나라(중국)는 또한 『中華大藏經』을 출간하였고, 동시에 표점본(標點本) 『도장(道藏)』도 출판하였다. 그러나 근래 100년 동안 유가의 전적과 문헌을 집대성하여 편찬한 독립적 체계의 유장은 존재하지 않았다. 유장을 편찬하려는 목적은 도장, 불장(佛藏)을 편찬한 목적과 마찬가지로 유가 여러 학파의 전적과 문헌을 체계적으로 정리하여 이를 후세 사람들이 보존하고 이용하도록 하는 데 있다. 이를 실현하기 위해 2002년 10월, 베이징 대학은 해당 문과계열 학과의 역량을 통합하고, 아울러 유관 고등학원, 학교와 학술기관과 협력하여 토대 구축을 위한 학술 문화 프로젝트인 『유장』 편찬 사업을 시작하였다.

사업 내용은 이렇다.

> 『유장』 프로젝트는 『유장』 편찬과 '유가사상과 유가경전 연구'를 포괄한다. 유장 편찬은 『유장』 '정화편(精華編)'의 편찬(『유장총목(儒藏總目)』 포함)과 『유장대전』의 편찬 두 사업을 병행한다. 『유장대전』은 거의 6,000부, 약 15억 글자에 이르는 중국역사상 중요한 유가 전적 문헌을 수록하여 2022년에 완성할 계획이다. 선행으로 편찬되는 『유장』 '정화편'은 중국 경사자집사부(四部)의 책들과 출토문헌 중에서 학술 사상사에서 대표적인 유가전적과 문헌 461종을 수록하여 281책으로 쪼개어 편찬한다. 또한 한국, 일본, 베트남 역사에서 한문으로 저술되었던 중요한 유가 저작 100종도 골라 수록하여 40책으로 쪼개어 편찬한다. 이 편찬물은 모두 321책으로 2억자 이상이며, 2012년에 완성될 계획이다.

이런 규모의 연구 사업은 사실 아무 나라나 할 수 있는 것이 아니다. 한편으로, 이런 사업을 하고 싶어도 문헌이 없으면 할 수 없고, 다른 한편으로 당장 눈앞에 수익을 보장하는 것이 아니기에 사업에 대한 국가적

합의와 동의를 구하는 것도 결코 쉬운 일은 아니기 때문이다. 결국, 이런 대규모 연구 사업은 소위 '해 본 나라'만이 할 수 있는 일이기 때문이다. 그러니까 이런 종류의 연구 사업이 가져다주는 의미와 효과를 맛본 경험이 아닌, 어떤 의미에서는 이런 것이 소위 '고급 정치(politica classica)'인데, 이런 고급 정치의 경험을 가진 나라만이 할 수 있는 사업이라는 것이다. 이와 관련해서, 중국이 소위 '해 본 역사'를 가진 나라라는 점은 잘 알려진 사실이다. 한나라 시대에 유교 경전과 문자 체계인 한자(漢字)를, 당나라 시대에 불경을. 송나라 시대에 경전의 주해와 해석을, 원나라 시대에도 서양과 아랍의 외국 문헌들을, 명나라 시대에도 『영락대전(永樂大典)』을, 마지막으로 청나라 시대에는 고증학을 바탕으로 『사고전서(四庫全書)』를 편찬해본 역사를 가진 나라이기에. 따라서 지금 중국이 추진하는 『유장』 사업이 우연적이고 일회적인 사건이 아닌 셈이다. 오랜 제국의 역사를 가진 나라인 중국이 이런 종류의 대규모 연구 사업이 제공하는 실익과 좋음이 무엇인지를 잘 알고 있는 나라임은 분명하다. 지금의 중국 정부도 이 '실익'이 당장 가깝게는 개별 해당 시기의 왕조의 통치 기반을 마련해 왔다는 것, 저 '좋음'은 멀리 새로운 문화와 새로운 문명의 토대와 기반이 이 같은 문헌 정비 사업이라는 원천에서 비롯된다는 것을 오랜 경험과 역사를 통해서 잘 알고 있는 것으로 보인다. 이것이 『유장』 사업을 추진하는 원동력일 것이다. 어찌되었든 『유장』 사업은 새로운 문명의 '축심시대'를 위한 기초 작업인 셈이다. 중요한 점은 20세기 초반에 활약한 중국의 문헌학자들이 일본의 영향을 받아서 그런지는 몰라도 고학을 국학으로 인식하고 있었다고 볼 수 있을 것이다. 물론 현재 유장 사업을 주도하는 학자들의 속내를 다 들여다보지 못해서 아직은 확인할 수는 없다. 하지만 그럼에도 중국문헌학은 표면적으로 국학을 넘어서 보편의 이념을 지향하고 있기 때문이다. 전거는 아래와 같다.

비록 중국 역사에서는 유, 불, 도 세 학파를 함께 언급하곤 하지만 중국 전통 문화에서 그 지위는 서로 달랐으니, 유가의 사상 문화야말로 중국 전통문화의 주체였다고 할 수 있다. 경전 체계에서 보면, 유가가 전승한 '육경'은 하, 상, 주 삼대 문명의 진수이다. 그리고 공자가 개창한 유가는 선진시대 다른 학파들과는 크게 달랐다. 즉 유가는 시종일관 '육경'을 자각하고 전승하는 일을 자신의 의무로 삼았던 것이다. '육경'으로 대표되는 중국 상고시대의 문화는 바로 유학의 지속적인 노력에 기반하였고, 이를 통해 지금까지 전승되어왔다. 역대 유가학자들은 『시』, 『서』, 『예』, 『악』, 『춘추』 등의 경전을 끊임없이 정리하고 해석하고 그 안에 담긴 사상문화를 확장하고 발전시켜 오면서, 유가 전적(典籍) 체계의 주요한 내용을 구성했다. 이로서 살펴보건대 경전의 근원이라는 측면에서 말하자면, 인도에 발원한 불교와 나중에 일어난 도교와 달리, 유가의 경전 체계는 모종의 종교적 경전, 바로 중화 문명의 경전이었다고 할 수 있다. 유가는 이와 같이 깊고 두터운 문화적 근원과 적극적으로 세상에 뛰어드는 실천 정신, 그리고 그것이 지닌 깊고 두터운 역사 감각, 문화 감각, 도덕 감각 덕분에 역사 문화의 전승을 자각적으로 노력해왔기 때문에, 중국 역대의 정치 주체들은 유가적 정치 문화 능력을 중시하게 되었을 뿐만 아니라, 유가의 가치관은 중국인의 주된 가치관으로 서서히 형성되어 갔다. 유가의 '덕을 숭상하고 백성을 귀하게 여기는' 정치 문화, '효제화친'의 윤리적 문화와 '교양과 실제가 균형 잡혀서 찬란한'의 예악 문화, '귀신을 멀리하고 사람을 가까이 하는' 인본 정신은 이미 중국 사회 문화의 여러 방면에 침투하였다. 유가 철학은 '음양 호상', '조화와 영구한 변화' 그리고 '천인합일'의 세계관을 강조하였는데, 이는 중국 고전 철학의 중요한 기초가 되었다. 유가의 가치 이념은 개개인을 통해 강렬한 도덕주의, 적극적인 사회적 관심과 배려, 견실한 중용 정신, 엄숙한 자기 수양을 드러내었을 뿐만 아니라, 사회 구성원 전체를 통해서는 인도주의, 이성적 태도와 전통을 중시하는 민족성을 드러냈다. 이러한 것들 모두 중화민족의 문화와 예술, 역사, 철학, 종교, 과학 그리고 정치, 경제, 법률 등의 각 분야의 발전에 큰 영향을 끼쳤고, 역사적으로도 중국 전통문화의 주류가 되었다. 또한 중국 고대 문명은 인류사회의 '축심시대(軸心時代)'라 불리는 거대 문명 가운데 하나이다. 그리고 유가는 축심시대 중국 사상의 중요한 성분이다. 역사학자들이 일찍부터 지적하기를, 축심시대의 사상 전통은 이천 여년의 발전을 거쳐, 이미 인류 문화의 공통 자산이 되었고, 인류는 줄곧 축심시대에 형성된 사고방식과 창조성 일체를 기반으로 생존해왔으며, 역사상 인류가 매번 새롭게 비약할 때마다 축심시대를 회고하고 실천하여, 도약이 다시 점화되지 않은 적이 없었다. 새로운 밀레니엄에 진입하는 이 때, 세계 사상계는 이미 새로운 축심시대를 환호하기 시작했다. 이러한 상황은 우리가 고대 사상과 지혜를 다시 익히고 발굴하여, 세계 문화 발전의 새로운 국면에 호응하기를 요구한다. 지금, 중화민족은 위대한 부흥을 실현하는 역사적인 과정 가운데 있다. 그러므로 우리는 중화민족의 문화적 근원과 그 끊임없는 발전사를 회고하여, 반드시 중화민족의 위대한 부흥을 위해 중요한 작업을 수행해야 한다. 유가 사상 문화를 충분히 체계적으로 깊이 있게 연구하기 위해서는 유가 경전과 그에 관련된 각 시기의 주해들, 역대 유학자들의 저술, 유가 사상 문화를 체현한 각종 문헌들을 하나의 커다란 문고-『유장』으로 편찬해내야 할 것이니, 이러한 작업이 지금과 후세에 중대하면서도 심원한 의미가 있다는 점을 하등 의심할 필요가 없을 것이다.

인용은 빌라모비츠가 주창한 "고대학"에 대한 중국식의 선언인 셈이다. 또한 통계 분석과 사회 현상의 관찰에 입각한 지역학 중심의 중국학에 대해서 동양의 고전을 인류의 보편 자산으로 삼으려는 포부이기도 하다. 적어도 국학에서 보편학으로 나아가겠다고 하기 때문이다. 이런 종류의 대규모 문헌 정비 사업을 보면서 우리가 생각해야 할 것들은 무엇일까? 가까운 것부터 이야기하자. 『유장』 사업은 중국의 문헌은 물론 아시아의 유교 관련 문헌을 모두 모아 비교 검증하고, 이를 바탕으로 학문적으로 통용할 수 있는 비판 정본 혹은 교감정본의 출판을 목표한다. 간헐적으로 접하는 소문에 따르면, 이 사업은 상당 정도 진척되었고, 그 성과도 대단하다고 한다. 예를 들면, 퇴계(退溪) 문집의 일부가 이미 한 권의 책으로 출판되었다고 한다. 물론 우리 문헌이 중국에서 출판되었다는 것은 영광스럽고 경사스러운 일이다. 또한 믿을 만한 정본이 출판되었다는 점에서도 학문적으로 의미 있는 일이다. 옛 문헌 혹은 옛 고전이 전적으로 한 민족의 혹은 한 국가만의 소유물은 아니기에 말이다. 하지만 문제는 지금부터일 것이다. 요컨대 단지 한자로 기록되었다 해서 16세기 조선에서 지어진 문헌이, 혹은, 그것의 사상적 기원이 중국에 있다 해서, 예컨대 퇴계의 사상을 중국 문화의 학문 유산이라는 주장을 한다는 소문도 함께 접했기 때문이다. 국제 학계에서 중국의 위력과 위세가 날로 커지는 상황을 감안한다면, 퇴계는 조선의 유학자라기보다는 '명유(明儒) 퇴계'로 통용될 날이 조만간 닥칠지도 모르겠다. 아무튼 『유장』 사업은 "한국, 일본, 베트남 역사에서 한문으로 저술되었던 중요한 유가 저작 100종도 골라 수록하여, 40책으로 쪼개어 편찬한다."고 밝히고 있기 때문이다. 조선의 책들도 족히 30종은 넘게 저 출판 목록에 포함되어 있다. 아마도 내로라하는 조선의 유학자들 대부분이 중국에서 앞으로 출판될 것이다. 그런데 책만 수입해다 보는 것에 그칠까? 거기에서 그치지 않고, 더 나아가 해석의 방식과 관점도 수입할 날도 멀지 않을 것이다. 서양 역사에서 보았듯이, 비판 정본의 위력 때문이다. 모든 해석은 믿을 수 있는 정본을 확정하는 논쟁에서 시작되는데, 대개의 해석은 비판 정본을 만드는 편집자의 관점과 입장에 의해 일차적으로 결정되는 경우가 많기 때문이다. 여기까지가 중국의 『유장』 사업이 부럽지만, 무서운 이유이다. 어쩌면 『유장』 사업이 역사 문제와 관련해서 중국이 지속적으로 추진하는 동북공정보다 더 무서운 것이다.

동아시아에 들어온 서양 고전 문헌학의 역사는 두 가지로 요약된다. 한편으로 동아시아의 고학을 현대화시켜 국학으로 격상시키는 과정에서 방법론적인 기초와 이념을 제공한 것이 서양 고전 문헌학이었다. 다른 한편으로 서양 고전 문헌학이 유럽을 넘어서서 동아시아로 확산되었다. 빌라모비츠가 제창한 '고대학'의 이념은 흥미롭게도 『유장』 사업에서 그 결실을 맺고 있다. 참고로 『유장』 사업을 완수하기 위해서 중국은 유럽과 미국에서 유수의 서양 고전 문헌학자들을 초청하고 초임하고 있는 중이다. 서양 고전 문헌학이 적어도 이념, 즉 내용의 측면에서는 아직은 그렇다고 볼 수는 없지만 형식, 즉 방법의 측면에서는 보편성을 획득했음을 보여주는 중요한 사례라 하겠다. 다만, 아쉬운 점은 한국의 "고학"은 이런 과정을 겪지 못했다는 것이다. 그러니까, "고학"의 현대화 과정을 겪지 못했다는 소리다. 산발적으로 우리 문헌이라는 역사적인 의미 정도가 강조되고 있을 뿐이다. "국학"으로서의 지위와 권위를 획득하기 위해서 요청되는 학문적 검증 과정과 현대화 과정을 밟지 않았던 혹은 밟을 수 없었던 것의 혹독한 결과이다.

6장
디지털 시대의 서양 고전 문헌학

지식 시장의 최전선을 주도하는 디지털 인문학(Digital Humanities)을 선도하는 학문 분야는 문헌학(Digital Philology, DP)이다. 이는 이제 누구나 인정하는 사실이다. 단적으로 디지털 도서관의 건립이 가져온 혁명은 인문학의 토대를 바꾸고 있기 때문이다. 서양 고전 문헌학도 이 영향을 크게 받고 있는데, 요컨대 디지털 인문학 시대의 도래로 말미암아 서양 고전의 원천에 해당하는 문헌 자료의 활용 방식도 급변하고 있다. 모든 측면을 다루는 것은 불가능하기에, 이 글에서는 논의를 세 분야로 나눠서 진행하겠다. 먼저, 디지털 도서관의 구축 방식과 그 특징에 대해서 살피겠다. 이어서, 디지털 시대의 도래로 말미암아 생겨난 원천 자료의 활용 방식의 변화 양상과 실제에 대해 소개하겠다. 마지막으로, 활용 방식의 변화에 따라 원천 자료를 다루는 교육 방식도 변화하는데 이에 대해서도 보고하겠다.

디지털 도서관의 구축 사례- 페르세우스 프로젝트

서양 고전은 특정 국가의 유산이 아니다. 중국 고전이나 일본 고전이나 서양의 근대 국가의 고전들이 국가 차원에서 관리되고 있다는 점에서 다르다. 하지만 인류의 자산이라는 관점에서 서양 고전들은 개별 국가 차원에서 직-간접적인 지원을 받고 있다. 이는 아래에서 소개되는 서양의 대표적인 디지털 도서관들의 사례에서 확인될 것이다.

- 미국: 서양 고전 문헌학: Perseus Project: http://www.perseus.tufts.edu(서양 고전 문헌 중심. 국가 지원+민간 주도.)
- 미국: Internet Archive: https://archive.org/details/texts(현재 문서 자료수: 11,601,296건. 고대와 현대를 망라한 모든 디지털화된 자료. 민간 주도.)
- 미국: Google Books: https://books.google.co.kr(2015년: 250,000,000권. 민간 주도.)
- 프랑스: Bibliothèque nationale de France: http://gallica.bnf.fr/accueil(현재 문서 자료수: 4,045,684건. 직지를 포함하여 중국 둔황과 투르판 등지에서 가져온 방대한 고문헌 자료들도 포함됨. 국가 지원.)
- 독일: Digitalen Sammlungen der Bayerischen Staatsbibliothek: https://www.digitale-sammlungen.de(1,200,715 건. 그리스어와 라틴어 고문헌 자료들. 국가 지원.)
- 독일: Staatsbibliothek zu Berlin: http://digital.staatsbibliothek-berlin.de/(122,603건. 동양에서 가져온 많은 만주어와 중국어 고문헌 자료도 포함됨. 국가 지원.)
- 바티칸: Biblioteca Apostolica Vaticana: http://www.digitavaticana.org(디지털화된 필사본 수 6,590건. 그 동안 공개하지 않았던 모든 고대 필사본들을 디지털화하는 작업을 하고 있음. 교황청 지원.)

앞에서 소개한 여러 디지털 도서관 중에서 대표적인 사례로 페르세우스 디지털 도서관 프로젝트를 소개하겠다. 소개의 이유는 두 가지다. 하나는 디지털 인문학의 관·점에서 서양 고전이 가장 모범적으로 활용되고 있는 디지털 도서관이 페르세우스 프로젝트이고, 다른 하나는 페르세우스의 프로젝트에 담긴 역사적인 의미가 1494년에 알두스가 금속활자 기술을 바탕으로 베네치아에 출판사를 설립한 사건에 준하는 사건으로 평가되기 때문이다. 알두스 출판사의 설립은, 조금 거칠게 표현하자면, 필사본 중심의 중세문헌학에서 활자본 중심의 근세문헌학으로 서양 고전 문헌학을 전환시킨 사건이었다. 앞에서 언급했듯이, 서양 고전 문헌학계에서 인정받는 비판 정본(editio critica)의 거의 모든 초판본(editio princeps)들이 알두스 출판사에서 출판되었기 때문이다. 페르세우스 프로젝트는 알두스에 준하는 아니 이보다 규모와 내용에 있어서 더욱 큰 의미를 지닌 사업이다. 즉 종이 매체에서 디지털 매체로의 전환이 급속도로 또한 대규모로 진행되고 있기 때문이다. 알두스 출판사가 고전작품을 유럽에 확신시킨 공로가 있다면, 지금 진행되고 있는 페르세우스 프로젝트는 서양 고전 작품을 언제 어디서나 누구나 공부할 수 있도록, 그리고 누구나 간편하고 쉽게 활용하도록 만들자는 것이다. 이는 "언제나-어디에서-누구나"를 구현하고자는 하는 프로젝트이다. 이 프로젝트를 통해서 제공된 고전들은 이제 전지구적으로 활용되고 있다. 이하에서는 페르세우스 프로젝트의 특징을 통해서 향후 한국에서 추진될 것이 분명한 디지털 도서관 구축에 도움이 될 만한 몇 가지를 소개하고자 한다.

페르세우스 프로젝트의 시작은 아주 미약했다. 물론 지금은 서양 고전 문헌학 분야에서 가장 방대하고 가장 전문적인 디지털 도서관이 되었지만 말이다. 프로젝트는 미국의 터프츠(Tufts) 대학의 서양 고전 문헌학이라는 작은 학과에서 1985년 9월에 시작되었다. 하지만 현재는 국가 차원의 지원을 받아서 진행되는 미국의 대표적인 디지털 학술 사업으로 자리잡았다. 참고로 이 프로젝트를 후원하거나 지원하는 기관은 아래와 같다.

Alpheios Project/ Andrew W. Mellon Foundation/ The Institute of Museum and Library Services/ The National Endowment for the Humanites/ The National Science Foundation/ Tufts University

위에 소개한 후원 혹은 지원 기관은 전 세계적으로 권위와 신뢰를 인정받은 유수의 재단들이다. 물론 여기에는 국가 기관도 포함되어 있다. 한 마디로, 콘텐츠가 좋으면 그러니까 연구의 내실이 좋으면 지원과 후원은 자동적으로 따라온다는 점을 방증하는 사례일 것이다. 페르세우스 프로젝트의 학문적 권위와 공신력은 페르세우스 디지털 도서관의 구성과 도서관에서 제공하는 콘텐츠의, 즉 문헌 텍스트의 정확성과 신뢰도에 의거한 것이다. 이해를 돕기 위해 페르세우스의 디지털 도서관의 구성을 소개하면 다음과 같다. 도서관은 크게 다섯 분야로 나뉘어 구성되어있다. 문헌목록 공간, 문헌구현 공간, 연구 공간, 후원 공간, 오픈 소스 공간이 그것들이다. 여기에 연구에 필요한 도구 서적을 모아 놓은 공구서 공간도 포함된다. 구체적으로 이 공간을 소개하면 다음과 같다.

■ 문헌목록 공간에 구현된 텍스트 사례

이 공간에 제공되는 목록은 그리스 작가와 라틴 작가의 구별을 하지 않고 알파벳 순서로 구성되어 있다. 이 구성의 특징은 사용자에게 직관적인 탐색 방식을 제공한다는 점이다. 또한 원문과 번역과 주해를 동시에 제공한다는 점이 주목해야 할 점이다. 목록 구성을 이렇게 해 놓은 것은 사용자들이 이용하고자 하는 텍스트 혹은 참조하고자 문헌을 직접적으로 찾아들어 갈 수 있도록 하기 위해서다. 아울러 비판 정본의 편집자와 번역자와 주해자의 이름이 명시적으로 제공된다. 이는 디지털 도서관에 제공되는 문헌 텍스트의 공신력과 신뢰도의 확보에 결정적인 기여를 한다.

■ 문헌구현 공간에 구현된 텍스트 사례

이 공간에 제공된 텍스트는 네 가지 점에서 특징적이다. 먼저 중앙에 위치한 원문은 비판 정본 작업을 거친 텍스트이다. 이 텍스트는 적게는 수십개, 많게는 수천 개의 필사본들의 대조와 검증 과정, 즉 비판 정본 작업을 거친 문장들로 구성된 것이다. 비판 정본 작업을 거치지 않은 문헌은 학문적으로 혹은 상업적으로도 신뢰받지 못한다. 비판 정본에 대해서는 나중에 자세하게 설명하겠다. 다음으로, 텍스트 구현에 사용되는 편집 부호와 약식 표현들은 모두 국제적으로 통용되는 표준 약호라는 점을 지적해둔다. 이어서 본문의 오른쪽에 위치한 텍스트는 원문 이해를 돕기 위한 학습용 주석서이다. 마지막으로 본문의 왼쪽에 위치한 공간에는 텍스트의 본문 구성에 대한 정보를 제공하고 있다. 뒤에 나오는 본문을 읽기 위해서 매번 페이지를 넘기지 않고 곧바로 원하는 본문으로 이동할 수 있게 만들어 놓았다는 것도 눈여겨 볼 만한 하다. 이상의 진술로부터 페르세우스 디지털 도서관에 구현된 텍스트들이 세 가지 원칙에 따라 제공되고 있는 것임이 드러난다. 신뢰성, 표준성, 편이성이 바로 그것이다. 이와 같은 원칙을 바탕으로 구현된 문헌구현 공간이 그 자체로 일종의 교실 역할을 하는 동시에 연구소 역할을 수행한다는 점을 강조하고자 한다. 다음은 호메로스의 『일리아스』 제1권 서문을 제공하는 이미지이다. 이 이미지는 앞에서 언급한 내용들을 구체적으로 확인시켜 줄 것이다.

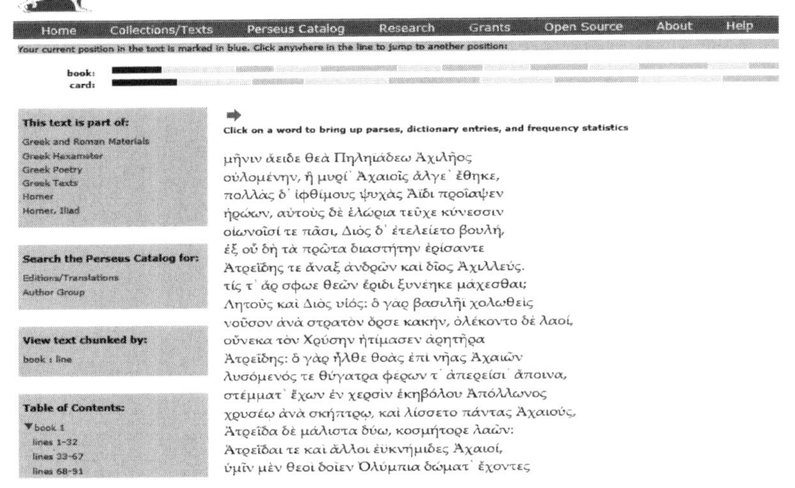

■ 연구 공간에 구현된 최신 연구 사례

이 공간에서 가장 크게 주목해야 할 점은 오른쪽 부분에 소개된 연구 주제(Research Themes)이다. 우선 학부 교육에 요청되는 교육 내용이 눈에 들어온다. 아울러 포괄성과 통용성과 확장성의 원칙에 기반한 그리스-로마 원전의 비판 정본 작업의 지침 및 작업 매뉴얼의 연구도 눈에 띤다. 또한 개별 작가들의 문헌 집적 작업을 독립적으로 추진하고 있다는 점도 중요하다. 여기에 단편들로 전해지는 작가들의 텍스트 모음에 대해서도 별도의 공간을 제공하고 있다. 자료 분석과 자동 산출 방식에 입각한 새로운 정보와 지식을 창출하는 시스템의 연구와 인간 중심의 정보 처리에서 기계 이용의 정보 처리 방식의 전환 등에 대한 연구도 요즈음 유행하는 빅데이터 논의와 직결된 연구이다. 인문학의 발전을 위한 자료 집적을 위한 연구도 중요하다. 개별 독자들을 위한 언어학적 공구서와 문화적 정보 제공을 위한 연구 개발을 위한 공간도 제공되어 있다. 이상의 진술로부터 결정적으로 두 가지 중요한 점을 지적할 수 있다. 하나는 페르세우스 디지털 도서관이 한편으로 그 자체로 진화하고 있는 연구체이고 다른 한편으로 이 연구체를 통해서 제공되는 공간이 기존의 오프라인(Off-line) 연구소의 그것의 기능을 수행하고 있다는 점이다. 이 점에서 페르세우스 디지털 도서관은 기관 소개가 핵심 기능인 소위 홈페이지와는 근본적으로 다름을 강조하고자 한다. 다른 하나는 페르세우스 디지털 도서관이 특정의 소수 전문가들이 아니라 모두에게 열린 공간을 향해 진화하고 있다는 점이다.

■ 후원 사례

후원 문제와 관련해서 주목해야 할 점은 두 가지다. 하나는 어떤 연구 분야가 국가의 정책적인 지원과 물적 후원을 받고 있는지이다. 아래의 이미지에서 확인할 수 있듯이, 페르세우스 프로젝트는 그리스와 로마의 텍스트에 대한 문헌 정비 작업을 넘어서서 이제는 아랍어 문헌 정비 작업으로 연구의 범위를 확장하고 있다. 참고로 그리스와 로마 문헌과 아랍어 문헌들 사이에 있는 번역과 주해의 역사가 상당히 깊고 오래되었다는 점은 굳이 강조할 필요가 없을 것이다. 또한 예컨대 국가 인문학 재단이 후원하는 『역동 사전(*Dynamic Lexicon*)』은 독자에게 혹은 연구자에게 기계화 처리가 가능한 모든 정보를 제공하는 공구 개발 사업이다. 이 공구는 독자와 연구자로 하여금 기존의 학습용 사전으로는 포착할 수 없는 새로운 의미 형성의 과정과 언어 변화의 특징 그리고 언어 사용의 빈도와 통사론적으로 새로운 용법을 스스로 발견할 수 있는 참고 용례를 제공한다. 이런 기능 덕분에 『역동 사전』은 그냥 사전이 아니라 더 정확하게는 의미 생성기로 보아야 한다. 이런 이유에서 『역동 사전』은 국가가 정책적으로 지원해야 할 사업이 무엇인지를 보여주는 좋은 사례 가운데에 하나일 것이다. 다른 하나는 국가의 지원은 연구 결과에 대해서 연구 주체(기관 혹은 개별 연구자)에게 전적으로 위임하고 일임한다는 점이다. 이와 관련해서, 연구 결과가 아닌 연구비 집행 과정의 관리를 통해서 연구를 관리하는 발상은 이제는 재고해야 함을 강조하고자 한다. 연구의 외적 과정을 매년 들여다 보는 것이 좋은 연구 결과를 보장하는 것도 아니다. 실은 연구 결과를 심사할 능력과 자격도 없고, 다른 한편으로 연구자를 기본적으로 신뢰하지 않기 때문에 나온 발상이기 때문이다.

■ 오픈 소스 운동

페르세우스 디지털 도서관이 추진하는 오픈 소스 운동의 특징은 한마디로 인문학의 바벨탑 쌓기라 할 수 있다. 전통적인 오프라인 기관들(도서관, 박물관, 기록소, 연구소)이 추진하는 디지털 도서관이 자신이 소장하는 자료를 온라인을 통해서 외부에 제공하는 구조로 구축되어있다면, 페르세우스 디지털 도서관은 비판 정본, 번역서, 주해서 그리고 연구에 요청되는 공구서를 일반 독자와 전문 연구자에게 직접 제공하는 방식으로 구축되어 있다. 앞에서 소개했듯이, 기원전 8세기의 호메로스부터 서기 6세기의 보에티우스에 이르는 그리스와 로마의 모든 작가들을 아우르고, 개별 작품들에 대한 고대 주해서들을 아우르고 있다는 점에서, 집적된 텍스트의 양과 질에 있어서 다른 디지털 도서관과는 근본적으로 다르다. 사실, 여기에는 페르세우스 프로젝트를 총괄하는 터프츠 대학이 미국에 위치한 탓에 유럽의 대학이나 연구 기관처럼 그리스와 로마의 필사본을 소장하지 못한 것도 결정적이었다. 하지만 페르세우스 디지털 도서관은 자타공히 인정하는 서양 고전 문헌학 분야의 대표적 온라인 연구기관으로 자리를 잡았다. 원천 필사본이나 출토본이 없는 연구 기관이나 교육 기관이 디지털 도서관을 구축하고자 할 때, 페르세우스 디지털 도서관이 추진했던 오픈 소스 운동은 많은 시사점을 제공한다 하겠다. 원천 자료가 없어도 얼마든지 디지털 도서관을 구축할 수 있는 모범 사례가 페르세우스 디지털 도서관이기 때문이다. 이와 관련해서 하나 더 보충하면, 페르세우스 디지털 프로젝트는 필사본과 도자기와 같은 원천 자료의 이미지와 데이터들을 집적하고 있는 중인데, 이 작업이 어떤 식으로 발전 혹은 진화할지가 자못 궁금하다. 그러니까, 페르세우스 디지털 도서관은 온라인 자료의 소장 여부에 관계없이 디지털 도서관의 구축이 가능함을 보여주는 한 사례로 자리매김될 수도 있을 것이기 때문이다.

■ 공구서 공간

공구서 공간은 크게 세 부분으로 구성되어있다. 일반 백과사전, 고고학의 유물자료, 그리스와 라틴어 사전을 위한 공간들이 그것들이다. 그리스어 사전부를 집중적으로 소개하겠다. 그리스어 사전부에는 독일어 사전, 중형학습사전, 대사전, 페르세우스 디지털 도서관에 축적된 데이터의 통계 자료와 용례 전체를 제공하는 페르세우스 CORPUS 집적(사전)이 제공되어있다. 초기 화면은 아래의 이미지와 같이 제공된다(http://www.perseus.tufts.edu).

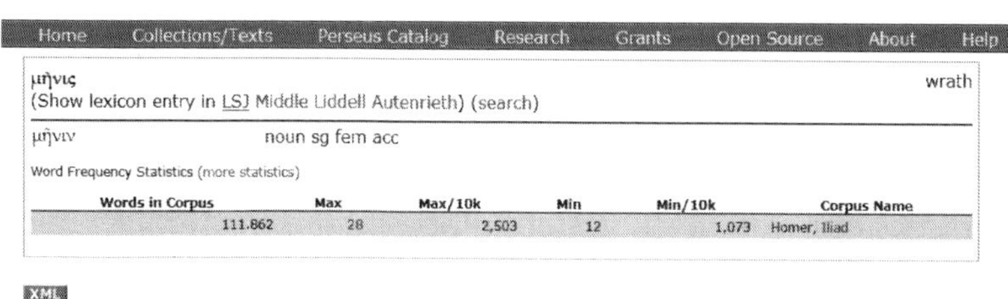

View this entry in a new window / back to top

μῆνις , Dor. and Aeol. μᾶν- , ἡ, gen.

*A. [select] "μήνιος" Pl.R.390e, later "μήνιδος" *Ael.Fr.80*, *Them.Or.22.265d*, Jul.Or.2.50b, *AP9.168* (*Pall.*): —*wrath*; from *Hom.* downwds. freq. of the *wrath* of the gods, **Il.5.34**, al., A. Ag.701 (lyr.), Pl.Lg.880e, *Men.585*; μῆνιν ἔχειν ἀπὸ θεοῦ Vett. Val. *184.3*; "μ. χθονίων" Pi.P.4.159; also of the dead worshipped as heroes, "τοῖσι μ. κατέσκηψε Ταλθυβίου" Hdt.7.134, cf. 137; "μ. τῶν τετελευτηκότων" Pl.Hp.Ma.282a; of injured parents, A.Ag.155 (lyr.), Ch. 294; of suppliants, Id.Eu.234, cf. E.Heracl.762 (lyr.): but also, generally, of the *wrath* of Achilles, Il.1.1, al., cf. *Alc.Supp.10.7*; of the *revengeful temper* of a people, Hes.Sc.21, Hdt.7.229: c. gen. objecti, "ὅτου . . μ. τοσήνδε πράγματος στήσας ἔχεις" S.OT699: in pl., "Αἰήταο μήνιες" A.R.4.1205.

위에 제공된 이미지는 리델-스코트 대사전의 Mênis(분노) 항목이다. 눈여겨 보아야 할 점은 항목에 소개된 주요 용례의 출처들이 모두 하이퍼텍스트로 처리되어 있다는 점이다. 한번의 클릭으로 바로 그 자리에서 원하는 문헌의 본문으로 이동할 수 있다는 점이다. 이와 같은 이동 구조는 페르세우스 디지털 도서관에 구축된 텍스트의 개별 단어들의 차원에서 상호 치밀하게 연동 관계를 맺고 있음을 보여주고, 디지털 도서관이 곧 연구체이고 진화하는 의미 생성기임을 여실히 증명해준다. 한마디 덧붙이자면, 일반 독자와 전문 연구자로 하여금 페르세우스 디지털 도서관을 방문하도록 만드는 것이, 다시 말해서 서양 고전의 활용도를 높히는 핵심적인 비밀이 바로 앞에서 말한 『역동 사전』의 기능이라는 점을 강조하고자 한다.

디지털 문헌학 시대의 원천 자료의 활용 방식과 실제

프랑스 IRHT(Institut de recherche et d'histoire des textes) 프로젝트를 중심으로

현존하는 서양 고전의 원천 자료인 필사본의 대다수는 중세에 작성된 판본들이다. 이 판본의 특징은 여러 문헌이 한 권으로 묶여 있다는 점이다. 따라서 특정 문헌의 비판 정본을 수립하기 위해서 문헌학자는 여러 시대에 걸쳐서 필사된 수많은 필사본을 수집하고 조사해야 한다. 어떤 사본에 어떤 문헌이 기록되었는지 여부를 가장 기본적으로 살펴야 한다는 것이다. 도대체 이 정보는 어떻게 입수할 수 있을까? 첫째, 문헌학자들이 정리한 각종 문서 보관소의 필사본 목록(Manuscript Catalogues)을 탐색해야 한다. 이는 수백여 년에 걸쳐 전해져 온 방법으로 가장 전통적인 접근이다. 거의 모든 목록이 제공하는 색인을 통해서 문헌학자는 문헌의 서명이나 저자의 이름을 통해서 특정 필사본이 전승된 사본의 정보를 얻는다. 둘째, 과거의 비판 정본에서 정리된 필사본의 목록을 참조할 수 있다. 비판 정본에는 필사본의 계보도(stemma codicum)와 함께 사본의 목록도 제공된다. 그래서 새로운 비판 정본을 준비하는 연

구자에게 과거의 비판 정본은 필수적인 참조 자료이다. 기존의 사본에 대한 사본계보도를 올바르게 도출했는지 여부에 대한 검증이 필요하고, 무엇보다 선행하는 비판 정본에서 간과하거나 홀대했던 사본에서 문헌학적 가치를 얼마든지 더 찾아낼 수 있기 때문이다. 마지막으로 문헌학자는 디지털 인문학이 제공하는 검색 방법을 활용할 수 있다. 디지털 인문학의 발전 혹은 진화 덕분에 이제는 언제 어디에서나 누구나 전 세계의 주요 문헌 보관소에 소장된 각종 필사본을 마음껏 접근하고 수집할 수 있기 때문이다. 구체적인 추적 방식에 대해서는 잠시 후 살펴보고, 지금은 디지털 문헌 추적의 특징과 차별성을 언급하겠다.

디지털 시대의 문헌학자들은 전통 방식처럼 문헌 보관소에 마이크로필름을 주문해서 전달받는 것도 가능하고, 인터넷에서 필사본이나 파피루스를 직접 확인하고 디지털 문서로 저장하고 인쇄할 수 있는 시대에 살고 있다. 더구나 이 디지털 문서는 이전의 마이크로 필름보다 훨씬 선명한 고해상도 화질로 구성된 자료이다. 그래서 필체를 인식하고 감별하기에도 훨씬 수월하며, 흐릿한 글씨로 여백에 남아있는 흔적을 식별하기도 용이하다. 물론 여전히 디지털 문서로 공개되지 않은 필사본들이 존재한다. 하지만 전 세계 주요 문서보관소에서 각종 필사본을 디지털 문서로 변환하는 프로젝트를 수년째 작업하고 있으며, 새롭게 이 프로젝트에 동참하는 기관들도 유럽 전역에서 증가하고 있는 추세다. 이 점을 감안할 때, 앞으로 수년 내에 전 세계 연구자들에게 모든 필사본을 인터넷을 통해서 디지털 문서로 접근할 수 있는 환경이 구축될 것이다. 아무튼 디지털 도서관의 구축에는 디지털 문서의 입수뿐만 아니라 카탈로그의 디지털화(digitalized catalogues) 사업도 동시에 포함되어 있는데, 이와 같은 연구 환경의 변화로 말미암아 전통적인 방식인 도서관을 방문해서 카탈로그를 펼치고 특정 문헌을 메모하며 사본 목록을 직접 수집할 필요도 없어졌다. 여러 문서보관소에서 제공하는 디지털 카탈로그와 검색 서비스를 통해서 즉각적으로 사본에 접근할 수 있는 통로가 만들어졌고, 더구나 각종 문서보관소의 정보를 한 군데 집대성한 일종의 사본 포털 사이트(portal site of catalogues)도 개설되었기 때문이다. 문헌학자들은 이제 이와 같은 변화 덕분에 필사본이 소장된 현지의 기관을 굳이 방문하지 않아도 서양 고전의 비판 정본 작업을 유럽의 반대편인 극동 지역에서도 진행할 수 있게 되었다.

이해를 돕기 위해서 문헌추적의 새로운 방법을 구체적인 사례를 통해서 소개하겠다. 여러 사례 중에서 가장 방대한 정보와 체계적인 정보를 제공하는 'IRHT(Institut de recherche et d'histoire des textes)'에서 제공하는 'Pinakes(Πίνακες)' 서비스를 소개하겠다. Pinakes는 저자, 문헌, 사본 정보를 입체적으로 제공하는 서비스이다. 사용자에게 무상지원하는 이 서비스는 검색 시스템은 다음과 같다. 아래의 [저자 검색]은 저자를 라틴어로 검색하는 화면이다. 여기서 사례로 활용된 알렉산드리아 문헌학자 트뤼폰(Tryphon)의 라틴어 철자를 "Try"까지만 입력해도, 자동적으로 데이터베이스에 저장된 고대 및 중세의 작가들을 제시하기 때문에 연구자의 입장에서 아주 편리함을 느낄 수 있다.

[저자 검색]

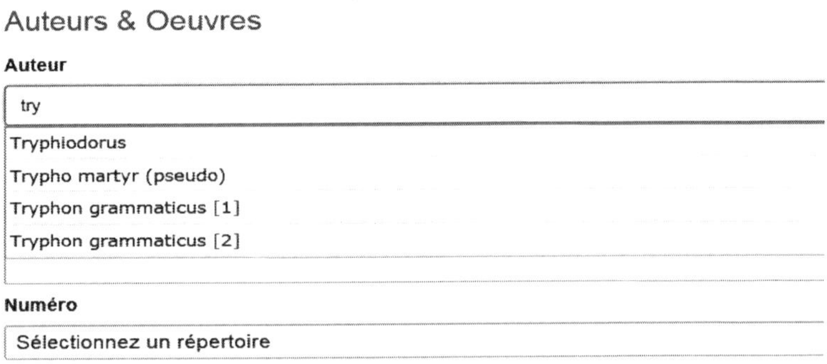

Auteurs & Oeuvres

Auteur

try

Tryphiodorus
Trypho martyr (pseudo)
Tryphon grammaticus [1]
Tryphon grammaticus [2]

Numéro

Sélectionnez un répertoire

다음의 [작품 검색]은 특정 작품을 검색하고 이용할 수 있는 기능이다. 여기서는 트뤼폰이 남겼다고 전해지는 저술 목록들(Oeuvres)을 라틴어로 제목으로 보여준다.

[작품 검색]

Recherche générale

Se reporter au mode d'emploi avant la première utilisation

Auteurs & Oeuvres

Auteur

Tryphon grammaticus [1]

Répertoire

Oeuvre

De metris
De passionibus dictionum
De tropis
De Uocabulo Ws
Lexicon de spiritu
Opera

[필사본 검색]은 위의 단계에서 특정 문헌을 클릭하면, 그 문헌이 필사된 사본들의 목록을 곧바로 제공하는 화면이다.

[필사본 검색]

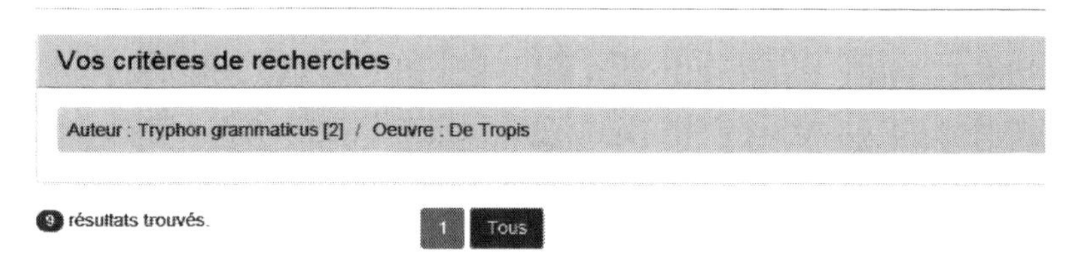

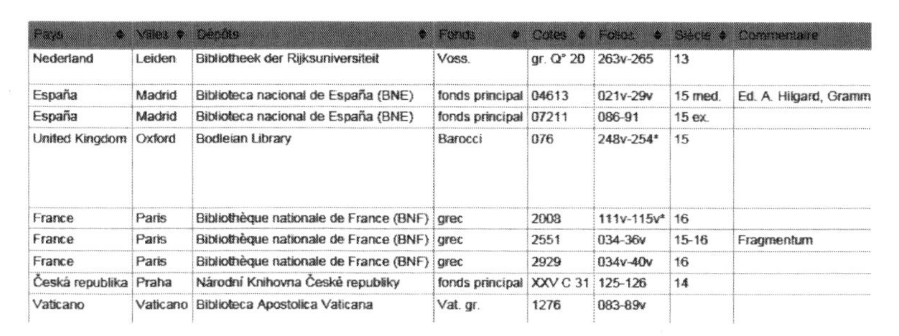

Pays	Villes	Dépôts	Fonds	Cotes	Folios	Siècle	Commentaire
Nederland	Leiden	Bibliotheek der Rijksuniversiteit	Voss.	gr. Q° 20	263v-265	13	
España	Madrid	Biblioteca nacional de España (BNE)	fonds principal	04613	021v-29v	15 med.	Ed. A. Hilgard, Gramm
España	Madrid	Biblioteca nacional de España (BNE)	fonds principal	07211	086-91	15 ex.	
United Kingdom	Oxford	Bodleian Library	Barocci	076	248v-254*	15	
France	Paris	Bibliothèque nationale de France (BNF)	grec	2008	111v-115v*	16	
France	Paris	Bibliothèque nationale de France (BNF)	grec	2551	034-36v	15-16	Fragmentum
France	Paris	Bibliothèque nationale de France (BNF)	grec	2929	034v-40v	16	
Česká republika	Praha	Národní Knihovna České republiky	fonds principal	XXV C 31	125-126	14	
Vaticano	Vaticano	Biblioteca Apostolica Vaticana	Vat. gr.	1276	083-89v		

이 화면은 단순한 필사본 목록이 아니라, 중요한 필수정보를 담고 있다. 국가와 보관기관의 이름부터, 필사본 명칭, 필사본의 문헌이 담겨있는 페이지 숫자, 기록추정시기, 심지어 이 필사본 정보가 인용된 최신 연구 자료, 사본 정보가 수록된 카탈로그 정보까지 제공된다. 또한 각 기관이나 필사본 명칭에 따라서 각 기관이 소장하고 있는 모든 필사본 목록을 확인할 수 있다. 하지만 IRHT가 제공하는 정보는 또 다른 연구나 과거의 정보를 참고했기 때문에 정보가 완전하지 않다는 한계가 있다. 이를테면 저자의 정보가 실제 사본의 기록과 다르거나, 페이지 숫자가 맞지 않는 경우들이 있다. 결정적으로 저자가 익명이거나 저자 논란이 있는 문헌의 경우 Pinakes 서비스는 명시적으로 구별해서 정보를 제공하지 못한다. 이것은 치명적인 단점이지만, 그럼에도 불구하고 타의 추종을 불허하는 요소는 문헌 연구자에게 사본들의 주요 목록을 한 번에 획득할 수 있는 기회를 준다는 점이다. 더구나 전 세계에서 가장 방대한 사본의 보고 중 하나인 프랑스 국립 문서 보관소 BNF(Bibliothèque nationale de France)에서 디지털 문서로 공개하는 최신 필사본 링크를 제공하기 때문에, 필사본 입수에 있어서 최고의 지도라 부를 수 있다. 결론적으로 디지털 도서관의 구축 덕분에 문헌 추적 방식에 혁명적인 변화가 도래했다는 점에서 이제는 어느 누구도 부정하지 않는다. 이와 같은 변화는 직접적으로는 20세기 초반에 만들어진 비판 정본들이 차지하고 있던 학문적인 신뢰도와 권위를 흔들고 있다. 교통의 불편함과 전쟁의 여파로 인해서 참조하지 못했던 중요한 필사본들이 이제는 디지털 문서로 오픈 소스의 형태로 제공되고 있기 때문이다. 디지털 도서관을 통해서 제공된 검색 자료와 필사본 문서들을 바탕으로 탄생한 비판 정본이 대표적으로 웨스트(M.L. West)가 편집하고 독일 토이브너(Teubner) 출판사에서 2002년에 출판한 호메로스의 『일리아스』와 『오뒷세이아』 작품들이다. 웨스트의 비판 정본들은 디지털 시대의 디지털 고전 문헌학의 도래를 선언하는 작품들로 평가된다. 서양 고전 문헌학계에서 신뢰도와 권위를 누렸던 20세기에 출판되었던 비판 정본들이 디지털 정본으로 대체되는 것은 아마도 시간 문제일 것이다.

디지털 인문학 시대의 디지털 문헌학의 교육 방식

디지털 인문학 시대의 도래로 비판 정본을 만드는 작업 방식도 빠른 속도로 변화하고 있고, 이에 따라 비판 정본 작업의 교육 방식도 변하고 있다. 이를 잘 보여주는 사례로 독일의 뷔르츠부르크 대학(Würzburg University)이 제공하는 디지털 문헌학 교육 프로그램과 중국의 런민(人民)대학이 제공하는 고전 문헌학 교육 프로그램을 소개하겠다.

■ 독일 뷔르츠부르크 대학의 Philologia Philosophica Herbipolensis 프로그램

이 프로그램은 독일 뷔르츠부르크 대학 소속의 서양 고전 문헌학과에서 디지털 문헌학을 교육하기 위해서 제공하는 디지털 정본(Digital Edition) 교육 강좌이다. 문헌학과 디지털 정본에 관심을 가진 전 세계의 학생들에게 열린 강좌이다. 학부, 석사, 박사 과정을 특별하게 구분하지는 않는다. 강좌에 참여하는 교수진으로는 대표적으로 이탈리아의 도란디(T. Dorandi) 교수와 영국의 윌슨(N. Wilson) 선생을 들 수 있다. 도란디 교수는 이탈리아의 문헌학을 주도하는 학자이고, 윌슨 선생은 옥스퍼드 클래런던(Oxford Clarendon) 출판사의 서양 고전 정본 분야를 총괄하는 대가이다. 다음의 프로그램에 언급된 교수들은 서양 고전 문헌학을 전공하는 사람이라면 누구나 인정하는 전문가들이다. 이 프로그램에서 눈여겨 볼 점은 전통적인 문헌학 방식(판독학, 서지학)과 디지털 정본의 교육이 결합되어 있다는 점이다. 이와 같은 결합은 새로운 현상인데, 이는 아래의 강좌 프로그램에서 확인할 수 있을 것이다.

Provisional Programme *Philologia Philosophica* III (17-21 March 2014)

	Monday 17.3.	Tuesday 18.3.	Wednesday 19.3.	Thursday 20.3.	Friday 21.3.
9.00-10.30	9.00 Registration M. Erler: Polemics and quotations among and against Epicureans (Lecture, 9.30-10.30)	G. Boter: The use of quotations in Epictetus (Lecture)	M. Schneider, V. Zilker: Talking to books. Development of a form of literary dialogue. (Lecture)	D. Obbink: Poetic quotations in Philodemus (Lecture)	N. Wilson: Greek Paleography (Workshop)
11.00-12.30	A. Stavru: Homeric quotations in the Socratics (Lecture)	T. Dorandi: La strategia della 'citazione' da Diogene Laerzio a Stobeo (Lecture)	M. McOsker: Quotations in Demetrius Laco (Lecture)	N. Wilson: Greek Paleography (Workshop)	H. Essler, D. Riano: Digital edition and grammatical analysis of Herculanean papyri (Workshop)
14.00-15.30	N. Wilson: Greek Paleography (Workshop)	G. Boter: The use of quotations in Epictetus. Selected passages (Seminar)	T. Dorandi: La critica del testo e la tranizione parallela. Qualche esempio nelle Vite dei filosofi di Diogene Laerzio (Seminar)	D. Obbink: Poets in Philodemus' De pietate. Selected passages (Seminar)	Digital edition and annotation of the texts prepared by the participants (Workshop)
16.00-18.00	H. Essler: Intorduction to Papyrology (Workshop)	H. Essler: Herculanean Papyrology (Workshop)	M. Schneider: Poems from prose. The poetic fragments in Plutarch's De audiendis poetis (Seminar. 16-17) V. Zikers: Reconstructing Julian's Ad Florum (Seminar. 17-18)	H. Essler, D. Riano: Digital edition and grammatical analysis of Herculanean papyri	

다음은, 서울대학교 인문대학 협동과정 서양 고전 문헌학 석사 논문을 준비하고 있는 김지애 학생이 2016년에 이 프로그램에 참여하고 남긴 소감이다.

Philologia Philosophica는 뷔르츠부르크 대학 문헌학과에서 매년 열리는 세션이다. 문헌학의 기초적인 내용을 교육하는 것이 목적이다. 내가 참여했던 Philologia Philosophica IV는 2016년 3월 21일부터 3월 25일까지 열린 세션이었다. 5일 동안 오전 9시부터 저녁 7시까지 90분 분량의 수업 4~5개를 하루 동안 듣는 일정이었고, 수업은 강의(lecture), 세미나(seminar), 실습(workshop) 등으로 구성되었다. 모든 수업과 소통은 영어로 이루어졌지만, 이탈리아의 Dorandi 교수가 진행한 강의는 이탈리아어로 진행되었다. 참가 학생들은 주로 유럽에서 많이 왔는데, 독일과 이탈리아의 학생들이 많은 편이었고 대부분 석사, 박사 학생들이었다. 박사급 학생들도 참여했다는 것이 놀라웠는데, 생각보다 고전 문헌학의 기초적인 부분에 대한 교육이 모든 유럽 대학의 고전 문헌학과에서도 충분하게 다 이루어지는 것은 아닌 것으로 보였다. 아시아인으로는 나와 일본의 서양고대철학 전공의 박사 선생님밖에 없었다.
첫날인 3월 21일(월요일)에는 오전 9시에 참여 학생들의 등록이 이루어졌는데, 50유로의 등록비가 필요했다. 9시30분부터 10시30분까지 M.Erler 교수의 'Epicureans and Mos Maiorum'에 대한 강의가 진행되었다. 11시부터 12시30분까지는 N.Gilbert 교수의 'Atticus' Epicureanism and Cicero'에 대한 강의가 진행되었다. 점심시간을 가진 뒤 오후 2시부터 3시30분까지 N.Wilson 교수의 'Greek Palaeography' 워크숍이 진행되었다. 오후 4시부터 6시까지 H.Essler 교수의 'Introduction to Papyrology'가 진행되었다. 두 워크숍에서는 각각 파피루스를 복사한 것을 실제로 보면서 고문서를 읽는 기초적인 방법을 익힐 수 있었다.

3월 22일(화요일)에는 오전 9시부터 10시30분까지 V.Damiani 교수의 'Sed breviter paucis praestat comprendere multa. Spreading Epicureanism by means of Abridgement'라는 주제의 강의가 진행되었다. 오전 11시부터 12시30분까지 T.Dorandi 교수의 'Filodemo d'Atene a Roma e Ercolano'에 대한 강의가 진행되었는데, 이탈리아어로 진행되어서 개인적으로는 수업을 이해하는 데 곤란함을 겪었다. 오후 2시부터 3시30분까지 N.Gilbert 교수의 'Cicero's philosophical jousting with Cassius'라는 세미나가 진행되었는데, 키케로의 저작 원문을 함께 독해하는 방식으로 진행되었다. 오후 4시부터 6시까지 H.Essler 교수의 'Herculaneum Papyrology' 워크숍이 진행되었다. 오후 6시15분부터 7시30분까지 M.McOsker 교수의 'The Epicurean Diagnosis of Anger'라는 강의가 진행되었다.

3월 23일(수요일)에는 오전 9시부터 10시30분까지 N.Wilson 교수의 『Greek Palaeography』 워크숍이 21일에 이어 진행되었다. 오전 11시부터 12시30분까지 G.Boter 교수의 'Epicureanism in the Roman Stoa'라는 강의가 진행되었다. 오후 2시부터 3시30분까지 H.Essler 교수의 'Digital edition and Herculaneum papyri'라는 워크숍이 진행되었는데,디지털화된 고문서를 컴퓨터로 처리하는 방식을 선생님이 학생들에게 보여주는 식으로 진행되었다. 오후 4시부터 6시까지 M.McOsker 교수의 '*Selected passages from Philodemus' De Ira*' 세미나가 진행되었는데, 필로데모스의 *De Ira*를 함께 독해하는 식으로 진행되었다. 이날 저녁에는 뷔르츠부르크 시내 음식점에서 학생들과 교수가 다 함께 식사를 하며 교류를 하는 자리가 마련되었다. 3월 24일(목요일)에는 오전 9시부터 10시30분까지 G.Boter 교수의 'Editing Roman philosophers. Selected problems'라는 세미나가 진행되었는데, 원문을 학생들과 함께 독해하는 식으로 진행되었다. 오전 11시부터 12시30분까지 T.Köntges 교수의 'Digital Editing and Citing'이라는 강의가 진행되었는데, 디지털 문헌학의 최신 동향을 알 수 있었다. 오후 2시부터 3시30분까지 T.Dorandi 교수의 'Filodemo e Attico. Pratiche editoriali fra Roma e Ercolano'라는 세미나가 진행되었는데, 원문을 함께 독해하는 식으로 진행되었으나 이탈리아어로 진행되어 개인적으로는 이해하는 데 어려움이 있었다. 오후 4시부터 6시30분까지 N.Wilson 교수의 'Greek Palaeography' 워크숍이 있었다.

마지막 날인 3월 25일(금요일)에는 오전 9시부터 10시30분까지 T.Köntges 교수의 'Digital Editing and Citing' 세미나가 진행되었다. 마지막 세션으로는 오전 11시부터 12시까지 H.Essler 교수의 'Digital Edition and Herculaneum papyri' 워크숍이 있었는데, 학생들끼리 팀을 짜서 주어진 파피루스 프린트를 독해한 결과를 각 팀에서 발표하는 시간이었다. 오후 12시부터 12시30분까지 진행된 closing session에서 각자 수료증을 받았다.

총 5일 동안 열린 'Philologia Philosophica' 세션은 개인적으로 무척 뜻깊은 시간이었다. 우선 파피루스 독해, 문헌 독해 등 고전 문헌학에서 다루는 기초적인 작업이지만 실제로는 접하기 어려운 분야에 대해 기초적인 지식을 배울 수 있었고, 디지털 문헌학 등 최신 동향 또한 알 수 있다는 점에서 유익했다. T.Dorandi, N.Wilson 등 저명한 학자들의 수업을 직접 듣고 배울 수 있다는 점 또한 인상적이었다. 학생들이 직접 파피루스 독해를 하게끔 하는 실습 과정도 재미있었고, 다른 나라의 학생들과 교류하는 것도 부차적으로 즐거웠다.

약간 긴 인용이지만, 국내에서도 뷔르츠부르그 대학에서 제공하는 'Philologia Philosophica'와 같은 디지털 문헌학(DP) 교육을 만들어 운영한다면, 큰 도움을 줄 것이라고 판단하여 이 자리에 기록해둔다. 요약하면, 독일의 디지털 문헌학의 교육 프로그램은 디지털 환경에 요청되는 기술 교육을 중시한다. 한 가지 간과해서는 안 되는 점은 디지털 정본 작업도 기본적으로는 전통적인 문헌학의 원칙과 방법을 고수한다는 것이다. 디지털 정본도 한마디로 한 문헌이 최초의 원전으로부터 어떤 과정을 걸쳐서 현재 우리에게 오게 되었는지를 해명하고, 그 전승 과정 중에 생겨난 오류들을 교정해서 최초의 원전을 복원하는 것을 기본 원칙으로 삼는다.[1] 앞에서 디지털 도서관의 대표적인 사례로 소개한 페르세우스 디지털 도서관이 그 권위와 신뢰를 인정받을 수 있는 비밀도 실은 전통적인 문헌학의 원칙과 방법에 의해서 제작된 비판 정본을 구현하고 있기 때문이다. 이런 까닭에 디지털 문헌학의 교육도 기본적으로는 전통적인 문헌학의 그것을 그대로 준수한다. 참고로 문헌의 디지털화에 요청되는 작업에 대해서는 별도의 전문적인 지식과 기술을 요하는 논의이기에 이 자리에서는 생략하겠다. 이와 관련해서는 TEI(Text Encoding Initiative)에서 제공하는 디지털 문헌 편집을 기본 지침을 참조하는 것이 도움이 된다(참조: www.tei-c.org).

1) 사실 이 정의는 좁은 의미의 규정이라 할 수 있다. 왜냐하면 이 규정은 문헌 전승 해명 기술을 관장하고 그 오류들을 교정하는 방법론적인 측면에 국한된 언표이기 때문이다. 물론 넓은 의미의 '문헌학'이라고 한다면 인문학이 문헌 텍스트를 기본으로 삼아 전개되는 학적 분야라 한다면, 연구자는 한편으로 '문헌' 자체에 대한 이해 뿐만이 아니라 '텍스트' 이해와 관련해서 알고 있어야 할 학적 방법론들, 예컨대 〈해석학〉, 〈주석학〉, 〈사전학〉, 〈운율〉, 〈문법〉, 〈장르〉, 〈역사〉, 〈신화〉, 〈문체〉, 〈비평〉, 〈수사학〉, 〈논리학〉 등이 제공하는 학적 방법들과 논의를 포괄하는 학문이기도 하기 때문이다.

■ 중국 런민대학의 문헌학 교육 프로그램

이 프로그램을 주관하는 기관은 ICSARTC(The International Center for the Study of Ancient Text Cultures, 고대 텍스트문화 국제연구센타)이다. 이 프로그램은 2017년 6월 18일에서 24일에 걸쳐 진행되는 문헌학의 기초 소양 함양을 위한 국제적인 교육 강좌였다. 이는 강좌에 참여하는 교수진의 면모에서 확인된다.

> Prof. Denis Feeney, Department of Classics, Princeton University, Prof. Glenn W. Most, Scuola Normale Superiore, Pisa University, Prof. Martin Kern, Department of East Asian Studies, Princeton University,Prof. Xu Jianwei, School of Liberal Arts, Renmin University of China.

강좌는 중국인뿐만이 아니라 외국인에게 개방되어 있다. 강좌를 개설하게 된 목적은 다음과 같다. 행정적인 관점에서 보면, 이 프로그램은 중국과 세계에서 활동하는 학자와 학생들을 모으기 위한 것이다. 학술적인 관점에서 보면, 이 프로그램은 다양한 언어들로 기록된 전 세계의 고대 문헌에 대한 저술들을 아우르는 목록을 집성하기 위한 것이고, 2017년 프로그램의 핵심 목표는 경전 텍스트와 주해의 역사와 전통을 탐색하는 데 있다. 중국이 특히 서양 고전 문헌학에 관심을 두게 된 이유는 크게 두 가지다. 하나는 중국의 일대일로(一帶一路, Belt and Road) 전략과 관련이 깊다. 일대일로 전략은 중국의 세계 지배 전략을 말한다. 중국이 서양 고대 문헌과 비교 연구에 관심을 갖는 것은 소위 일대일로 전략의 소프트 파워(Soft Power) 전술에 해당한다 하겠다. 최근 중국 내에서 고대 지중해를 비롯한 여러 문명에 대한 관심이 급격히 증가하면서 비교문헌학에 대한 수요도 급증하고 있는 중이다. 이는 또한 서양의 유수의 연구 센터를 주축으로 진행되는 동서의 고대 문헌 비교 연구에 대응하기 위한 전술이기도 하다. 또 다른 이유는, 지난 수십년 간 중국 고대의 여러 출토 자료와 필사본과 비문들이 발견되면서, 중국 고대 시기에 대한 새로운 연구 동향과 직결되어 있다. 새로이 발견된 출토 자료는 그동안 권위를 누려왔던 소위 '선본(善本)' 전통이 흔들리고 있고, 이와 같은 상황을 타개하고 해결하기 위해서 역사적으로 유사한 사례를 찾을 수밖에 없는데, 이에 가장 부합하는 사례가 서양 고전 문헌학이었다. 참고로 앞에서 언급했듯이, 서양 고전 문헌학의 경우도 디지털 도서관의 활성화로 인해서 전통적으로 권위를 인정받아 왔던 비판 정본들의 권위가 크게 흔들리고 있는 상황에 처해 있다. 디지털 문헌학의 관점에서 판독술, 목록학, 비판 정본학, 서지학, 비문학에 대한 많은 새로운 연구가 활발하게 진행 중이다. 아무튼 여러 물음이 가능하겠지만, 본래의 논의로 돌아가면, 문헌학적인 관점에서 서양의 그것에 결코 밀리지 않는, 아니 어떤 면에서는 압도적인 중국의 문헌학자들이 서양 고전 문헌학에 왜 관심을 가지는가에 대해서 묻지 않을 수 없다. 그 답은 아마도 서양 고전 문헌학이 기본 원리로 삼고 있는 세 가지 원칙에서 찾을 수 있을 것이다. 앞에서 말한 텍스트의 신뢰성, 표준성, 편이성이 바로 그것들이다. 런민 대학이 2017년의 프로그램의 핵심 주제로 "경전 텍스트들과 주해들(Canonical Texts and Commentaries)"를 내건 이유가 이 원칙들과 직결되어있다. 그렇다면 서양 고전 문헌학이 추구하는 신뢰성, 표준성, 편이성은 어떤게 확보될 수 있었을까? 이에 대해서는 이 책의 2부 〈실제〉에서 상술하겠다.

2부
실제

하나의 필사본을 만날 때 필수적으로 알아야 하는 서양 고전 문헌학의 기술은 세 가지다. 비판 정본술, 판독술, 개별단어 처리기술이 그것들이다.

7장
서양 고전 문헌학의 방법과 실제[1)]

이 글에서는 서양 고전 문헌학의 방법과 실제를 소개하겠다. 소개는 1. 문헌추적, 2. 판본전승조사, 3. 판본비판 및 텍스트 비교-검증, 4. 텍스트 교정 및 텍스트의 조직, 5. 텍스트 번역, 6. 텍스트 주해, 7. 사례 1, 8. 사례 2의 순서로 진행될 것이다. 한국 인문학의 큰 과제 가운데 하나가 고전의 번역과 주해이다. 실제로 번역과 주해를 하다보면 필수적으로 원전 전승이 문제가 된다. 생각하기에 따라 큰 문제가 아닐 수도 있지만, 텍스트에 대한 연구가 심화되면 될수록 이 문제는 번역과 주해를 포함한 연구-일반의 핵심적인 논의의 중심에 위치하게 되는데, 이 때 텍스트 전승에 대한 문헌학적 방법론에 대한 상식이 간혹 문제 해결에 도움을 제공한다. 이와 같은 도구적 도움을 제공하고자 함이 이 글의 첫 번째 동기이다. 두 번째 동기는 한국고전은 물론 동양 고전 문헌학과 한국 고전 문헌학계에서도 원전 복원과 고전 번역 및 주해 작업이 활발하게 진행되고 있는 것과 연결되어 있다. 이와 관련해서 동양 고전과 한국 고전 문헌학자들로부터 여러 차례 서양 고전 문헌학의 방법론에 대해서 문의를 받은 적이 있었다. 그 때마다 동서양 문헌학의 방법론에 대한 비교가 필요하고, 이 비교를 위해서 서양 고전 문헌학의 기초방법론에 대한 한국어 텍

---

1) 이 글은 안재원(2008: 257~282)을 바탕으로 재구성.

스트가 필요하다는 생각을 하게 되었다. 이 글은 서양 고전 문헌학의 방법론과 동양 고전 문헌학 및 한국 고전 문헌학의 방법론의 비교를 촉진하는 계기가 되길 바라는 희망에서 쓴 것이다. 하지만 문헌학적으로 뭔가 새로운 학설 내지 새로운 방법론을 제시하기 위해서 쓴 글은 아니다. 그러니까 이 글은 서양 고전 문헌학자들이 문헌작업을 할 때에 관찰하고 경험한 내용과 개인적으로 실제 번역-주해하는 과정에서 관찰한 경험들을 정리한 텍스트임을 분명하게 밝힌다. 여기에 이해를 돕기 위해 두 개의 작업 사례를 덧붙인다.

문헌추적(investigatio)

문헌학의 방법을 이용해서 서양 고전 문헌학자들이 도달하고자 하는 최종 목표는 원전의 복원이다. 원전에 도달하기 위해 먼저 해야 하는 작업은 문헌추적(investigatio)이다. 추적은 텍스트의 전승 방식에 따라 진행되는데, 그 방식은 크게 두 가지이다. 하나는 직접 방식이고 다른 하나는 간접 방식이다. 직접 방식에는 파피루스, 양피지, 비문, 서적, 동전, 도자기, 그림에 남아 있는 기록들이 해당한다. 그런데 양피지의 기록을 지우고, 그 자리에 다른 기록을 남긴 경우도 직접 방식에 속한다. 이를 일정의 "밑글 읽기(palimpsest)"라 부르는데, 이런 방식으로 찾아낸 문헌이 그 유명한 키케로의 『국가론(*De re publica*)』이다. 간접 방식의 가장 흔한 형태는 인용(quotation)이다. 고대 주석서(scholia), 문법서 예문, 선집(anthology), 사전의 용례, 외국어(그리스어, 라틴어, 아랍어, 시리아어, 한자)로 번역된 텍스트, 쉽게 풀어 쓴 구문(periphraseis)이 간접 방식에 속한다.

판본전승조사(recensio)

문헌추적을 통해서 새로운 필사본을 발견하면, 문헌학자들은 그 필사본이 어떻게 전승되고 있는지를 밝혀야(recensio) 한다. 우선 그 필사본이 유일전승판본인지 아닌지를 결정해야 한다. 그런데 만약 전승판본이 복수전승판본이라면, 해당 필사본들을 가능한 한 모두 찾아내어 판본간의 비교(collatio)를 해야 한다. 이를 통해서 문헌판본들의 관계를 해명해야 하는데, 이는 크게 두 양상으로 나타난다. 하나는 닫힌 관계(closed recensio)이고, 다른 하나가 열린 관계(open recensio)이다.

■ 닫힌 관계

"닫힌 관계"란 필사본들의 친족 관계를 확인할 수 있어서 문헌 계보도를 구성할 수 있는 판본들의 친족 관계를 말한다. 이 관계는 일차적으로 서지학과 목록학(codicology)의 도움을 통해서 해명된다. 예컨대 종이의 재질, 제작 방법, 필기도구의 특성 등은 필사 시기를 결정하는 데 중요한 단서로 작용하기 때문이다. 그러나 이 단서가 반드시 결정적인 것은 아니다. 왜냐하면 양피지의 경우 지웠다가 새로 기록된 경우도 있기 때문에, 매체는 더 오래된 것일 수 있으나 필사 시기는 후대의 것일 가능성이 높기 때문이다. 따라서 안전하고 확실한 길을 선택해야 하는데, 이 길이 바로 문헌의 내적판독(paleography)이고, 이를 통해 파악한 유전-오류들간의 상관성 비교이다. 이 오류들은 필사본 사이의 있는 차이가 왜 생겨났는가를 해명하는 중요한 단서이기 때문이고, 다른 한편으로 이 오류들을 이용해서 닫힌 관계를 보여 주는 문헌계보를 세울 수 있기 때문이다. 문헌계보를 작성함에 있어서 가장 중요한 근거는 소위 유전-오류들이다. 이 오류에 속하는 결정적인 예들은 소위 필사본 모본이 많은 자연 재해를 통해서 필사본이 망가진 경우, 필사본 자체가 필사모본의 글씨나 내용을 알아보지 못해 빈 칸으로 남겨 둔 경우, 필사모본에는 없는데 아들본에 채워 넣은 경우, 단어나 문장의 교체나 자리 이동을 한 경우가 나타나면 필사본과 필사본의 친족 관계를 증명하는 데 결정적인 도움을 제공한다.

■ 열린 관계

"열린 관계"는 문헌 판본들의 전승 전통이 다양해서 친족 관계를 따질 수 없는 관계를 말한다. 부연하자면 다음과 같다. 만약 모든 필사본들이 최초의 어떤 한 권의 원전에서 출발했다면, 개별 필사본들의 관계를 드러내 주는 문헌 계보도를 분명하게 그릴 수 있을 것이다. 그러나 최초의 원전을 확인할 수도 없고, 설령 어떤 최초의 원전으로부터 필사된 문헌들이 일정 시기까지 내려오다가 필사 과정에서 한 필사본이 잘못 베껴지는 경우가 발생한다. 그런데 이 잘못 베낀 필사본이 마치 유전처럼 가지고 있는 오류들을 후대 필사본들에 전하게 되는데, 이 오류를 들을 계승–오류(errores coniunctivi)라 부른다. 계승–오류의 확보를 통해서 문헌 계보도가 작성된다. 그러나 그렇지 않은 경우가 발생한다. 계승–오류를 확인할 수 없는 경우가 그것이다. 그러니까 오류들의 종류가 전혀 달라 한 판본이 다른 판본의 모본 역할을 했다고 볼 수 없는 경우들이 바로 그것이다. 이런 경우 판본들 사이의 문헌 계보도 구성은 원천적으로 불가능하다. 한 판본이 다른 판본에 의존하지 않고 독립적인 전통을 가지고 있음을 보여 주는 오류–근거들을 분리–오류(errores separativi)라 부른다. 이는 시험에서 '부정 행위'를 적발할 때 많이 사용되는 방법인데, 다음과 같다. 두 줄로 나누어 시험을 보는 학생들이 있다고 하자. 그런데 각기 제일 앞에 앉아 있는 학생의 답안을 연이어 베꼈을 때, 정답일 경우 부정 행위를 적발해 낼 수 있는 방법이 없으나, 오답일 경우 오답의 유전 관계가 분명하게 밝힐 수 있는 데, 이 원리를 이용하는 것이다. 그런데 이번에는 두 줄에서 일어나는 부정 행위를 적발해야 하는데, 이 때 "생각하는 사람을 조각한 사람은?"이란 질문에, 한 줄의 학생들이 로뎅-오뎅-덴푸라 계열의 유전 정보를 가진 답을 하는 반면, 다른 한 줄의 학생들이 팡세-루소-에밀이라는 오답들을 썼다면, 이 두 경우는 기본적으로 전혀 다른 친족 계열을 가지고 있는 경우이다. 이 경우 문헌 계보도를 작성할 수 없다. 그래서 이를 "열린 관계"라고 부른다.

이렇게 문헌 계보도 작성을 어렵게 하는 데에는 필사자들의 잘못된 베낌도 큰 원인으로 작용하지만 실은 저자 자신이 최초의 원고를 수정-교정하는 경우도 해당한다. 호메로스 서사시의 경우, 직업 가객들이 이야기를 가는 곳마다 바꿔 부르는 경우도 있고, 비극의 경우 배우들이 자신의 입맛에 따라 대사를 개작하는 경우도 있기 때문이다. 따라서 최초 원전부터 복수 전통의 텍스트 전승이 세워진 경우가 많다. 문헌학자들은 이러한 경우를 열린 관계라 부른다. 이에 해당하는 전형적인 예가 호메로스의 서사시, 베르길리우스의 작품, 『신약성경』이다. 널리 읽히고 많은 사랑을 받은 작품일수록 문헌 계보도 구성이 어렵다. 하지만 가능한 범위 내에서 문헌 계보는 추적해야 한다. 왜냐하면 텍스트를 새로이 편집해야 할 때 모든 문헌들을 다 고려할 수는 없고 참조-반영해야 할 필사본들을 줄여 나가야 하기 때문이다. 이를 문헌학자들은 판본 최소화(eliminatio)과정이라 부른다.

판본 최소화와 텍스트 비교-검증(examinatio)

■ 판본 최소화

판본 최소화 과정을 통해서 문헌학자는 문헌편집에 기초로 삼아야 할 편집기초본을 결정하게 된다. 그런데 기초본으로 삼아야 할 필사본으로 도대체 어떤 것을 최선의 필사본(codex optimus)으로 선택해야 할지가 문제다. 이에 대해서 절대 불변의 원칙이 있는 것은 아니지만 통상적으로 다음의 지침이 유용한다. 필사본들이 닫힌 관계에 속하는 경우, 가장 오래된 필사본(codex altissimus)을 기초본으로 삼고 아들본과 손자본들을 문헌편집에 반영한다.

■ 텍스트 비교-검증

기초본이 결정되면 이제 문헌학자들은 원문 복원을 위해서 개별 필사본의 오류와, 오류는 아니지만 전승 기록이 다른 경우에 대한 비교-검증 과정을 진행한다. 이 경우 별도의 노트를 준비해서 비교-검증을 하는 중에 발견하게 되는 주목할 만한 단어나 표현이 나올 경우 기록해 두는 것이 좋다. 이 작업이 소위 비교-검증이라 불리는 과정이다. 이 과정이 필요한 이유는, 문헌편집을 하다 보면 개별단어선택과 문장교정을 해 나감에 있어서 최고본(最古本)이 항상 좋은 것도 아니고 후대본(後代本)에서 더 나은 제안을 발견하는 경우가 있기 때문이다. 이 경우 후대본의 제안을 문헌편집에 수용한다. 이는 문헌학자들 사이에서 하나의 원리로 인정되는 지침인데, 라틴어로 'recentiores, non deteriores(후대 필사본이, 증명할 수 없는 옛날 필사본보다 더 믿을 만하다)'라고 한다. 또 어떤 텍스트 자리에 각각의 필사본들이 각기 다른 단어 내지 구문으로 표현되는 경우가 있다. 이 경우 각기 문법적으로, 문맥상으로 의미가 통하는 자리라 할 수 있다. 그래서 어떤 것을 결정해야 할지에 대해서 문헌편집자가 고민하지 않으면 안 되는 데, 이 경우 읽고 해석하기에 있어서 더 어려운 필사본의 단어를 선택한다. 이는 소위 "난독(難讀)제안(lectio difficilior)"이라 불리는 지침이다. 이 지침을 문헌학자들이 우선시하는 것은 다음의 이유에서다. 그러니까 필사자들이 문헌을 베낄 때, 주어진 표현이 어려울 경우 자신이 이해하기 쉬운 쪽으로 바꾸거나 필사-선택하는 경우가 자연스러운 것이기 때문이다. 이런 이유에서 문헌편집자들은 난독제안을 텍스트로 선택한다. 이와 관련해서 상식차원에 통용되는 지침을 하나 더 소개하면 다음과 같다. 필사자가 잘못 베끼는 것은 통상 일어나는 일인데, 이때 부주의에 의해서 일어난 필사-오류도 있지만, 필사자가 의식적으로 자신이 이해하지 못하거나 자신의 어감에 맞지 않는 표현을 더 쉽고 이해하기 편한 방식으로 고치는 경향이 있는데, 여기에는 이러한 경향이 문제되는 경우를 만나게 되면, 편집자는 "둘 중 어떤 방향으로 나아가려 했을까?(utrum in alterum abiturum erat?)"라는 물음을 던지고, 이에 대한 해결-제안을 모색한다.

텍스트 교정과 텍스트의 조직(emendatio et organisatio textus)

이러한 과정을 통해 개별 표현에 대해서 비교-검증이 끝나면 본격적으로 문헌편집을 시도한다. 문헌편집은 두 과정으로 나뉜다. 하나는 전승 과정에서 발생한 오류들을 교정하는 작업(emendatio)이고, 다른 하나는 텍스트의 복원과 그 텍스트의 구현 문제이다.

■ 텍스트 교정(emendatio)

오류-교정의 목적은 가능한 한 원전에 가까운, 최선의 원전텍스트의 복원에 있다. 이와 관련해서 문헌편집자가 주목해야 할 지침은 크게 세 가지다. 먼저 문헌 편집자는 텍스트의 내용을 장악해야 한다. 물론 이를 위해서 저자의 저술 의도와 내용 전개 구조를 파악하고 있어야 함은 당연하겠다. 또한 기술서적이나 전문서적의 경우, 텍스트 내용이 다루는 실제에 대한 지식도 가지고 있어야 함도 마찬가지일 것이다. 다음으로 저자의 사유 전개 방식, 표현 전개 방식에 대해서도 잘 알고 있어야 한다. 이어서 문헌 편집자는 언어 장악 능력, 해당 저자에게 고유한 문체, 사고 전개 방식, 텍스트의 내용에 대한 사실적 지식 등이 결정적으로 중요하다. 언어 장악 능력에는 당연히 문법 지식, 단어와 표현에 의미 해독 능력, 방언, 운문의 경우 운율에 대한 지식, 수사학적 표현 능력 등이 절대적으로 필요하다. 특히 고전 작품에는 문법적으로 문법적 비문(barabarismus, soloecismus)이지만, 수사학적으로 보면 덕목으로 취급되는 표현들이 비근하게 나타나기 때문이다. 비교-검증을 하다 보면 해당 텍스트에서만 발견되는 단어나 표현이 있기도 하다. 이는 "한 번만 나오는 표기(hapax legomena)"라 하는 경우인데, 이는 기존 대형사전(*Thesaurus Linguae Graecae, Thesaurus Linguae Latinae*)에도 나오지 않는 표현이다. 이를 어떻게 취급해야 할지, 난감한 상황에 처하게 되는데, 이 경우도 비교-검증 노트에 반드시 표기해 두고 다른 문헌이나 텍스트에 나올 가능성이 있음을 추적해야 한다. 그러나 추적이 용이치 않을 경우, 라틴어의 경우 그리스어나 다른 인구어의 역사-비교 연구에 도움을 구해야 한다. 그런데 비교-검증을 하다 보면 어떤 특정 문장이 필사본의 직접-전승에서는 발견되지 않지만 다른 작가의 인용을 통해서 전해지는 경우도 있다. 이도 전거(testimonium)로 활용된다. 마지막으로 오류 교정을 할 때, 문헌 편집자는 오류-교정에 대해서 정당한 근거를 분명하게 제시해야 한다. 그러니까 어떤 과정을 통해서 오류가 발생했고, 이것에 대한 해명을 통해서 교정의 근거와 정당성을 제시해야만 한다. 또한 많은 경우 다른 필사본에서 오류-교정에 대한 대안을 발견할 수 있다. 그런데 대안을 필사본에서 찾을 수 없는 경우도 있다. 이 경우 문헌 편집자는 추정(divinatio aut coniectura)을 해야 하는데, 이 경우도 마찬가지로 어떤 근거에서 추정제안을 제시하고 있는지에 대해서 근거를 밝히어야 한다. 이상이 문헌교정과 관련해서 문헌편집자가 갖추어야 할 덕목에 대한 보고다. 그런데 필사본 혹은 출판의 기술적 문제들을 어떻게 처리하느냐가 문제일 경우도 있다. 예컨대 고대 파피루스의 경우에는 문장에 구두점이 없다. 이도 어떻게 처리할지 난감한 경우다. 혹은 단어를 어떻게 분리 표기할지, 혹은 알파벳 철자의 변화를 어떻게 취급해야 할지, 축약과 생략에 관련해서 어떻게 풀고 채워야 할지도 어려운 문제이다. 이러한 문제들에 대해서 일반 규정이 있는 것은 아니고, 물론 문헌편집자의 재량에 달려 있지만 대개는 서양 고전 문헌학계에서 통용되는 관례와 전통에 따라서 처리한다.

■ 텍스트의 조직(organisatio textus)

지금까지의 서술을 정리하자면, 문헌을 추적하고 수집하며, 한편으로 문헌에 대한 외적기술(Kodikologie)을 검토하고, 다른 한편으로 문헌 간의 내적-비교(Palaeographie)를 통해 문헌 계보도를 작성한 뒤, 여기에 기초본을 결정하기 위해서 판본들의 비판적 비교-검토 과정을 거쳐 참조해야 할 판본의 최소화 과정에 대한 논의로 요약될 수 있을 것이다. 그렇지만 최소화된 판본에만 의지할 수 없기 때문에, 판본들의 개별적인 텍스트 자리에 대한 비교-검증을 실시해야 하고, 이에 입각해 보다 나은 텍스트 자리를 결정하며, 오류일 경우 교정하게 된다. 이러한 작업이 완료되면 본격적으로 텍스트를 조직하는데, 텍스트는 기본적으로 세 부분으로 조직된다: 서문(praefatio), 본문(textus), 비판장치(apparatus criticus).

서문

서문에 기재되어야 할 사항에 대해서 논의하자. 먼저 문헌 소재와 그것이 어떤 과정을 통해서 전승되어 왔는지, 즉 문헌전승사와 문헌 간의 관계를 보여주는 계보가 작성 가능하다면 이를 제시하고, 이 계보도의 작성 근거를 해명해야 한다. 아울러 서문에 기재해야 하는 사항이 있는데, 크게 두 가지이다. 편집과 관련해서 참조했던 필사본과 이전의 출판-편집본에 대한 소개가 그것들이다. 그런데 필사본의 서지정보가 길기 때문에 약칭을 많이 사용하는 것이 좋다. 이상은 독자가 텍스트를 취급함에 있어서 미리 알고 있어야 할 사항이므로, 편집자는 이를 서문에 반영해야 한다. 이외에도 비판장치에 사용되는 용어들에 대한 약칭 표현에 본문 텍스트에 구현되는 부호에 대해서도 일러두기를 해 주어야 한다. 이에 대해서는 본문과 비판장치의 보고에서 자세히 다루겠다.

본문과 비판장치

본문 조직에 대해 소개하겠다. 줄과 행의 번호를 달아 주는 것이 좋다. 왜냐하면 그렇지 않으면 이 책을 참조하는 사람이 내용을 찾을 때 너무 고생스럽기 때문이다. 이렇게 번호를 매겨 놓으면 혹 책이 개정되거나 다른 출판사에서 다시 편집되어 나온다 하더라도 인용시에 번호에 따라 인용-검색되기 때문에 큰 문제가 없다. 그러나 출판사에 따라 책의 조직이 달라질 수 있다. 그러면 연구자나 독자는 큰 혼란에 빠지게 된다. 이런 혼란을 방지하기 위해 예컨대 스테파누스는 플라톤의 텍스트에 문맥 단위로 번호를 매겨 놓았는데, 이 번호 덕분에 인용시 이 번호만 인용하면 출판사나 편집자를 굳이 밝히지 않아도 의사소통이 가능하다. 이러한 이유 때문에 본문의 외란에 번호를 주는 것이 필요하다. 이 번호는 다음의 이유 때문에도 꼭 필요하다. 즉 본문과 비판 장치(apparatus criticus)를 연결시켜 주는 매개 장치이기 때문이다. 이는 비판장치 논의를 할 때 다루겠다. 본문을 편집하는 과정 중에 사용하게 되는 부호를 소개하고자 한다.

( ) 소괄호는 생략된 표현을 보충할 때 사용하는 부호이다.

〈 화살괄호는 본문 표현에 보충-제안 해야 할 경우 사용하는 부호이다

[ ] 대괄호는 필사본의 전승이 명백하게 오류이어서 삭제해야 할 경

우, 그러나 곧바로 지우는 것이 아니라 [ ]를 통해서 삭제해야 하는 경우를 알려준다.

{ } 중괄호는 파피루스 문건에 등장하는 표현으로 편집자의 관점에서 볼 때, 삭제해야 하는 경우를 표시하는 부호이다.

[[ ]] 겹대괄호은 필사본에서 필사가가 직접 삭제한 경우를 말한다.

└ ┘ 는 간접 전승에서만 확인할 수 있는 경우를 뜻한다.

†† 는 무덤을 뜻하는 십자가(crux) 로 텍스트의 복원이 불가능한 경우를 지칭한다.

**** 의 경우도 텍스트의 일부분이 유실되어 복원이 어려울 때 표시하는 기호이다.

××× 한 단어 내에서 철자들이 확인되지 않을 경우에 이 표시를 사용한다.

........는 필사본에서 판독 불가능한 자리가 나올 때 사용하는 표시이다.

이 부호들의 역할은 크게 두 가지이다. 하나는 필사본들과 텍스트를 매개하는 수단이다. 그러니까 예를 들어 '****'를 통해 독자는 필사본의 전승 상태를 알려 주는 역할이다. 다른 역할은 문헌편집자가 편집-교정을 할 때, 편집자가 한편으로 문헌 전승 전통을 어떻게 수용하고 있고, 다른 한편으로 텍스트를 교정-수정하는 중에 어느 수준까지 편집자가 개입하고 있는지를 확인시켜 주는 기능이 그것이다. 이러한 장치를 통해서 문헌의 전승 역사와 교정-수정시 작업 범위가 어디까지를 텍스트 본문만 가지고서도 확인할 수 있다. 하지만 문헌편집시, 특히 교정과 수정에 대한 근거와 이유를 반드시 밝혀야 한다. 이 근거를 제공하는 제도가 비판장치이다. 여기에 텍스트에서 다른 저자의 인용이 올 경우 이를 밝혀 주는 것도 독자를 위해서 필요하다. 이를 기재하는 것이 중요한 이유는 소위 학문적으로 간(間)텍스트(Intertextualität) 문제 때문이다. 이는 수용과 영향사 추적에 매우 중요한 일이며, 텍스트와 텍스트의 비교-연구의 시발점이기도 하다. 지면 관계상 전문을 모두 기재하지는 않고, 서지 사항만 기재하는 것이 원칙이나, 인용할 만한 가치를 지닌 경우 인용문이 길거나 인용 예가 많을 경우 간접 전거(testimonium)로 아예 따로 분리해서 유사-비교 장치에 기재하기도 한다.

그러면 비판장치에 대해서 본격적으로 논의해야 할 시점인 것 같다. 비판 장치는 크게 두 부분으로 구성된다. 하나는 문헌전승을 소개하고, 교정과 문헌편집의 역사를 간략하게 제시하는 것이고, 다른 하나는 유사-비교 장치이다. 먼저 비판장치는 문헌 계보도에 따라 선정된 기초본을 기본으로 삼아 원본을 만들어 가는 중에, 한편으로 필사본의 오류-전승들을 처리하기 위해서, 다른 한편으로 전승 중에 다른 전승 전통이 있으면, 이 경우 본문에 선택되지 않은 전승 텍스트를 기록하거나 선대 편집자의 추정이나 보충 제안을 기록하는 자리이다. 이러한 제안이 없을 경우, 문헌편집자가 직접 편집-교정하는 중에 그러나 판본들이 더 나은 대안을 제시하지 못하는 경우도 있는데, 이때 편집자가 개입하여 추정에 의거한 개선안을 제시하기도 한다(divinatio aut coniectura). 하지만 문헌편집자는 교정 중에 명백하게 틀린 텍스트라 할지라도 함부로 지우지 않고 문헌의 전승 전통을 존중하며, 교정할 경우 전승된 텍스트를 삭제하지 않고 전승된 텍스트의 비판장치에 교정 제안을 기록하기도 한다. 이렇게 하는 이유는 더 나은 문헌 전승 전통을 유지하고 있는 텍스트가 있을 수 있기 때문이다. 아울러 후대 학자의 더 나은 해결책이 나올 수도 있다. 이러한 교정 제안은 알렉산드리아 도서관 건립부터 현대까지 약 2500년의 역사를 가지고 있는 전통으로, 오늘날에도 지켜지고 있는 학자들의 고금(古今)간 의사소통방식이다. 이 방식은 르네상스 시대 이후 텍스트 구현 방식의 한 제도로 자리 잡았는데, 이를 문헌학자들은 "비판

장치(apparatus criticus)"라 부른다. 따라서 비판 장치는 한편으로 문헌 전승-전통을 다른 한편으로 문헌 편집의 역사를 보존하는 자리이다. 그러나 전통과 역사를 모두 기록할 수는 없다. 지면 제한 때문이기도 하고, 어떤 경우는 본문보다 비판 장치가 더 큰 분량을 차지하기 때문이다. 그래서 비판장치를 조직하는데 있어서 가장 우선시되는 덕목이 경제성과 일관성이다. 이 덕목이 반영된 의사 소통 방식이 다음의 약호이다.

cf. confer(비교, 참조)
add. addidit(첨가)
sec. seclusit(삭제)
transpos. tranposuit(자리 바꿈)
suppl. supplevit(보충)
om. omisit(생략)
fort. fortasse(아마도)
corr. coll. correxit collato(비교-참조를 통한 교정)
i.m.in margine(외곽 주석에)
v. vide(보시오)
v. l. varia lectio(다양한 독법이 허용되는 경우)
lac. lacuna(텍스트 본문 망실)
conj.conjecit(추정-제안)
cod. codex(필사본)
codd. codices(복수 필사본)
mut. mutavit(바꿈)
del. delevit(삭제)
s. sive(혹은)

em. emendavit(교정)
ins. inseruit(삽입)
i. r. in rasura(지운 흔적이 있는)
cet. ceteri(다른 판본들도)

왜 "비판장치"라고 부르는지에 대해서 논의하자. 이 물음의 답은 이와 같다. 편집자에 의해서 선택된 텍스트가 원저자의 것이 아닐 수 있다. 또 그것이 제대로 전승되지 못할 가능성이 있고, 비판장치에 기록된 다른 판본의 텍스트들도 원텍스트일 가능성도 있다. 따라서 독자들이 텍스트를 읽어 나감에 있어서 문헌 전승 과정에서 생겨난 전승 오류 때문에 생겨날 수밖에 없는 여러 해석 가능성에 대해 비판적이면서 열린 입장을 취하고서 텍스트를 다루어야 한다는 것이다. 그러니까 문헌 전승 과정 중에 문제가 있는 어떤 텍스트가 비판 장치가 아닌 본문(maintext)에 얼마든지 기재될 수 있는데, 독자들이 그것을 확정된 결정본으로 취급해서는 안 된다는 것이다. 여기에서 '비판(critica)'이란 용어는 한편으로 전승된 문헌에 대해서, 즉 주어진 전통에 대해서, 다른 한편으로 텍스트에 대해서, 좀 더 분명하게 말한다면, 편집된 텍스트에 대해서조차도 일정한 거리를 취하면서, 다시 말해 '비판적으로' 접근하라는 의미에서 사용된 전문어이다. 이러한 '비판장치'는 한편으로 과거 학자들과의 의사소통체계 기능을 다른 한편으로 주어진 텍스트에 언제나 새로운 제안과 해결책을 제시할 수 있는 열린 공간을 제공하는 기능을 수행하는데, 이러한 기능을 수행할 수 있는 장치를 갖춘 텍스트가 소위 "결정본"이다. 명망 높고 권위 있는 대학자가 한 것이므로 더 이상 문제 제기와 논의가 끝난 '닫힌 구조의 텍스트'가 결정본이 아니다. 대신에 과거와 현재와 미래의 연구를 위해 논의의 공간을 열어 놓은 구조를 가진 것이 바로 결정본이다.

그러면 유사-비교 장치에 대해서 다루자. 이 장치는 다음 이유 때문에 도입되었다. 인용문이 나오는 경우, 다른 작가의 문장을 베낀 경우, 다른 문헌들에서 문법적으로 구조가 거의 일치하고 내용상으로도 유사한 경우, 즉 내용적이든 형식적이든 비교할 만한 가치가 있는 경우, 비교를 위해 이것들의 텍스트 서지 정보를 제공해야 하는데, 이를 위한 자리가 "유사장치(apparatus similium)"이다. 대개 비판장치에 윗 부분에 마련된다.

텍스트 번역

번역이란 무엇인가? 이 자리를 통해서 번역-일반에 이론적인 논의를 전개하기 위해서 던지는 질문이 결코 아니다. 이 물음은 답변하기에 너무 큰 질문이기도 하거니와 이 글에서 답변할 수 있는 문제도 결코 아니다. 그럼에도 이 물음을 던지는 이유는 이 논의를 풀어가는 말머리를 여기에 두고 있기 때문이다. 번역에 대한 가장 기본적인 정의(定義)에서부터 말문을 열겠다. 번역의 정의는 대략 이렇다. 번역이란 어떤 특정 표현 형식(대상 언어: 외국어, 고어, 방언, 운문, 구어)에 의해서 작성된 텍스트의 내용을 다른 특정 형식(목적 언어: 모국어, 현대어, 표준어, 산문, 문어)으로 재현하는 일이다. 이 정의에서 번역을 바라보는 두 개의 접근 시각을 끌어낼 수 있는데, 그 중 하나는 "번역이 옮기는 행위"라는 시각이고, 다른 하나는 이러한 옮기는 "행위의 결과로서 번역"을 따로 분리시켜서 바라볼 수 있는 시각이다.

먼저 "행위로서의 번역"에 대해서 살펴보자. 과연 번역이라는 행위에 대한 관찰들에 대해 주목할 가치가 있는 몇 가지 언급들이 이론적 체계화의 대상이 되는지는 잘 모르겠다. 어찌되었든 번역이 복합적인 행위라는 점만은 분명하다. 읽기와 쓰기가 동시에 일어나는 행위이고, 이 복합적 행위가 따라서 원문 텍스트의 이해를 위한 분석 능력과 다른 형식으로 다시 재현해내는 종합 능력이라는 점도 또한 누구나 인정할 수 있을 것이다.

단적으로, 모국어가 아닌 외국어 텍스트를 자동적으로 이해하면서 파악한다는 것은 불가능한 일이기에 분석적 능력이 요청되는 것은 당연하다. 모르는 단어들, 익숙하지 않은 비유들, 실감하기 어려운 느낌과 감정들, 처음 만나는 구문 조합들, 전체 문장 구문에 대한 잘못된 파악, 의미가 이미 달라진 표현들은 문장 파악에 곤란함을 제공하고, 따라서 분석적 접근을 요구하는 문제들이기 때문이다. 그럼에도 이 문제들은 개인적 성실함과 노력을 통해서 해결할 수 있는 것들이다. 그런데 문단 단위의 의미-논지 구조의 파악과 텍스트 전체에 대한 논지 구조 장악 및 저자의 저술 의도와 동기의 파악 등과 같이, 번역자가 스스로 해결해야 하는 고유한 문제들도 있다. 이것들은 대개 문리(文理) 터득, 곧 원문 텍스트 장악과 직결된 것이다. 예컨대 어투나 표현 스타일, 관용적 문구, 토속어, 조어(造語), 방언, 문맥 접사가 가지고 있는 세세한 뉘앙스의 포착, 낱말이나 문장, 그리고 문맥의 심층적인 뜻의 파악, 저자의 의도와 그 배후까지 꿰뚫고 있어야 하는 통찰, 저자가 가졌던 이론과 사상, 그가 몸담았던 시대의 역사와 철학, 그리고 문화적인 배경에 대한 이해가 없을 때 부딪힐 수밖에 없는 문제들이다. 결론부터 말하자면, 이런 문제들에 대한 이론적인 해결책은 없다. 다만 많이 읽고, 깊게 생각하고, 널리 묻는 학자로서의 부지런함과 탐구자로서의 학적 호기심과 번역자로서의 성실함이 요구될 뿐이다. 선행 연구자들이 해 놓은 주석서들과 연구서들이 제공해주므로 번역자는 이런 자료들을 섭렵해야 하며, 필요한 경우에는 고대의 관련 문헌들과 그에 관한 연구 결과들을 직접 조회하고, 관련 분야의 전문가들에게 자문을 구하는 정도 이외에 다른 대안은 없다. 한마디만 사족으로 '행위로서의 번역'에 대해서 덧붙이자. 도대체 텍스트를 쪼개고 따지며 분석하는, 다시 말해서 읽고 생각하고 묻는 행위의 본질적인 의미가 도대체 무엇인지를 말이다. 이것은 다름 아닌 이 행위가 원저자와 만남이고 대화이며, 일종의 '연애'라는 점이다. 하지만 이 관계는 일방적이기 때문에 번역자의 사랑(philia)이 가장 중요하다는 것이다. 이런 관계를 고려할 때, 번역은 한마디로 원저자에의 모방(imitatio)이다. 비유적이긴 하지만 이와 같은 사랑의 실천이 번역이다.

'결과로서의 번역'에 대해 논의하자. 결과로서의 번역에는 두 종류의 움직임이 있다. 하나는 '저자를 향한 번역'이고, 다른 하나는 '독자를 향한 번역'이다. 전자는 원문에의 충실성을 추구하고, 후자는 번역 텍스트의 가독성을 중시한다. 단적으로 원문에 충실한 번역이 좋은 번역이다. 하지만 가장 충실한 번역이 가장 좋은 번역은 아니다. 예컨대 한국어와 라틴어는 문장 구조가 달라서 원문의 구조를 그대로 살리게 되면 우리말 표현이 어색해질 수가 있고 가독성을 떨어뜨리기 때문이다. 결국 원문의 뜻을 손상시키지 않는 범위 내에서 자연스러운 우리말로 풀어 표현해야 하는데, 문제는 가독성을 높이기 위해 풀어쓴 번역문이 원문의 원의미와 저자의 원래 의도는 물론 저자의 표현 기법이나 분위기, 뉘앙스 등을 무너트리기 쉽고, 주요 개념들이나 전문용어들의 일관성 있는 번역을 유지하기 어렵게 만드는 경우가 있다는 것이다. 여기에서 원문에의 충실성과 가독성 사이에 일종의 절충적 혹은 상보적 긴장 관계를 설정하고 이 긴장의 끈을 끝까지 유지하는 노력과 내공이 요청된다. 이와 관련해서 서양 고전 문헌학자들은 "가능한 한 원문에 충실하게, 하지만 필요에 따라 자유롭게"라는 기치 아래에서 번역 작업을 수행한다. 그럼에도 이 원칙이 소위 "번역의 불완전함"을 극복할 수 있는 대안이 되지는 못한다. 예컨대 목적언어와 대상언어 사이에 있는 어휘들의 의미구조와 의미스펙트럼이 일치하지 않기 때문에 딱 들어맞는 번역어를 찾아내기 곤란한 경우가 비일비재하기 때문이다. 이에 대한 근본적인 해결책도 따로 있는 것은 아니다. 목적언어(예, 모국어)에 대한 열정과 사랑이 최선의 해결책일 뿐이다.

하지만 모국어에의 열정과 사랑만으로 번역의 불완전함이 근본적으로 해결되는 것은 아니다. 왜냐하면 이 문제는 번역자의 개인적 목적언어(모국어) 능력을 넘어서는 차원에서 발생하는 문제와도 관련된 사항이기 때문이다. 번역이 언어에서 언어로, 확장해서 개별 언어들이 담고 있는 세계와 세계 사이의 경계에서 일어나는 일이기 때문이다. 이런 점에서 번역이란 말에서 말로의 옮김이 결코 아니다. 이는 언어가 단지 기호에 불과한 무엇이 결코 아니기 때문이다. 언어는 사유를 규정하는 틀이기도 하고 존재의 집이기도 하기 때문이다. 언어의 이러한 특성들은 번역 과정에서 확연하게 드러나는데, 번역의 전면에서는 단어와 단어가 대응하지만 번역의 후면에서는 의미와 의미의 대응이, 혹은 개념과 개념의 대응이 그리고 개념이 규정하는 세계들의 대응이 이루어지기 때문이다. 이런 사정 때문에 서양 고전 문헌작자 빌라모비츠는 번역에 대해서 다음과 같이 선언한다. "단어에서 단어로의 번역은 불가능하다. 대신에 텍스트(단어, 문장, 문맥, 전체 텍스트, 저자의 의도] 내용의 재구성"이 번역이다. 빌라모비츠에 따르면, 결과로서의 번역은 원문 텍스트에 담겨져 있는 내용 세계의 재현(representatio)이어야 한다는 것이다. 내용 세계의 재현이라는 점에서 번역은 언어적 능력뿐만 아니라 전문가로서의 학자적 소양과 능력을 요구한다. 원저자가 서 있는 구경(究竟)에서 원저자와 함께 호흡하면서 때로는 동행하고 때로는 원저자에게 비판적 거리를 유지하면서 대결할 때, 원저자가 텍스트에 구현해 놓은 내용 세계를 한편으로 객관적인 시각에서 재현할 수 있고, 다른 한편으로 원저자가 보지 못한 문제를 혹은 텍스트가 남겨놓은 연구의 빈자리를, 다시 말해 새로운 조명을 기다리는 문제들을 제기할 때에 비로소 번역은 그 본래의 의무를 다하는 것이기 때문이다. 이런 의미에서, 샤데발트의 지적대로, "번역이란 해석의 한 형식인 동시에 여러 종류의 학문적 작업들의 총화"이다. '저자에로의 번역'에 대한 기본 소개는 여기까지다.

'독자에로의 번역' 문제에 대해서 잠시 언급하자. 이는 원전에 대한 여러 유형의 번역이 있을 때 가능하다. 그러나 이 번역들은 소위 '저자에로의 번역' 작업이 있을 때 가능하다. 제대로 된 '저자에로의 번역'이 있을 때, 예컨대 문맥접사를 고려한 혹은 원문의 구조나 분위기를 최대한 살리는 번역이 있는가 하면, 작품 전반에 대한 해석의 시각에 따라 차별화를 두는 번역도 가능하며, 따라서 여러 유형의 번역본들이 나와서 번역과 원전 사이에 있는 불가피한 간격을 여러 측면에서 최대한 메워주는 방식을 통해서 소위 '독자에로의 번역'이 실현되기 때문이다. 결론적으로 '독자에로의 번역'은 쉽게 풀어쓴 번역이 결코 아니다. 또한 '독자에로의 번역'도 개인 작업이 아니다. 그것은 오히려 해당 학계 전체의 공동 작업이다. 유럽이나 일본은 고전 연구의 역사가 깊고 학자 층도 두터워서 그런 과정을 밟아왔지만 전문가 층이 얇은 우리에게는 그럴 여유가 없고 경험이 없었기에 '독자에로의 번역'이 쉬운 번역이라는 오해가 생긴 것으로 보인다.

텍스트 주해

텍스트의 주해에 대해서 논의하자. 실제로 번역을 하다 보면 번역자의 원문 독해 능력과 문해 능력에 관계없이, 그러니까 번역자의 주관적인 능력 및 조건과는 무관하게 부딪히게 되고 극복해야 하는 구조적인 문제들이 있다. 크게 세 유형이다. 먼저 대상 언어와 번역 언어 사이에 있는 문법과 통사의 구조적인 차이에서 기인하는 번역의 어려움, 다음으로 원저자의 사유구조를 결정짓고 있는 사유방식과 세계관과 번역자의 그것들 사이에 있는 구조적인 차이에서 생겨나는 번역의 어려움, 마지막으로 원문 텍스트가 탄생했던 그때-거기의 역사적 맥락과 원문 텍스트에 담겨 있는 세계와 번역 텍스트가 속해있는 지금-여기의 역사적 맥락 사이에 있는 구조적인 차이에서 비롯된 어려움이 바로 그것들이다. 예컨대 언어적인 차이와 관련해서 인구어가 가지고 있는 관계대명사, 태, 시제, 문맥접사(particles) 등은 텍스트의 의미를 조직하고 구성하는 데에 있어서 결정적인 역할과 그래서 문장의 의미를 파악하는 변별적인 기능을 수행하고 있는 문법 현상들인데, 이러한 현상들이 한국어에는 없다. 이러한 현상 중에는 번역을 통해서 옮겨올 수 없는 것들이 많다. 또한 사유방식의 차이에 있어서도 마찬가지로 번역을 통해서 직접적으로 옮겨올 수 없는 것들이 많다. 아울러 원문 텍스트가 담고 있는 역사-문화적 맥락은 온전하게 번역 문장을 통해서 단박에 옮겨질 수 있는 경우가 아니다. 그러니까 단적으로 인명, 지명, 역사적 사건들은 번역 문장만으로는 결코 이해할 수 있는 없는 경우들이다. 이것들은 번역문 외부에, 즉 최소한의 각주나 내주(內註)를 통한 설명과 풀이를 요구하는 자리들이다. 이상의 진술을 정리하자면 다음의 결론에 도달한다. 텍스트를 한 언어에서 다른 언어로 옮기는 일에는 번역문을 통해서 옮길 수 있는 것과 번역문을 통해서 직접 옮길 수 없는 것들이 있다는 것이다. 이렇게 번역문을 통해서 직접 옮길 수 없는 텍스트 원문의 내용을 옮기기 위한 장치가 주해이다. 이런 의미에서 텍스트 주해도 원전 텍스트의 일부이고, 주해도 원전텍스트의 복원에 속하는 한 작업이다.

그러면 원문 텍스트의 일부임에도 번역문을 통해서 직접적으로 재현할 수 없는 문제의 종류에 대해서 논의하자. 이해를 돕기 위해 이 문제들을 도표로 정리하면 다음과 같다(표 1).

문제의 항목		문제의 내용
1	문헌전승의 문제	다양한 텍스트 전통이 있을 때, 어떤 텍스트를 선택해야 하는가? 그리고 자신이 선택한 텍스트에 대한 독법(lectio)의 근거는 무엇인가?
2	문법의 문제	원문 텍스트 해석을 어렵게 만드는 문법적인 용법과 원문을 다르게 해석할 수 있는 가능성을 문법적 문제는 없는가?
3	표현의 문제	단어 차원에서 대사전에도 없는 단어와 원저자가 즐겨 쓰는 단어나 어투, 관용적 문구, 토속어, 조어(造語), 방언이 가지고 있는 세세한 뉘앙스의 파악은 제대로 되어 있는가?
4	해석의 문제	문장차원에서 주술관계, 주문장과 부문장의 구분, 관계대명사의 속성, 태, 어법, 시제와 상, 격, 수, 지시어, 절대 구문(절대탈격, 소유격 용법)등의 통사구조에서 가능한 다른 해석은 없는가? 문단 차원에서 지시어와 접속사에 대한 다른 독법의 가능성은 없는가? 화용론적 차원에서 수사학적 장치에 대한 다른 해석 가능성과 구어적 상황을 지시하는 문맥접사에 대한 다른 해석 가능성은 없는가?
5	논리의 문제	문단차원의 논의 개요를 작성할 때에 해당 문단텍스트의 논지 구조의 파악은 제대로 되어 있고, 논리적 구조의 파악과 재구성은 설득력을 가지고 있는가? 원문 텍스트의 전체 논의 구조에 대한 파악은 제대로 되어 있는가? 문단의 논지 개요와 텍스트의 전체 논의 구조와의 관계 설정은 타당성 있게 이루어져 있는가?
6	배경지식의 문제	원문의 완전하고 생동감 있는 이해를 돕기 위해 전제되어야 할 역사 문화적 배경과 학적 토대에 대한 배경 지식은 무엇인가?

7	간(間)텍스트의 문제	원문 텍스트의 의미와 개념이 원저자의 다른 텍스트의 내용과 비교할 때 어떠한가?
8	수용과 영향의 문제	수용사와 영향사의 관점에서 해당 텍스트의 자리 매김은 제대로 되어 있는가? 텍스트가 다른 사람의 텍스트와 비교하여 어떤 차이점과 동일성을 갖고 있는가? 이때 양립가능한가, 아니면 양립불가능한가? 양립가능하다면 그 근거는 무엇이며, 양립불가능하다면 어떤 결론을 이끌어내야 하는가? 그리고 그 근거는 무엇인가?
9	번역의 문제	어떤 원칙과 어떤 근거에 입각해서 번역어(차용, 신조어)를 선택했는가? 용어와 개념 차원에서 번역어 선택은 적절하게 이루어졌는가?
10	연구사적 문제	원전 텍스트의 해석을 놓고서 학자들이 벌였던 논쟁은 무엇인가? 원전텍스트에서 아직 조명되지 않은 문제는 무엇인가? 원전 텍스트를 기술하면서 원저자가 보지 못한 문제는 무엇인가? 원전 텍스트가 제기한 문제들이 우리에게 어떤 의미가 있는가?

이상이 주해 장치에서 다루어야 할 내용들이다. 특히 고전 번역의 경우, 그것이 단순히 주어진 문장이나 글을 다른 언어로 옮기는 작업이 아니라 그것을 낳은 시대의 사상과 역사 그리고 문화를 옮기는 작업인 동시에 새로운 형식의 표현 장치에 원전을 새롭게 탄생시켜야 하기에, 달리 표현하면, 고전 번역은 고전의 문장들을 문법 규칙에 맞게 우리말로 옮기는 것만으로는 그 속에 담긴 뜻을 제대로 전달할 수가 없기에, 고전 번역에서 주해 연구가 반드시 함께해야 하며, 주해가 없는 고전 번역은 제대로 고전 원전의 일부분만 옮긴 번역이라고 할 수밖에 없다.

그러나 문제는 원전 텍스트와 주해의 관계 설정에 있다. 주해 작업을 하다보면 범위와 분량에 있어서 주해가 원문 텍스트를 압도하는 경우가 많기 때문이다. 이러한 문제 때문에 주해 작업에 있어서 서양 고전 문헌학자들은 다음 세 덕목을 주해의 원칙으로 삼고 있는데, 1) 경제성, 2) 정확성, 3) 일관성이 바로 그것들이다.

■ 경제성

경제성이란 원문 텍스트와 주해의 관계 설정에서 요청되는 원칙이다. 일반적으로 주해 작업을 하다보면 주해의 분량이 원문 텍스트를 능가하는 경우가 많다. 그래서 주해 때문에 원문 독해를 방해하는 경우가 종종 발생하는데, 근본적으로는 주해가 원문 텍스트의 독해와 이해를 방해해서는 안된다는 것이다. 물론 번역 불가능한 원문의 내용을 만들어준다는 점과 원문의 완성에 기여한다는 점에서 주해의 존립 근거가 있고, 번역에 못지않게 주해도 중요하기 때문에, 원문 번역과 주해를 놓고서 어떤 것이 중요한지에 대한 이론적인 저울질도 가능할 것이다. 하지만 이는 이론적인 저울질을 통해서 해결되는 것이 아니다. 이는 오히려 편집 기술 차원에서 해결되어야 하는 문제인데, 이 때 요청되는 원칙이 경제성이다. 이 경제성 원칙에 따라서 주해는 해제, 주해(주석과 해설), 색인, 추가논의(appendix) 등의 하위 분야로 구분된다.

해제

해제란 원문 텍스트 전체에 대한 해명이 기술되는 자리이다. 이 자리에는 다음의 사항을 기술한다.

(1) 저자 소개와 저술 동기
(2) 원문 텍스트의 탄생 배경
(3) 원문 텍스트의 전체 구성 소개
(4) 원문 텍스트의 수용 및 영향 관계
(5) 문헌 전승과 편집동기 그리고 주해 원칙 및 약호들

주해

주해는 주석과 해설이 이루어지는 자리다. 주석은 기본적으로 표 1에서

1. 문헌전승의 문제
2. 문법적 문제
3. 표현의 문제
4. 해석의 문제

등을 다루는 자리이다. 예컨대 문헌 전승과 다양한 판본 전통 중에서 선택한 텍스트에 대한 근거를 밝히는 자리이고, 소위 설명이 필요한 단어나 표현과 구문들에 대한 풀이를 담은 소위 단어풀이(Glossai)가 여기에 포함되고, 기본적으로 보충 설명을 해주어야 하는 인명, 지명, 역사적 사건들, 고사들, 특정 학문의 전문용어들에 해명도 여기에서 행해진다. 주석이 원문 텍스트의 명시적 부분에 대한 보충이라면 해설은 원문 텍스트의 암시적 부분에 대한 기술이다. 해설에서는 표 1의

5. 논리의 문제
6. 배경 지식의 문제
7. 간텍스트의 문제
8. 수용과 영향의 문제
9. 번역의 문제
10. 연구사적 문제

등의 문제들이 논의되는 자리이다. 예컨대 5. 논리의 문제를 다루는 자리에서는 단락 개요를 제시하며, 여기에는 수용 및 영향 관계, 연구사가 포함되기도 한다. 개별적인 해설의 자리에서는 6. 배경 지식의 문제, 7.

간텍스트의 문제, 9. 번역의 문제 등이 다루어진다. 물론 텍스트 편집을 통해서 주석과 개별 해설은 크게 구분되지 않는다. 다만 접근 방식과 논의의 접근 방식에 있어서 차이가 있을 뿐이다.

색인

색인은 기본적으로 인명, 지명, 전문 용어로 이루어진다. 인명에는 텍스트들에 대한 서명과 서지 사항이 포함된다. 간혹 주해 작업을 하다보면 다른 작가들의 단편들을 새로이 발견하기도 하는데, 이에 대한 언급을 해주는 것도 의미 있다.

추가논의

추가논의 자리도 경제성 원칙에 생겨난 자리이다. 이 자리는 간혹 번역과 주해를 하다 보면 지면 제한을 받는 경우들이 있다. 이러한 경우에 별도의 지면을 할애해서 본격적으로 논의를 전개할 만한 가치가 있는 주제들이 있는데, 텍스트의 마지막에 일종의 부록으로 추가하는 논의이다. 이 논의에서 다루는 주제는 대개 표 1의 10. 연구사적 문제들이다.

■ 정확성

주해는 엄밀하게 말하면 대화이다. 따라서 열린 구조를 지향하는 텍스트이다. '대화'라고 한 것은 예컨대 텍스트 문제를 해결하다보면 수많은 연구자들의 논의를 참조하지 않을 수 없고 간혹 그들 사이의 논의를 대결 구조로 몰고 가는 경우도 있고, 또 그들 사이에 이미 있는 논쟁을 소개해야 하는 경우도 있기 때문이다. '열린 구조'라고 한 것은 텍스트 주해가 이미 출판된 텍스트에서만 인용하는 것이 아니기 때문이다. 얼마든지 공동 독해나 전문가의 자문을 통해서 구한 내용들이 주해에 반영될 수 있기 때문이다. 그런데 어느 경우든 주해자는 자신의 고유한 생각이 아니라 인용한 경우 반드시 서지 사항을 언급해야 한다. 물론 연구 윤리와 관련해서도 중요한 일이지만, 더 근본적으로는 연구의 지속가능성과 협력가능성을 위해서이다. 그런데 문제는 부정확하게 인용하거나 정확하지 않은 서지 정보를 주는 경우이다. 이는 사소한 문제인 것 같지만 실은 그렇지 않다. 잘못된 서지 정보는 다른 연구자들에게 시간적으로 물리적으로 많은 피해를 줄 수 있기 때문이다. 또한 인용 내용의 정확성과 적절성도 매우 중요한 문제이다. 함부로 다른 연구자의 말과 내용을 주해자 자신의 주장을 정당화하기 위한 근거로 임의로 사용해서는 안되기 때문이다. 이와 관련해서 더 언급해야 할 사항은 인용할 때 인용 대상의 원문에 오류가 있다하더라도 별도의 표시 없이 마음대로 고쳐서는 안된다는 것이다.

■ 일관성

어떤 의미에서, 주해도 편집이다. 다른 연구자들의 논의를 수집하고 요약하고 비교하며 정리하는 작업이기 때문이다. 그런데 이러한 작업을 하다 보면 종종 두 가지 문제에 부딪힌다. 하나는 자주 등장하는 텍스트의 서지 정보 표기이고, 다른 하나는 주해 작업을 하면서 사용하게 되는 술어에 대한 일관성이 바로 그것이다. 이와 관련해서 언급해야 할 것은 네 가지다.

(1) 서명과 인명과 관련해서 학계(국제적)의 표준을 준수해야 한다.
(2) 경제성의 원칙에 주해과정에서 약칭 기호를 많이 사용하는데, 이에 대한 명확한 설명과 사용에 있어서 일관성을 반드시 준수해야 한다.
(3) 번역에서도 그래야 하지만 주해에서도 마차가지로 용어와 개념 사용에 있어서 일관적이어야 한다.
(4) 주해 과정에 자신이 새로이 도입하게 된 편집 기술이나 편집 부호

가 있을 경우, 이에 대한 근거와 그 사용에 있어서 일관성을 유지해야 한다.

사례 1

이해를 돕기 위해 본문, 비판장치, 유사-비교 장치를 한자리에 모아 만든 비판 정본의 사례를 제시하면 다음과 같다.

키케로의 『연설가에 대하여(*De oratore*)』 제1권

■ 비판 정본

[32] Quid tam porro regium, tam liberale, tam munificum, quam opem ferre supplicibus, excitare adflictos, dare salutem, liberare periculis, retinere homines in civitate? Quid autem tam necessarium, quam tenere semper arma, quibus vel tectus ipse esse possis vel provocare improbos vel te ulcisci lacessitus? Age vero, ne semper forum, subsellia, rostra curiamque meditere, quid esse potest in otio aut iucundius aut magis proprium humanitatis, quam sermo facetus ac nulla in re rudis? Hoc enim uno praestamus vel maxime feris, quod conloquimur inter nos et quod exprimere dicendo sensa possumus.

----

ad cap. 32–34 *cf. De inv.1*,2–5, Isocr. *Or.3*,5–8; *15*,253–7; *4*,48 quibus vel ... improbos *cf.* cap.202 ; *2*,35, *De leg.1*.62

----

improbos L (*cf. Div. in caec.* 70), **del. Bake** : integros M **Tittler** : integer **Vassis 32** : integer reos **Deiter** : iniquos **Stangl** : infestos **Meusel** : intger improbos **Müller**

■ 한글 번역

[32] 한 걸음 더 나아가 [무고한] 탄원자들에게 구원의 힘을 주고, 절망에 빠진 이들에게 용기를 북돋아주며, 안전을 제공하고, 위험으로부터 벗어나게 해서, 국가의 울타리로 사람들을 지켜주는 일과 같이 그토록 왕자(王者)(주해1)의 품위를 보이고 관대하며 후덕한 경우가 있다면 도대체 무엇인가? 한편 자네 자신을 보호할 수 있기도 하고 경우에 따라선 사악한 무리들을 공격할 수도 있으며 상처 입은 자네 자신의 복수를 위해서 사용할 수 있도록 몸에 항상 지니고 다녀야 하는 무기로 [연설]보다 더 중요한 필수품이 있다면 과연 무엇인가? 자 그러면, 자네의 머릿 속이 온통 광장과 법정과 민회와 의회의 일로 가득 차 있지 않도록 자네가 여가 중에 할 수 있는 일로 재치와 기지로 가득찬 대화와 어떤 종류의 화제에도 세련되게 참여할 수 있는 것보다 더 교양인의 품격에 어울리고 더 유쾌한 일이 있다면 무엇이 가능할까? 바로 이 점에서, 즉 우리가 서로 대화를 나누고 우리의 생각을 말로 표현할 수 있다는 점에서 우리 인간이 특히 다른 짐승들보다 우월한 존재이기 때문일세.

■ 비판 정본에 대한 주해

주해 1) 원문은 regius이다. 이 단어는 고전라틴 산문에서 '왕에 속하는', '왕다운'의 의미로 사용된다. 이러한 표현은 철저한 공화주의자인 키케로에게는 왠지 어색하고 낯선 표현이다. 그러니까 키케로가 공화국의 몰락을 막기 위한 시도로 시작된 저술에서 왕을 긍정적인 모습으로 묘사할리는 만무하기 때문이다. 아마도 이는 다음과 같이 해명될 듯하다. 우선 regius라는 단어는, 알렉산드로스 제국 이후 지중해권 지역에 유행했던 헬레니즘 시대의 왕정 국가들의 왕이 통치의 정당화를 위해 자신을 "pater soter(구원자 아버지)"로 부르도록 했는데(보다 자세한 내용은

Schubert(1937), "Das Königsbild des Hellenismus," *Ant.* *13*, 272~88; Beranger(1953), *Recherches sur l'aspect ideologique du principat*, 244~60을 참조), 그러니까 이 단어는, 특히 국가의 지도층이라 할 수 있는 원로원 귀족층들이 자신들의 업적과 시혜를 혹은 덕성과 의무를 드러내기 위해 사용했던 표현으로 추정할 수 있다(비교, *Pro Sull*. 25, nisi forte tibi regium ita vivere ... si hoc putas esse regium, regem me esse confiteor; 참조, Ovid. *Ep.ex P*. 2.9. 11, regia crede mihi res est lapsis). 그렇다면 키케로가 사용하고 있는 '왕자(王者)'라는 표현은 전제군주(tyrannus)를 지칭하는 것은 아니고, 대신에 한 공동체를 책임지고 통치해 나가야 할지도자(vir bonus)에 속하는 이(예컨대 원로원의원)의 모습을 담고 있는 말일 것이다. 어쩌면 우리말의 '군자(君子)'라는 표현이 딱 어울리는 말일 수도 있겠다. 하지만 이를 위해서는 라틴어 'regius'와 한자어 '군자(君子)'가 가지고 있는 의미 비교가 선행되어야 하기 때문에, 번역자는 일단 '왕자'로 번역했음을 밝힌다. 다만 이 문제와 관련해서 분명한 것은 'regius'라는 단어가 로마인들이 선호하는 표현은 아니었다는 점이다. 이는 원래 'regius'가 쓰여야 할 자리에 'princeps'라는 단어가 사용되었던 점에서 잘 드러난다. 그렇다면 이런 부담을 감수하고서 키케로가 'regius'를 사용한 것은 무엇 때문일까? 아마도 연설가의 지위 설정 문제와 관련되어 있는 듯하다. 연설가는 플라톤을 중심으로 하는 철학자들의 철저한 비판 대상이었다. 그 결과 연설가는 그들의 혹독한 비판에 의해서 격하될 대로 격하된 존재였다. 이러한 연설가의 지위를 회복시켜주고자 하는 의도에서 키케로는 자신이 선뜻 받아들이기에는 거북한 단어인 regius라는 표현을 과감하게 연설가에게 부여한 것으로 보인다. 이는 이어지는 문장에서 키케로가 연설가를 곤란에 처한 이들에게 안전과 구원의 도움을 주는 국가의 통치자로 묘사하고, 이를 위한 도구인 말이라는 무기로 무장시켜 장군으로 등장시키고 있다는 점에서 더욱 분명히 드러난다. 이러한 과정을 통해서 키케로는 연설가를 왕으로 등극시킨다. 키케로의 이러한 설정은 플라톤의 철인왕에 대비된다. 이는, 이 작품의 제목이 『연설가에 대하여(*De oratore*)』라는 점을 감안한다면, 나름대로 설득력을 가지고 있는 주장이나, 소위 '연설가왕' 고찰 혹은 '철인왕 대 연설가왕' 논쟁은, 지면관계상, 차후에 보다 체계적인 분석과 연구가 요청되는 논의라는 점만 언급하고자 한다.

사례 2

디지털 자료를 어떻게 활용할 수 있는지에 대한 작업 사례를 소개하겠다. 다음은 〈조선일보〉 디지털 아카이브에 보존된 자료이다.

泰西名作梗槪
일리앗드

〈조선 일보〉 1929년 10월 8일 기사.

아래의 사례는 위의 이미지 문서를 바탕으로 성균관대학교에 재학하고 있는 염인철 군이 디지털 정본으로 활용하기 위해 만든 비판 정본이다. 보충할 것이 많지만 참조할 만한 사례이다.

비판 장치(apparatus criticus) 약어 및 기록 방식

〈같〉 같은 글의 다른 부분을 참고하여 추측(참고부분 표시)

〈다〉 같은 시대에 쓰인 다른 글을 참고하여 추측(참고자료 표시)

선택 기준

〈맥〉 원문의 식별이 어려운 경우 문맥상 가장 어울리는 표현을 택함.

〈법〉 원문의 식별이 어려운 경우 문법상 가장 적절한 표현을 택함.

〈반〉 원문의 식별이 어려운 경우 같은 글에서 반복되는 표현과 동일한 표현을 택함.

〈형〉 문맥상 또는 문법상 어색하거나 표현의 일관성에서 벗어나더라도 원문의 글자가

비교적 잘 식별되는 경우 원문의 글자 형태와 가장 유사한 것을 택함.

〈불〉 복수의 가능성이 존재하여 하나의 표현을 선택하기 어려운 경우.

기록 방식

1. 참고한 글이 있는 경우 참고와 선택 기준을 적고 그렇지 않은 경우는 선택 기준만 적음.

2. 참고한 글이 있는 경우 참고를 먼저 적고 뒤에 선택 기준을 적음.

3. 참고부분과 참고자료는 마지막에 적음.

4. 보충설명이 필요한 경우(약어나 참고한 글이 있다면) 약어와 참고한 글 뒤에 〈보〉

라고 적고 그 뒤에 설명을 적음.

5. 〈반〉의 경우 〈같〉을 전제하므로 〈같〉, 〈반〉이 아니라 〈반〉으로 적음.

奉西名作梗槪(태서명작경개)
일리앗드(5)
心鄕山人(심향산인)

■ 본문

이때에 배안으로 몰리여[1] 멸망에 갓가워돈[2] 희랍의 군사들은 『파트로크라스』가 트로야[3]의 용사한 사람을 칼로 처서 쓰러트리는 바람에 벌떼와가티 병선으로부터 달려나왓다[4] 트로야의 병사들은 배에서부터 쪼기여다라낫다 『파트로크라스』는 트로야의 용사 『헥톨[5]』을 트로야 성벽 근처까지 쫏천[6]갓다 그러나 『트로야』의용사 『살베쫀』이 『파트로크라스』의 명마(名馬)를 창으로 쇠뚜러 쓰러트렷기 때문에 『헥톨』은 위급을 면하엿지만 『파트로크라스』의 창이 이『살베쫀』의 가슴을 쇠뚜럿슴으로 『살베쫀』은 독기에 마진 나무가티 쓰러지고 마럿다 이러케 아홉 사람의 용사를 너머트린 『파트로크라스』는 더욱더 대담하여저서[7] 그는 인해[8] 트로야성에까지 기여오르랴 하엿다 이 광경을 본 헥톨은 전차(戰車)를 모라서 달려갓다 그리하야 두용사는 맹렬이 싸왓다 날이 저무려 갈때에는 희랍군에게 승리가 도라갓다 그러나 『아포로』[9]신이 대로하야[10] 안개속으로부터 나타나서 헥톨을[11] 도아주엇기때문에 『헥톨)의 청동(靑銅)의 창은 『파트로크라스』를 쇠뚜러서 『파트로크라스』는 죽어너머젓다 『파트로크라스』가 죽엇다는 말을 드른 『아키레스』는 싸에 업드려우럿다 이 크고 또한 두려운 탄식의 소리는 바다속 궁뎐에 잇는 그의 어머니 『테-치스』에게 들려 그는 바다로부터 물결을 헤치고 나아와서 『아키레스[12]』에게 이러케 말하엿다 『헥톨은 너의 갑옷을 입고서 오래동안 명예를 자랑하지 못할것이니 그에게는 벌서 죽엄의 신이 림박한 것이다 그런고로 너는 전장[13]에 나아가지 안는다 해도 조리 그리고 나는 너의게 새로운 갑옷을 가지고 나와서 주마』 이러케 말하고』 아키레스』에게서 써낫슬 째에 여러 신들의 사자인 아름다운 『아리스』가 나타나서 『그대가 지금 곳 나아가지 안흐면 트로야 병사들은 『파트로크라스』를 바람이 세찬 『이리오』에 쓸고 갈것이다』하야 아키레스는 출진하야 『트로야』병사를 향하야 크게 소리치며 내다럿다[14] 『트로야』군사는 『아키레스』의 음성을 듯고서 『오-아키레스』다라고 하면서 뒤도 도라보지 못하고 다라나는 것이엇다 『테치스』는 그아들에게 말한바대로 신의 궁뎐에서 새로히 맨든 활과 창과 갑옷과 투구를 『아키레스』에게 갓다주엇다 『아키레스』를 총대장으로 내세운 희랍의 군사들은 싸홈에 주린거나가티 뜰에서 나가 트로야 군사와 맹렬히 싸웟다 그리하야 트로야 군사를 물리처서 『스카만타-[15]』강가에까지 이르럿다 그뒤 얼마잇지 안어서 트로야 성우 에서는 『아키레스』와 『헥톨』의 두용사의 무서운 싸홈은 버러젓다 그러나 신은 발서 『헥톨』을 저바린지 오래엿기때문에 『헥톨』은 『아키레스』의 창을 맛고서 성벽우에 가로누어잇섯다 트로야의 뎨일용사 헥톨이 쓰러짐애 전장은 이것으로 끗낫다 그의 안해 『안도로마키-』의 애통하는양은 참아볼수업시 가엽서보엿다 『헥톨』의 시톄를 담은 관을 둘러안진 사람[16]중에 『안도로마키-』와가티 몹시 슯허 하는 사람은 업섯다 그리고 『해레나』[17]도 슯허하얏다 『해레나』는 자긔로 말매암아 이러한 크나큰 비극(悲劇)이 이러낫기 때문에 슯허도 하는것이 겟지만 더욱히 이제로부터 몸둘곳이 업슴애 슯허하는 것이엇다 이제야 희랍과 트로야의 싸홈이 아조끗첫스리라 하얏슬때에 『빠리스』가 『아키레스』를 창으로 찔러 죽엿기때문에 다시금 소란하야젓다 『빠리스』는 녯날에[18] 축방을 당한 문둥병자의 활에마저 죽엇다 이리하야 희랍의 병사는 병선을타고 자긔의 나라로 도라갓다 그러나 도라갓스련니하얏든 희랍의병사는 다시 트로야를 처서 『해레나』를 도로차저갓다 그리하야 『메네라우스』[19]는 녯날의 안해를 눈물로 마지하야 모든것은신

(神)들이 지어논 운명으로 돌리고서[20] 나라를 평화스럽게 다스렷다(笑)내 일은『투로계넵흐』[21]의연긔(煙氣)를긔재합니다.

■ 비판장치

1 〈맥〉〈보〉 희랍의 군사들이 열세에 몰려 있다는 맥락에서 사용된 표현이므로 '몰리여'로 보는 것이 타당함.

2 〈불〉〈보〉 같은 시기 다른 문헌들에서는 '淸津에 實現햇든 拳銃犯'(1933.09.01. 〈동아일보〉 1면), '一時險雲에가리워든'(1925.12.19. 〈동아일보〉 1면)과 같이 '든'이 사용되었고, '돈'의 사용은 관찰되지 않는다. 하지만 원문의 글자 형태는 잉크의 번짐으로 보기 힘들 정도로 완벽한 '돈'에 가깝다. 따라서 원문의 오기이거나 드물게 사용된 표현법으로 보는 것이 타당할수도 있다.

3 〈반〉 윗단 둘째 문단 첫째 줄 '트로야의 병사들은' 등.

4 〈맥〉

5 〈반〉 아랫단 그림 앞 줄 '『혝톨』을저바린지' 등.

6 〈형〉〈보〉 같은 시기의 다른 문헌에서도 '쏫천'과 같은 표현이 관찰되지 않으나, 형태상 '천'을 다른 글자로 보기 어렵기 때문에 '쏫천'을 택함.

7 〈갈〉〈법〉 윗단 그림 뒤 셋째 줄 '오르라하엿다' 등.

8 〈맥〉

9 〈법〉〈보〉 원어 Ἀπόλλων의 발음을 고려하여 '아포로'를 택함.

10 〈갈〉〈법〉 윗단 마지막 줄의 '하야 아키레스는', '출진하야' 등. 〈보〉'朝鮮의 畜牛業(一) 및 그副業에 對하아'(1930.03.18.『동아일보』 6면)에서처럼 같은 시기의 문헌들에서 '하아'와 '하야'의 사용이 모두 관찰되나, 같은 글 내에서의 표현의 일관성을 고려하여 '하야'를 택함.

11 〈같〉〈법〉 아랫단 그림 앞 줄 ‘『헥톨』을저바린지’

12 〈반〉 5줄 위 ‘『아키레스』는’ 등.

13 〈불〉〈보〉 형태상으로나 의미상으로나 ‘전장’과 ‘전쟁’이 모두 가능하다.

14 〈같〉〈법〉 윗단 둘째 문단 뒤에서 둘째 줄 ‘쓰러지고마럿다’ 등. 〈보〉 ‘軍廢를 해버리고 마랏다’(1930.01.24. 동아일보 1면)에서처럼 같은 시기의 문헌들에서 ‘럿다’와 ‘랏다’의 사용이 모두 관찰되나, 같은 글 내에서의 표현의 일관성을 고려하여 ‘럿다’를 택함.

15 〈법〉〈보〉 Σκάμανδρος의 별칭인 Scamander의 발음을 고려해 ‘스카만타’를 택함.

16 〈맥〉.

17 〈반〉 두 줄 아래 ‘『해레나』는’ 등.

18 〈형〉〈보〉 아랫단 뒤에서 6째 줄의 ‘녯날의안해를’을 고려하면 ‘녯날’일 수도 있으나, 형태상 ‘녯’보다는 ‘녓’에 훨씬 가깝고, ‘녓날의 農事改良은’(1932.03.02. 『동아일보』 6면) 등에서 볼 수 있듯이 같은 시대의 다른 문헌들에서 ‘녓날’과 ‘녯날’의 사용이 모두 관찰된다는 점에서 ‘녓날’을 택함.

19 〈다〉〈법〉 ‘「트로이」 戰爭과 「메네라우스」王妃’(1956.02.13. 『경향신문』 4면). 〈보〉 참고문헌이 다소 시기적으로 차이가 있으나, 로마자 표기의 일관성 측면에서도 ‘매네라우스’ 보다는 ‘메네라우스’일 가능성이 높음.

20 〈법〉〈보〉 주술관계를 고려했을 때 ‘돌리고서’가 자연스러우므로 ‘돌리고서’를 택함.

21 〈법〉〈보〉 원어 Turgenev의 발음을 고려하여 ‘투르게넵흐’를 택함.

22 ‘싸움에 주린 건아와 같이’로 볼 수도 있다.

■ 번역

奉西名作梗概(태서명작경개)
일리아드(5)
심향산인

이때에 배 안으로 몰리어 멸망에 가까웠던 그리스의 군사들은 파트로클로스가 트로이의 용사 한 사람을 칼로 쳐서 쓰러뜨리는 바람에 벌떼와 같이 병선으로부터 달려나왔다. 트로이의 병사들은 배에서부터 쫓기어 달아났다. 파트로클로스는 트로이의 용사 헥토르를 트로이 성벽 근처까지 쫓아갔다. 그러나 트로이의 용사 사르페돈이 파트로클로스의 명마를 창으로 꿰뚫어 쓰러뜨렸기 때문에 헥토르는 위급을 면하였지만, 파트로클로스의 창이 이 사르페돈의 가슴을 꿰뚫었으므로 사르페돈은 도끼에 맞은 나무같이 쓰러지고 말았다. 이렇게 아홉 사람의 용사를 넘어뜨린 파트로클로스는 더욱더 대담해져서 그는 이내 트로이 성에까지 기어오르려 하였다. 이 광경을 본 헥토르는 전차를 몰아서 달려갔다. 그리하여 두 용사는 맹렬히 싸웠다. 날이 저물어 갈 때에는 그리스군에게 승리가 돌아갔다. 그러나 아폴로신이 대노하여 안개속으로부터 나타나서 헥토르를 도와주었기 때문에 헥토르의 청동의 창은 파트로클로스를 꿰뚫어서 파트로클로스는 죽어 넘어졌다. 파트로클로스가 죽었다는 말을 들은 아킬레스는 땅에 엎드려 울었다. 이 크고 또한 두려운 탄식의 소리는 바다 속 궁전에 있는 그의 어머니 테티스에게 들려 그는 바다로부터 물결을 헤치고 나와서 아킬레스에게 이렇게 말하였다. "헥토르는 너의 갑옷을 입고서 오랫동안 명예를 자랑하지 못할 것이니 그에게는 벌써 죽음의 신이 임박한 것이다. 그런고로 너는 전장에 나가지 않는다 해도 좋으리라. 그리고 나는 너에게 새로운 갑옷을 가지고 나와서 주마." 이렇게 말하고 아킬레스에게서 떠났을 때에 여러 신들의 사자인 아름다운 아리스가 나타나서 "그대가 지금 곧장 나아가지 않으면 트로이 병사들은 파트로클로스를 바람이 세찬 이리오에 끌고 갈 것이다." 하여 아킬레스는 출진하여 트로이 병사를 향하여 크게 소리치며 내달렸다. 트로이 군사는 아킬레스의 음성을 듣고서 "오 아킬레스다."라고 하면서 뒤도 돌아보지 못하고 달아나는 것이었다. 테티스는 그 아들에게 말한 바대로 신의 궁전에서 새로이 만든 활과 창과 갑옷과 투구를 아킬레스에게 갖다 주었다. 아킬레스를 총대장으로 내세운 그리스의 군사들은 싸움에 주린 것이나 같이 뜰에 나가 트로이 군사와 맹렬히 싸웠다. 그리하여 트로이 군사를 물리쳐서 스카만드로스 강가에까지 이르렀다. 그 뒤 얼마 있지 않아서 트로이 성 위에서는 아킬레스와 헥토르 두 용사의 무서운 싸움이 벌어졌다. 그러나 신은 벌써 헥토르를 저버린지 오래 되었기 때문에 헥토르는 아킬레스의 창을 맞고서 성벽 위에 가로누워 있었다. 트로이의 제일용사 헥토르가 쓰러짐에 따라 전쟁은 이것으로 끝난다. 그의 아내 안드로마케의 애통하는 양은 차마 볼 수 없이 가엾어 보였다. 헥토르의 시체를 담은 관을 둘러앉은 사람 중에 안도르마케와 같이 몹시 슬퍼하는 사람은 없었다. 그리고 헬레나도 슬퍼하였다. 헬레나는 자기로 말미암아 이러한 크나큰 비극이 일어났기 때문에 슬퍼하는 것이겠지만 더욱이 이제로부터 몸 둘 곳이 없음에 슬퍼하는 것이었다. 이제야 그리스와 트로이의 싸움이 아주 그쳤으리라 하였을 때에 파리스가 아킬레스를 창으로 찔러 죽였기 때문에 다시금 소란해졌다. 파리스는 옛날에 추방당한 문둥병자의 활에 맞아 죽었다. 이리하여 그리스의 병사는 병선을 타고 자기의 나라로 돌아갔다. 그러나 돌아갔으려니 하였던 그리스의 병사는 다시 트로이를 쳐서 헬레나를 도로 찾아갔다. 그리하여 메넬라우스는 옛날의 아내를 눈물로 맞이하여 모든 것은 신들이 지어 놓은 운명으로 돌리고서 나라를 평화스럽게 다스렸다.(끝) 내일은 투르게네프의 연기를 기재한다.

8장
판독술(Paleography)

판독술이란 서양의 고중세 시대에 쓰여진 필사본을 읽는 방법 일반에 대한 연구를 말한다. 여기에는 크게, 서체, 필사 도구, 전승 매체에 대한 하위 연구들이 포함된다. 전승 재료에는 양피지, 종이, 목판, 나뭇잎, 천, 돌, 도자기, 조각, 동전, 무기 등이 연구 대상이다. 필사 도구에는 펜, 갈대, 붓, 칼, 잉크 등과 같은 도구들이 포함된다. 서체 연구에는 알파벳의 변천사, 서체의 종류, 약칭과 약호의 해독 방법에 대한 논의가 포함된다. 판독술을 학문적 논의로 끌어 올린 이는 마비용(Jean Mabillon, 1632~1707)이다. 마비용은 당시 유행했던 가짜 필사본들로부터 중세 시대에 기록된 필사본을 구분하기 위해서 『판독술(*De re diplomatica*)』이라는 책을 저술한다. 판독술로 번역한 Paleography라는 용어를 처음으로 사용한 이는 몽포콘(Bernard de Montfaucon)이다. 1703년에 출판한 『그리스 문헌 판독술(*Paleographia Graeca sive de ortu et progressu litterarum*)이다. 이 글에서는 판독학의 핵심인 서체 연구를 중심으로 논의를 전개하겠다.

알파벳의 역사

서양 알파벳, 더 정확하게는 라틴 알파벳의 변천 역사를 소개하겠다. 물론 그리스 알파벳과 그것의 원조인 페니키아 알파벳의 역사에서 논의를 시작하는 것이 맞다. 하지만 서체 연구에서 알파벳 역사 일반에 대한 논의는 이 글의 논의와는 직접적으로 관련이 없다. 라틴 알파벳과 관련해서 최초의 고고학적 기록은 아래와 같다.

인용은 기원전 6세기로 알려진 〈세개의 [향료] 항아리들〉에 새겨진 문구를 전한다. 학자들의 해독에 따르면, 이 문구들의 의미는 다음과 같다.

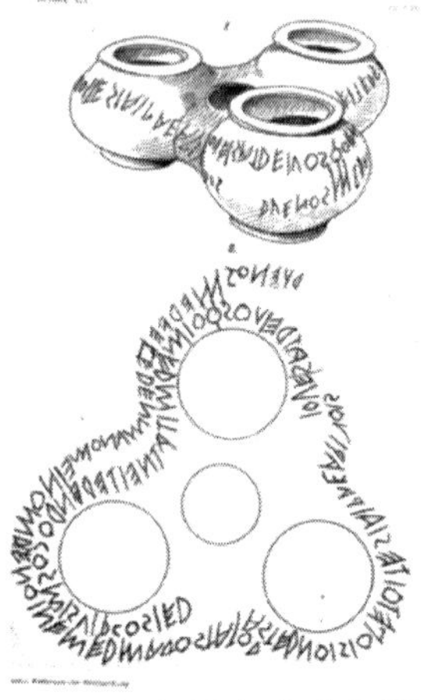
세 개의 [향료] 항아리들 (Sandys(1913, 733)).

Line 1:

a. IOVESATDEIVOSQOIMEDMITATNEITE DENDOCOSMISVIRCOSIED

b. iouesāt deivos qoi mēd mitāt, nei tēd endō cosmis vircō siēd

c. Iurat deos qui me mittit, ni in te(= erga te) comis virgo sit

d. 나를 보낸 이는 신들에게 기도하네. 그 소녀가 당신에게 매혹되지 않도록.

Line 2:

a. ASTEDNOISIOPETOITESIAIPAKARIVOIS

b. as(t) tēd noisi o(p)petoit esiāi pākā riuois

c. at te(...) paca rivis

d. 당신이 없다면, ... 이 강물(?)들과 평온을 찾으시길.

Line 3:

a. DVENOSMEDFECEDENMANOMEINOMDVENOINEMEDMALOS TATOD

b. duenos mēd fēced en mānōm einom duenōi nē mēd malo(s) statōd

c. Bonus me fecit in manum einom bono, ne me malus(tollito, clepito)
d. 좋은 남자가 나를 자기 손으로 좋은 남자를 위한 것으로 만들었다네. 나쁜 남자가 나를 들어 올리지 않기를.

기원전 6세기에 제작된 등잔에 알파벳이 사용된 것을 놓고 볼 때, 라틴 알파벳의 역사는 적어도 기원전 6세기 앞으로 거슬러 올라갈 것으로 추정된다. 로마의 문법학자 휘기누스(Hyginus)는 라틴 알파벳의 기원에 대해 다음과 같이 보고한다.

> 운명의 세 여신들, 클로토, 라케시스, 아트로포스가 그리스 문자 7개를 발명했다: A B H T I Y. 다른 사람들에 따르면, 헤르메스 신이 이것들을 백조가 나는 모양을 보고 발명했다. 이 모양들은, 백조가 날개짓을 할 때의 짓는 모양들이다. 나우플리오의 아들, 팔라메데스도 또한 11개의 알파벳을 만들었다. 시모니데스도 또한 4개의 알파벳을 만들었다: Ω E Z Φ. 시켈리아의 에피카르모스도 또한 Π와 Ψ 두 개의 알파벳을 만들었다. 그리스 알파벳은 헤르메스 신이 이집트로 가져갔고, 이집트에서 카드모스가 그리스로 가져왔다. 에우안드로스는 아르카디아로부터 도망쳐 그 때에 이탈리아로 그리스 알파벳을 가지고 왔다. 그의 어머니 카르멘타가 그리스 알파벳을 라틴 알파벳으로 변형시켰으며 그 수는 15개이고, 아폴론이 키타라에 나머지를 덧붙였다. (『이야기 모음(*Fabulae*)』 277번)

인용은 옛날 이야기일 뿐이고, 학문적으로 검증되지는 않았다. 라틴 알파벳은 초기에 21개였다.

A B C D E F Z H I K L M N O P Q R S T V X

기원전 250년 이후에는 Z 대신에 C를 개량한 G가 도입되었으며, 적어도 키케로와 카이사르 시대, 즉 기원전 1세기에 그리스 알파벳의 영향을 받아서 Y가 도입되었고, G에 밀린 Z가 마지막 순서에 놓이게 되어 23개로 늘어난 것은 분명하다. 초기 그리스도교 시절에 다음의 순서로 된 알파벳 체계가 확립된 것은 분명하다.

A B C D E F G H I K L M N O P Q R S T V X Y Z

이에 대한 비문 증거는 다음과 같다.

기원전 1세기 폼페이 유물

중세 시대를 지나면서 라틴 알파벳은 23개로 굳어진다. 그런데 중세의 필사가들은 모음은 I로, 자음을 표기하는 것은 J로, 또한 자음은 V로, 모음은 U로 구별해서 표기하기도 하였다. 이는 물론 중세에도 J와 U가 사용되었음을 보여준다. 하지만 알파벳으로 정식으로 공인된 것은 아닌 것으로 보인다. 이에 대한 증거는 아래와 같다.

라틴 알파벳은 15세기에 들어서면서 영어에서 알파벳 26개로 늘어난다. 다음과 같다.

A B C D E F G H I J K L M N O P Q R S T U V W X Y Z

위에서 살필 수 있듯이 J, V와 W가 첨가된다. 이는 중세의 필사가들의 표기 방식이 정식 알파벳으로 자리잡게 되었음을 보여준다. J는 I에서, U와 W는 V에서 나온 것이다. I와 V는 반모음과 반자음을 동시에 표기하는 알파벳이었다. W는 노르만 계통의 필사가들이 자신들의 [w] 발음을 표기하기 위해서 V를 겹쳐서 W라는 알파벳을 만들었다. 이와 같은 구별을 통해서 알파벳은 26개의 수를 갖추게 되었다.

뉘른베르크(1553)

서체의 종류

라틴 필사본을 접할 때에 자주 만나게 되는 서체들은 대체로 다음과 같다. 대문자세련체(Captialis elegans), 대문자투박체(Capitalis rustica), 손가락마디체(Uncialis), 로마굽은체(Cursiva Romana), 아일랜드소문자체(Insularis minuscula), 고딕둥근체(Gothica rotunda), 인문주의체(Humanistica)등이 그것들이다. 하나씩 차례로 소개하겠다.

■ 대문자세련체(Captialis elegans): 서기 4세기에서 8세기에 유행한 글자꼴.

Vergilius Augusteus sive Dionysianus,
Bibl. Ap. Vat., cod. Vat. lat. 3256, fol. 3v (*Georgicon*, I, 141–152)

atque alius latum funda iam uerberat amnem
alta petens, pelagoque alius trahit umida lina.
tum ferri rigor atque argutae lammina serrae
(nam primi cuneis scindebant fissile lignum),
tum uariae uenere artes. labor omnia uicit 145
improbus et duris urgens in rebus egestas.
prima Ceres ferro mortalis uertere terram
instituit, cum iam glandes atque arbuta sacrae
deficerent siluae et uictum Dodona negaret.
mox et frumentis labor additus, ut mala culmos 150
esset robigo segnisque horreret in aruis
carduus; intereunt segetes, subit aspera silua

■ 대문자투박체(Capitalis rustica): 서기 1세기에서부터 5세기에 걸쳐 애용된 글자꼴.

Biblioteca Apostolica, Cod. Vat. lat. 3225. f.4v.
(*Georgicon*. 3.209–14)

Sed non ulla magis uiris industria firmat
quam Venerem et caeci stimulos auertere amoris, 210
siue boum siue est cui gratior usus equorum.
atque ideo tauros procul atque in sola relegant
pascua post montem oppositum et trans flumina lata,
aut intus clausos satura ad praesepia seruant.

■ 손가락마디[1] 체(Uncialis): 서기 4세기에서 8세기에 사이에 유행한 글자꼴.

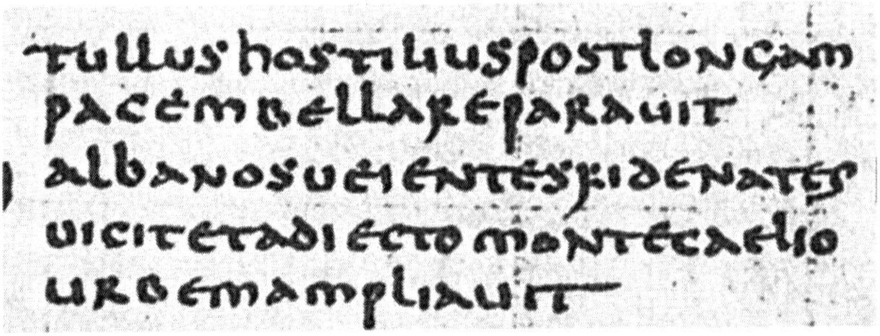
tullushostiliuspostlongam
pacembellareparauit
albanosueientesfidenates
uicitetadiectomontecaelio
urbemampliauit

Thesaurus Temporum Eusebij Pamphili. *2*. cap. 16.

Tullus Hostilius post longam pacem bella reparavit. Albanos, Veientes, Fidentes vicit: et adiecto monte caelio urbem amplavit.

아래의 이미지는 손가락마디체로 쓰인 키케로의 『국가론』를 전승하는 문헌이다. 양피지가 비쌌기 때문에 중세 시대에는 세속의 글들을 지우고 그 위에 『성경』 관련 기록을 남겼다. 아래의 이미지는 키케로의 『국가론』의 원문 위에 『성경』의 「시편」을 적은 것이다. 이런 현상은 중세 문헌에서 적지않게 발견되는데, 이 현상을 발견하여 학적으로 문제 제기를 한 문헌학자는 마이(Angelo Mai, 1782~1854)였다. 1819년에 바티칸 도서관에 소장된 필사본 Vat. Lat. 5757에 키케로의 『국가론』 편이 발견된 것은 문헌학적인 쾌거였다. 이처럼 기록 위에 덧쓰인 기록을 복구하는 작업을 Palimpsest라 부르는데, 한국어로는 "바탕문헌살리기" 정도로 부를

---

1) "손가락마디체"라는 명칭은 내가 붙인 것이다. 라틴어 unicialis는 손가락 마디의 길이(1인치, 2.5cm)를 가리킨다. 이 단어는 히에로니무스의 문헌에서 처음으로 발견된다. 「욥기」 서문에 나온다: hebeant qui volunt veteres libros vel in membranis purpureis auro argentoque descriptos, vel uncialibus, ut vulgo aiunt, litteris, ...(Migne, *Patrologia Latina* 28. col. 1142).

수 있다. 초기에는 바탕문헌을 살리기 위해서 화학제를 사용하기도 했는데, 득보다는 실이 많았다. 요즈음은 X-ray를 사용한다.

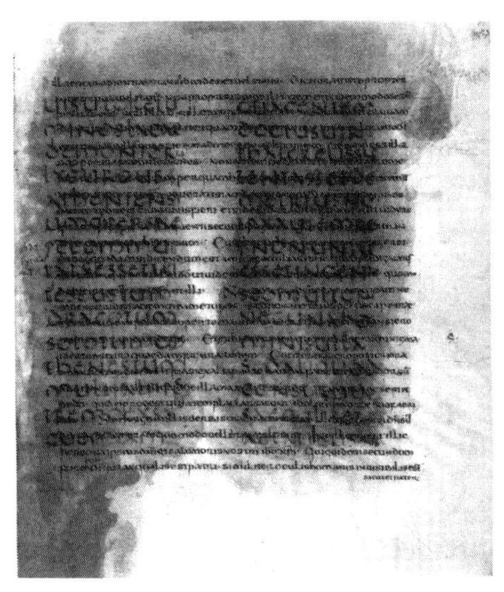

Vat. lat. 5757

■ 로마곱은체(Cursiva Romana): 고대 로마에서 중세 초기까지 일상생활에서 사용된 글꼴.

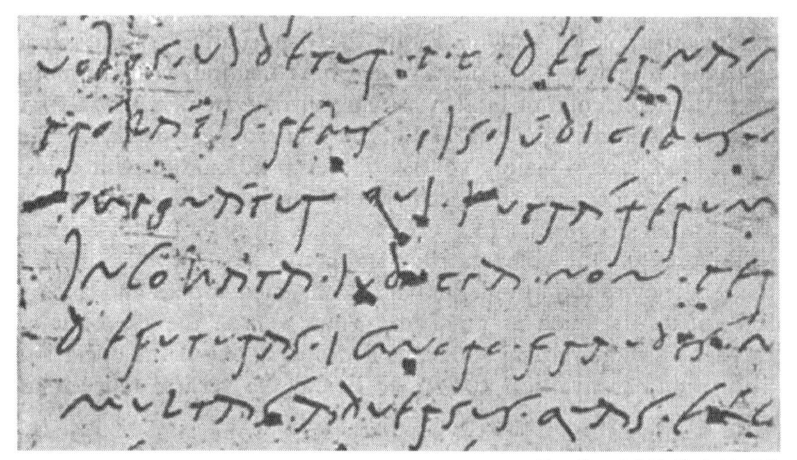

Claudius (제위 서기 41-54)

vobis · videtur · p · c · décernám[us · ut · etiam]
prólátis · rebus iis · iúdicibus · n[ecessitas · iudicandi]
imponátur qui · intrá rerum [· agendárum · dies]
incoháta · iudicia · non · per[egerint · nec]
defuturas · ignoro · fraudes · m[onstrósa · agentibus]
multas · adversus · quas · exc[ogitáuimus]...

■ 아일랜드 소문자체(Insularis minuscula): 7세기 아일랜드에서 개발되어 19세기까지 활용된 글자꼴.

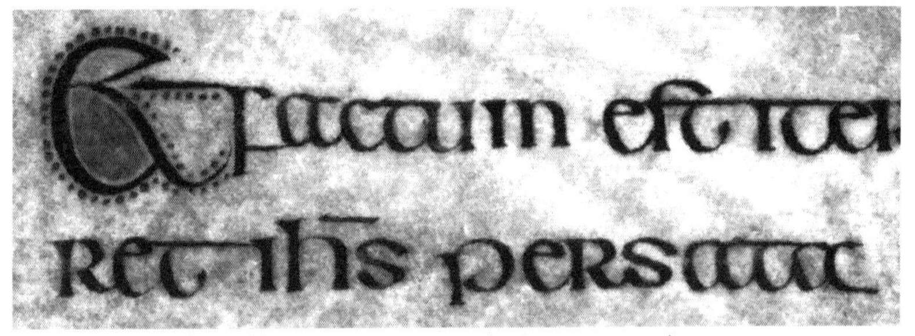

St Chad Gospels(http://www.wikiwand.com/en/Insular_script)

「마가복음」 2:23
Et factum est iterum cum sabbatis ambularet Iesus per sata

■ 카롤링거 소문자체(Carolingiana minuscula): 프랑스의 코르비 수도원(Corbie Abbey)에서 베네딕도회 소속의 한 수도사가 780년에 개발한 글꼴로 9세기에서 13세기 사이에 유행했고, 소위 카롤링거 르네상스 시대를 주도했다. 하지만 강력한 경쟁 글꼴인 "검은 글자(Black Letter)"체에 밀려 이른바 서체 시장에서는 자취를 감추었다.

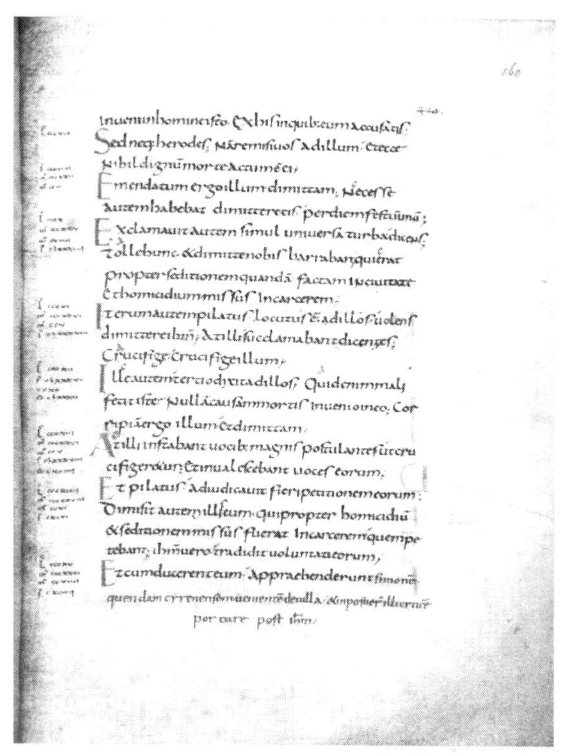

BL. Ms. ass. 11848

「루가복음」 23:14~26

14 ... inveni in homine isto ex his in quibus eum accusatis. 15 Sed neque Herodes: nam remisi vos ad illum, et ecce nihil dignum morte actum est ei. 16 Emendatum ergo illum dimittam. 17 Necesse autem habebat dimittere eis per diem festum unum. 18 Exclamavit autem simul universa turba, dicens: Tolle hunc, et dimitte nobis Barabbam: 19 qui erat propter seditionem quamdam factam in civitate et homicidium missus in carcerem. 20 Iterum autem Pilatus locutus est ad eos, volens dimittere Jesum. 21 At illi succlamabant, dicentes: Crucifige, crucifige eum. 22 Ille autem tertio dixit ad illos: Quid enim

mali fecit iste? nullam causam mortis invenio in eo: corripiam ergo illum et dimittam. 23 At illi instabant vocibus magnis postulantes ut crucifigeretur: et invalescebant voces eorum. 24 Et Pilatus adjudicavit fieri petitionem eorum. 25 Dimisit autem illis eum qui propter homicidium et seditionem missus fuerat in carcerem, quem petebant: Jesum vero tradidit voluntati eorum. 26 Et cum ducerent eum, apprehenderunt Simonem quemdam Cyrenensem venientem de villa: et imposuerunt illi crucem portare post Jesum.

■ 고딕체(Gothica): 중세 말기에서 르네상스 시대에 유행한 서체이다. 서체의 기원은 카롤링거 서체이다. 서유럽에서 12세기에서부터 17세기까지 유행했던 서체이다. 덴마크에서는 1875년까지, 독일에서는 20

British Library. Egerton 1139. f. 210.
1131~1143년, 예루살렘에서 작성된 것.

세기까지 활용되었다. 고딕둥근체(Gothica rotunda), 고딕직조예리체(Gothica Textura Presciossa)등이 대표적이다.

〈마리아 찬가〉

AD SCAM(SANCTAM) MARIA(MARIAM) MAGDAL (MAGDALENAM)

O maria tu peccatrix. pedu(pedum) dni(domini) lauatx(lauatrix).

Non de fontib(fontibus) aquaru(aquarum). s(sed) de guttis lacmaru(lacrimarum).

Vt de multis a peccatis. fons lauaret pietati(pietatis).

O preclaru(preclarum) di(dei) templu(templum). penitentiae exemplu(exemplum).

Que(Quae) beatos pedes xpi(Christi) . tuis crinib(crinibus) tersisti.

Vt meretricalis usus . p(per) te fieret exclusus.

Tergeretq(Tergeretque) tuas sordes . p(per) man(manus) misericorde(misericordiae).

O solamen peccator(peccatorum).certa spes erroneoru(erroneroum).

Que(Quae) unguentu(unguentum) preciosu(preciosum). sup(super) rege(regem) glosu(gloriosum).

다음은 르네상스 초기에 고딕둥근체로 인쇄된 것이다.

Tabula

Leui filius Jacob et ipsa libera. Genesis 29.
Leui filiorum generationes. 1 paralipo. 6. Exodi. 6.
Leui filijs nō datur possessio. Josue 13. et 18. Deuteronomij 18.
Leuitarum instructio. Numeri 3.
Leuitarum perfectio super laycos. Numeri 18.
Leuitarum officij et numerus eorum. Numeri 4.
Leuitarum lex. Numeri 8. Deuteronomij 18.
Leuitarum urbes et terre. Numeri 35.
Leuite a. xxx annis et supra ministrent. Numeri 4.
Leuite possideant decimas. Numeri 18.
Leuitarum possessio. Deuteronomij 10.
Leuitas ne derelinquas. Deuteronomij 12.
Leuitarum ciuitates. Josue 21.
Leuite seruitores arche 1 paralipomenon 23.
Leuites de domo dauid Juda. Judicum 17.
Leuites cuius uxor mortua est nimio coitu. Judicum 19.
Lex holocausti. Leuitici 6.
Lex sacrificij libamentorum. Leuitici 6.
Lex bostie pro peccato. Leuiti. 6 et 7.
Lex menstruose. Leuitici 15.
Lex traditur senioribus et filijs Leui. Deutrono. 31.
Lex uxoris et progenii filij circumcisio. Deuteronomij 21.

Lante J

Lya uxor Jacob. Genesis 29.
Libellus repudij. Deuteronomij 24.
Liber quē legit baruch coram omni populo quem scripsit ex ore Je
Lignum vite vetitum. Genesis 2. et 3. (remie. Baruch 1.
Ligna colligens in sabbato lapidabatur. Numeri 15.
Linguarum confusio. Genesis 11.
Lisias constituitur ab antiocho 1 machabeorum 3.
Lisias misit exercitum in iudeam contra iudeos 1 machabeorum 3.
Lisias pugnauit contra philippum 1 machabeorum 6.
Lisimachus occiditur circa erarium templi. 2 machabeorum 4.

Lante O

Veteris testamēti

Locorum omnium per que transierūt filij israel xl annis recapitulatio. Numeri 33.
Locustarum plaga in egipto. Exodi 10.
Longus homo habens xxiiij digitos 1 paralipomenon 20.
Loth exiuit cum Abraam de egipto et morabat in sodomis. Gen. 13
Loth et Abraam separabantur abinuicem. Genesis 13.
Loth fuit captus et liberatus. Genesis 14.
Loth filie conceperunt ab eo. Genesis 19.
Loth fugit de Sodomis et uxor eius versa est in statuā salis. Gen. 19

Lante M

Lucernarum cōpositio. Numeri 8.
Lucerne templi 3 Regum 7 et 2 paralipomenon 4.

M ante A

Aceda rex interficit Josue 10.
Machabei fratres septē occisi sūt. 2 ma 7
Adian oppressit iudeos septē annis. Judic. 6.
Adian vincitur. Judicum 7.
Madianite expugnantur. Numeri 31.
Madian rex moab. Numeri 22.
Maledicti sūt iudeorum non custodientiū mandata dei. Deutro. 27.
Maleficium esse ne suscitetis. Deuteronomij 18.
Manachen filius gaddi rex israel 4 Regum 15.
Manasses et effraim filij Joseph. Genesis 41.
Manasse dimidie tribus generationes 1 paralipo. 9.
Manasses filius ezechie rex iuda 2 paralip. 33. 4 Regū 21.
Manasses filij Joseph sors. Josue 16.
Mandatorum dei commendatio. Deuteronomij 30.
Mane thekel phares. Danielis 5.
Manna pluit dñs filijs israel in deserto. Exodi 16. Numeri 11.
Manna comederunt filij israel xl annis. Exodi 16.
Manna deficit filijs israel. Josue 5.
Mardocheus fuit patruus hester et muniuit regem ne occideretur ab eunuchis regi insidiantes. Hester 2 et 6.
Mardocheo impenditur honor iussu regis. Hester 6.

고딕 둥근체로 1490년에 인쇄된 *Concordantiae minores Bibliae*, fol. 19v– 20r.

– 고딕직조예리체의 예시

[illegible] non discedimus a te uiuificabis
nos: & nomen tuum inuocabimus:
Domine deus uirtutum conuerte nos:
& ostende faciem tuam & salui erimus:

British Library. Add. Ms. 42130, f. 148r.

「시편」 79:19~20.

19. Et non discedimus a te vivificabis nos et nomen tuum invocabimus
20. Domine Deus virtutum converte nos et ostende faciem tuam et salvi erimus.

고딕체에 속하는 여러 글꼴들의 식별에 도움을 제공하기 위해서 다음의 표를 제시한다.

	Textur	Rotunda	Schwa-bacher	Fraktur
a	a	a	a	a
d	d	d	d	d
g	g	g	g	g
n	n	n	n	n
o	o	o	o	o
A	A	A	A	A
B	B	B	B	B
H	H	H	H	H
S	S	S	S	S

■ 인문주의체(humanista): 알프스 이북의 지역에서 활용된 고딕체를 촌스럽게 여긴 이탈리아의 북부 지역에서 활동한 인문주의자들이 카롤링거 시대에 개발된 소문자를 변형시켜 만든 글꼴.

in hac vita delere te donā-
te valeā: quatinus poſt hāc
vitā cumante conſpectum
diuinæ maieſtatis tuæ præ-
ſentatus fuero: te ſine con-
fuſione & abſque oppro-
brio inimicoꝝ meoꝝ vide
re: & ante te lætus & ſecu-
rus venire merear. Amen.
Ne reminiſcaris Dñe. &c.

Hague: ms. 71 J 69, f. 2v; Egmond, 1543 (littera humanistica textualis).

[...]
in hac vita delere te donan-
te valeam; quatinus post hanc
vitam cum ante conspectum
diuinæ maiestatis tuæ præ-
sentatus fuero; te sine con-
fusione & absque oppro-
brio inimicorum meorum vide-
re; & ante te lætus & secu-
rus venire merear. Amen.
Ne reminiscaris Domine. &c.
[...]

결론적으로 중세 시대에서 르네상스 시대에 개발되어 사용된 서체의 종류는 앞에서 소개한 예시들보다 훨씬 많고 그들의 영향 관계도 훨씬 복잡한다.

약칭 및 약호

중세의 필사본을 담는 매체는 양피지다. 수명이 오래 간다는 장점도 있지만 비싸다는 단점이 있다. 이런 단점 탓에 한정된 지면에 최대한 많은 내용을 기록할 수밖에 없었는데, 이런 사정으로 말미암아 발달하게 된 것이 약호이다. 사실, 필사본을 접하면서 가장 어려운 것이 약호를 어떻게 풀어 읽는가다. 먼저 약호를 표시하는 기호들은 일반적으로 아래와 같다.[2)]

2) 이하의 이미지는 A. Cappeli(1982) 인용.

다음으로 약호의 종류를 정리하면 크게 세 가지로 분류된다. 자름(Truncation), 축약(Contraction), 줄임(Abbreviation)이 그것들이다. 구체적으로 살펴보자.

■ 자름(Truncation)

자주 사용되는 단어의 경우, 단어의 어미부분을 자르는 것으로 이를 표기하는 기호는 아래와 같다.

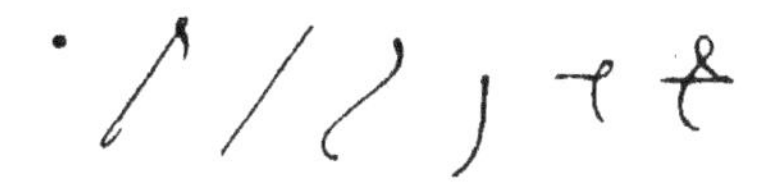

다음은 자름의 예시들이다.

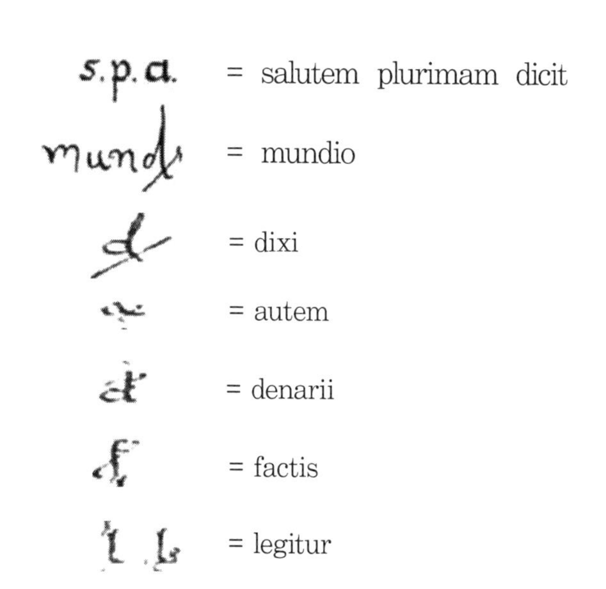

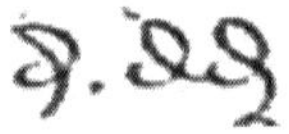 = dicendum

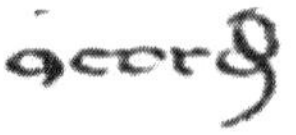 = concordantiis

 = secundum

 = numerati

 = sumus

 = omnis

 = accipe

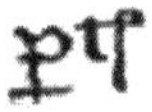 = peritiche

■ 축약(Contraction)

이는 단어의 중간 부분의 생략을 통해서 단어를 축약하는 현상을 가리킨다. 위에서 제시한 일반 부호를 사용해서 표현하는데, 이에 대한 예시는 아래와 같다.

$\overline{\text{pbr}}$	= presbyter	$\overline{\text{oio}}$	= omnino
$\overline{\text{mgro}}$	= magistro	$\overline{\text{ops}}$	= omnipotens
$\overline{\text{Kis}}$	= Kalendas	$\overline{\text{rim}}$	= relativum
$\overline{\text{mia}}$	= multa	$\overline{\text{scdm}}$	= secundum
$\overline{\text{Mli}}$	= Mediolani	$\overline{\text{prbrs}}$	= presbyteris
$\overline{\text{pnia}}$	= poenitentia	$\overline{\text{vir}}$	= universaliter

다음은 필사본을 접할 때에 아주 흔하게 접하는 축약 표기들이다.

ds = Deus
nr = noster
nm = nostrum, numerum
oi = omni
mr = mater, magister
ce = causae
ci = civi
mm = matrimonium, meum
ms = minus, mens
pt = potest
nc = nunc
os = omnes
om = omnem
io = ideo
ss = suis

ba = beata
dr = dicitur
fn = forsan
ht = habet
ro = ratio
tc = tunc
nl = nihil
qm = quoniam
sm = secundum
sr = super
vr = vester, videtur
tn = tamen
tm = tantum
na = natura
pr = pater

acc... = accus..., accid...; accat = accusat, accioi = accusationi,
accns = accidens, accnte = accidente etc.

ai... = anim...; aie = animae, aial = animal etc.

apl... = apostol...; apis = apostolus, apllca = apostolica etc.

bn... = bene..., bon...; bnfm = beneficium, bndnt = benedicunt.
bna = bona, bnorum = bonorum etc.

cl... = clausul...; clis = clausulis, clam = clausulam etc.

co... = commun...; coem = communem, colcatoi = communicationi etc.

dn... = domin...; dnice = dominice, dnacoi = dominacioni etc.

di... = divisi...; dioi = divisioni, dis = divisus, diom = divisionem etc.

din... = divin...; dina = divina, dinl = divini, dio = divino etc.

dr... = drn... = differen...; dra = differentia, drijs = differentiis,
drntie = differentiae etc.

dr... = divers...; drsa = diversa, drsimode = diversimode etc.

ee... = esse...; eetis = essetis, eelr = essentialiter etc.

el = elemen..., ela = elementa, eltis = elementis, elm = elementum etc.

ep... = episcop...; epm = episcopum, eps = episcopus etc.

epl... = epistol...; epla = epistola, eplis = epistolis etc.

exn... = existen..., **exns** = existens, **exnte** = existente etc.
fc = fac...;, **fca** = facta, **fcto** = facto etc.
fl = fals...;, **flo** = falso, **flm** = falsum etc.
fr = fratr..., frater;, **fribus** = fratribus, **frs** = fratres, **frna** = fraterna,
 frne = fraternae etc.
gl... = glori...; **glam** = gloriam, **gloso** = glorioso etc.
gn... = gener...; **gne** = genere, **gnalis** = generalis etc.
h... = hab...; **heo** = habeo, **hitum** = habitum etc.
hn... = haben..., habun...; **hndi** = habendi, **hndas** = habundans etc.
hrd... = hered...; **hrds** = heredes, **hrditar°** = hereditario etc.
ic... = iam dict...; **icti** = iam dicti, **ictm** = iam dictum etc.
ist... = iam script...; **isto** = iam scripto, **istis** = iam scriptis etc.
ln... = licen..., liben..., locumten...; **lnia** = licentia, **lnter** = libenter,
 lns = locumtenens.
lr... = litter; **lra** = littera, **lre** = litterae etc.
mgr... = magistr...; **mgro** = magistro, **mgratum** = magistratum.
mi... = miseri..., misericordi; **mia** = miseria, **miam** = misericordiam,
 mir = misericorditer etc.
ml... = mul...; **mla** = multa, **mlr** = mulier etc.
mr = matr..., mater...; **mre** = matre, **mrm** = matrimonium,
 mrona = matrona, **mrna** = materna etc.
noi... = nomin...; **noia** = nomina, **noiat°** = nominatio etc.
nr... = nostr...; **nra** = nostra, **nrm** = nostrum etc.
obn... = obstan...; **obste** = obstante, **obntib** = obstantibus etc.
occo = occasio; **occoe** = occasione, **occoair** = occasionaliter etc.
oi = omni...; **oia** = omnia, **oino** = omnino, **oim** = omnium etc.
omp... = omnipoten...; **omps** = omnipotens, **ompis** = omnipotentis etc.
on... = osten..., **ondo** = ostendo, **onsio** = ostensio etc.
pn... = praesen...; poeniten...; **pns** = praesens, **pna** = poenitentia.
pp... = praeposit...; **pps** = praepositus, **ppm** = praepositum etc.
ppl... = popul..., **ppli** = populi, **pplm** = populum **pplris** = popularis etc.

pr̄ = patr...;, pater...; **pr̄ia** = patria, **pr̄s** = patris, **pr̄nus** = paternus etc.

qn̄ = quando..., quan..., quon...; **qn̄q** = quandoque, **qn̄t** = quantum, **qn̄m** = quoniam etc.

q̄o = quaestio; **q̄om** = quaestionem, **q̄ois** = quaestionis etc.

r̄c = rec..., **r̄ca** = recta, **r̄cm** = rectum, **r̄cep°** = receptio etc.

r̄l = regul..., rela...; **r̄la** = regula, **r̄libus** = regularibus, **r̄lte** = relative, **r̄lois** = relationis etc.

r̄n... = respon..., renun...; **r̄ndit** = respondit, **r̄nsum** = responsum **r̄ens** = renuntians. **r̄ntijs** = renuntiis etc.

r̄o... = ratio; **r̄oe** = ratione, **r̄ole** = rationale etc.

s̄b... = substan..., subiect...; **s̄ba** = substantia, **s̄balis** = substantialis, **s̄biue** = subiective etc.

s̄c... = sanct..., **s̄cm** = sanctum, **s̄cuarij** = sanctuarii, **s̄cio** = sanctio etc.

s̄cd... = secund...; **s̄cdm** = secundum, **s̄cds** = secundus etc.

s̄cl... = saecul...; **s̄cla** = saecula, **s̄clare** = saeculare etc.

s̄g... = signific...; **s̄gans** = significans, **s̄gabit** = significabit etc.

s̄il... = simul..., simil...; **s̄ilatoe** = simulatione, **s̄ila** = similia, **s̄ilr** = similiter etc.

s̄l... = singul..., solut..., saecul...; **s̄loe** = solutione, **s̄lo** = solutio, **s̄lorum** = singulorum.

s̄n... = senten...; **s̄na**, **s̄nia** = sententia, **s̄nair** = sententialiter, **s̄laris** = saecularis etc.

s̄p... = speci..., spirit; **s̄pali** = speciali, **s̄pair** = specialiter, **s̄pes** = spcies, **spū** = spiritu, **s̄pitale** = spirituale, **s̄pual** = spiritualis etc.

s̄r = super; **s̄rbi** = superbi, **s̄rfi**le = superficiale, **s̄riri** = superiori etc.

t̄p... = temp...; **t̄pla** = templa, **t̄ps** = tempus, **t̄pra** = tempora.

t̄r... = termin...; **t̄ro** = termino, **t̄rm** = terminum, **t̄ros** = terminos etc.

v̄r... = vestr...; **v̄rm** = vestrum, **v̄ra** = vestra etc.

x̄p... = christ...; **x̄pi** = Christi, **x̄pofor** = Christoforus etc.

■ 줄임(Abbreviation)

이는 접두어나 접미사를 부호를 이용해서 표기하는 방식을 가리킨다. 일곱 가지 부호가 흔하게 사용된다.

I. —, ⌒ = m, n

II. 9, ɔ = con, com, cum, cun

III. ʼ ꝰ = us, os, is, s

IV. ˜ ˜ .. = r, re, ra, ar

V. ꝛ ∾ ᴗ ⁓ = ur, tur, er

VI. ꝝ, ꝝ, ꝝ = rum

VII. ⁊, & = et, e

줄임 부호를 이용해서 표기된 사례를 제시하면 아래와 같다.

cir9	= cir*cum*	9͡	= condam (quondam)
9plevi	= *com*plevi	9^{a}	= contra
9gnitio	= *con*gnitio	9^{9}	= conceptus
9ctis	= *cun*ctis	9^{aa}	= contraria
9tis	= *cun*ctis	9^{i}	= communi

■ 문맥에 따라 줄임 부호의 풀이가 달라지는 부호들

줄임 부호들 가운데에는 의미와 맥락에 따라 줄임 부호들이 여러 단어로 풀어지는 경우들이 있다. 이는 해당 문맥의 의미에 의해서 결정된다. 이에 해당하는 부호는 아래와 같다.

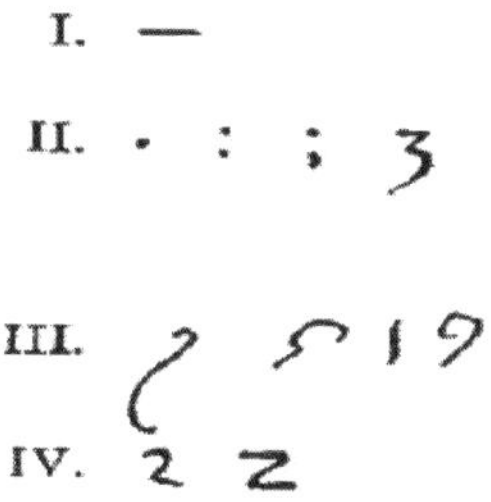

구체적인 사례는 아래와 같다.

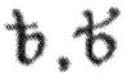 = bre..., ber..., ...ub

 = cum, con, cen...

 = condam (quondam)

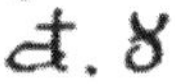 = de..., der..., ...ud

 = haec, hoc, her...

 = vel, ul..., ...el

 = men..., mun..

 = non..., nun..

 = obiit

 = per, par..., por...

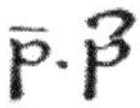 = prae, pre...

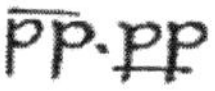 = propter, papa

 = qui

 = quae

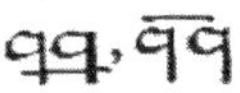 = quoque

 = quam

 = ter..., tem..., ten...

 = ven..., ver...

아래는 중세 초기 필사본에서 흔히 만나게 되는 부호들이다.

v_3	= videlicet, valet	p_3	= patet
t_3	= tenet	l_3	= licet, libet
n_3	= neque, nec	c^9l_3	= cuiuslibet
d_3	= debet	s_3	= set (sed)
h_3	= habet	9_3	= cumque.
in_3	= inest		
o_3	= oportet		
$o_3$tuit	= oportuit		

■ 어깨 모음(Superscript Vowels)

ar, er, ir, or, ur, or 혹은 반대로 ra, re, ri, ru, ro 등의 어깨 모음으로 표기되기도 하는데, 예시는 아래와 같다.

m^atis	= martis	f^ac^{ne}	= fractione
$c^e\overline{tu}$	= certum	g^ex	= grex
$c^i9s\overline{ta}^{as}$	= cirumstantias	$eg^i\overline{nu}$	= egritudinum
f^otis	= fortis	eg^oni	= egrotationi
$fig^v\overline{at}$	= figuratum	pde^a	= prudentia.
$ɔg^ua$	= congrua		

단어의 끝 모음을 어깨 글자로 표기하는 경우도 있다. 다음과 같다.

a^a = anima, alia, a^alia = animalia, a^am = aliam etc.

a^i = aliqui, ali..., a^id = aliquid, a^ic9 = alicuius, $a\dot{c}^i$ = alicui etc.

a^vd = aliud

e^{a} = equa..., $e^{a}li$ = aequali, $e^{a}lr$ = aequaliter etc.

e^{i} = equi..., $e^{i}poll_{3}$ = equipollet (aequipollet), $e^{i}\overline{u_{3}}$ = equivalet

i^{a} = ita, $i^{a}q_{3}$ = itaque etc.

i^{i} = ibi, $i^{i}\overline{de}$ = ibidem etc.

o^{a} = ota..., $no^{a}bll'$ = notabilis, $no^{a}\overline{nd}$ = notandum etc.

o^{i} = omni..., $o^{i}po^{a}$ = omnipotentia, $do^{i}um$ = dominium,

$o^{i}b3$ = omnibus etc.

u^{i} = ubi, ...uit,

$u^{i}q3$ = ubique,

$oportu^{i}$ = oportuit

u^{o} = uno, vero, $u^{o}q^{o}3$ = unoquoque, $u^{o}silr$ = verosimiliter.

■ 어깨 자음(Superscript Consonanants)

마찬가지로 어깨 자음을 사용해서 단어를 줄이기도 한다.

$d^{c}\overline{taie}$	= dictamine	$r^{c}ti^{ue}$	= rectitudine
$\overline{i}t^{o}d^{c}\overline{tu}$	= introductum	$ob^{c}to$	= obiecto
pf^{cma}	= perfectissima	$\overline{sb}^{c}e$	= subiectae
$exp^{c}\overline{tat}$	= expectant		

모음 위에 마지막 자음을 어깨 글자로 사용하기도 한다.

a^{l}	= animal	i^{m}	= illum
a^{d}	= aliud	i^{d}	= illud
a^{t}	= aut	o^{m}	= oppositum
e^{t}	= est, erit	o^{t}	= ostendit

이어지는 단어가 앞 단어의 어깨 글자로 올라오는 경우도 있다.

a^{oo}	= alio modo	o^{too}	= opposito modo
ex^{o}	= ex adverso	op^{too}	= opposito modo
9^{sm}	= consequens falsum	$\overline{pt}^{c}$	= potest sic
h^{oo}	= hoc modo	p^{ioo}	= primo modo
h^{on}	= hoc nomen	$\overline{sili}^{o}$	= simili modo
i^{oo}	= illo modo	$\overline{silio}^{o}$	= simili modo
$illo^{o}$	= illo modo	ut^{t}	= ut dicit
$\overline{n}^{c}$	= non sic	ut^{r}	= ut probatur
$\overline{n}^{2}$	= non dicitur	v^{a}	= verbi gratia
n^{oo}	= nullo modo	7^{c}	= et sic
$n\overline{llo}^{o}$	= nullo modo	7^{ciis}	= et sic de aliis.

다음은 필사본에서 가장 흔하게 접하는 어깨 글자들의 풀이 예시다.

 = ...*am*. e.g.

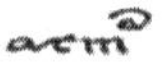 = harmoniam

 = iustitiam.

 = ...*bus*. e.g.

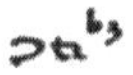 = continentibus.

 = ...*cis*. e.g.

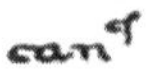 = canonicis.

 = ...*cum*. e.g.

 = metaphysicum.

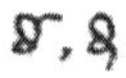 = ...*dum*, ...*dam*, ...*dem*. e.g.

 = dissentiendum

 = eodem

 = notendam.

 = ...*nem*, ...*et*. e.g.

 = magnitudinem

 = significet.

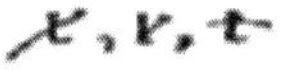 = ...*lis*, ...*les*. e.g.

 = divisibilis

 = communicabilis

 = amabilis

 = ...*mum*. e.g.

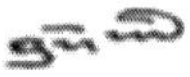 = generalissimum.

 = ...*num*. e.g.

 = metropolitanum

 = sempiternum

 = ...*men*. e.g.

 = amen

 = regimen

 = ...*onis*. e.g.

 = considerationis.

 = ...*onem*. e.g.

 = dimensionem

 = demonstrationem.

 = ...*one*. e.g.

 = diminutione

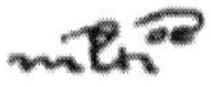 = multiplicatione.

 = ...*ter*. e.g.

 = dupliciter.

 = ...*ri*. e.g.

 = determinari, determinare.

 = ...*ret*. e.g.

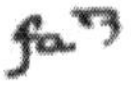

= faceret.

= ...*ris*. e.g.

= decembris.

= ...*ur*, ...*tur*

= ...*as*, ...*tes*. e.g.

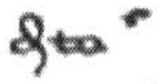

= distantias

= habentes.

= ...*s*. e.g.

= meis.

= ...*it*. e.g.

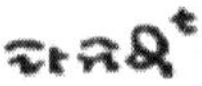

= intendit

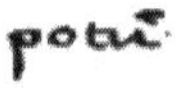

= potuit.

= ...*tum*. e.g.

= licitium.

= ...*ter*. e.g.

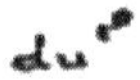

= dupliciter.

= ...*tis*. e.g.

= consanguinitatis.

= ...*tem*. e.g.

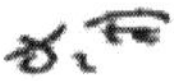

= deitatem.

= ...*vus*. e.g.

= demonstrativus.

9장
『라틴어 대사전(*Thesaurus linguae Latinae*)』[1]

이 글은 『라틴어 대사전』에 대한 보고이다. 두 가지로 나누어 이야기 하겠다. 하나는 『라틴어 대사전』 탄생 배경의 추적이고, 다른 하나는 『라틴어 대사전』의 사전 구성과 표제어 편제에 있어서 방법론적 특징에 대한 고찰이다. 『라틴어 대사전』의 탄생 배경은 다음과 같다. 고전 문헌 편집이 본격적으로 진행되자 초급 수준의 라틴어 학습용 사전들은 고전 문헌학자들의 요구를 충족시키지 못하게 되었다. 해서 고전 문헌학자들은 학문 연구용의 본격적인 사전 집필을 꿈꾸었는데, 이 꿈의 실현체가 바로 『라틴어 대사전』이다. 『라틴어 대사전』은 우리가 흔히 접하는 일반 학습용 사전이 아니고, 일종의 도서관이다. 여기에는 서기 6세기까지 라틴어로 기술된 모든 문장들이 수집-분석-정리되어 있기 때문이다. 이 문장들은 시대 순으로 정리-편제 되어 있는데, 이 편제는 각 시대별로 다르게 나타나는 개별 단어의 의미를 포착할 수 있도록 구성되어 있다. 해서 『라틴어 대사전』 서구 유럽인의 과거와 현재를 비추어 주는 거울 역할을 수행하고 있다. 표제어 구성의 방법론적 특성과 관련해서 언급해야 할 사항은 다음과 같다. 『라틴어 대사전』의 개별 표제어는 한 단어가 자기만 가지고 있는 고유 의미 스펙트럼을 제시하고, 그 안에

1) 이 글은 안재원(2006: 359-402)을 바탕으로 재구성.

서 상이한 여러 의미분류 기준들을 제공하는데, 이것들은 이용자가 의미 값을 스스로 측정할 수 있도록 도와주는 장치들이다. 즉 각 개별 항목들은 자체가 말의 의미를 재는 일종의 저울(pondus verbi)이다. 이런 기술 방식은 분명히 뜻풀이 혹은 2개어 비교 사전류의 학습용 사전에서는 찾아볼 수 없는 특징이다. 사전 기술사적 관점에서 볼 때, 이는 사전 기술 방식을 한 단계 상승시킨 것이라 할 수 있다.

이 글은 먼저 서양 고전 문헌학에 직접적으로 종사하지 않은 인문학자와 정보 통신 관련 종사자들 그리고 사전학자와 자연언어처리 및 문헌자료 디지털 작업에 종사하는 이들과 서양 고전 문헌학을 전공하는 이들을 겨냥한다. 엄밀히 말하면 전자는 이 글의 수신자가 아니다. 그럼에도 이들을 글의 수신자로 삼는 이유는 인문학의 디지털화 혹은 콘텐츠 제작 사업은 '자연언어처리(Natural Language Processing)' 기술에 기반을 둔다. 그런데 자연 언어 데이터를 처리함에 있어 기본 단위는 개별 단어이다. 따라서 이 개별 단어를 어떻게 처리하느냐가 인문학 디지털 콘텐츠 구축 사업의 핵심 사항이다. 즉 개별 단어의 통사 구현 양상과 이에 따른 의미 구분 그리고 개별 단어의 언어 변화를 추적하는 작업이 선행되었을 때에 인문학의 디지털화 혹은 콘텐츠화 작업도 본격적으로 진행될 수 있고 힘을 받는다는 것이다. 이는 소위 인터넷의 포털 사이트들이 기본적으로 검색 지원을 함에 있어서 전자사전 기능을 기본 서비스로 제공하고 있다는 점에서 쉽게 확인할 수 있다. 따라서 전자사전이 제대로 작동하기 위해서는 오프라인 한국어 사전 작업이 제대로 이뤄져야 한다. 제대로 된 한국어 사전 탄생을 위한 하나의 모범 사례로 『라틴어 대사전』를 소개하겠다. 물론 한국어와 라틴어의 유형론적인 계통이 다르기 때문에 직접적인 영향 관계는 맺을 수는 없을지라도 일반론적인 차원에서 개별 단어의 사전 기술과 관련해서 어원론적, 형태론적, 통사론적, 의미론적 그리고 화용론적으로 적지 않은 문제점들의 해결에 있어서 많은 시사점을 제공할 것이다. 이 글의 또 다른 수신자는 서양 고전 문헌학을 연구하거나 공부하려는 이들이다. 한국의 서양 고전 문헌학계는 바야흐로 원전 번역의 시대로 진입했다. 중역이 아닌 원전을 번역하는 한, 원전과 씨름해야 하고, 그 과정 중에 소위 학습용 사전들이 제공하지 않은 용례를 실제로 만나게 될 것이다. 운이 좋은 경우 해당 문맥에 적합한 의미를 추적할 수 있지만, 어떤 경우는 그렇지 않는 경우를 허다하게 경험할 것이다. 이러한 경우 번역자가 의지할 수 있는 사전이 바로 『라틴어 대사전』이다.

『라틴어 대사전』의 이름 풀이로 이야기를 시작하겠다. Thesaurus는 '보물'을 뜻한다. 그리스어 thesauros의 차용어이다. Lexica 혹은 Dictiones라는 단어를 쓰지 않고 Thesaurus로 이름붙였다는 사실이 이 사전의 가치를 잘 보여준다. 이는 사전의 규모와 크기를 기술하는 데 동원되는 수치에서 확인된다. 사전 기술을 위해 작성된 기초 카드만 1,000만 장, 144권의 출판물, 1900년부터 시작해서 100년이 지난 지금에도 끝나지 않은 출판, 14개국 21개의 학회로 구성된 출판 편집위원회, 10개국에서 파견된 최고의 전문 집필진 20명[2], …. 이 거대한 학술 사업은 다음의 역사적 배경에서 출발한다. 15세기 말부터 본격화된 문헌의 활자화는 19세기에 이르러 획기적인 전기를 맞이한다. 필사본의 활자화를 넘어서, 전해 내려온 필사본을 비교하고, 문법적으로 맞지 않거나, 혹은 문맥에 의미가 상통하지 않으면, 교정하고 …, 간단히 말해, 문헌들의 비판적 검토가 이 시기부터 본격화되었기 때문이다.[3] 그런데 문헌들을 비교 검토하다 보면 두 문제에 직면하게 된다. 전승 과정에서 잘못 표기

---

2) 이 수치들은 1994년에 뮌헨에서 벌어진 『라틴어 대사전(*Thesaurus Linguae Latinae*)』 100주년 기념식에 배포된 토이브너 출판사의 홍보 팜플렛에 의존한 것이다.

3) 참조 Timpanaro(1971: 12~26).

된 단어의 처리가 그 중 하나이다. 잘못 베낀 단어들 가운데에 대부분은 단 한번만 나오는 표기(hapax legomena)이다. 이런 사정 때문에 틀렸다고 함부로 지우거나 교정해서는 안된다. 또한 단어들이 올바르게 표기되어 전해져 왔다 해도, 의미 변화로 인해 텍스트 이해가 안 되는 경우가 그것이다. 예를 들어 원래는 일상어였는데 전문어로 사용된 경우, 즉 사회 문화사적 변동으로부터 생겨난 의미 변화 경우도 이해가 안 된다고 해서 함부로 텍스트를 교정하거나 고쳐서는 안 된다. 이런 사정들 때문에 서양 고전 문헌학자들은 한 단어가 형태적으로 시대와 지역에 따라 어떻게 변화해 가는지, 한 단어의 의미 변화가 어떻게 나타나는지를 보여주는 사전을 꿈꾸어 왔다. 그 꿈이 실현된 것이 『라틴어 대사전』이다.

『라틴어 대사전』은 두 가지를 목표한다. 하나는 개별 단어의 문법적인 혹은 언어학적 특이사항들을 모두 기술해 주는 것이고[4], 다른 하나는 그 개별 단어의 생애(fatum verbi)를 기술하는 것이다. 한 사람의 전기에 비견된다. 사전의 개별 항목은 한 단어가 어떻게 태어나서, 누구를 만나고, 어떻게 성장하고, 어떻게 형태와 의미가 변하고, 시대와 공간의 어떤 영향을 받고, 어떤 다른 단어로 대체되었는지, 혹은 축소되었는지, 그리고 어떻게 생을 마감했는지를 기술한다.[5] 이 두 목표를 달성하기 위해 태어난 『라틴어 대사전』과 관련해서 언급해야 할 사항은 크게 다섯 가지다. 프로젝트 기획과 출판에 이르는 준비 과정, 자료 수집과 정리 보관, 사전 개별 항목 서술 방식과 출판, 사전 서술의 근저에 있는 방법론적 토대, 마지막으로 사전 출간의 영향과 이후 전망이 그것들이다.

---

4) 참조 Ehlers(1968: 224).

5) 참조 Ehlers(1968: 224).

라틴어 사전 기술사에 대한 간략한 보고

먼저, 라틴어 사전 기술 역사를 간단히 언급하겠다. 기존 사전들의 내용 수준이 곧바로 『라틴어 대사전』의 탄생 근거이고, 기존 사전들이 『라틴어 대사전』의 개별 항목을 구성함에 있어서 자료 역할과 서술 기준을 제공하기 때문이다.[6]

라틴어 사전 기술의 선구자로 학자들은 스틸로(L. Aelius Praeconius Stilo)[7]를 든다. 이 사람은 그리스어 사전 기술 방식을 로마에 처음 소개한 사람으로 알려진 학자[8]이다. 아쉽게도 몇 편의 조각 글 이외에는 전해진 작품이 없다.[9] 이어서 바로(M. Terentius Varro)를 들 수 있다. 그의 작품 『라틴어에 대하여(*De lingua Latina*)』는 백과 사전의 성격을 띠고 있다. 유실된 1권부터 5권의 내용에서 개별 단어의 어원과 현대적 의미의 사전으로 추정된다.[10] 아우구스투스 통치기에 오면 플라쿠스(M. Verrius Flaccus)가 『단어들의 뜻에 대하여(*De verborum significatu*)』를 저술한다.[11] 이 작품은 개별 항목들이 알파벳 순으로 정리된 것이다. 서기 2세기에 들어서면 겔리우스(A. Gellius)가 사전 기술사뿐만 아니라 라틴어 어원 해명에도 중요한 작품인 『아티카의 밤들(*Noctes Atticae*)』[12]을 저술한다. 이 작품은 20권으로 된 대작이다. 내용은 문학, 언어, 철

---

6) 이에 대해선 용례를 설명하는 대목에서 집중적으로 다루겠다.

7) 기원전 약 150~90/70년에 활동했던 라틴 문헌학자이자 문법가이다. 기사 신분 출신으로 라누비움에서 태어났고, 스토아 철학을 추종하였고, 후에 키케로와 바로의 문법교사로 활약했다. 그는 또한 플라우투스의 희극 작품해설가로, 아울러 『12표법』 해설가로도 잘 알려진 학자이다. 참조 *Lexikon der Antike*, 89

8) 참조 Heerdegen(1910: 608).

9) 참조 Funaioli(1907: 51~76).

10) 예를 들어 이시도루스의 『어원론』에 유실된 1권에서 5권에서 베끼거나 인용된 조각 글이 있다. 이를 통해 유실된 부분의 내용이 추정된다.

11) 참조 Heerdegen(1910: 608~609).

12) 참조 Marschall(1968 편집).

학, 신화, 역사, 즉 인문학의 제 영역에 걸쳐 있다. 이 작품은 『라틴어 대사전』의 머리[13] 부분의 어원 설명의 중요한 전거이자 자료로 활용되고 있다. 4세기에 오면 마르켈루스(Nonius Marcellus)가 『요약(*De compendiosa doctrina*)』[14]을 저술한다. 이 작품은 고대 문법가들의 유실된 작품들을 부분적으로 전해주고 있다. 이어 앞에서 언급된 세비야의 주교로 활동했던 이시도루스가 20권으로 된 『어원론(*Etymologiarum libri*)』[15]을 저술한다. 이 작품도 백과사전식 구성으로 되어 있는데, 이 작품을 통해서 고대와 중세가 연결된다.

중세에 들어오면 크고 작은 많은 학습용 단어장 혹은 단어집이 등장한다.[16] 대표적인 예로 파피아스(L. Papias)가 1063년에 완성한 『기본 학습(*Elementarium doctrinae Erudimentum*)』[17]을 들 수 있다. 이 작품은 일종의 학습용 사전인데, 한편으로는 단어 목록을 정리하고 있으며, 다른 한편으로는 3학[18] 4과[19]를 다루고 있다. 이 작품이 나오고 나서 100년 후 글로스터 출신 수도사 오스본(Osborn)이 『판오르미아(*Panormia*)』[20]를 지었는데, 이 작품은 어원 계보를 이용해 단어를 설명하고 있는 사전이다.

르네상스 시기로 들어오면서 사전 기술은 획기적으로 발전한다. 어원 설명에 그치는 것이 아니라 문법, 문체, 수사학의 관점에서 개별

---

13) 『라틴어 대사전』의 개별 항목은 크게 세 부분으로, 즉 exordium(시작), Caput(머리), Corpus(몸)으로 구성된다.

14) 참조 Lindsay(1903 편집).

15) 참조 Lindsay(1911 편집).

16) 참조 Heerdegen(1910: 609~610).

17) 참조 Heerdegen(1910: 609~610).

18) 3학에는 문법, 수사학, 논리학이 속한다.

19) 4과에는 산수, 기하학, 음악, 천문학이 속하는 것으로 알려져 있으나, 실상은 그렇지 않다. 의학, 공학, 건축학 등을 포함시키는 학자들도 있다.

20) 참조 Mai(1836 편집).

항목을 기술하고 그 기술 순서와 방식도 체계적이기 때문이다.[21] 예를 들어 발라(L. Valla)는 유의어 사전인 『라틴어의 우아함에 대하여(*Elegantiarum linguae Latinae libri*)』 6권을 저술한다.[22] 이 작품은 제목이 말해 주듯이 고전 작가들의 문체 연구 사전이다. 이 시기에는 학자들이 문법적 기준에 따라 사전 편집을 하기도 하였다. 예를 들어 1475년 바젤에서 출판된 로이힐린(J. Reuchlin)의 『기본 단어(*Vocabularius Breviloquus*)』는 단어들을 품사에 따라 각기 명사, 동사, 부사, 접사(Partikel)로 구분하고, 그 하위 분야에 단어들을 알파벳 순으로 배열한다.[23] 이런 발전에도 불구하고 15세기까지의 사전들은 자료를 직접 조사해서 만든 것들이 아니다.

16세기는 문헌 편집과 자료 교환이 활발하게 이루어지는 시기이다. 이같이 연구 환경이 좋아짐에 따라 '사전학의 시조(Princeps Lexicographorum)'라는 칭호를 얻은 스테파누스(R. Stephanus)는 직접 자료를 모으고 분석하고 정리하여 『라틴어 대사전』을 1531년에 파리에서 출판한다. 이 사전은 최초로 직접 자료에서 용례를 인용한 것이다. 스테파누스는 이를 위해 라틴 문헌의 중요 저자[24] 대부분을 조사하

---

21) 원래 1286년에 저술되어 1460년 독일 마인츠에서 출판된 제노바 출신의 요한네스 발부스(Joannes Balbus)의 Catholicon 의 Subscriptiones(계약 문서)는 이를 잘 보여주고 있다: 정서법, 음절 장단, 의미,어원 등등(orthographia, prosodia, significatio, origio, ethymologia) 등등이 고려되어야 하며, 세속적 용례뿐만이 아니라 성경용례도 기록되어야 한다고 되어 있다(quarundam dictionum, quae frequenter inunciuntur in biblia et in dictis sanctorum et poetarum). 참조 Heerdegen(1910: 610).

22) 참조 Heerdegen(1910: 611).

23) 참조 Heerdegen(1910: 612).

24) 사전 서문에 스테파누스는 자신이 검색한 작가들을 알파벳순으로 다음과 같이 밝히고 있다: Acro, Asconius, Paedianus, Aulus Gellius, Budaeus, Calepinus, Caper, Cato, Cicero, Columella, Diomedes, Donatus, Erasmus, Festus Pompeius, Laurentius Valla, Linacer, Macrobius, Nonius Marcellus, Pandectae iuris civilis, perottus, Plinius maior, Porphyrio, Priscianus, Probus, Quintilianus, Servius, Varro, Vegetius. 참조 Heerdegen(1910:613).

였다. 라틴 사전 기술사와 관련하여 스테파누스가 기여한 공로는 다음과 같다. 개별 항목을 다룸에 있어 어원 해설에서 개별 단어의 의미를 끌어오는 것이 아니라 통사와 구문의 맥락 분석을 통해 의미를 규정했다. 처음으로 파생어(derivata)와 복합어(composita)를 독립 항목으로 다루었다. 의미 해설의 경우 프랑스어로 하였는데, 소위 2개어로 된 라틴어 사전의 효시이다. 17세기에 들어 오면, 다중어로 구성된 사전들이 나온다. 대표적인 예로 데키마토르(H. Decimator)가 지은 『언어들의 보고(*Thesaurus Linguarum*)』[25)]을 들 수 있다. 이 사전은 라틴어, 그리스어, 히브리어, 불어, 이탈리아어 그리고 독일어로 구성된 작품이다. 18세기에 스테파누스의 『라틴어 대사전』은 게스너(J. M. Gesner)에 의해서 개정 보완된다.[26)] 이 개정 작업에서 게스너가 기여한 것은 간략성[27)]이다. 그는 길게 늘어진 의미 해설을 축소하고 용례에서 불필요한 부분과 고전 라틴어와 직접 관련 없는 전거들을 삭제하였고, 문헌 편집의 발전을 받아들여 가장 믿을 만한 출판본의 문장을 용례로 사용했다. 한편, 파치오라티(J. Facciolati)는 이탈리아 파두아에서 1771년 『라틴어 전체 사전(*Totius Latinitatis Lexicon*)』을 출간한다. 이 작품은 파치오라티의 스승인 포르첼리니(J. Egidio Forcellini)가 전생애를 바쳐 지은 사전이다. 이 사전의 의미는 무엇보다도 묘비문까지 용례의 범위를 확장했다는데 있다. 학습용 사전으로 오늘날까지도 시장을 장악하고 있는 게오르게스(K. E. Georges)의 『라틴어 독일어 중사전(*Ausführliche lateinisch-deutsche Handwörterbuch*)』의 초판도 이 시

25) 참조 Decimator(1617 편집).

26) 참조 Gesner(1749 편집).

27) 참조 Heerdegen(1910: 615~616).

기에 나왔다.[28)]

지금까지의 사전 기술사 정리로부터 우리는 세 가지 중요한 사실을 확인할 수 있다. 먼저 사전 기술이 백과사전 기술 방식에서 점차 언어학적, 문법학적 기준에 입각한 서술 방식으로 발전해 왔다는 점, 다음으로 르네상스 시기를 넘어서며 용례 사용에 있어서 자료를 직접 모으고 정리하기 시작했다는 점, 마지막으로 사전 편집들의 계속된 개신 개정 노력 등을 통해 편집 기술과 내용과 형식이 발전해왔다는 점이다. 그럼에도 불구하고 이 사전들은 학습용 사전들이었다 따라서 학문 연구를 목적으로 하는 활동에는 도움을 주지 못했고, 바로 이런 이유가 『라틴어 대사전』을 꿈꾸게 하였는데, 이는 초대 편집 책임자인 에두아르트 뵐플린(E. Wölfflin)의 다음 발언에서 확인할 수 있다. "사전에는 두 종류가 있는데, 그 중 하나는 실용적인 목적을 추구하는 것이고, 다른 하나는 학문적인 목적에 봉사하는 것이다. 2개어로 된 외국어 사전이 전자의 대표적인 예이고, 개별 단어의 생애를 기술하는 것이 후자에 속하는데, 그 대표적인 예가 『라틴어 대사전』이다."[29)]

『라틴어 대사전(*Thesaurus linguae Latinae*)』

■ 프로젝트 제안에서부터 위원회 구성까지의 과정

『라틴어 대사전』 프로젝트를 최초로 제안한 사람은 볼프(Fr. A. Wolf)이다. 이 프로젝트를 성사시키기 위해 볼프는 한편으로 독일뿐만이 아니라 네덜란드, 프랑스, 영국, 이탈리아 등지를 돌아다니며 학자들을 설득하고 규합하였다. 많은 학자들이 이 계획에 찬성하였다. 예를 들면 네덜란드의

---

28) 이 사전의 초판은 1783년 라이프치히에서 출판된 *Ausführliche und möglichst vollstaendige lateinisch-deutsche lexicon*(Scheller I.J.G. 편집)이다.

29) 참조 Wölfflin(1902: 373).

룽켄(D. Ruhnken)이 그 중 한 명이었다. 다른 한편으로 이 계획을 구체적으로 실현하기 위해, 기존 자료 수집, 개별 단어 항목 기술, 용례 사용 등에 대한 이론 준비[30]도 하였다. 이는 볼프가 편집한 『라틴어 사전 구축에 대하여(*Über die Einrichtung eines Thesaurus der Lateinischen Sprache*)』[31]에 잘 나타난다. 특히 사전 기술 방법론과 관련해서 공동 집필자인 쾰러(G. D. Köler)의 제안이 중요하다. 쾰러의 제안을 요약하면 다음과 같다.[32] 모든 개별 단어를 형태, 의미, 통사의 관점으로 나누어 기술하자고 제안한다. 개별 항목 서술은 먼저 형태에 관하여 서술하고, 여기에서 해당 단어의 원형, 글자체,[33] 문법적 특이 현상들, 곡용, 활용, 시대별 표기를 동반한 변이형들과 음절의 장단을 표기하자는 의견을 제시한다. 의미 기술의 경우, 일반이 특수의, 고유한 것이 부대하는 것의, 구체적이고 감각인 것이 추상적이고 지적인 것의 앞에 기술하자고 제안한다. 아울러 의미 차이가 분명히 드러나도록, 유사함이 잘 나타나도록, 반대어와 유의어를 추가하자고 제안한다. 개별 항목의 의미 분야를 서술함에 있어서 지켜야 할 세 가지 규칙을 제시한다. 첫째, 어원은 반드시 서술해 주어야 하고, 둘째, 용례는 시간순으로 배열하여 단어 사용의 빈도와 의미 변화를 파악할 수 있게 해 주며, 셋째, 의미를 나누고 분류할 때 통사 특징을 기술하자고 주장한다.

마지막으로 용례 사용과 관련이 있는 통사 부분에 대한 쾰러의 제안은, 한마디로, 한 단어의 생태적 통사 환경을 기술해 주어야 한다는 것이다. 즉 한 단어가 어떤 단어와 동반 사용되는지와 문법의 어떤 형태로 나타나

30) 1807년에 괴팅엔 대학에서 출판된 G.H. Lünemann의 *Primae lineae theoriam lexicographiae latinae sistentes*가 그 한 예이다.

31) 참조 Wölf(1820 편집).

32) 참조 Köler(1820: 320~365).

33) 이는 필사본과 수고본에 대한 고려가 반영된 것이다.

는지를 기술하자고 제안한다. 예를 들어 명사 혹은 실사(Substantivum)에 주로 동반하는 형용사를, 동사 혹은 술어(Praedicatum)에 부사나 전치사를 같이 표기해 주고, 술어와 목적어 관계도 반드시 기술해 주자고 제안한다. 반대로 드물게 나타나는 경우도 반드시 서술해 주자고 한다. 예를 들면 신탁이나 속담, 혹은 격언들이 이런 경우에 해당된다. 생략된 용례(Elleipsis)와 문체적 효과를 노리고 반복되나 문장에서 제거해도 문장 이해에 해를 끼치지 않은 부분을 지니고 있는 용례(Pleonasmos)들과 더 이상 사용되지 않는 용법도 표기하자고 제안한다.

이 제안은 이상적인 사전에 대한 논쟁을 촉발한다. 예를 들어 캐커(E. Käcker)는 1826년에 자신의 논문 「라틴어 사전을 만드는 가장 좋은 방식(De optima Latini lexici condendi ratione)」에서 어원을 중시해야 하고 명사보다 동사에 중점을 두어야 한다고 주장한다. 프로인트(W. Freund)는 모든 개별 단어의 역사를 기록하는 것이 라틴어 사전의 의무라고 주장한다.[34] 편집자를 알 수 없는 1842년에 슈투트가르트에서 출판된 소사전은 어원 부분에서 부분적으로 잘못된 경우도 있지만 인구어 비교를 시도한다.[35] 이러는 와중에 1858년 『라틴어 대사전』 구출을 위한 중요한 학회가 오스트리아 빈(Wien)에서 열린다. 이 회의에서 할름(K. Halm)은 이 프로젝트를 구체화시키기 위한 위원회의 구성과 이를 집행해 나갈 위원과 연구진을 선출하자고 제안한다.[36] 그는 아울러 작업 범위를 서기 6세기 중반까지로 결정하고, 특히 서기 2세기까지의 문헌들은 하나도 빠짐없이 다루자는 의견을 제시한다. 한 단어의 운명을 기술하는 데 필요로 하는 산스크리트어, 그리스어, 그리고 라틴어를 모어로 하는, 예를 들

34) 참조 Freund(1834: Praef. i-xxxiv).

35) 참조 Heerdegen(1910: 628).

36) 참조 Heerdegen(1010: 630).

면, 고이탈리어 등에 대한 언급이 사전 기술 안에 포함되어야 한다는 제안도 큰 호응을 얻었다. 이것들은 라틴어가 어떻게 변해가고 혹은 사어로 되어가는 지를 보여주는 중요한 증거들이기 때문이다.[37] 빈(Wien) 회의 이후 『라틴어 대사전』 프로젝트는 여러 서양 고전 문헌학자들에 의해 지속적으로 추진되었지만 다른 누구보다도 뵐플린(E. Wölfflin)에 의해 주도되었다. 뵐플린은 개별 단어를 기술할 때, 중점을 두어야 할 것과 주의해야 할 것들과 실제로 작업을 하면서 겪게 되는 어려움과 새로이 발견되는 언어 현상들을 공동으로 해결하기 위해 1883년 가을에 『라틴어 사전 기술과 문법을 집성(*Archiv für Lateinische Lexikographie und Grammatik*)』을 편찬한다. 이 잡지는 지금도 발행되고 있다. 이런 노력들에 힘입어 몸젠(Th. Mommsen)의 주도하에 베를린, 괴팅엔, 라이프치히, 뮌헨, 빈 등의 5개 학술원이 참여하는 『라틴어 대사전』 위원회가 1893년 10월 21일에 구성되었다. 각 학술원을 대표해 참석한 학자들을 소개하면, 베를린 학술원을 대표해서 딜스(H. Diels), 괴팅엔 학술원을 대표해서 레오(Fr. Leo), 라이프치히 학술원을 대표해서 리벡(O. Ribbeck), 뮌헨 학술원을 대표해서 뵐플린(E. Wölfflin, 빈 학술원을 대표해서 하르텔(G. de Hartel)과 당시 서양 고전 문헌학을 주도했던 빌라모비츠(M. Wilamowitz) 등이 그들이다.

이렇게 구성된 위원회는 1858년 빈 회의의 내용을 기초로 프로젝트 계획을 세분하고 구체화하는데, 예를 들면 자료 수집 및 정리, 출판 기획, 집필에 참여할 편집자 모집 등의 학술적인 활동뿐만이 아니라, 행정적인 업무, 예를 들면 재정 문제 등에 대한 규칙과 내규를 확정하고, 전쟁, 자연 재해, 어떤 예외 상황이 발생하더라도 프로젝트를 추진하겠다고 천

37) 참조 Heerdegen(1910: 631).

명한다. 이 천명은 토이브너 출판사[38]와 맺은 출판 계약에 잘 나타나 있다.[39] 어떤 외적 내적 상황 변화에도 출판 계약은 유효하다고 되어 있다. 이는 어떤 상황 변화에도 『라틴어 대사전』 프로젝트는 진행되어야 한다는 의지를 엿볼 수 있다. 이 의지는 실제로 1, 2차 세계대전으로 겪은 현대사의 역경과 그리고 나치즘, 파시즘, 좌우 이념 투쟁에 의한 정치적 요동, 사회 체제의 성격 변화에 따른 혼란을 극복하고 『라틴어 대사전』 프로젝트를 지금까지 밀고 나온 원동력이었다. 이 규칙은 1949년 국제 위원회로 확장될 때 부분적으로 수정되지만, 본질적인 부분, 즉 개별 항목 기술 방식에 대한 원칙 등은 지금까지 지켜지고 있다.

■ 자료수집 및 정리 보관

『라틴어 대사전』 프로젝트가 본격적으로 진행된 것은 1894년 7월부터다. 이 때부터 자료 수집과 정리를 시작하는데, 다루어야 할 문헌의 범위와 시대를 확정하고 편의에 따라 문헌을 운문과 산문으로 나누어 작업을 전개한다. 자료 수집과 정리 작업은 독일의 두 도시가 나누어 전담한다. 레오의 주도하에 괴팅엔은 운문과 비문 분야를, 뵐플린의 주도하에 뮌헨은 산문 분야를 맡는다. 자료 범위는 서기 6세기까지의 문헌으로 한정한다.[40] 이 시기를 기점으로 고전 라틴어와 중세 라틴어가 문법적으로, 통사적으로, 의미상으로 명백히 달라지기 때문이다.[41] 이 범위 내에서 이미 활자화된 문헌, 필사본에 있는 자료들, 조각글들, 비석, 동전, 어느 것이든 기록이 되어있는 것이면 무엇이든 수집하였다. 이렇

38) 지금은 De Gruyter 출판사가 관리 중이다.

39) 참조 Wo die Blaetter ...(1994: Teubner 출판사 홍보책자).

40) 참조 Ehlers(1968: 224).

41) 참조 Ehlers(1968: 225).

게 수집한 자료를 작가별로 정리하고, 다시 작품별로 재분류하였다. 이렇게 분류된 작품들을 다시 문맥 단위로 소분해서 카드에 기록해 놓았다. 한 예시이다.

CATVLLVS 64, 136-148 | femina

11

136 nullane res potuit crudelis flectere mentis
137 consilium? tibi nulla fuit clementia praesto
138 immite ut nostri vellet miserescere pectus? [illegible]
139 at non haec quondam blanda promissa dedisti [illegible]
140 voce mihi, non haec miseram sperare iubebas, [illegible]
141 sed conubia laeta, sed optatos hymenaeos:
142 quae cuncta aerii discerpunt irrita venti.
143 nunc iam nulla viro iuranti femina credat, [illegible]
144 nulla viri speret sermones esse fideles:
145 quis dum aliquid cupiens animus praegestit apisci, (a quibus)
146 nil metuunt iurare, nihil promittere parcunt:
147 sed simul ac cupidae mentis satiata libido est, [illegible]
148 dicta nihil meminere, nihil periuria curant. [illegible]

(85)

카드 상단에는 일련 번호를 적는 칸 두 개가 있는데, 하나는 찾아 보기 일련 번호를 기입하기 위한 것이고, 다른 하나는 표제어를 기입하기 위한 것이다. 위에 제시한 카드에서 볼 수 있듯이 문맥 단위로 적은 본문에 해당되는 단어에 밑줄을 쳐놓는다. 나중에 항목 기술을 할 때 찾아보기 쉽도록 하기 위해서다. 이렇게 기초 작업이 끝나면 각 단어별로 다시 큰 상자에 재분류해 놓는다. 이렇게 재분류된 상자들은 다시 작가별로 다시 묶어 한 곳에 모아놓는다. 이런 방식으로 서기 2세기 아풀레이우스(Apuleius)에 이르기까지의 문헌들은 모든 단어 그리고 이 단어들이 나타나는 전거(Textstelle)들이 모두 문맥 단위별로 기록되어 있다. 이렇게 해서 모은 카드가 천만 장이 넘는다. 예를 들면 역사가인 리비우스(Livius)의 상자들이 벽 하나를 차지한다.

이렇게 정리되어 기초 카드들은 현재 뮌헨에 보관되어 있다. 워낙 장수가 많고 자료가 방대해서 정리하는 것 자체도 큰 일이지만, 이것보다 더 큰 어려움은 보관이다. 전쟁, 자연 재해의 위협이 그것이다. 2차 세계 대전 때 실제로 사전 편찬 작업뿐만 아니라 모아놓은 자료를 한 줌의 재로 날려버릴 위험에 처했다. 그래서 이 자료의 복사본은 알프스 산맥의 어느 보관소에 보관되어 있다. 이 곳이 어디인지는 편집장만 알게 되어 있고, 편집장이 죽을 때 후임자에게 알리게 되어있다.[42] 1960년대에는 말에는 마이크로 필름으로 복사되어 미국의 프린스턴 대학도 보관하고 있다.

42) 참조 Ehlers,(1968: 237).

■ 사전 출판 및 개별 항목 기술

5년간의 걸친 자료 수집과 정리 이후 개별 항목 기술이 시작된 것은 1899년부터다. 출판은 1900년부터 시작되었는데, 현재까지의 출판 진행 상황을 소개하면 다음과 같다.

Vol. I A-Amyzon 1900(~1905), Vol. II an-Byzeres 1900~1906,
Vol. III C-comus 1907(~1912), Vol. IV con-cyulus 1906~1909,
Vol. V1 D 1909~1934, Vol. V2 E 1931~1953,
Vol. VI 1 F 1912~1926, Vol. VI 2 G 1925~1934,
Vol. VI 3 H 1936~1942, Vol. VII 1 I-intervulsus 1934~1964,
Vol. VII 2 intestabilis-lyxipyretos 1956~1979, Vol. VIII M 1936~1966,
Vol. IX 2 O 1968~1981, Vol. X 1 p-pensio 1994, Vol. X 2 porta-pragmaticus 1994,
Onomastici Vol. II.C 1907~1913, Vol. III D 1914~1923.

15년 안에 작업이 완료될 것[43]이라고 예상했던 사업이 어느새 백년을 넘기고 말았다. 지금도 진행중이다. 독일 바이에른 주정부 출판 담당 비서관은 2025년 즈음이면 작업이 완료될 것으로 보고 있는데,[44] 이는 장담할 수 없는 일이다. 작업 초기에는 외적 요인, 즉 전쟁, 사회 변동 등이 프로젝트 진행을 방해했던 요인이었다면, 지금은 내적 요인, 즉 새로운 자료 출현 그리고 컴퓨터 사용 등은 한편으로 작업을 돕는 것이지만 다른 한편으로는 작업을 더디게 만드는 요인이기 때문이다. 1994년 기준으로 16대의 대형 컴퓨터를 이용해 자료를 전산화 시키고 있고 부

43) 참조 Wo die Blaetter ...(1994: Teubner 출판사 홍보책자).
44) 참조 Sigrides(1994: 321).

분적으로 자료 검색 작업을 하고 있는데[45] 지금은 더 많은 컴퓨터가 동원되었을 것이다. 컴퓨터 사용은 자료 보관과 검색에 큰 도움을 주지만, 개별 항목을 일일이 검토해서 분석 기술해야 하는 편집자에게는 작업 양을 배가 시키는 것이다. 이것 때문에 『라틴어 대사전』 프로젝트가 2025년에 끝날 것이라는 예상은 성급한 것이다. 이 예상이 왜 성급한 것인가는 각 개별 항목이 어떤 과정을 거쳐서 기술되는지를 보면 잘 알 수 있을 것이다.

개별 항목 기술

기본적으로 개별 항목들은 네 부분, 즉 표제어 시작(exordium lemmatis), 머리(caput), 몸(corpus) 그리고 첨가(additamenta)로 구성된다.

■ 표제어 시작(exordium lemmatis)

표제어 시작에는 주로 문법적 특이 사항이 기술된다.[46] 우선 정서법에 따라 표기한 기본형, 음절 장단, 곡용 혹은 활용을 반영한 어형 등이 기재된다. 하지만 전거가 없는 경우 기재하지 않다 아울러 명사가 아닌 실사, 예를 들어 형용사나 분사의 경우 알파벳순을 고집하지 않고 실사의 기본형에 포함시켜 소표제어(sublemma)로 다루는데, 예를 들면 소표제어는 ius iurandum(맹세)은 주 표제어 ius(법)항목에서 다룬다. 아울러 부사의 경우 일반적으로 형용사 항목에서 다루지만 예외적으로 부사적 기능을 하는 실사들이 있는데, 이 경우 실사 우선주의 원칙에 따라 표기한다 예를 들면 lucri facio(이득을 보다, 소득을 얻다)의 경우

45) 참조 Wo die Blaetter ...(1994: Teubner 출판사 홍보책자).

46) 참조 Breimeier(1990:9).

주 표제어 lucrum(이득, 소득)에서 다룬다. 확인이 되지 않는 단어들의 경우 물음표(?)를 단어 앞에 표기하거나 십자가(†)로 표기한다 만약 의심스러운 단어가 고전 단어가 아닌 것이 확실한 경우, 괄호 안에 해당 단어를 넣어 표기해 준다. 또 자료 보관소에 기록 보관되어 있지 않은 새로운 단어가 나올 경우, x 표시를 해당 단어 앞에 표시해 주어야 한다. 장단의 경우 장음 표시만 해주는 것을 원칙으로하고 위치에 의한 장음절의 경우 장단을 표시하지 않는다. 그리고 해당 단어를 누군가가 논문으로 다루었을 경우, 사전 이용자가 참고할 수 있도록 저자, 제목, 게재 잡지, 출판연도와 호수를 소개한다. 다음의 예시를 보면 확인할 수 있다.

īnsimulo, -āvī, -ātum, -āre. *ab* in *et* simulare. *inter verba act. Iae coniug. affert* CHAR. gramm. p. 473, 10 B. *scribitur* -simil-:

■ 머리(caput)

머리 부분에는 다음 순서로 표기하는 것을 기본으로 한다.[47] 먼저 어원이 기술되는데, 이 부분은 인구어 학자들이 참여하는 자리이며, 주로 산스크리트어와 그리스어 등이 기재된다(de etymologia). 이어 어원에 대한 고대 전거가 기재되고(de origine), 다음으로 비문, 수고, 동전에 새겨진 문자 판독을 위한 글씨체들이 표기된다(de scriptura). 아울러 비문이나 수고에는 축약이나 생략형으로 표기된 단어들이 많은데, 이것들의 해독을 위한 생략형과 축약형이 표기된다(notatur). 이어 필사자의 개인적 차이에서 생겨난 축약형이나 생략형들의 경우 Not. Tir.(Notae

47) 참조 Breimeier(1990:9).

īnsimulo, -āvī, -ātum, -āre. ab in et simulare. *inter verba act. Iae coniug. affert* CHAR. gramm. p. 473, 10 B. *scribitur* -simil-: LVCIL. 1017 (= Non. p. 420, 30). *formae perf. breviores (plenae desunt praeter* APVL. apol. 25 -vistis): -asti: CIC. Phil. 2, 99. -astis: APVL. apol. 90. -aras: CIC. Verr. II 1, 83. -arim: CIC. Att. 10, 17, 4. -asset: LIV. 40, 20, 3 AMM. 14, 7, 18. -asse: OV. epist. 6, 22 CAPITOL. Pert. 3, 7. *de notione*: PAVL. FEST. p. 111 -are crimen in aliquem confingere (*cf.* DON. Ter. Phorm. 359 crimen ingerere). CHAR. gramm. p. 398, 12 B. qui -at, vel arguit vel fingit; qui simulat, probare vult quod non est. SYNON. Cic. p. 441, 27 B. criminatur. incusat. -at. invehitur. *v. et p. 1912, 20.* GLOSS. *κατηγορῶ . διαβάλλω ἐπὶ διαβολῆς . προσποιοῦμαι* . -at criminatur vel accusat. incriminat. fingit. recusat, reponit. qui ficto crimine accusat. -ret insultaret. -bo *ἐλέγχω* . *dep.* (*v. et p. 1912, 60*): GLOSS.L II Philox. IN 495 -atur *διαβάλλει* (*sec.* criminatur. ?). *legitur in poesi apud* PLAVTVM , TER. , LVCIL. , OV. , PAVL. PETRIC. , *in serm. ped. (saepe in re forensi) inde a* RHET. Her. , CIC. , CAES. , SALL. , LIV. [*falsa var. l. pro* adsim-: CIC. off. 3, 98.]

Tironianae[48])를 표기한다. 이어 실사의 성이 바뀌는 경우가 표기되고(de genere), 다음으로 형태론적 어형 변화가 있을 경우, 해당 용례의 작가가 살았던 시대의 활동했던 문법가의 언급이 전거로 제시된다. 음절 장단의 경우 해당 장단이 불규칙일 때, 고대 전거가 있으면 이를 기재하는 것이 원칙이고, 운율의 경우 거의 규칙적인 경우이므로 필요한 경우 집필자의 관찰도 기재 가능하다(de prosodia). 계속해서 단어 의미와 관련된 전거가 있으면 표기를 해준다(de notione). 이어 해당 단어가 시대에 따라 어떤 변천을 겪었는지, 그리고 산문에서는 어떻게 표기되고, 운문에서는 어떤 모양으로 나타나는지는 먼저 legitur inde a...(누구부터는 이렇게 읽혀진다)라는 언급이 주어지고 이어 해당 용례 자리에 시간 순으로 기재한다. 다음으로 오는 것은 해당 단어가 로망스 제어에서 어떻게 나

48) Notae Tironianae는 변이형(Stereographie)을 통칭하는 전문어인데, 이것은 키케로의 제자이며 노예였던 티로(Tiro)가 주인 키케로의 말투, 행동거지 등을 거의 똑같을 정도로 모방한 데에서 유래한다.

타나는지, 혹은 어떤 변화를 겪으면서 살아 남는지, 혹은 대체되거나 사라지는지를 설명하는 항목이다(in linguis romanicis). 머리 부분의 마지막 항목으로 오는 것은 문헌 편집을 할 때 해당 단어와 관련해서 주의해야 할 사항들이다. 예를 들면 정서법, 방언, 형태적으로 유사해 전혀 다른 의미인데도, 자주 혼동되는 단어들이 그것들이다. 마찬가지로 다음의 예시에서 위의 사실들이 확인된다

■ 몸(corpus)

마지막으로 몸 부분을 소개하겠다.[49] 몸 부분은 의미 부분(quem ad modum notio indicetur)과 역사 부분(quem ad modum historia vocis illustretur)으로 나뉜다. 먼저 의미 부분은 다시 해설과 정의로 구성된다 해설에서는 해당 단어의 의미가 어떤 구조로 되어있는지를 다룬다(dispositio). 이어 이 구조의 지체 부분을 다시 개념적으로 정의하여 지체들 사이의 의미 차이를 분명히 해준다(definitio). 여기에서『라틴어 대사전』과 학습용 뜻풀이 사전 사이에 있는 차이점이 분명히 드러난다. 뜻풀이 학습용 사전의 경우 대개 라틴어-독일어, 라틴어-영어 등의 2개로 된 사전이 많은데, 이때 독일어나 영어 단어들은 뜻풀이 기능을 한다. 유의어 혹은 동의어의 나열 비교이다. 혹은 개념적 정의를 통한 뜻풀이를 간혹 제공하는데, 이는 엄밀한 의미의 개념 정의는 아니고 학습자가 이 단어가 어떤 것인가를 그려낼 수 있는 밑그림을 제공하는 것이다. 예를 들자면 외국인을 위한 사전이 제공하는 뜻풀이에 해당하는 정도의 개념 정의이다. 이에 반해『라틴어 대사전』은 뜻풀이를 직접 제공하지 않기 때문에 해당 의미를 사전 이용자가 직접 찾아내야 한다.『라

49) 참조 Breimeier(1990:9~11).

틴어 대사전』은 이 의미 파악에 필요한 구성 조건을 제시한다. 이 구성 조건은 다음과 같이 이루어져 있다. 즉 해당 단어가 가지고 있는 의미 구조를 제시하고, 이 구조를 구성하는 부분들을 다시 개념과 규칙에 따라 의미 구역을 나눈다. 이렇게 나눠진 의미 구역 안에서 해당되는 의미를 가진 용례를 제시한다. 이런 사정 때문에 이 사전을 이용하는 독자는 먼저 해당 용례를 검색하기 전에 해설 부분과 정의 부분을 살펴야만 한다. 왜냐하면 소위 학습용 사전이 제공하는 뜻풀이를 이 사전에서는 찾아볼 수 없고, 대신에 스스로 위의 구성 조건을 검토해 의미를 정의 내려야한다. 『라틴어 대사전』은 학습용 사전도, 번역 사전도 따라서 아니다. 그렇지만 필요한 경우 이해를 돕기 위해 그리스어 중 동의어나 유의어가 있으면 표기해 준다.

다음으로 이 사전의 핵심인 역사 부분을 다루겠다. 작업 방식은 대체로 다음의 순서로 진행된다. 먼저 자료보관소에 있는 의미 목록 카드를 분석 정리한다. 이 분석 결과에 기반해 개별 단어의 밑그림을 작성한다 하지만 모든 단어들은 자기만의 고유한 생애를 가지고 있다. 따라서 일반적이고 보편적인 서술 양식은 따로 없다. 매번 새로운 단어가 나올 때 새로운 양식에 의해서 기술된다. 이해를 돕기 위해 두 개의 밑그림을 다음에 제시한다.

예에서 볼 수있듯이, 같은 어근에서 출발한 단어들임에도 의미의 밑그림은 전혀 다르다. 그럼에도 이 밑그림들은 다음의 공통점을 가지고 있다. 의미 구조 분류 양식이 그것이다. 먼저 고유 의미(significatum proprie) 혹은 사용(usus)과 다른 의미로 사용(usus translate)으로 분류하고, 이어 이 두 부분은 다시 일반(generatim)과 특수(speciatim)으로, 혹은 사람과 사물로 나뉘어 다루어진다. 위의 분류 기준들은 하지만 개별 단어의 고유성에 맞추어 편집자가 판단하여 정한다. 밑그림이 작

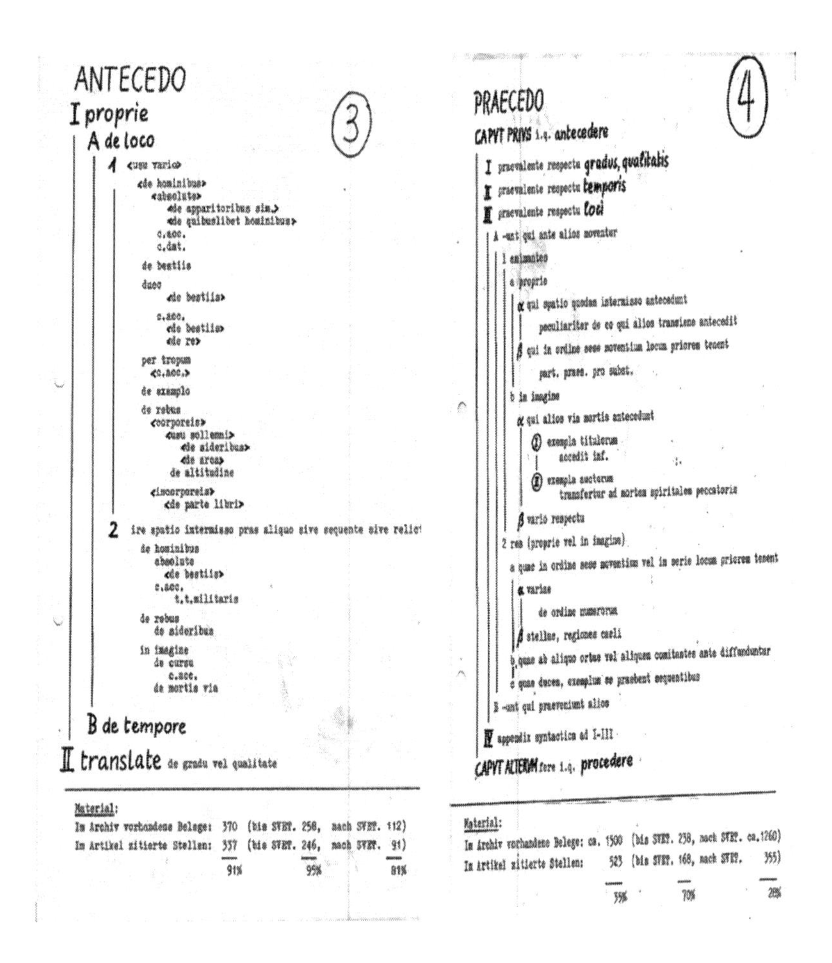
ANTECEDO

③

I proprie

A de loco

1 <usu vario>

<de hominibus>
<absolute>
<de apparitoribus sim.>
<de quibuslibet hominibus>
c.acc.
c.dat.

de bestiis

duce
<de bestiis>

c.acc.
<de bestiis>
<de re>

per tropum
<c.acc.>

de exemplo

de rebus
<corporeis>
<usu sollemni>
<de sideribus>
<de area>
de altitudine

<incorporeis>
<de parte libri>

2 ire spatio intermisso prae aliquo sive sequente sive relict

de hominibus
absolute
<de bestiis>
c.acc.
t.t.militaris

de rebus
de sideribus

in imagine
de cursu
c.acc.
de mortis via

B de tempore

II translate de gradu vel qualitate

Material:
Im Archiv vorhandene Belege: 370 (bis SVET. 258, nach SVET. 112)
Im Artikel zitierte Stellen: 337 (bis SVET. 246, nach SVET. 91)
91% 95% 81%

PRAECEDO

④

CAPVT PRIVS i.q. antecedere

I praevalente respectu gradus, qualitatis
II praevalente respectu temporis
III praevalente respectu loci
A -unt qui ante alios moventur
1 animantes
a proprie
α qui spatio quodam intermisso antecedunt
peculiariter de eo qui alios transiens antecedit
β qui in ordine sese moventium locum priorem tenent
part. praes. pro subst.
b in imagine
α qui alios via mortis antecedunt
① exempla titulorum
accedit inf.
② exempla auctorum
transfertur ad mortem spiritalem peccatoris
β vario respectu
2 res (proprie vel in imagine)
a quae in ordine sese moventium vel in serie locum priorem tenent
α variae
de ordine numerorum
β stellae, regiones caeli
b quae ab aliquo ortae vel aliquem comitantes ante diffunduntur
c quae duces, exemplum se praebent sequentibus
B -unt qui praeveniunt alios
IV appendix syntactica ad I-III
CAPVT ALTERVM fere i.q. procedere

Material:
Im Archiv vorhandene Belege: ca. 1500 (bis SVET. 238, nach SVET. ca.1260)
Im Artikel zitierte Stellen: 523 (bis SVET. 168, nach SVET. 355)
35% 70% 28%

성되면, 이에 따라 해당 용례를 배치한다. 이 배치는 시간순으로 정돈되는데, 이를 통하여 의미가 어떻게 변천되는지가 드러난다. 이상이 몸의 기술과 관련한 큰 윤곽이다. 여기에 세부 항목으로 언급해야 할 것들이 몇 가지 있다. 먼저 통사 특성을 알 수 있도록 실사(명사)일 경우, 주로 어울려 다니는 동사를, 술어일 경우도 마찬가지로 형용사와 부사를 함께 표기해 주고, 이어 자동사인지 타동사인지, 즉 어떤 통사 환경에서 주로 사용되는지를 표시한다. 예를 들어 infundo alicui aliquid(…에 …을 쏟아넣다), infundo aliquid aliqua re(…을 …으로 채우다) 등

III *in re iudiciaria*: 1 *in universum de agenda causa, cf.* actus *III 3 b*: RHET. Her. 1, 12, 22 in privata actione praetoriae ex-
1.0.441.50 ceptiones sunt et causa cadit, qui egit nisi habuit actionem. 2, 12, 18 num ... eius rei actionem, petitionem aut persecutionem habeat. CIC. inv. 1, 10 actio translationis et commutationis indigere videtur (2, 57). 2, 61. de orat. 1, 167 plus secum agi quam quod erat in actione. Verr. 3, 90 eiusque rei legibus Thermitanorum actio sit. Tull. 33 an
1.0.441.55 qua in re praetor illi improbam defensionem tolli voluit, in ea re mihi difficiliorem actionem factam putatis? Q. Rosc. 35 reliquis integram reliquit actionem (55). 24 ne quis aut in genere iniuriae aut ratione actionis errare possit. LIV. 39, 18, 1 multis actiones simul et res peribant. PAVL. FEST. 103 iurgatio iuris actio. SEN. contr. exc.
1.0.441.60 3, 4 an vos abdicationem actionem putatis? VAL. MAX. 8, 2, 2 privitae actionis calumniam ipse conpescuit. SEN. benef. 3, 14, 2 cui des, considera; nulla actio erit, nulla repetitio. 6, 5, 5 separantur actiones et de eo quod agimus et de eo quod nobiscum agitur, non confunditur formula? QVINT. inst. 3, 6, 73 ius actionis. *ibid.* accipiat ...
1.0.441.65 actionem necne. 3, 6, 79 actio transfertur. 3, 6, 84 quaestiones sive actionis sive translationis. 3, 10, 5 an a genere actionis repellatur. 5, 10, 112 prima quidem actio facilis ac favorabilis repetentium iure. 5, 13, 8 ultima est actionis controversia. 6, 4, 7 alios ... in iudiciis privatis ad actiones advocari, alios ad probationem. 7, 1, 9 si aliud negat reus, aliud de-
1.0.441.70 fendit, aliud a iure actionis excludit. 7, 2, 20. 7, 4, 27 illa (*forma*) semper asperam abdicationis actionem habet. 7, 6, 4 bis de eadem re ne sit actio. 9, 2, 80. 9, 3, 150 neque eadem ... privato, publico iudicio, postulatione, actione similiter decent. 12, 6, 1 Demosthenen ... actiones pupillares habuisse. decl. 249 p. 21 non exitu iudicii constare
1.0.441.75 actionem. p. 23 hactenus pertinere actionem ad hodiernum iudicium (265 p. 82). 250 p. 25 tu initium actionis putas, cum iudices consederint. p. 26 haec dicerem ... in quacumque actione. 252 p. 30 transfer sane actionem meam. 261 p. 71 in personas eorum ... dirigi actiones. 265 p. 82 ex hoc ipso quod ignominioso actio non
1.0.441.80 datur, apparet esse rei publicae actionem. 266 p. 85 publicas actiones maiores esse quam ut cadant exceptione. 276 p. 127. 278 p. 133. 291 p. 160 ingressus actionem. 341 p. 348 adversus iniuriam illius privata agi actione potest. 355 p. 387 mutuis caderet actionibus. sic pares factas acceptasque actiones. TAC. ann. 13, 26 ceteras actiones

의 방식으로 표기해 주고 이에 해당하는 용례를 배치한다. 이는 한 단어가 어떤 통사 규칙에 의해서 지배 받고 있는지를 보여주기 위해서다. 이 통사 기술은 앞서의 의미 구획 작업과 함께 의미의 무게를 측정할 수 있는 저울(pondus verbi) 역할을 한다. 이 저울을 이용해 사전 이용자는 한 단어가 가지고 있는 의미 스펙트럼에서 자신이 찾고자 하는 의미 값을 측정한다. 그리고 해당 단어가 전문어로 사용되었을 경우, 예를 들어 Iuriprudentia(법학), Medicina(의학), Archetectura(건축학), … 많은 전문 영역이 있는데, 이 경우 소표제어를 주고, 이 분야를 위한 밑그림을 다시 작성해서 재분류 작업을 해준다. 필요한 경우 해당 전문어에 대한 논문이 있으면 이것도 아울러 표기해준다. 다음 예시가 이해에 도움을 줄 것이다.

개별 용례는 앞에서도 말했듯이 시간순으로 배치한다. 그러나 모든 전거를 다 기재할 수 없는 경우들이 있다. 이 때에는 유사한 다른 많은 예들도 있으나 대표적으로 이 용례만 선택했음을 지칭하는 약자 al.(alia)를 사용한다. 몸을 기술하는 데 도구로 사용되는, 기타 설명을 요하는 약칭이 많다.

■ 첨가

첨가는 머리나 몸에서 문맥 관계상 혹은 지면 관계상 다루지 못한 것들을 언급하는 자리이다. 여기에는 각 개별 단어의 통사 특징들, 알파벳순으로 어느 단어들 사이에 위치하는지를 알려주는 주변 단어들, 유의어, 반대어, 파생어, 복합어 등등이 기재된다. 다음의 예시가 설명을 대신한다.

synonyma: _ad I_ : facta, opera, res gestae, gesta. _ad II_ : (commentarii, regesta, libri), leges, instrumenta. _opposita_: _ad I_ : cogitata (cf. p. 1408, 36), consilia, _derivalum_: actarius. _Hey_.

■ 집필자

어원 부분의 인구어 비교나 로망스 제어(諸語)와 비교를 해야 할 경우 각 분야의 전문가가 집필에 참가한다. 그러나 개별 항목은 책임 집필제에 의해 기술된다 따라서 내용에 대한 책임도 개별 항목 집필자가 진다.

이를 알 수 있도록 항목 마지막에 집필자의 이름을 반드시 표기한다. 개별 항목 집필은 따라서 명예로운 일이기도 하지만 항목에 대한 책임을 져야하므로, 이 분야를 잘 알고 있고 제대로 훈련 받은 사람이 맡는다. 일단 집필 책임을 맡은 사람은 온 정성을 쏟아 붓고, 지금까지 나온 사전을 보면 이를 잘 보여 준다. 사실 이 집필에 참여하는 사람들은 대부분 자신의 인생을 여기에 바쳤다. 단적으로 플루리(P. Flury, 1938~2001) 선생을 예로 들 수 있다. 이 분이 평생에 걸쳐 집필한 부분이 알파벳 P부분이다. 집필 과정 중 얻은 암으로 돌아가셨는데, 이 분의 죽음을 학계는 물론 독일을 포함한 전 유럽이 애도하였다. 이런 열정과 사랑으로 『라틴어 대사전』 프로젝트는 진행되고 있다. 말과 단어에 대한 이런 정성과 사랑(philologia)으로 한 항목이 완성된다. 다음의 예시는 한 단어가 어떤 운명의 변천을 겪으면서 오늘날까지 전해 왔는지를 보여다.

개별 항목 기술의 근저에 있는 방법론적 토대들

지금까지 서술한 바대로 『라틴어 대사전』의 한 단어를 기술하려면 그 단어의 집필자가 전통 문법학, 현대 언어학의 여러 분과들, 역사비교 언어학, 인구어학, 방언학, 로망스어학, 음성학, 통사론, 의미론, 어휘 통계학, 문체론 등의 지식을 전문가적 수준에서 자유자재로 이용할 수 있을 때 가능하다. 그러나 이것만 가지고는 부족하다. 집필자는 논리학, 수사학, 그리고 필요한 경우 해당 단어가 전문어로 쓰였을 경우, 예를 들어 법률 용어일 경우, 법학에도 일정 정도의 조예가 있어야 한다. 물론 이 경우 해당 학문의 전문가에게 문의를 할 수가 있다. 그럼에도 궁극적으로 집필자가 이 분야의 지식을 장악하고 있지 않는 한 항목 기술은 불가능하다.

지금부터는 특히 논리학과 수사학이 항목 기술에 제공하는 방법론 토대를 잠시 언급하겠다. 여기에는 두 가지 이유가 있다. 하나는 이미 앞에서 언급했듯이 분류 기준으로 사용하는 개념들이 대부분 논리학 아니면 수사학에서 온 것들이기 때문이다. 다른 하나는 법학이나 의학 등의 개별 학문들은 해당 전문어가 나올 때만 문제가 되지 수사학이나 논리학처럼 모든 단어들에 공통적으로 분류 기능을 하는 것은 아니기 때문이다.

먼저 논리학에서 제공하는 방법론적 기초를 언급하겠다. 이것들은 세 가지이다. 먼저 사전 항목 기술을 하는 사람은 보편-특수, 추상-구체, 공통-고유 등의 논리학 개념들이 하는 역할과 기능을 알고 있어야 한다. 다음으로 범주 분류, 즉 아리스토텔레스의 카테고리 이론을 잘 알고 있어야 가능한다. 실체, 본성, 양, 질, 관계, 공간, 시간, 소유, 영향, 상태 등의 범주 기준 등은 실제 항목 기술에서 어렵지 않게 찾아볼 수 있는 것들[50]이다. 마지막으로 의미 스펙트럼을 어떻게 구획지어야 하는지에 대해서 특히 키케로의 토픽 이론이 결정적인 영향을 주었다는 것을 증명할 수 있다. 키케로는 분류(divisio)와 분할(partitio)을 명백히 구별하는데, 분류는 종과 류 사이에 관계가 있는 사실들을 설명할 때 사용하는 개념이고, 분할은 전체와 부분간의 관계를 해명할 때 사용하는 개념이다.[51] 이처럼 『라틴어 대사전』의 개별 항목 의미 구획은 논리학에서 빌려온 방법론적 토대 위에 서 있다.

다음으로 수사학에서 빌려 온 기술 방법들에 대해 말하겠다. 크게 세 가지이다. 우선 개별 항목 의미 분류에서 가장 흔하게 볼 수 있는 proprie(고유 의미)와 translate(전이 의미) 구분은 실은 키케로의 단어 선택(Wortwahl)이론에서 기원한 것이다. 자세히 살펴보면 더 많은 증거들, 즉 키케로의 단어 선택이론 혹은 전이(Tropoi) 이론에서 빌어 온 전문어

50) Aristoteles, *Categoria* 1b~2a.

51) 참조, Cicero, *Topica* 28.

들이 사용되고 있음을 확인할 수 있다. 키케로는 단어의 종류를 고유한 것(verba propria)과 비고유한 것(verba aliena)들로 나눈다.[52] 고유한 것들에는 자연적인 것(verbum nativum)들과 사용에 의해 고유 단어처럼 기능하는 것(verbum usitatum)이 속한다.[53] 이들 고유 단어들은 일상 대화에서 주로 사용되는 것들이다. 문학적 표현에 사용되는 낯설고 드물게 사용되는 단어들(verbum rarum, inusitatum)도 고유 단어 종류에 포함된다. 예를 들어 고어(priscum), 신조어(verba nova, facta, reperta)들이 포함된다.『라틴어 대사전』 집필자는 이런 분류를 잘 알고 있다. 왜냐하면 고대 로마에서 키케로의 이론은 표준이었고, 키케로 이후의 연설가나 저작가들은 바로 이 이론을 배우고 나서 연설을 하거나 글을 지었기 때문이다. 다른 한편으로, 예컨대 서기 2세기에 고대 문체를 복원하려는 움직임(Archaismus)이 있었는데, 이 움직임의 중심에 겔리우스(Gellius)와 프론토(Fronto)가 서 있었다.[54] 이들 작가는 사용에 의한 변화로 생겨난 의미 전이를 타락으로 보고 원래 의미에 맞게 단어 사용을 해야 한다고 주장하고 실제로 그렇게 실천한다. 실제로 이들 작품에는 많은 당시 일상어에서는 사용되지 않고 사라져버린 고대어들을 발견할 수 있다. 이것들은 주로 리비우스나 카토(Cato)의 작품에서 가져와 되살려낸 것들이다. 자료 정리 작업을 하다 보면 이런 종류의 시대에 맞지 않은 단어 사용의 예들이 무수히 발견한다. 이런 경우 시대에 맞지 않는다 해서 지우거나 항목 기술에서 생략해서는 안된다. 이와 유사한 예가 신조어 사용이다. 이처럼 자료 정리 작업 중에 발견되는 단어 사용의 특이 현상들을

52) 참조 Cicero, *Orator* 80~96.

53) 참조 Cicero, *Orator* 80~81.

54) 참조 Seel(1977: 219~230).

해명하는 데, 키케로의 단어 선택 이론은 큰 도움이 된다.[55]

키케로는 이어서 비(非)고유한 것들을 분류한다.[56] 비고유한 것에는 전이 의미들이 속하는데, 예를 들어 은유(translatio, verbum translatum, aliunde tractum, μεταφορά), 환유(immutatio, verbum mutatum, μετωνυμία, ὑπαλλαγή), 단어 오용(abusio, κατάχρησις), 그리고 알레고리(continuae plures translationes, ἀλληγορία) 등이 그것들이다. 이것들은 『라틴어 대사전』의 의미 분류와 구획에 필수적이다.[57]

개별 단어의 의미 값을 확정해주기 위해서 여러 기준들이 필요한데, 『라틴어 대사전』의 개별 항목에서 발견하게 되는 소기준들인 인물(de persona), 사건(de facto), 시간(de tempore), 공간(de loco), 도구(de instrumento), 수단(de medio), 원인(de causa) 등이 그것들이다. 이 기준들은 수사학의 쟁점 이론(Status theory)에서 온 것들이다. 이 이론은 원래 법정의 쟁점 이론에서 나온 것이다. 법정 논쟁은 다음의 순서로 전개된다. 사건이 일어났는가(an sit) 아닌가의 논제 확정으로 시작해서, 사건이 일어났다면 무슨 사건인지(quid sit), 즉 살인 사건인지 아닌지 등에 대한 주요 논점이 확정된다. 이어 그 사건이 정당하게 행해진 것인지 아닌지(quale sit) 등에 대한 공격과 방어 논쟁이 뒤따라온다. 이를 체계화한 것이 쟁점 이론이다.[58] 이 이론은 처음에 세 개의 논제 선정 기준으로부터 시작해서 4개, 5개, 학자에 따라 48개까지 세분화되고 체계화된다. 이런 체계화는 의제 발견(문제 제기)의 주요 수단으로 사용된다. 이것이 발전해서 육하원칙(누가, 무엇, 언제, 어디서, 어떻게, 왜)이 된다. 오늘

55) 참조 Heerdegen(1910: 625).

56) 참조 Cicero, *Orator* 92~96.

57) 참조 Hofmann(1951:*78~*84).

58) 참조, Quintilianus, *Institutio Oratoria* lib. 2.

날 육하원칙이란 부르는 의제 발견 형식들은 12세기 프랑스의 사제 드 방돔(M. de Vendôme)이 육각률(Hexametrum)로 지은 시행에서 기원한다. "quis, quid, ubi, quibus auxiliis, cur quomodo, quando?"[59]

수사학이 『라틴어 대사전』의 개별 항목 기술에 제공한 방법론 한 가지를 더 소개하겠다. 고대 문헌을 읽다 보면 많은 비문들이 발견된다. 자료 정리자는 이를 비문으로 처리해야 할지 아니면 정상적인 문장으로 인정해야 할지의 문제에 직면한다. 비문들 중 많은 경우는 필사자들이 잘못 베껴서 생겨난다. 그러나 그렇지 않는 경우, 즉 의도적으로 장식을 목적으로 혹은 의미를 강조하거나 확대하기 위해서 비문을 쓴 경우이다. 예를 들어 생략문, 생략해도 문장의 이해에 아무런 영향을 끼치지 않은 문장 등이 그것이다. 이 때 집필자는 해당 문장이 속해 있는 문맥과 해당 문장이 수사학적 규칙에 의해 지어진 것인지 아닌지를 검토하게 된다. 바로 이 지점에서 수사학의 문채 이론은 큰 기여를 한다. 문제가 있는 문장이 비문인지 정상문인지를 가려 줄 규칙을 제공하기 때문이다. 실제로 우리에게 전해진 유명한 작가의 운문과 산문을 문법적 기준으로 따지면 거의 모두 비문이다. 이러한 이유 때문에 사전 집필자들은 수사학의 규칙[60]들을 잘 알고 있어야 한다.

영향과 전망

이 사전이 편찬되면서 새로이 밝혀진 사실들과 이것들이 다른 학문들에 끼친 영향을 살펴보고 앞으로 전망을 이야기하겠다. 지금 밝혀진 것들 중 재미있는 몇 가지를 사례 중심으로 소개한다.

59) Plett(1991: 12).

60) 참조, Quintilianus, *Institution Oratoria* lib. 9; Alexander Numeniu, *De Figuris Sententiarum et Verborum*.

베르길리우스(Vergilius)의 『아이네이스(*Aeneis*)』 제4권 88행에 "minae murorum ingentes"라는 구절이 있다. 이 구절에서 minae를 어떻게 해석해야 하는지가 문제이다. 이와 관련해 베르길리우스의 주석가인 세르비우스(Servius)는 다음과 같이 설명한다. minae라는 단어는 요철형 흉벽, 그러니까 성벽 앞으로 튀어나온 부분(propugnacula)이다. 후대의 라틴 역사가들도 이 단어를 성채의 의미로 사용한다. 그러나 이에 대한 다른 의견도 있다. 예를 들면 퀸틸리아누스(Quintilianus)는 minae murorum ingentes를 과장법(Hyperbole)의 표현으로 본다.[61] 이에 대해 엘러스(Ehlers)의 의견은 다음과 같다.[62] 즉 베르길리우스가 minae에서 파생된 복합어들 eminere, imminere, prominere등에서 거꾸로 minae에 새로운 의미, 즉 '위협'이라는 새로운 의미를 유추해 사용했다는 것이다. 이것은 이 단어가 쓰인 용례를 시간 순으로 배열하고 정리하는 중에 발견한 새로운 사실이다. 비록 조그만 발견이지만, 이런 종류의 발견들이 무수히 많다. 이런 발견들은 『라틴어 사전 기술과 문법을 집성(*Archiv für Lateinische Lexikographie und Grammatik*)』에 보고된다. 이렇게 게재된 글들은 잘못 알려진, 잘못된 해석과 해설들을 교정하는 데 큰 기여를 하고 있다.

아우구스티누스의 「예수 승천일 설교」에는 뜻이 불분명한 itoria라는 단어가 하나 있다.[63] 이 단어는 아프리카 지역에서만 쓰인 라틴 방언으로 pecunia(돈)를 뜻한다. 이것도 『라틴어 대사전』의 자료 정리와 집필 과정에서 밝혀졌다. 이는 고대 라틴어가 지역적으로 어떻게 다르게 사용되고 있는 지를 보여주는 중요한 예이다. 이처럼 『라틴어 대사전』은 고대 방

---

61) 참조 Quintilianus, *Institution Oratoria* 8.6.68.

62) 참조 Ehlers(1968: 230~231).

63) 참조 Wölfflin(1902: 208~209).

언학의 중요한 자료로서 역할을 하고 있다.

프랑스어로 귀를 뜻하는 oreille라는 단어가 어떻게 생겨났는지도 『라틴어 대사전』 집필 과정에서 밝혀졌다. 이 단어는 원래 라틴어 귀의 애칭 auricula에서 온 것인데, 이를 프랑스에 퍼뜨린 것은 엠페리쿠스(M. Empiricus)의 의학서이다. 그러니까 이 의학서가 널리 전파되는 중에 auriculae라는 단어가 골족의 귀에 해당하는 말을 밀어내고 그 자리를 차지한 예이다. 『라틴어 대사전』에는 이런 종류의 로망스 제어와 관련된 사실들을 다 기록하고 있다. 그래서 로망스 연구에 자료로서 결정적인 자리를 차지하고 있다. 또 다른 예를 하나 더 소개하겠다. 영어 city는 원래 라틴어 civitas에 기원한다 city에 해당하는 라틴어는 urbs 혹은 oppidum이다. 그런데 어느 때부터인가 알프스 산맥 넘어 서부 유럽지역에선 urbs라는 말 대신 국가, 정부를 뜻하는 civitas라는 말이 도시의 의미로 사용된다. 이는 다음과 같이 해명된다. 이미 로마 초기부터 civitas라는 단어가 urbs의 의미로 사용되었고 구어에서는 그 시절에 urbs라는 단어와 경쟁 관계에 있었다(플라우투스(Plautus)의 『상인(*Mercator*)』, 635행). 이탈리아 북부 지역과 스페인에서는 urbs대신에 civitas가 주요어로 사용되고 있었다. 그러다가 프랑스에서는 도시 근교를 뜻하는 villae라는 단어에 대비되고, 고읍 혹은 읍내를 뜻하는 의미로 축소 전락한다(예, La cité de Paris, the city of London). 이는 의미사적 관점에서 본 한 접근 방식이다.[64] 그러나 civitas같은 단어는 역사적, 정치사적, 제도사적으로 매우 중요한 단어이다. 각 개별 학문의 시각으로 이 단어의 의미 축소 혹은 전락이 무엇을 의미하는가는 아직 검토되지는 않았다. 그러나 이것도 가능할 것이다. 『라틴어 대사전』은 시간순으로 모든 자료

---

64) 참조 Wölfflin(1902: 215).

를 모아 정리한 보고이기 때문이다. 라틴어로 구원자라는 말은 servator 혹은 conservator이다.[65] 재미있는 것은 『성경』이 퍼지면서 구원자의 의미로 새로이 Salvator라는 단어가 들어온다. 이 단어는 유일하게 예수 그리스도(Iesus Christus)에게만 부여되는데, 이를 통해 우리는 『성경』을 집필했던 사람들의 의식을 엿볼 수가 있다. 그들은 이런 단어 선택 전략을 통해 성과 속의 세계를 분리하고 있다. 이것도 『라틴어 대사전』 사전 덕분에 밝혀진 것이다. 이런 사실 때문에 『라틴어 대사전』 사전은 사전학적인 의미를 넘어서서 종교학, 혹은 문명 발전사를 연구하는 사람들에게도 중요한 전거로 간주되고 있다. 이외에도 무수히 많은 사례들이 있다. 이런 크고 작은 새로운 발견들은 우리가 현대 로망스어 혹은 영어를 통해 알고 있는 인구어 단어의 의미에 대한 잘못된 모습과 오해를 교정하고 바로 잡는 데 기여하고 있다. 이 발견들 중 가장 중요한 것은, 모든 단어는 개별의 고유한 역사를 가지고 있다는 것, 그래서 모든 개별 단어들을 독자적 단위로 인정하고, 자율체로서 자격을 부여해야 한다는 것이다. 그리고 모든 단어들의 의미 변화를 꿰뚫어 설명해 주는 보편적 규칙은 발견되지 않는다는 것을 확인시켜 준 것도 『라틴어 대사전』의 기여이다. 이를 델츠(Josef Delz)는 다음과 같은 말로 요약한다. "마치 나뭇잎들처럼, 그렇게 단어들도 변한다.(ut folia arboris, ita verba mutantur[66])"

맺는 말

『라틴어 대사전』과 관련해 결론적으로 두 가지 새로운 사실을 확인할 수 있다. 먼저, 『라틴어 대사전』은 한 단어가 자기만 가지고 있는 고유

---

65) 참조 Wölfflin(1902: 210~211).

66) 참조 Horatius, *Ars Poetica* 60~61: ut silvae foliis pronos mutantur in annos prima cadunt ita verborum vetus interit aetas

의미 스펙트럼을 제시하고, 그 안에서 상이한 여러 의미 분류 기준들을 제공하는데, 이것들은 독자가 의미 값을 스스로 측정할 수 있도록 도와주는 장치들이다. 각 개별 항목들은 따라서 자체가 일종의 저울(pondus verbi)이다. 이런 기술 방식은 분명히 뜻풀이 혹은 2개어 비교 사전 류의 학습용 사전에서는 찾아볼 수 없는 특징이다. 사전 기술사적 관점에서 볼 때, 이는 사전 기술 방식을 한 단계 상승시킨 것이다. 다음으로, 『라틴어 대사전』은 이제 서구 유럽인의 과거와 현재를 저장하고, 그것을 비추어주는 거울(speculum)이다. 한 단어의 개별 역사는 이 단어에 의해 표상되는 실제 세계의 역사이기 때문이다. 『라틴어 대사전』에 대한 보고를 하는 중에 품게 되었던 희망을 피력하는 것으로 글을 맺고자 한다. 이 사전을 다루는 내내 들었던 것은 경이로움과 부러움이었다. 이 부러움은 곧 희망과 기원으로 바뀌었다 우리도 이런 종류의 사전을 가질 수 있기를 말이다. Thesaurus Linguae Coreanae를 말이다.

3부
만남

서양 고전 문헌학의 경계 너머에 있기 때문에 전통적인 관점에서는 포착되지 않는 연구 영역들이 있다. 서양 고전 문헌들의 시리아어와 아랍어로 번역된 문헌들, 서양 고전 문헌과 동양 고전 문헌의 만남에 대한 연구가 그것들이다. 또한 서양 고전 문헌학의 내부자적인 관점만으로는 해명되지 않은 논의들이 있다. 3부 '만남'에서는 서양 고전 문헌학의 역사에서 소개되지 않는 새로운 연구 영역을 소개하겠다.

10장
고전의 재발견과 세계의 근대화

책을 하나 소개한다. 서명은 『1417년, 근대의 탄생』이다. 어떤 책인지에 대해서는 저자 그린블랫(Stephen Greenblatt)의 말에서 잘 드러난다.

> 이것은(아마도 『1417년, 근대의 탄생: 르네상스와 한 책 사냥꾼 이야기』) 세계가 어떻게 새로운 방향으로 일탈하게 되었는지에 관한 이야기다. 변화를 일으킨 것은 혁명도, 성문 앞의 무자비한 침입군도, 미지의 대륙에의 상륙도 아니었다. 이런 장엄한 사건들의 경우, 역사학자와 예술가들은 대중의 상상력을 자극하는 쉽게 기억할 수 있을 만한 이미지를 제공해왔다. 바스티유 감옥의 함락, 로마 약탈, 그리고 배에서 내린 헐벗은 에스파냐 선원들이 신세계에 깃발을 꽂는 장면 등이 그러하다. 그러나 이와 같은 세계사적인 변화의 상징적인 장면들은 현혹적인 이미지에 불과할 수 있다.(중략) 지금으로부터 약 600년 전에 문제의 변화가 일어났을 때, 결정적인 순간은 한 외딴 장소의 벽 뒤에 처박혀 가만히 숨죽인 채 거의 눈에 띄지도 않게 지나갔다. 어떤 영웅적인 행위도, 이 위대한 변화의 현장을 후세에 증언해 줄 관찰자도 없었다. 천지개벽할 변화의 순간이면 으레 나타나는 기적도 일어나지 않았다. 어느 날, 상냥하지만 약삭빠르고 기민해 보이는 인상의 30대 후반의 덩치가 작은 사내가 어느 도서관의 서가를 둘러보았다. 그는 그곳에서 아주 오래된 필사본 하나를 발견하고 꺼내 들었다. 책을 살펴보고 그는 매우 흥분해서 다른 사람에게 그 책을 필사하도록 지시했다. 이것이 전부였다. 그러나 이것으로 충분했다.(『1417년, 근대의 탄생: 르네상스와 한 책 사냥꾼 이야기』 19~20쪽, 이하 『1417년』)

사내는 포지오 브라치올리니였고, 책은 루크레티우스(Lucretius, 기원전 98/96~55/53년)의 『사물의 본성에 관하여(*De rerum natura*)』였다. 『1417년』은 사내와 책이 세계를 어떻게 변화시켰는가, 혹은 세계를 어떻게 근대화시켰는가를 다룬다. 책의 원제목은 *THE SWERVE: How the World became Modern*이다. 『일탈: 세계는 어떻게 근대화되었는가?』 정도가 서명에 어울릴 것이다. 사소한 투덜거림으로 보일 수도 있겠다. 하지만 작은 문제는 아니다. 사소한 차이로 보일 수도 있겠지만 『1417년, 근대의 탄생: 르네상스와 한 책 사냥꾼 이야기』라고 책의 제목을 붙이게 되면, 『1417년』을 문헌학만의 관점에서 접근해야 하는 텍스트로 여기게 만들기 때문이다. 하지만 그린블랫의 관심은 문헌학적 전통의 추적보다는 '일탈' 개념의 지성사의 탐구에 더 가깝게 놓여있는 것으로 보인다. 즉, '일탈' 개념이 서양 근대화에 어떤 영향력을 행사했는지를 밝히는 것이 책의 근본적인 저술 동기로 파악되기 때문이다. 물론 책이 포지오라는 문헌 사냥꾼의 삶을 중심으로 기술되었지만 말이다. 책의 원래 제목의 취지를 살려서 '일탈' 개념을 강조하는 쪽으로 번역서의 제목을 붙였으면 좋았을 것이다.

'일탈.' 책은 이 개념이 근대를 만드는 과정에서 어떤 역할을 수행했는지를 문헌 전거를 통해서 설득력 있고 내용적으로도 새로운 풍부한 정보를 제공하고 있다. 이 점에서 책은 저자가 원했던 바의 소기의 목표를 달성했다. 특히 딱딱한 학술서 방식이 아닌 잔잔한 전기(biography) 스타일은 전문적인 학자들뿐만이 아니라 일반 독자들에게 편안한 독서 여행을 제공하고 있다. 하지만 번역자가 '일탈'에 대한 해제 내지 역주를 보충해 주었으면 좋았을 것이다. 역자도 책 말미의 역자 후기에서 "서양사나 철학을 전공하지 않"았다고 밝히고 있다. 따라서 이런 요구가 무리한 요청일 수도 있다. 하지만 일탈 개념을 어떻게 이해하느냐에 따라 책의 가치와 의미에 대한 평가와 판단이 달라질 수 있기에 일탈 개념에 대한 정확한 이해는 중요하다. 이런 이유에서 일탈 개념에 대해 '약간(paulum)'의 보충을 더하고자 한다. 일탈 개념은 원자 개념과 함께 에피쿠로스(Epikuros, 기원전 341~271년) 철학의 씨앗-생각 가운데 하나이다. 하지만 이 개념을 에피쿠로스 자신이 명시적으로 표현했다는 것에 대해서는 아무도 확정할 수 없다. 남아 있는 전거가 없기 때문이다. 다만, 이 말을 에피쿠로스의 생각이라고 우리가 추정할 수 있는 것은 루크레티우스가 『사물의 본성에 관하여』 제2권 216~293행에서 나오는 언명 덕분이다. 다음과 같다.

> 이 문제에 대해서 자네가 깨닫길 염원하네. 원자들이 아래로 똑바로 허공을 통해서 자신의 무게로 인해 움직일 때, 규정을 받지 않은 시간과 규정을 받지 않는 장소의 공간에서 약간의 벗어남이 생긴다는 것을 말이네. 이를 단지 약간 이동된 움직임이라고 말할 수 있을 정도의 벗어남이네. 만약 원자들이 벗어나지 않는다면, 모든 것들은 빗방울들이 그러하듯이, 깊은 심연의 빈 허공에 수직으로 떨어져 버릴 것이고, 따라서 원자들에게는 어떤 충돌도 생겨나지 않을 것이고, 어떤 부딪힘도 일어나지 않을 것이며, 결론적으로 자연은 어떤 것도 생성시키지 못했을 것이네. (루크레티우스, 『사물의 본성에 관하여』 제2권, 216~224행)

인용에서 읽을 수 있듯이, 루크레티우스에 따르면 '일탈'은 자연의 생성 원리이다. '일탈'에 해당하는 라틴어 원문은 "declinare"(제2권 221행)이다. 이 단어는 '기울다'를 뜻한다. 해서, '일탈'이라는 번역어가 적당한지는 잘 모르겠다. 한국어 일탈(逸脫)은 한자어의 어원적 의미가 어떤지의 여부와 관계없이, 특정의 목적과 규정된 노선으로부터 벗어나는 것을 일컫는 다소 도덕적인 뉘앙스를 담고 있기 때문이다. "청소년들의 일탈 행위를 막아야" 식의 표현이 한 예이다. 반면에 루크레티우스의

declinare는 일체의 목적과 규정이 없는 상태에서 원자 자신의 무게 때문에 생겨나는 움직임, 따라서 어떤 외적인 제한과 조건이 가해지지 않는 진공의 공간에서 생겨나는, 즉 원자 자체의 물리적 힘 때문에 일어나는 물리적 힘 자체의 혹은 무-규정적 혹은 무-목적적 운동을 지칭하는 개념이다. 보충하자면, 원자는 어떤 목적을 가지고 움직이는 무엇이 아니라는 점, 그 움직임은 다른 외적 요인이나 힘에 의해서 일어나는 것이 아니기에, 그것에 접근할 때에는 그 자체의 움직임에 주시하면 충분하다는 것이다. 그것 자체로는 사실, 아무것도 아닌(nihil) 그냥 움직이는 것이고, 다만 자신의 무게 때문에 약간 빗겨나는 것이고 벗어나는 무엇이라는 것이다. 따라서 일탈 개념 자체는 어떤 중요한 의미를 품고 있는 무엇이 아니다. 일탈 개념은 그 자체로는 아주 대단한 비밀 혹은 우주를 설명하는 엄청난 비결을 지닌 무엇이 결코 아니라는 얘기다. 그야말로 "아무 의미 없는" 개념이다. 아니 어떤 특정의 의미 내지 가치를 부여해서는 안 되는 개념이 바로 일탈일 것이다. 물론 근대 물리학의 관점에서 보면, 일탈이 그야말로 아무 의미 없는 움직임은 아니다. 왜냐하면 원자는 자체의 무게를 가지고 있기 때문이다.

그런데 이 무게의 힘이 운동의 방향을, 즉 일탈의 기울기를 결정하기에, 루크레티우스는 이 기울기에 ''약간의(paulum)'라는 규정을 준다. 아마도 이 '약간의'에 무게의 힘이 반영되고, 이 힘에 비례해서 기울기를 잴 수 있다는 생각을 할 수 있을 지도 모르겠다. 그래서 'paulum'에 대한 의미를 드러내기 위해서 많은 학자들이 지금도 매달리고 있다. 이 기울기의 경로에 대한 연구가 근대 물리학의 주요 주제가 되었고, 이것이 나중에 운동을 설명하는 법칙의 해당 대상이 되었다. 하지만 에피쿠로스나 루크레티우스가 기울기의 경로를 계산하는 법칙의 규명에 관심을 가졌는지에 대해서는 여전히 논란거리이다. 과연 이것이 고대 자연학자들의 화두였는지는 확실치 않다. 나중에 다시 언급하겠지만, 한 가지 확실한 점은 루크레티우스에게는 근대 과학자들이 자연 현상을 관찰하고 기술할 수 있었던 표현 방식과 표현 기제가 없었다는 것이다. 어쩌면 이것이 고대와 근대의 차이일지도 모르겠다.

하지만 바로 이 대목일 것이다, 세계의 근대화의 해명과 관련해서 왜 루크레티우스의 일탈 개념이 중요한지가 드러나는 것이! 원자가 그 자체의 무게로 인해 움직이는 것이고 그 움직임이 일탈이기에, 그것을 접근함에 있어서도 마찬가지로 자연의 모든 움직임을 특정의 목적 규정 없이 특정의 의미 내지 가치 부여 없이, 즉 특정의 '색안경'을 끼지 않고, 있는 그대로 주어진 그대로 보고 접근하려는 노력에서 비롯된 학문이 근대의 자연과학이라면 말이다. 여기에서 의미란 특정 철학의 혹은 특정 종교의 이념 따위의 색안경을 가리킨다. 그렇다면 원자의 움직임을 바로 특정의 가치 내지 이념이라는 색안경을 벗고서 자연을 있는 그대로 바라보자는 것이 루크레티우스의 '일탈' 개념에서 읽어내야 하는 비결일 것이다. 이에 따라서 사물들을 들여다보니, 다시 말해 있는 그대로 보니 원자들이 그냥 일탈의 방식으로 움직이고, 이것이 사물의 본성이라는 소리다. 따라서 일탈 개념은 뭔가 심오한 비결도 아니고 마법의 주문도 아니다. 일탈은 그저 자연의 움직임에 대한 단순한 이름에 불과할지도 모르겠다.

'일탈.' 이런 단순한 개념이 세계를 근대화시켰다니! 그 비밀은 도대체 어디에 숨어 있는 것일까? 답은 의외로 간명하다. 일탈 개념 자체 안에 숨어 있기에. 일탈 개념의 진정한 의미는 그것이 아무런 의미도 없고, 그 어떤 가치도 부여하지 말자는 데에서 찾아질 수 있기 때문이다. 그런데 자연을 있는 그대로 보자는 인식, 이에 기반해 발견된 것이 소위 근대 과학이 규명하려는 객관의 세계이기에 말이다. 따라서 이런 객관 법칙의 세계에 입문하기 위해서는 따라서 일체의 선입견과 편견, 아니 인간적인 감정과 논리로부터 벗어나야 한다는 얘기다. 그런데 루크레티우스에 따르면, 이를 가장 방해하는 것이 죽음에 대한 공포이다. 그래서 그는 종교를, 이를 악용하고 조장하는 것으로 비판한다. 자연을 있는 그대로 보지 못하게 만드는 것이 종교이기 때문이란다. 루크레티우스의 일갈이다.

> 인간의 삶이 무거운 종교에 눌려 모두의 눈앞에서 땅에 비천하게 누워있을 때, 그 종교는 하늘의 영역으로부터 머리를 보이며 소름끼치는 모습으로 인간들의 위에 서 있었는데,(중략) 그리하여 입장이 바뀌어 종교는 발 앞에 던져진 채 짓밟히고, 승리는 우리를 하늘과 대등하게 하도다.(루크레티우스, 『사물의 본성에 관하여』, 제1권 62~ 79행)

"승리는 우리를 하늘과 대등하게 하도다"라는 구문에 눈길이 간다. 오만(hybris)의 극치이다. 무엇보다도 '신(神)'을 맨 앞자리에 놓는 서양 고대인들에게는 특히나 그렇게 보였을 것이다. 하지만 이 선언은 르네상스 이후의 자연을 자연 그대로 관찰하고 싶어했던, 하지만 교회의 힘에 눌려 있었던 자연과학자들에게는 구원의 메시지였을 것이다. 이런 이유에서, 루크레티우스의 저 '승리' 선언은 참으로 대담하고 대단하다 하겠다. 어쩌면, "신은 죽었다"는 니체의 선언보다 더 위대할 것이다. 이런 대담함 덕분에 루크레티우스의 작품에 대한 평가는 작품이 출판된 당대에도 그리 호의적이지 않았다. 키케로의 말이다.

> 그것과 동시에 경외심과 종교 생활 역시 소멸될 수밖에 없는데, 그것들이 없어지면 삶의 동요와 크나큰 혼란이 뒤따르게 될 것이다. 게다가 나(키케로)로서는, 신들을 향한 경건함이 사라지고 나면, 인간 종족에 대한 신뢰와 연대감, 가장 탁월한 덕인 정의 역시 사라지고 말 것이라 확신한다.(『신들의 본성에 대하여』 제1권 3~4장)

그래도 키케로의 입장은 유보적이다. 일단, 종교를 무시하는 입장과 무시해서는 안 된다는 입장에 대해서 둘 다 들어보자는 태도를 취하기 때문이다. 이로부터 『사물의 본성에 관하여』가 출판되었을 당시의 로마의 분위기를 짐작해 볼 수 있다. 사실 "내전(bellum civile)"의 위협에 시달려야 했기에 일반 시민들은 이 책의 출판 사실에 대해 별 관심도 없었을 것이다. 한데 정국이 안정되자, 『사물의 본성에 관하여』를 읽는 사람이 생겨난다. 흥미로운 점은 이 책에 대한 호감과 반감이 분명하게 갈린다는 것이다. 호감을 표하는 대표적인 인물이 오비디우스(Ovidius, 기원전 43년~서기17년/18년)다. 그의 『변신 이야기』 시작 대목이다.

> 바다도 대지도 만물을 덮고 있는 하늘이 생겨나기 전 자연은 전체가 한 덩어리였고 한 모습이었다네. 이를 사람들은 카오스라 불렀지. 원래 그대로 투박하고 어떤 질서도 어떤 체계도 갖추지 못한 채 무거운 덩어리로, 마찬가지로 이 안에서 서로가 서로에게 으르렁대는 만물의 씨앗(원자)들이 한데 뒤엉켜 있다네.(제1권 5~9행)

오비디우스가 『사물의 본성에 관하여』를 어느 깊이로 참조했는지는 문헌학적으로 검증해야 할 물음이다. 하지만 오비디우스가 루크레티우스가 표방하는 유물론을 지지하는 것은 명백해 보인다. 오비디우스의 '카오스(chaos)'는 모든 것이 뒤섞여 있는 '혼돈'을 뜻하고, 따라서 태초의 우주는 무질서하고 체계가 잡히지 않는 물질 덩어리이기 때문이다. 그에 따르면, 우주는 신이 창조한 것이 아니다. 이런 생각은 미리 존재하는 무엇인가로부터 다른 형태의 무엇인가가 나온다는 생각, 다시 말해 'ex nihilo nihil' 곧 "아무것도 없는 것에선 아무것도 나오지 않는다"는 에피쿠로스와 데모크리토스의 유물론적인 세계관에 그 뿌리를 두고 있다. 요컨대 이런 세계관은 무(無, nihil)로부터 세계를 창조한 유일신을 찬양하는 그리스도교의 세계관과는 근본적으로 다르다. 이런 이유에서, 하지만 서양 세계가 그리스도교화가 되면 될수록 『사물에 본성에 관하여』에 대한 혐오는 커져갔다. 당연히 그 중심에는 그리스도교의 교부들이 서 있었다. 자연과학에 대해서 호의적인 입장을 가지고 있었던 예수회조차도 루크레티우스에 대해서는 치를 떨 정도였기 때문이다. 다음은 17세기 이탈리아 피사 대학의 예수회 소속의 젊은 성직자들의 기도문이다.

> 원자로부터는 아무것도 나오지 않는다네. 세상을 이루는 모든 물체는 그 형태의 아름다움 속에서 빛나니, 이런 물체들 없이는 세상은 단지 거대한 혼란일 뿐이라. 태초에 신께서 이 모든 것을 만드셨고 만드신 것이 또 뭔가를 낳으니, 아무것으로부터도 나오지 않는 것은 아무것도 아님을 유념하라. 오 데모크리토스여, 당신은 원자로부터 시작해서는 어떤 다른 것도 만들지 못하노라. 원자는 아무것도 만들지 못하고 따라서 원자는 아무것도 아니어라.(『1417년, 근대의 탄생』, 313~314쪽)

이 구절들을 아침마다 암송했다고 한다. 이런 이유에서 참으로 오랜 시간이 흘러야 했을 것이다. 『사물에 본성에 관하여』가 수도원의 포도주 창고에서 발견되어 다시 빛을 보게 된 것은 책이 담긴 불온한 내용 때문이었을 것이다. 서양 고전들 가운데에는 이처럼 텍스트가 전하는 내용의 위험 때문에 소위 "책 자체가" 사라진 경우도 많고, 그 중 일부 부분이 삭제된 경우도 많다. 대표적으로 위-롱기누스(Ps. Longinus, 서기 1세기)의 『숭고론(*De Sublimitate*)』이 한 예다. 『사물의 본성에 관하여』도 비슷한 운명에 처했지만 운명은 문헌의 생존을 허락했다. 만약 필사본이 사라졌다면 아마도 그린블랫이 말하듯이, 세계 역사도 현재의 모습은 결코 아니었을지도 모른다. 이 작품은 계몽주의 시대에 중요한 텍스트로 사용되었고, 아울러 예를 들면 뉴턴 같은 자연과학자들에게 매우 큰 영향을 끼쳤기 때문이다. 더욱이 포지오가 발견한 이 필사본은 문헌 계보 구성과 관련하여 매우 중요한 문건이다. 『사물의 본성에 대하여』를 전하는 다른 필사본들 모두가 발견한 필사본이 가지고 있었던 전승 오류를 유지하고 있었고, 이 오류들의 유전 관계를 이용해 약 400년 후에 독일의 문헌학자 라흐만(Lachmann)이 문헌 계보도를 작성할 수 있는 계기를 제공했기 때문이다.

만약 이 필사본이 포지오에 의해서 발견되지 않고 먼지 속으로 사라졌다면, 세계의 모습은 과연 어떻게 되었을까? 이에 대해서는 아무도 답할 수 없을 것이다. 그럼에도 불구하고, 『사물에 본성에 관하여』가 세계를 근대화시키는 데 큰 역할을 했다는 것은 결코 부정할 수 없는 사실일 것이다. 특히 계몽주의 시대로의 길을 여는 데에 불을 밝힌 책이 『사물에 본성에 관하여』였기 때문이다. 이런 말로 말이다.

> 정신에 자리잡은 종교에 두려움과 어둠을 태양의 빛과 낮의 빛나는 햇살이 아니라, 자연의 관찰과 추론으로 몰아내야 한다.(『사물의 본성에 관하여』, 제1권 146~148행)

그리스도교계가 싫어할 만하다. 하지만 그들이 싫어한 이유는 『사물의 본성에 관하여』의 내용 때문만은 아니었다. 실은 루크레티우스에 감동한 볼테르나 홉스와 같은 계몽주의 사상가들이 벌인 반(反)종교 운동 때문이었다. 어쨌든 이성과 합리성을 모든 행위의 원리이자 기준으로 삼는 서양의 근대는 이렇게 시작했다. 물론 요즘이야 이 근대성을 의심하는 사람이 많지만 말이다. 이런 의미에서 『사물의 본성에 관하여』는 출판 당시에 당대의 지성과 대중에게 충격을 가한 책이 아니다. 또한 재발견되었을 당시에 당장 세계를 흔든 책도 아니었다. 이런 이유에서 책은 오히려 시대를 넘어 새로운 시대를 만든 무엇인 셈이다. 루크레티우스는 도대체 무슨 생각에서 이런 문제작을 지었을까?

물론 책의 내용에 대한 지적 소유권은 원천적으로 에피쿠로스에게 있다. 라틴어로 옮긴 이가 루크레티우스다. 해서, 루크레티우스의 주요 생각들을 간추려 보고자 한다. 그는 번잡하고 심지어 생명의 위험을 감수해야 하는 정치 활동에는 일체 참여하지 않고, "숨어 사는(lathe biosas)" 은둔의 삶을 즐기면서 학문에 몰두했다. 아마도 이런 생활 덕분일 것이다. 『사물의 본성에 관하여』가 탄생할 수 있었던 것은! 하지만 정치에 참여하지 않는다고! 이 때문에 욕도 들어야 했다. 이에 대한 그의 반박은 이렇게 재구성될 것이다. 그러니까, 모든 운동은 언제나 연결되어 있다. 새로운 운동이 고정된 순서에 따라 이전 운동으로부터 생겨나기 때문이라고 생각하는 사람이 있다. 대개 소위 기계론적 세계관을 가진 사람이 이런 입장을 취한다. 이것이 소위 운명-결정론이다. 이에 반해 인과의 사슬로 짜인 운명의 고리를 깰 수 있으며 무한한 이전의 원인으로부터 일탈이 가능하다는 게 루크레티우스의 생각이다. 그는 이 일탈을 이끄는 원리가 쾌락의 힘이라 주장한다. 물론 사물에 있어서 원자의 무게들도 인간 의식에서 마찬가지로 끊임없이 일탈하며, 그것을 따르는 것이 사물의 본성이며, 이를 임의적으로 제한하고 구속하는 것은 자유를 억압하는 것인데, 이는 쾌락이라는 최고 목적에 반하는 것이다. 사물의 본성에 따라서 쾌락을 추구한다는 것! 쾌락이라는 최고 목적 때문에 인간은 정해진 노선으로부터 일탈할 수 있으며, 여기에서 자유 의지가 생겨난다고! 쾌락을 최고 목적으로 보았을 때에 이를 방해하는 일체의 인위적인 제도는, 예컨대 종교는 인간의 자유 의지를 제약하는 장치에 불과하다는 것이다.

현대적인 관점에서 보면, 이런 자유 의지를 가지는 존재가 개인이다. 반전은 여기서부터다. 그에 따르면, 원자는 "더 이상 쪼개지지 않는 무엇"이다. 그리스어로는 atomos, 라틴어로는 individuum이다. 그리스어 atomos는 근대에 와서는 자연과학의, 특히 화학의 핵심 개념으로 자리 잡는다. 원자가 그것이다. 반면에 라틴어 individuum은 법철학과 소위 사회과학의 핵심 개념으로 자리 잡는다. 개인이 그것이다. 따라서 눈길을 끄는 것은 라틴어 번역이다. 그러니까, "더 이상 쪼개지지 않는 무엇"의 정의(definition)를 인간에게 적용하고, 그 근사치를 구해보자. 한 사회 속에서 더 이상 쪼개지 않는 것, 다시 말해 다른 것으로 대체되지 않는 것을 추적하면, 결국 그것은 곧 개인이기 때문이다. 이렇게 해서 다른 무엇으로도 대체될 수 없는 존재인 개인이 탄생한다. 인권 개념도 이를 바탕으로 성립한다. 이 인권 개념은 나중에 국권에 의해서도 대체될 수 없는 개념으로까지 상승한다. 여기까지가 국가 개념과 대립적 지평에서 동등성과 대등성을 갖는 개인 개념의 성립 과정에 대한 이야기다. 한데, 역사는 참으로 역설적이다. 가장 비정치적인 것이 가장 정치적인 것이다. 정치로부터 가장 멀리 거리를 취하려 한 철학자의 생각이 실은 정치의 가장 중요한 중심을 차지하기에 말이다. 이와 관련해서는 프랑스 혁명 이후의 근대의 모든 정치 운동이 개인의 자유와 인권 확립을 위한 투쟁이었다는 사실 정도만 언급하겠다. 따라서 적어도 세계의 근대화가 한편으로 개인주의를 기본 특징으로 내세운다고 한다면, 위에서 언급했듯이, 그린블랫은 원자와 개인의 상관성에 대한 해명을 했어야 한다. 하지만 이에 대한 해명이 충분하지 않다는 점이 세 번째로 아쉬운 대목이다. 물론 일탈 개념이 "근대의 탄생"에 얼마나 큰 기여를 했는가를 제시하는 것이 이 책의 저술 동기라는 점은 인정한다. 서양의 자연과학자들이 루크레티우스의 『사물의 본성에 관하여』를 읽고서, 특히 "일탈" 개념의 영향을 받아서 자연 세계를 객관적으로 설명하려는 시도를 하게 했다는 그의 지적 역시 타당해 보인다.

이런 아쉬움 때문에 나는 세계의 근대화와 관련해서, 더 정확하게 서양 근대의 탄생과 관련해서 일탈 개념이 세계의 근대화에 끼친 영향에 대한 그린블랫에 해명은 절반의 성공 밖에 거두지 못했다고 생각한다. 여기에서 '절반의'라는 한정어를 단 이유는 다음과 같다. 서양 근대화가 단지 루크레티우스의 일탈 개념의 영향을 받아서 촉발된 것으로 설명하는 것은 뭔가 부족한 것으로 보이기 때문이다. 하지만 루크레티우스의 『사물의 본성에 관하여』가 종교, 그러니까 그리스도교라는 색안경을 벗고 자연을 자연 그대로 관찰하게 유도하고 동시에 동기와 용기를 부여한 것은 사실이지만, 이미 앞에서 언급했듯이, 있는 그대로의 자연을 그 자체의 규칙과 원리에 따라서 자연을 인간의 역사적 자연 언어가 아닌 자연을 자연 그대로 객관적으로 표현할 수 있는 표현 기제와 표현 방식을 가지고 있지는 않았기 때문이다. 따라서 세계의 근대화를 설명하기 위해서는 자연을 자연 그대로의 방식에 따라서 표현할 수 있는 표현 방식과 표현 기제의 개발 과정에 대한 해명도 필수적이었다. 하지만 이에 대한 해명을 『1417년』에서는 찾아볼 수가 없다. 물론 이 문제는 저자에게 해명을 직접 요구할 수 있는 물음은 아닐 것이다. 사정이 이러함에도, 루크레티우스의 『사물의 본성에 관하여』와 근대의 탄생에 대한 물음을 해명하고자 할 때에, 이 양자 사이의 연속성과 불연속성은 반드시 짚고 넘어가야 할 사항이었다. 다시 말해 루크레티우스의 한계, 즉 서양의 고대 과학과 세계의 근대 과학의 차이가 어디에서 발견되는지는 한 번쯤은 검토해 보아야 할 물음이라는 얘기다.

차이는 이렇다. 최소한 루크레티우스의 『사물의 본성에 관하여』에는 자연을 자연 그대로 표현할 수 있는 표현 방식과 표현 기제가 없었다는 것이고, 근대 과학은 표현 방식과 표현 기제를 가지고 있었다는 데에서 말이다. 이와 관련해서 루크레티우스의 『사물의 본성에 관하여』와 같은 서양 고전들이 세계의 근대화 아니 서양 근대의 시작에 중요한 기여를 했다는 점을 당연히 인정된다. 하지만 세계의 근대화를 촉발하고 발전시키는 데에는 동양 고전도 한 몫 거들었을 것이란 점을 지적하고자 한다. 보다 체계적으로 전거를 추적해야 하겠지만, 적어도 자연 과학을 위한 표현 방식과 표현 기제를 개발해야 한다는 논의를 촉발시킨 부싯돌 가운데 하나가 중국의 한자였기 때문이다. 그 대표적인 증인이 영국의 베이컨(Francis Bacon, 1561~1626)이었다. 그는 자연의 탐구를 위해서 보편 언어 혹은 근원 언어 혹은 "진정한 문자(real character)" 체계를 개발하자고 제안하면서, 다음과 같이 밝힌다.

> 진정한 문자를 사용하여 글을 쓴 것은 극동의 왕국, 중국에서였다. 진정한 문자는 대체로 글자나 단어가 아니라, 사물이나 개념을 표현한다. 언어가 미칠 수 있는 지역보다 문자들이 더욱 일반적으로 이해되었기 때문에, 서로의 언어를 이해하지 못하는 나라나 지역에서 서로의 글을 읽을 수 있었다.(『학문의 진보(*Advancement of Learning*)』, London 1605)

인용은 베이컨의 보편 언어에 대한 기획이 한자 체계의 영향을 받았음을 확인시켜준다. 물론 베이컨의 보편 언어 기획의 기저(基底)에는 스페인 마요르카 출신 신비주의 신학자였던 룰루스(Raymondus Lullus, 1232~1315)의 "조합술(ars combinatoria)"도 중요한 역할을 수행했다. 하지만 인용에서 확인할 수 있듯이, 한자 체계가 자연학의 부호와 기호 체계 개발과 기획에 상당한 영향력을 행사했을 것으로 보인다. 그런데 보편 언어를 개발하자는 베이컨의 제안은 그가 주장하듯이, 새로운 학문들이 사용하게 될 기호 체계(Novum Organonon) 혹은 부호 체계의 표준화와 통일화에 대한 연구를 촉진하고 논쟁을 촉발하였다. 참고로 화학, 의학, 수학, 음악은 자연 언어의 표기 체계가 아닌 그 학문만이 공유하고 있는 표기 혹은 기호 체계를 사용하자는 제안들, 즉 화학의 개별 원소들을 표시하는 표기 체계나 수학의 부호 체계들 혹은 음악의 기보와 음가를 표시하는 기호들을 만들어 사용하자는 제안들이 쏟아져 나오기 시작하는 시기가 17세기부터라는 점을 지적하고자 한다. 그런데 이 제안들은 다름 아닌 16세기말부터 유럽의 지성계를 후끈하게 달구었던 '보편 언어(universal language)' 혹은 '보편 문자(universal character)' 논쟁의 소산들이었다는 점을 지적하고자 한다. 이런 맥락에서, 현대 중국학의 대가인 먼젤로는 '중국 문자와 보편 언어'에 대한 연구에서 17세기에 서양의 과학자들이 근대 과학의 기호와 부호를 사용하자는 제안을 하게 된 데에는 사물을 그대로 반영하는 상형문자인 한자가 상당 정도 깊은 영향력을 행사했다고 주장하는데,[1] 이는 나름 설득력이 있다. 물론 이에 대해서는 보다 체계적인 문헌 조사와 엄밀한 논구가 요청된다. 아무튼 베이컨의 제안이 존 윌킨스나 조디 달가르노와 같은 그의 후계자들, 화학자 로버트 보일이나 건축가인 크리스토퍼 렌과 같은 학자들과 독일의 라이프니츠(Leibniz, 1646~1716)와 같은 철학자에게로 이어진 것은 사실이다. 또한 이를 위해서 영국에서는 1662년에 왕립 아카데미가, 파리에서는 1666년 학술 아카데미가, 베를린에서는 1700년에 학술 아카데미가 창설되었다는 점도 역사적 중요한 사실이다. 요컨대 17세기는 베이컨이나 갈릴레이(Galileo Galilei, 1564~1642)와 같은 근대 과학자들이 역사의 무대에 등장해서 자연에 대한 새로운 접근 방식을 모색하였던 시기였고, 이들의 연구를 통해서 근대 학문의 세계가 열리는 시대였기에. 사정이 이와 같다면, 자연의 현상들을 탐구하기 위해서, 인간의 역사적 자연어들의 표기 체계가 아닌 새로운 기호 체계를 마련하려는 기획과 관련해서 동양의 사유 체계와 언어 체계가 중대한 영향을 끼쳤다는 것인데, 이 사실 자체에 눈길이 간다. 어쨌든, 이와 같이 새로운 기호와 부호를 사용하는 학문 운동과 학술 아카데미의 창설은 서양의 학문 체계를 이전까지의 그리스도교 교리 중심의 교육 방식과 그리스-

1) Mungello(1989: 174~207).

로마의 고전 해석을 중심으로 하는 연구 전통과는 근본적으로 다른 새로운 전통을 만들어 내었다. 이런 학문 운동과 새로운 변화의 중심에 한자(漢字)와 동양의 사유 체계가 자리잡고 있다면, 이는 동서 교류에 대한 연구에 있어 매우 중요한 사건이고 세계의 근대화를 설명하는 대목에서 결코 간과해서는 안 되는 사건일 것이다. 참고로 한자를 최초로 상형 문자로 이해한 서양인은 크루스(Gaspar da Cruz, 1520~1570)였다. 그는 『중국 문물에 대한 보고(*Tratado das cousas da China*)』라는 저술을 남기는데, 부르고스(André de Burgos)가 이 저술을 크루스의 고향인 포르투갈의 에보라(Évora)에서 1569년에 출판한다. 이 책은 폴로(Marco Polo)의 『동방견문록』 이후에 서양에서 중국에 대해 출판된 최초의 저술 가운데에 하나로 인정받는 문헌이다. 크루스는 한자에 대해서 다음과 같이 보고한다.

> 중국 사람들은 고정된 철자(letter)를 쓰지 않는다. 그들은 문자(character)를 사용하며 그것으로 단어를 만든다. 따라서 매우 많은 수의 부호(character)를 가지고 있는데 하나의 부호로 하나의 사물을 상징한다. 예를 들어 오직 하나의 부호로 하늘을 뜻하고 또 다른 부호로 땅을 의미하며 또 다른 부호로 사람을 의미하는 것과 같은 것이다.

중국 문자를 사물을 상징하는 하나의 부호로 인식했던 크루스의 생각은 멘도사(Juan Gonzalez de Mendoza, 1545~1618)에게서도 발견된다. 그는 『중국의 문물과 의례와 견습에 관한 역사(*Histroria de las cosas, ritos y constumbres, del gran Reyno de la China*, Rome 1585, 1586년 개정)』를 저술한다. 이 저술은 서양의 자연과학의 발전과 관련해서 매우 중요한 텍스트이다. 비록 오늘날의 시각에서 보면 한자에 대한 이해와 그 내용이 조야한 것이 분명하다 할지라도, 결론적으로 이 책은 근대의 탄생의 해명과 관련해서 루크레티우스의 『사물의 본성에 관하여』에 못지 않게 주목을 받아야 할 책이다.

"시작이 반이다. 용기를 내어 지혜를 가져라. 시작하라!"[2] 로마의 시인 호라티우스(기원전 65~8)가 한 말이다. 그가 이 말을 한 것은 친구에게 "철학(philosophia)"을 권하기 위해서다. "지혜(sapere)"에 눈길이 간다. 한마디로 시인에게 지혜는 세상으로부터 한 걸음 물러나서 내면을 통찰하고 자기 완성(perfectio)으로 나아가는 수련(praemeditatio)이었다. 시인은 헬레니즘 시대의 지식인 세계에서 유행했던 은둔 자적의 현자(sapiens)인 자족(satis)의 존재가 되길 바랐고, 이는 그의 노래에서 잘 드러난다. 이 자족의 존재는 세속의 잡사(雜事)에 매심(賣心)하지 않고 자연과의 은밀한 감응을 통해 우주와의 소통에서 오는 즐거움을 누릴 줄 아는 인간이다. 자족에 대한 시인의 생각은 대략 여기까지다. 하지만 자족은 아무나 가능한 것이 아니다. 현자가 되어야 하기에. 어쩌면, 현자가 되기로 마음 먹는 것 자체가 더 큰 도전일 것이다. 세속(mundus)을 버려야 하기에. 이게 시인이 "용기를 내"(aude)라고 강조하는 이유다. 한데, 문제는 그리스도교가 세속의 권력까지 장악하고 나서부터다. 자연과 우주와의 소통은 이제 특정 훈련(initio)과 교육(theologia)을 받은 사제 집단의 고유 권한으로 축소되어 버렸다. 단적으로, 계시의 은총(gratia)이 아닌 자연과 사물의 본성(natura)에 의한 통찰과 깨달음은 종종 이단으로 몰렸기 때문이다. 해서, 시인이 권했던 철학으로의 길은 원래도 통행이 뜸한 곳이었지만, 더 황량한 곳이 되고 말았다. 현자가 되려는 시도는 심지어 마녀 재판에 회부되는 일이 되어 버렸다. 그러나 시간은 흐른다. 물론 1700여 년의 시간이 흘러야 했지만, 시인이 호소했던 철학으로 가

2) 『서간』 제1권 2편, 40~41절.

는 길의 통행에 대한 자유를 허(許)하라는 주장이 일각에서 다시 제기된다. 대표적인 이가 칸트(Immanuel Kant, 1724~1804)다. 흥미롭게도 그는 『계몽이란 무엇인가(1784)』의 첫 문단에서 시인의 "sapere aude"를 인용한다. 어떤 맥락에서 던진 말일까? 각설하고, 이 말은 칸트 자신에게 한 말이다. 그가 활동하던 시대는 오랜 세월 세속의 권력을 향유했던 성직자들과 계몽사상가들이 세속의 교육 문제를 둘러싸고 주도권 다툼을 치열하게 벌였던 시기였다. 신의 은총이 아닌 자연 본성에서 새로운 길을 찾은 이가 칸트였다는 점을 고려하면, 그에게 진정으로 필요한 힘은, 어쩌면 지혜가 아닌 용기였을 것이기에. 지혜의 경우야, 요컨대 자연과 사물의 본성에서 새로운 길을 찾으려 했던 이가 칸트가 처음은 아니었고, 이는 프랑스의 계몽사상가들과 라이프니츠, 볼프와 같은 독일의 선배들이 이미 닦아 놓은 길이었기 때문이다. 물론 시대 상황을 감안한다면, 칸트는 용기 있는 철학자였다. 하지만 믿는 구석이 전혀 없었던 것은 아니었다. 많은 선배와 동료 학자의 지지를 받았고, 서양 고대 사상가들, 예컨대 비록 무신론자이었지만 루크레티우스의 『사물의 본성에 관하여』의 도움을 받았을 것이기 때문이다. 서양 역사에서 17세기에서부터 19세기까지 지속된 교회의 성직자들과 세속의 지식인들 사이에서 벌어진 계몽주의 전쟁을 촉발한 주요 원인으로 지목된 것들 가운데에 하나가 『사물의 본성에 관하여』이기 때문이다.[3] 결론적으로 교회에 의지하지 않고, 더 정확하게는 교회의 구속으로부터 벗어나서 스스로 지혜의 길로 들어설 수 있도록 용기를 시민들에게 부여한 책이 루크레티우스의 『사물의 본성에 관하여』였다는 점은 분명하다. 그 증거로 『1417년』을 제시한다.

3) 참조, 피터 게이의 『계몽주의의 기원』(주명철 옮김, 1998, 민음사).

11장
동양의 르네상스
서양 고전과 동양 고전의 만남

파이퍼(R. Pfeiffer, 1889~1979)는 독일 아우구스부르크에서 태어났다. 뮌헨 대학의 크루시우스(Otto Crusius) 교수의 지도 아래 서양 고전 문헌학을 공부했고, 1912년부터 1921년까지 뮌헨 대학의 중앙도서관에서 사서로 근무했다. 제1차 세계 대전의 절정이라 할 수 있는 1916년의 베르됭 전투에서 중상을 입은 그는 서양 고전 문헌학의 연구에 일생을 바치기로 결심한다. 1920년에 얻은 휴가 중에 베를린을 방문하고 이 곳에서 새로이 발견된 칼리마코스의 파피루스를 해독한다. 이 때에 빌라모비츠(Ulrich von Wilamowitz-Moellendorff)를 만난다. 당시 학계를 주름잡던 빌라모비츠는 그의 학자적 재능을 높이 샀고, 그의 지도와 조력을 받으면서 파이퍼는 전도유망한 학자의 길로 들어선다. 스승 빌라모비츠에 대해 파이퍼는 깊은 경외심을 품었고, 그의 『논문 모음집(*Kleinen Schriften*)』의 편집에 참여하기도 했다. 1921년 슈바르츠(E. Schwartz)의 지도를 받아 헬레니즘 시대의 서정시인이자 알렉산드리아 도서관의 관장이었던 칼리마코스 연구로 교수 자격 논문(Habilitation)을 저술한 파이퍼는 1923년 프리드리히-빌헬름 대학의 초빙 교수로 부임했지만, 같은 해에 신생 대학인 함부르크 대학의 서양 고전 문헌학 교수로 자리를 옮기게 된다. 1927년부터 프라이부르크 대학에서 강의를 했고, 1929년부터 1937년까지 슈바르츠의 후임으로, 다시 1951년부터 1957년 정년 퇴직 때까지 뮌헨 대학에서 서양 고전 문헌학을 강의했다. 유대인 여성과 결혼했던 그는 1937년 나치 치하의 독일을 떠나 영국으로 망명했고, 1938~1951년에 그는 옥스퍼드 대학의 코르푸스 크리스티 칼리지(Corpus Christi College)에서 연구를 계속하게 된다. 언어 문제 때문에 1946년에야 비로소 서양 고전 문헌학의 역사를 강의하는 강사로 위촉받았고, 1948년에 조교수가 되었고, 1950년에 부교수가 되었으며, 이어 정교수로 임명되었다. 험난했던 영국 생활 초기에 옥스퍼드 대학 출판부에 취직할 수 있었는데, 이를 계기로 그는 자신의 모든 저서들을 이곳에서 출간한다. 마침내 그는 영국 국적을 취득했고, 제2의 고향이 된 옥스퍼드는 그가 세상을 뜰 때까지 그에게 감사의 마음을 표했다. 영국에서의 망명 체류 기간은 파이퍼가 연구자로 활동을 펼치기에는 최고의 시기였다. 탁월한 서양 고전 문헌학자들(이 중에는 프랭켈(E. Fränkel)과 마스(P. Maas)가 있었다)과 함께 작업할 수 있었을 뿐 아니라 영국은 많은 희귀본과 엄청난 수의 파피루스 고문서로 넘쳐난 곳이었기 때문이다. 그의 관심 분야를 연구하기에 안성맞춤인 곳이었다. 그의 연구 영역은 이미 뮌헨 대학 시절에 그리스 문학 전체, 즉 호메로스, 서정시, 비극에 걸쳐 있었다. 그럼에도 그는 자신의 연구 범위를 더 넓혀나갔다. 그는 박사 논문에서 다루었던 주제인 서양의 인문주의(Humanismus) 전통과 에라스무스에 대한 연구를 더욱 심화시켜 나갔다. 옥스퍼드 시기에 그가 몰두한 연구는 무엇보다 헬레니즘 시인인 칼리마코스에 관한 분석이었다. 이와 관해서 그는 이미 교수 자격 취득 논문과 새로 발견된 고문서를 다룬 책에 쓴 적이 있었지만, 옥스퍼드에서 심화시킨 연구 덕분에 그는 옥스퍼드에서 최고의 자리를 얻을 수 있었다. 새로 발견된 문서를 다룬 책("Meliorem locum unde Callimachus edi possit non invenias")은 1949~1953년에 출간되었는데, 이는 20세기 출판이 거둔 위대한 성과 중 하나로 평가 받는다. 1953년 이후부터 파이퍼는 서양 고전문학의 역사를 서술하는 연구에 착수한다. 이 연구 프로젝트를 수행하는데 그보다 더 적임자는 없었다. 이 연구를 통해서 그는 "문헌학"이라는 학술에 "고전(classical)"이라는 형용사를 추가해야 한다고 제안했고, 이렇게 서양 고전 문헌학을 부르는 학칭은 고문헌을 다루는 기능적 학문인 "문헌학(Philology)"에서 고전 문헌학(classical scholarship)으로 바뀌게 되었다. 물론 "고전" 개념의 이해와 관련해서는 그가 비록 예거(W. Jaeger)와는 다른 견해를 가졌지만 말이다. 서양 고전 문헌학계의 대가였던 빌라모비츠도 "고전 문헌학" 대신에 "문헌학"(Philologie)을 사용하였다. 현재 그의 유고들은 뮌헨의 바이에른 국립도서관에 보관되어 있다.

『서양 고전 문헌학의 역사(*History of Classical Scholarship*)』는[1] 파이퍼가 노년에 시작한 연구를 정리한 저술이다. 이 연구를 시작하면서 그는 다음과 같은 『성경』의 말을 인용한다. "가장 성숙했을 때가 시작해야 할 때이다"(「집회서(Ecclesiaticus)」 18장 7절). 사실, 이 말은 페트라르카가 먼저 인용한 말이다. 고령의 나이임에도 연구에 몰두했던 페트라르카의 건강을 염려했던 보카치오가 이제 건강을 염두에 두어야 할 나이라고 조언하자, 지금이야말로 연구와 저술을 본격적으로 해야 할 때라고 했다고 한다. 이런 마음가짐으로 파이퍼는 호메로스 이후 약 3000년 동안의 서양 고전 문헌학의 연구 역사를 저술하겠다는 담대한 도전에 착수한다. 그의 말대로 "거북이 걸음(testudineo gradu)으로" 한 걸음, 한 걸음 앞으로 나아갔고, 그 결실이 바로 『서양 고전 문헌학의 역사(*History of Classical Scholarship*)』이다. 이 책은 원래는 두 권으로 구성되어 있다. 첫 번째 책은 호메로스에서부터 소피스트와 플라톤 그리고 헬레니즘 시

1) 이하는 2016년 논형에서 출판된 졸저 『인문의 재발견』의 일부분을 이 글의 성격에 맞추어 재구성함.

대에 알렉산드리아 도서관에서 활약했던 학자들의 서양 고전 문헌학 연구에 대한 역사를 다루는 텍스트이고, 두 번째 책은 페트라르카에서부터 몸젠에 이르는 서양 고전 문헌학자들의 연구를 다루는 저술이다. 전자는 전문적인 심층 연구 논문들을 모은 저술인 반면, 후자는 르네상스 이후 서양 고전 문헌학자들의 연구 업적을 개관하는 저술로 파이퍼가 대가의 뛰어난 통찰력을 보여주면서 비전문가들도 쉽게 읽을 수 있게 만든 책이다. 이 저술은 한국어로 번역되어 『인문 정신의 역사, 서양 고전 문헌학의 역사』라는 서명으로 출판되었다. 첫 번째 책도 빠른 시일 내에 우리말로 번역되어 한국 독자에게 소개되기를 기대한다.

물론 파이퍼의 이 저술이 서양 고전 문헌학의 역사를 다룬 첫 번째 텍스트는 아니다. 거슬러 올라가면 1587년 프랑스 고전 문헌학자 앙리 에티엔이 저술한 『고대 그리스와 라틴 문헌에 대한 비판적 문헌학에 대하여(*De criticis veteribus Graecis et Latinis*)』가 있다. 이어서 1903년에 영국 케임브리지 대학 출판부에서 출간된 샌디스의 『서양 고전 문헌학의 역사』가 뒤를 잇는다. 샌디스의 저술은 일종의 자료 모음집적 성격이 강한 텍스트이다. 이외에도 구데만의 『서양 고전 문헌학의 역사에 대한 개략적인 연구』와 이탈리아 고전 문헌학이자 푸나이올리의 연구가 있다. 이상의 저술들은 서양 고전 문헌학의 역사를 일별해주고 묶어주는 통일적인 체계와 이 체계를 아우르는 중심 개념이 결여되어 있다는 것이 결정적인 약점이다. 이런 약점을 보완하기 위한 의도에서 연구 기획된 저술이 파이퍼의 『서양 고전 문헌학의 역사』이다.

파이퍼의 저술에 흠이 없는 것은 아니다. 헬레니즘 말기에서 르네상스 초기까지의 서양 고전 문헌학의 역사에 대한 연구가 다뤄지지 않았기 때문이다. 물론 이에 대해서는 원래는 이 시대에 대한 연구도 포함시키려 했으나, 조사하고 분석해야 할 문헌의 분량이 너무 방대했기에 이는 후대의 학자들에게 남길 수밖에 없었다고 파이퍼 자신이 밝히고 있다. 이런 의미에서 파이퍼의 흠은 흠이 결코 아닌 셈이다. 새로운 연구 영역(terra incognita)을 개척하고 남긴 셈이기 때문이다. 파이퍼가 남긴 새로운 연구 영역은 크게 세 영역으로 구분된다. 한 영역은 키케로로부터 페트라르카 이전까지의 라틴 문헌 중심의 서양 고전 문헌학 역사에 대한 연구 분야이고, 다른 한 영역은 헬레니즘 시대 말기부터 비잔티움 제국의 멸망에 이르는 그리스 문헌 전통에 대한 연구 분야이다. 아마도 이에 대한 연구는 후대 학자들의 몫이라 하겠다. 마지막 영역은 16~17세기에 진행된 서양 고전의 동양 수용에 대한 연구이다. 특히 문헌을 중심으로 하는 동서 교류의 연구와 관련해서 17세기는 다른 어느 세기보다 중요한 시기였다. 왜냐하면 이미 16세기 말부터 중국에서는 동양 고전과 서양 고전의 번역이, 우리가 알고 있는 것보다 매우 체계적이고 심도 깊게 동양과 서양의 학자들의 토론과 논의를 통해서 이미 이루어졌기 때문이다. 이 시기에 이뤄진 번역은 양 방향으로 진행되었는데, 요컨대 하나는 서양 고전을 한문으로 번역하는 것이고, 다른 하나는 동양 고전을 서양어로 특히 라틴어로 옮기는 것이었다. 전자와 관련해서는 예컨대 아리스토텔레스의 『범주론』, 『니코마코스 윤리학』의 일부, 에우클레이데스의 『기하학』, 키케로의 『우정론』의 일부가 『명리탐(名理探)』[2], 『교우론(交友論)』, 『기하원본(幾何原本)』의 서명으로 한역되었다. 후자와 관련해서는 사서오경(四書五經) 중의 일부가 *Confucius Sinarum Philosophus sive Scientia Sinensis*이란 제목으로 라역(羅譯)되었다. 이 번역 작업의 중심에는 예수회 선교사들이 있었다.

2) 이 책의 원전은 *Commentarii Collegii Conimbricensis e Societate Jesv: In Vniversam Dialecticam Aristotelis Stagiritae, nunc(sic e) primum in Germania in lucem editi*. Coloniae Agrippinae, apud Bernardvm Gualterivm, 1611이다.

흥미로운 점은 이들이 중국의 대학자들과의 토론과 논의를 심도 있게 나누었고 그 논의를 바탕으로 번역하고 주석했다는 점이다. 예컨대 명말에 리치(Matteo Ricci, 1552~1610)와 알레니(Giulio Alleni, 艾儒略, 1562~1649) 같은 선교사들이 명의 고위 관료이자 학자였던 이지조(李志操, ?~1630)나 서광계(徐光啓, 1571~1630)와 같은 학자들과 학문적 교류를 나누었다는 점이다. 번역 과정에서 서양 사상의 근간을 이루는 중핵 개념들과 동양 사상의 중심을 차지하고 있는 핵심 개념들이 직접적으로 혹은 간접적으로 맞대응되면서 비교되고 있다는 것도 주목거리다. 후자와 관련해서는 대표적으로 『중국의 철학자 공자 혹은 중국의 학문(*Confucius Sinarum Philosophus sive Scientia Sinensis*)』이 저술 및 번역되었다. 이 책은 1687년에 루이 14세의 칙령으로 왕립출판사의 지원을 받아서 파리에서 출판되었다(Parisiis, Apud Danielem Hortemels, via Jacobaea, sub Maecenate, 1687 cum Privilegio Regis). 이 책의 서문은 중국 학문의 특징과 공자의 생애를 다루는 기록과 『대학(大學)』, 『중용(中庸)』, 『논어(論語)』를, 그리고 일종의 부록으로서 중국 역사를 소략적으로 서술한 『중국연대기』를 담고 있다. 사서(四書) 가운데 『맹자(孟子)』는 빠져 있다. 공자를 중심으로 중국의 학문을 소개하려 했던 예수회 선교사들의 번역 기획과 관련된 것으로 보인다. 주목해야 할 점은 이 시기에 이루어진 동양 고전의 라틴어 번역이 단기간에 진행된 작업이 아니라는 사실이다. 예수회 선교사들이 사서의 번역을 시도한 것은 기록상으로는 적어도 1589년 이전이다. 한 연구에 따르면 사서를 처음 번역한 이는 루지에리(Michele Ruggieri 羅明堅, 1543~1607)이다. 그는 1590년에 이를 로마에서 출판하려고 시도했다. 이 번역 원문 필사본은 현재 로마의 엠마누엘레 비토리오 도서관에 소장되어 있다(Fondo Gesuitico 1195번). 이후 리치가 1591년에서 1594년 사이에 중국의 소주(蘇州)에서 사서(四書)의 번역에 착수하였다. 하지만 이 번역은 필사본의 형태로만 전승된다. 책들이 본격적으로 출판되기 시작한 해는 1662년부터다. 코스타(Ignatius da Costa, 郭納爵)는 『공자의 생애(*Vita Confucii*)』와 함께 『대학』을 Sapientia Sinica라는 서명으로 중국 강서성(江西省) 건창부(乾脹府)에서 목판본으로 출판한다. 1672년에 인토르체타(Prospero Intorcetta, 殷鐸澤)가 『중용』을 *Sinarum Scientia Politico-moralis*의 서명으로 출판한다. 이들이 번역을 위해서 저본(底本)으로 사용한 원전은 주희(朱熹)가 편집하고 주석을 단 『사서집주(四書集註)』였고, 일부 텍스트를 확인한 결과 주희의 주석과 장횡거(張橫渠, 1020~1077)의 『태극도설(太極圖說)』을 참조했을 가능성이 높고, 이 과정에서 명나라의 만력제 신종(神宗)대의 명재상이자 대학자였던 장거정(張居正, 1525~1582)의 『사서직해(四書直解)』를 참조하였을 가능성이 높다. 이런 과정을 통해서 번역된 책들은 프랑스의 루이 14세처럼 왕과 같은 정치가와 볼테르, 라이프니츠와 같은 철학자들에게 큰 영향을 행사했다는 것은 잘 알려진 사실이다. 이 시기에 이뤄진 번역과 주해 작업은 크게 주목해야 할 사건이다. 왜냐하면 한편으로 동양에서 사용하는 주요 개념들과 용어들이 이 번역 과정을 통해서 탄생했고, 다른 한편으로 서양의 근대가 시작함에 있어서 또한 근대 학문들이 시작하는 데에 있어서 동양의 학문 또한 서양이 동양에 끼친 영향에 못지않게 결정적인 영향을 끼쳤기 때문이다. 하지만 17세기에 번역과 주해에 몰두했던 예수회 신부들이 많고 많은 책들 가운데에서 하필 이 책들을 선택했는지에 대한 이유와 배경에 대해서는 아직 밝혀진 바가 거의 없다. 이와 관련해서, 예를 들면 『그리스도교 중국 원정』이 주목해야 할 저술이다. 왜냐하면 서양 고전 문헌학의 관점에서 볼 때에도 이 책은 새로운 사실과 학문적으로 숙고할 만한 많은 정보를 담고 있는 저술이기 때문이다. 이 저술은 기본적으로 동양의 학문과 제도에 대한 정보를 서양 세계에 소개하는 텍스트이다. 예컨대 이 책의 제1장은 중국의 정치 제도, 통치 방식, 학문과 사상에 대한 소개를 담고 있다. 아마도 황제라는 절대 권력을 중심으로 편제되어 있는 중국의 중앙집권적인 통치 체제에 대한 리치의 관찰과 보고는 루이 14세와 같은 프랑스 왕에게 깊은 인상을 남겼음이 분명하다. 특히 절대 왕정의 확립과 관련해서 중요한 관료제의 도입이나 중상주의 정책은 청나라의 영향이 지대한 것으로 보이는데, 이에 대해서는 보다 자세한 연구가 요청된다. 어찌되었든 루이 14세는 특히 중국의 관료 선발 시험인 과거 제도에 매우 큰 관심을 보였고, 또한 중국의 통치 체제를 가능케 하는 교육 제도와 그 교육의 실제 내용이었던 『사서오경(四書五經)』을 읽고 싶어 했다. 동양 고전이 17세기 말에 서구 유럽에서 선풍적인 인기를 누리면서 퍼지게 된 것도 실은 루이 14세의 절대적인 후원 덕분이었다.[3)]

17~8세기에 중국에 온 예수회 선교사들이 번역하거나 저술한 책들을

---

3) 프랑스 왕실의 후원을 통해서 예수회 선교사들의 저술하거나 번역한 텍스트는 아래와 같다. 곰드, 『中國現狀新誌, *Nouveax mémoires sur l'etat présent de la Chine*』, Paris, 1696; 부베, 『中國現狀誌, *L'Etat présent de la Chine en figures*』, Paris, 1697, 『中國皇帝傳, *Histoire de l'Empereur de la Chine*』, la Haye, 1699, 『耶蘇會書簡集, *Recueil des Lettres édifiantes et Curieuses*』, Paris, 1703~1776; 뒤 알드, 『中華帝國全誌, *Description géographique, historique, chronologique, politique et physique de l'Empire de la Chine et de al Tartarie Chinoise*』, Paris, 1735; 『北京耶蘇會士研究紀要, *Me´moires Concernent l'historire les arts, les sciences, les usages etc, par les missionnarres de Pékin*』, Paris, 1776~1814; 코스타(Ignatius da Costa), 『대학, *Sapientia Sinica*』, Kien-Chan Kian-si, 1662; 인트로체타(Prospero Intorcetta, 殷鐸澤) 『중용, *Sinarum Scientia Politico-moralis*』, 『중국의 철학적 공자, *Confucius Sinarum Philosophus, Sive Scientia Scensis latine exposita*』, Paris, 1686~1687; 노엘(Le P. Français Noel, 衛方濟) 『중화제국경전, *Sinensis inpesi Libri classlci Sex*』, Prague, 1711(이 책은 중국의 사서와 효경, 소학의 라틴어 번역, 중국의 고주를 충실하게 참조하였으며, 라이프니츠와 볼프와 같은 철학자들에게 많이 영향을 줌); 비스델루(Visdelou, 劉應), 『역경』 주해; 프레마르(Prémare, 馬約瑟), 『역경』, 『중용』, 『성리』, 『장자』, 『노자』, 『회남자』 텍스트 연구; 레지스, 『역경』의 라틴어 번역; 마일라, 『통감강목』의 라틴어 번역; 거빌, 『서경』의 프랑스어 번역 등이 있다.

대략적으로 소개하면 다음과 같다. 먼저 천문학 분야에서는 다음과 같은 저술이 번역 혹은 소개되었다. 리치의 『건곤체의(乾坤體義)』(1605), 『경천해(經天該)』(1601), 『혼개통헌도설(渾蓋通憲圖說)』(1607); 테렌츠의 『측천약설(測天約說)』(1631), 『정구외도표(正球外度表)』(1631), 『황적거도표(黃赤距度表)』(1631); 페르비스트의 『의상지(儀象志)』(1674); 우르시스의 『간평의설(簡平儀說)』(1611), 『표도설(表度說)』(1614); 디아즈의 『천문략(天問略)』(1615); 로의 『측량전의(測量全義)』, 『오위표(五緯表)』, 『오위력지(五緯曆指)』, 『월리력지(月離曆指)』 등; 불리오의 『서역연월(西曆年月)』 등 아담 샬이 『숭정역서(崇禎曆書)』(1631)에 총서로 묶었는데, 여기에는 135책이 포함되어 있다. 다음으로 수학 분야에는 리치의 『기하원본(幾何原本)』(1607), 『환용교의(圜容較義)』(1608), 등; 로의 『비례규해(比例規解)』(1630); 알레니의 『기하요법(幾何要法)』(1630); 테렌츠의 『대측(大測)』(1630) 등이 저술 혹은 번역되었다. 이어서 지리학 분야에는 리치의 『곤여만국전도(坤輿萬國全圖)』(1604); 알레니의 『직방외기(職方外紀)』; 불리오의 『서방요기(西方要紀)』 등이 있다. 또한 물리학 분야에는 우르시스의 『태서수법(泰西水法)』(1612); 아담 샬의 『원경설(遠鏡說)』(1626); 테렌츠의 『기기도설(奇器圖說)』(1627) 등이 있다. 아울러 기상학 분야에는 바뇨니의 『공제격치(空際格致)』(1633)가 있다. 물론 의학 분야에도 여러 저술이 있다. 테렌츠의 『인신설개(人身說槪)』(1627)와 로의 『인신도설(人身圖說)』(1650)과 페르비스트의 『목사총도(目司總圖), 17세기 추정』가 있다. 또한 예수회 선교사들은 어문학 분야에도 많은 저술을 남겼는데, 예컨대 루지에리의 『포르투갈-중국어 사전』, 리치의 『서자기적(西字奇蹟)』(1605), 트리고(Nicolas Trigault, 1577~1628)의 『서유이목자(西儒耳目資)』(1625)를 들 수 있다. 마지막으로 철학과 사상 분야에도 많은 저술이 있는데, 대표적인 경우만 소개하면 다음과 같다. 루지에리의 『천주실록(天主實錄)』(1593)이나 리치의 『천주실의(天主實義)』(1603), 『교우론(交友論)』(1595), 『서국기법(西國記法)』(1594)과 바뇨니의 『서학수신(西學修身)』(1605), 『서학제가(西學齊家)』(1605), 『서학치평(西學治平)』(1605)과 알레니의 『서학범(西學凡)』(1623)와 푸르타도의 『명리탐(名理探)』(1631), 『환유전(寰有銓)』(1628) 등이 있다. 이상의 책들이 17세기 중국에서 저술되었거나 번역되어 출판된 대표적인 저술이다.[4]

흥미로운 점은 이 많은 저술들이 당시 유럽에서 활발하게 진행된 당대의 담론과 논쟁을 직접 수용하거나 반영하고 있거나 거의 같은 시기에 저술되거나 번역되고 있다는 것이다. 예컨대 우르시스의 『태서수법(泰西水法)』(1612)은 라멜리(Agostino Ramelli, 1530~1600)가 1588년에 저술한 『다양한 기계들(*Le Diverse et Artificose Machine*)』을 저본으로 참조해서 저술되었다. 또한 라멜리의 책은 테렌츠의 『기기도설』의 저본으로도 활용되었다. 이는 다음의 두 그림에서 분명하게 확인된다.

테렌츠의 『기기도설』은 조선에서도 건축과 기술 분야에 활용되었던 책이다. 정약용(丁若鏞, 1762~1836)이 수원성을 축조할 때 참조했다. 또한 『기기도설』의 저자인 테렌츠는 당시 서양에서도 손에 꼽히는 자연과학자였고, 이는 그가 갈릴레이의 절친한 친구였다는 점에서 확인된다.

4) 이 가운데에서 중요한 텍스트들을 모아 총서(叢書)로 1629년에 『천학초함(天學初函)』이라는 서명으로 출판했다. 『천학초함』은 이편(理篇)과 기편(器篇)으로 구성되어 있는데, 이편에는 종교, 윤리 관계의 서적 10종이 들어 있고, 기편에는 과학, 기술 관계 서적 10종이 들어 있다. 도합 20종의 52권을 수록한 방대한 양의 중요한 서학 서들이 총망라된 서학 총서다. 조선에서는 유몽인(柳蒙寅), 이수광(李睟光), 이익(李瀷), 신후담(愼後聃), 안정복(安鼎福)이 『천학초함』 중의 『천주실의』, 『교우론』, 『칠극』, 『영언여작』, 『직방외기』 등을 읽고 비평을 가한 것으로 보아 『천학초함』 혹은 개별 텍스트 몇 권은 이미 17세기 초기에 조선에 이미 소개되었던 것이 분명하다.

갈릴레이의 과학 사상이 테렌츠를 통해서 다산에게 흘러 들어왔을지도 모를 일이다. 어찌되었든 이와 같은 번역과 저술 사정을 고려할 때 소위 르네상스 운동은 서양에서만 수행된 것이 아니라 실은 동양에서도 동시에 진행되었다는 점을 지적하고자 한다.

12장

아랍의 르네상스[1]

책들이 동쪽으로 간 까닭은

"책에도 운명이 있다."라고 한 말의 주인은 로마의 문법학자 테렌티아누스(Maurus Terentianus, 서기 2세기 활약)다. 뭔가 있어 보인다. 그래서였을까? 말은 주인보다 더 유명세를 타게 된다. 하지만 입에서 입으로 회자되면서 말은 스스로 자기의 모습을 바꾸어야 했다. 어쩌면 어쩔 수 없는 운명이었을지도 모르겠다. 말의 최초의 모습은 이랬다.

> 독자의 이해 능력에 따라 책 자신의 운명도 결정된다.
> (Pro captu lectoris habent sua fata libelli, 『철자, 음절, 운율에 대하여』, 1286행)

하지만 언제부터인지는 모르겠지만, 말은 머리에 해당하는 "독자의 이해 능력에 따라(pro captu lectoris)"가 떨어진 채, "책 자신의 운명이 결정된다(habent sua fata libelli)"라는 몸만 데리고 돌아다니기 시작한다. 가벼워서였을까? 어쨌든, 지금은 머리없는 몸만 있는 모습으로 말은 사람들의 입에 회자되고 있다. 말이 이렇게 유명해진 데에는 나름 자기 희생도 한 몫을 거들었으리라. 이런 희생을 통해서 말은 새로운 모습으로 다시 태어난다. "책들도 자신만의 운명을 가지고 있다"의 의미로 말이다. 얼핏, 별 차이가 없어 보인다. 하지만 큰 차이가 있다. "독자의 이해 능력

1) 이하는 2016년 현암사에서 출판된 『고전의 힘』(공저)의 일부분을 재구성한 것이다.

에 따라 책 자신의 운명이 결정된다"는 책의 내용에 대한 독자의 이해와 사랑이 관건이지만, "책들도 자신만의 운명을 가지고 있다"는 책 자체의 생존이, 즉 전승이 관건이기 때문이다. 사실, 독자의 사랑도 책의 운명과 전승에 결정적이다. 이해하지도 못할 책을 사랑할 이도 없거니와 그런 책을 후세에 전하려는 이도 없을 것이기 때문이다. 이 글에서는, 하지만 독자의 사랑보다는 책 자체의 운명을 중심으로 이야기를 풀어가겠다. 일단 지면 문제가 제일 크다. 또한 독자의 사랑을 결정하는 내용 이해의 문제는 독자 자신의 문제이지 책 자체의 운명에 대한 이야기는 아니기 때문이다.

어느 책이든 다 나름의 사연을 가지고 있겠지만, 적어도 서양 역사에서 그 기구함으로 본다면 아리스토텔레스의 책만큼 파란만장한 운명을 겪은 것도 없을 것이다. 스트라본(Strabon, 기원전 60~서기 24년)의 보고다.

> 아탈로스 왕이 페르가몬에 도서관을 세우기 위해 책을 모은다는 소식을 접하게 된다. 그러자 그들은 땅을 파서 참호를 만들고 여기에 책들을 숨겼다. 한참 후 책들이 습기와 벌레에 의해서 손상되자, 그 후손들은 아리스토텔레스와 테오프라스토스의 책들을 테오스 출신 아펠리콘(Apellicon, 기원전 100년)에게 큰 돈을 받고 팔았다. 아펠리콘은 철학자라기보다는 애서가였다. 그는 벌레 먹은 부분들을 복구하는 하는 과정에서 새로운 복사본을 만들었다. 그러나 정확하게 보충된 것이 아니었다. 오류와 오식들로 가득 찬 것이었다.(…) 여기에는 로마도 한 몫 거들었다. 왜냐하면 당시 아테네를 장악하고 있었던 술라(Sulla, 기원전 138~78년)는 아펠리콘이 죽자 곧바로 도서관을 전리품으로 가져왔고, 이곳(아마도 로마)으로 옮겨진 도서관을 아리스토텔레스 추종자였던 튀라니온이 관리했기 때문이다. 이 도서관에서도 필사자들이 도서들을 교정하고 고쳤다. 몇몇 상인도 필경사를 고용하였는데, 그들은 수준이 낮은 이들이었다. 필사본들의 비교를 전혀 하지 않았다. 이는 책을 팔기 위해 문헌을 필사할 때 일어난다. 이곳뿐만이 아니라 알렉산드리아에서도 있는 일이다.(『지리서』 13권 1장 54절):

아리스토텔레스의 책들이 겪은 운명에 대해 알려진 이야기는 여기까지다. 이후에 대해서는 알려진 게 없다. 일부 남은 책도 있었겠지만, 대부분은 적어도 지중해 서쪽 유럽에서는 종적을 감추고 만다. 도대체 책들은 어디로 갔을까? 갑자기, 아리스토텔레스의 책들이 서부 유럽에 모습을 다시 드러낸 것은 중세 시대부터다. 흥미롭게도 이것들은 그리스 원전이 아니고, 알 킨디(Al-Kindi, 801~873년), 알 팔라비(Al-Farabi, 872~950년), 아비첸나(Avicenna, 980~1037년)와 같은 학자들이 작업한 아랍어 번역들이었다. 철학사의 관점에서 보면, 유럽의 중세는 "아리스토텔레스 전성시대"라고 해도 그리 틀린 말은 아닌데, 실은 이 번역들 덕분이었다. 그리스 원전이 서부 유럽으로 들어온 시기는 15세기 초엽이었기 때문이다. 예컨대 아리스토텔레스의 『시학』을 전승하고 있는 파리 사본 1741(cod. Paris. 1741)이 이탈리아로 건너온 해가 1427년이었다. 도대체 어찌된 일일까?

결론부터 말하자면, 책들은 동쪽으로 갔다. 무슨 사연이 있길래, 그토록 재미없는 논리학 저술이 혹은 지금도 읽기 어려운, 예컨대 아리스토텔레스의 『분석론』이 동쪽으로 갔을까? 사연인 즉 이렇다. 지중해의 서쪽 지역인 유럽에, 특히 로마에 중세의 어두움이 혹은 가톨릭 교회의 빛이 본격적으로 퍼지기 시작하는 시기에, 지중해의 동쪽 지역에는 신앙과 이념의 전쟁이 치열했다. 예컨대 아리우스 파를 이단으로 몰았던 니케아 공의회의 전투가 벌어졌던 대표적인 지역이었다. 그런데 이 전투의 주요 병장기는 칼이나 방패가 아닌 말이었다. 따라서 이 전투에서 아리스토텔레스의 논리학과 변증술이 큰 사랑을 받고 대접을 받게 된 것은 우연이 아니었다. 논리가 곧 칼이고 방패였기 때문이다. 사실, 이런 종류의 말싸움에서 예나 지금이나 아리스토텔레스의 논리학과 변증술만큼 위력적이고 유용한 기술도 없다. 아마도 이것이 아리스토텔레스의 책이 동쪽으로 가게 된 첫 번째 이유였을 것이다.

한데, "토사구팽(兎死狗烹)"이 여기에 해당될 것이다. 소위 이단 전쟁이 대략 종료되자, 아리스토텔레스의 논리학 저술들도 비슷한 운명을 맞게 되었기 때문이다. 다시 말해 말의 전쟁터에 불려나갈 일이 줄었기에 말이다. 그런데 뜻밖에 반전이 일어난다. 아리스토텔레스의 『오르가논』의 용도가 전쟁의 무기에서 이제는 새로운 세계를 여는 도구로 활용되었기 때문이다. 이런 이유에서, 아리스토텔레스의 책들은 계속 사랑받는다. 물론 이 과정에서 중용된 책은 『분석론』이 아니라 『범주론』이었지만 말이다. 추상 세계를 실제 세계로 세우고 입증하는 작업도 결국은 말(logos)로 밖에 할 수 없었기 때문이다. 따라서 술어(述語) 이론이 중용될 수밖에 없고, 이것이 『범주론』이 사랑받았던 이유였을 것이다. 아마도 이것이 아리스토텔레스의 책들이 더욱 동쪽으로 가게 된 또 다른 이유였을 것이다.

이쯤에서 그 동쪽이 어디인지를 밝히겠다. 로마에서 그리 먼 곳은 아니었다. 시리아(Syria)였다. 당시, 시리아는 동로마제국에 속했다. 이 지역의 공용어는 코이네 그리스어였다. 이것이, 아리스토텔레스의 책들이 살아남게 된 우선적인 이유였을 것이다. 또한 이단에 대한 전투가 가장 치열하게 벌어진 곳이 실은 시리아 지역이었다는 점도 중요하다. 이런 저런 이유에서, 아리스토텔레스의 책들은 시리아의 수도원들에서 그리스 원전으로 읽혔고, 또한 학생들의 교육을 위한 교재로도 사용되었다. 이는 서기 6세기까지 지속된 것으로 추정된다. 그렇다면 적어도 이 시기까지는 지중해 서부 유럽에서 사라진 아리스토텔레스의 책들이 지중해 동부 지역에서는 나름 융숭한 대접을 받았음이 분명하다. 이에 대한 결정적인 증거는 바로 서기 6세기 이후부터에 쏟아져 나온 『오르가논』에 대한 시리아어 된 해설서와 번역서들이다.[2)]

2) 참조, D. King(2010).

안타깝지만 추적은 여기에서 멈춰야겠다. 일단, 추적이 불가능하기 때문이다. 어쩌면, 시리아어 번역 탓일지도 모르겠다. 번역 때문에 원전을 더 이상 볼 필요가 없는 상황이 되었다는 소리다. 허나 잠깐, 또 다른 반전이 기다리고 있다. 이 시기부터 번역된 시리아어 번역들은 서기 9세기부터 아비첸나와 같은 학자들에 의해 다시 아랍어로 번역되었고, 이 번역들은 한편으로는 아랍의 철학과 종교, 다른 한편으로는 중세 유럽에서 아리스토텔레스 철학의 부활을 예비한 사건이기 때문이다. 각설하고, 아랍어 번역이 그리스 원전에서 직접 옮겨온 것이 아니고, 시리아어 번역을 거쳤다는 사실에 눈길이 가지만, 이에 대해서는 여기서 멈추자. 물론 연구가 이제 본격적으로 시작되었기에 속단은 이르지만, 그 결론이 어떻게 맺어질지가 자못 궁금하다.

여기까지가 다는 아니다. 진짜 마지막 반전이 기다리고 있을지도 모르기에. 마찬가지로 본격적인 추적이 요청되지만, 예컨대 경교(景教)로 알려진 네스토리우스 종파도 아리스토텔레스의 논리학을 애용했던 무리였고, 번역 과정에서 시리아 번역어나 아랍어 번역어가 어떤 종류의 모습을 띠고 한자(漢字)로 변신했을지는 모르겠지만, 해서 아리스토텔레스의 개념들이 경교의 동진(東進)과 함께 동양 세계에도 흘러들어왔을 가능성이 높기 때문이다. 이에 대한 전거는, 칭기즈칸이 유라시아를 제패한 이후의 시기에 활약했던 바르 헤브라이우스(Bar Hebraeus, 1226~1286년)의 사람이 시리아로 남긴 저술들(여기에는 『오르가논』, 『니코마코스 윤리학』, 『정치학』 등이 포함됨)이다. 이것들은 또한 시리아 정교(Syrian Orthodox)는 물론 경교에도 매우 중요한 문헌들이었기 때문이다. 그렇다면 책들이 동쪽으로 간 까닭은 아직까지 그 전모가 밝혀진 것은 아닌 셈이다.

최근의 연구에 따르면, 서양 고전 문헌이 아랍 문명의 형성에 결정적인 영향을 행사했음은 분명하다. 이를 잘 보여주는 책이 『그리스 사상과 아랍 문명』이다.[3] 이 책은 서기 8세기에서 10세기에 걸쳐서 바그다드에서 일어난 번역 운동에 대한 연구서다. 그리스 문헌들이 어떤 목적으로, 누구에 의해서, 또한 학술적으로 얼마나 엄밀하게 아울러 체계적으로 번역되었는지에 대한 추적이 책의 요지다. 그러니까, 한편으로 번역을 통해서 아랍 문명의 바탕에 착생한 그리스 사상들이 어떤 역할과 기능을 수행했는지를 일러주는 소중한 글이고, 다른 한편으로 번역 작업이 학문과 문화의 발전에 얼마나 중요한 학술 토대 활동임을 증명하는 역사 자료이기도 하다. 저자는 이 분야의 세계적 권위자인 예일 대학의 구타스(Dimitri Gutas) 교수다. 『그리스 사상과 아랍 문명』은 한마디로 그리스 책들이 동쪽으로 가게 된 사연을 담고 있는 책이다. 여러 책들이 소개되어 있지만, 아리스토텔레스의 책들이 『그리스 사상과 아리비아 문화』의 주인공이라는 점이 흥미롭다.

그런데 동쪽에서 서쪽으로 간 책들도 있다. 황당하지만 나름 재미있는 이야기를 하나 소개하겠다.

> 11. 식인(食人)을 하는 다른 스키티아인들이 사는 곳 너머에는 이마부스(Imavus, 오늘날 히말라야 산맥) 산의 어느 계곡에는 아바리몬(Abarimon)이라 불리는 지역이 있다. 이곳에는 숲 속 사람들이 살고 있는데, 그들의 정강이 뒤로 발바닥이 뒤집혀 있다. 하지만 믿을 수 없는 속도로 빨리 달리며, 야수(野獸)들과 함께 이곳 저곳을 뛰어 다닌다. 알렉산드로스 대왕의 원정을 돕기 위해 길을 미리 수색하는 임무를 수행한 바이톤(Baeton)은 이들에 대해서 이렇게 전한다. 이들은 다른 하늘(다른 기후 풍토)에서는 숨쉬지 못한다. 그래서 그들은 인근의 왕들은 물론 알렉산드로스 대왕에게 데려올 수가 없었다. 12. 니케아 출신인 이시고누

3) 이하는 2013년 글항아리에서 출판된 드미트리 구타스 교수의 저서 『그리스 사상과 아랍 문명』(정영목 옮김)의 뒷부분에 실린 소개한 글임.)

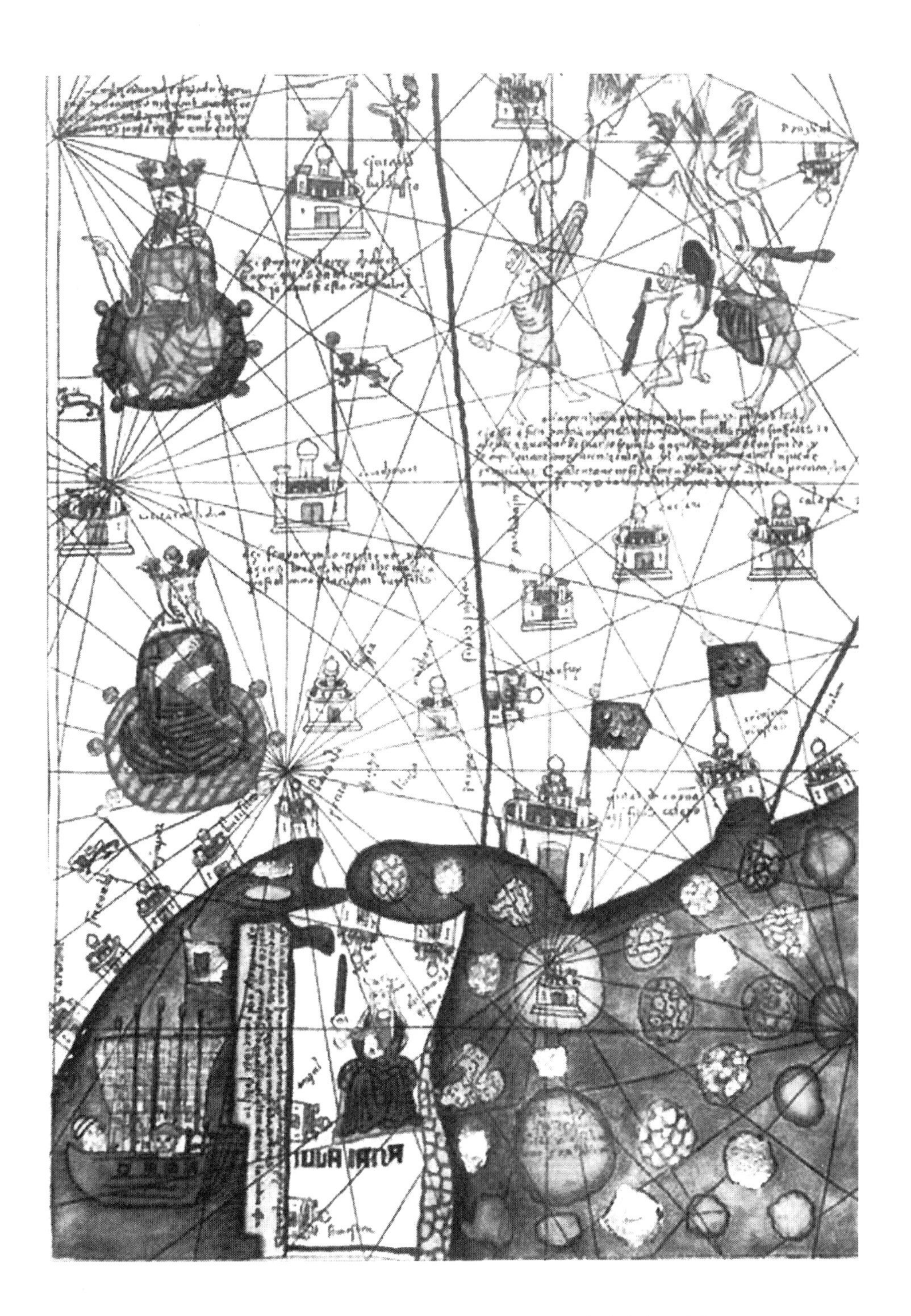

스(Isigonus)에 따르면, 북쪽 지역으로 보뤼스테네스 강 너머로 열흘 거리에 떨어진 곳에 산다고 앞에서 언급했던 그 식인 종족들은 사람의 해골을 잔으로, 사람의 머리 가죽을 머리털로 묶어서 가슴에 매달아 수건처럼 사용한다. 마찬가지로 이시고노스에 따르면, 이런 사람도 있다고 한다. 알바니아 지역에는 회색 눈을 가진 사람들이 있는데, 이들은 유년기부터 백발이고 이들의 눈은 낮보다는 밤에 더 잘 본다. 다시 이시고노스의 보고다. 보뤼스테네스(드니페르강)에서 13일을 걸어가면 사우로마타(Sauromata) 종족이 살고 있는데, 삼 일에 한 번 식사하는 습관을 가지고 있다. 13. 페르가몬 출신의 크라테스의 보고에 따르면, 헬레스폰투스(오늘날 Daedanelles)의 파리움(Parium) 인근에는 한 종족이 산다. 크라테스는 이들을 오피오게네스(Ophiogenes, 뱀족)이라고 불렀다. 이들은 뱀에 물리면, 물린 곳에 손을 대어 독을 빼내고 치료한다. 타액으로 뱀의 물린 곳을 치료하는 종족이 있다고 바로(Varro)도 전한다.(중략) 23. 메가스테네스에 따르면, 눌루스(Nulus)라는 이름의 산에는 발이 뒤로 향한 사람들이 산다. 그들의 발은 여덟 개의 발가락을 가지고 있다. 또한 개의 머리에 짐승 가죽을 두르고 사는 사람들이 있는데, 여러 산에 흩어져 산다. 목소리 대신에 개가 짖는 소리를 내며 짐승과 새를 사냥하며 산다. 사냥에 사용하는 무기는 손톱이다. 이들의 수는 대략 12만 명을 넘는다고 메가스테네스가 자신의 책에서 밝힌다. 크테시아스에 따르면, 인디아(India)의 어느 종족은 여자들이 일생에 애를 단 한 번밖에 낳지 못한다고 한다. 이렇게 태어난 아이들은 태어나자 마자 백발이 된다. 또한 크테시아스의 보고에 따르면, 모노콜리(Monocoli, 외다리 종족) 종족이 있다. 그들의 다리는 하나인데, 뛰어 오르는 데에는 놀라운 민첩함을 갖췄다. 이들은 스키아포다이(Sciapodae, 발그늘 종족)이라고 불린다. 그들이 발로 치고 그늘을 만들어 땅에 누워 발그늘을 이용해 더운 날씨를 피하기 때문이라고 한다. 멀지 않은 곳에 동굴에 사는 종족이 있다. 동굴 종족이 사는 곳에서 서쪽으로 가면 목이 없고 눈이 어깨에 달린 종족이 살고 있다. 24. 그런데 인디아의 동쪽 산지, 즉 카타르클루디(Catarcludi) 종족의 지역에는 사튀로스(satyrus, 반인반수)가 살고 있다. 아주 재빠른 동물인데, 때로는 네 발로 때로는 사람처럼 곧추 서서 달린

Von mancherlay gestaltnus der menschen schreibē
Plinius. Augustinus vnd ysidorus die hernachge
melte ding. In dem land india sind menschē myt hunds
köpffen vnd reden pellēde. neerē sich mit vogelgefang vñ
klaiden sich mit thierhewten. Item etlich haben allain
ain aug an der stirñ ob der nasen vnnd essen allain thier
fleisch. Item in dem land libia werden etlich on hawbt
geporn vnd haben mund vnd augen. Etlich sind beder
lay geslechts. die recht prust ist in menlich vnd die lingk
weibisch vnd vermischen sich vndereinand vñ gepern.
Item gegen dem paradis bey dem fluss Ganges sind et
lich menschen die essen nichts. dann sie haben so klainen
mund das sie das getranck mit einē halm einflössen vnd
leben vom gesmack der öpffel vnd plumen. vnd sterben
pald von bösem gesmack. Daselbst sind auch lewt an
nasen eins ebnen angesichts. Etlich haben vnden so
groß lebssitzen das sie das gantz angesicht damit bedeckē.
Item etlich an zungen. die deuten einander ir maynūg
mit wincken als die closterlewt. Item in dem land Sici
lia haben etlich so grosse orñ das sie den gantzen leib da
mit bedecken. Item in dem land ethiopia wandern etlich
nyd ergebogen als das vih. vnd etlich lebē vierhundert
iar. Item etlich haben hörner. lang nasen vnd gaysfüsse
das findest du in sand Anthonius gantzer legēd. Itē in
ethiopia gein dem nidergang sind lewt mit einem pray
ten fuss. vnd so schnell das sie die wilden thier erfolgen
Item in dem land Scithia haben sie menschē gestalt vñ
pferds füess. Item alda sind auch lewt fünff elnpogen
langk vnd werden nicht kranck bis zum tod. Item in dē
geschichtē des grossen Alexanders liset man das in india
menschen seyen mit sechs henden. Item etlich nacket vñ
rawh in den flüssen wonend. etlich die an henden vnd
füssen sechs finger haben. etlich in den wassern wonēde
halb menschen vnd halbs pferds gestalt habende. Itē
weiber mit perten bis auff die prust auff dē hawbt eben
vnd an har. Item in ethiopia gegen dem nidergang ha
ben etlich vier awgē. So sind in Eripia schön lewt mit
kranchßhelsen vnnd snebeln. Doch ist als Augustinus
schreibt nit zuglawben das etliche menschē an dem ort
der erden gegen vns da die sunn auff geet. so sie nider in
der geet die versen gegent vnsern füssen kert. Doch ist ein
grosser streyt in der schrifft wider den wone des gemay
nen volcks. das geringßumb allenthalben menschē auff
der erden seyen. vnd die füss gegen einander kerende dar
auff steen. vnnd doch alle menschen ir schaytel gen hi
mel keren. in verwunderūg warūmb doch wir oder die
die ir fersen gegen vnns wenden nit fallen. Aber das
kombt auß der natur. dann gleicherweis als der stul des
fewrs nyndert ist denn in den fewern. der wasser nyndert
denn in den wassern. vnnd des gaysts nyndert denn in
dem gayst. also auch der stul der erden nyndert anderß
wo denn in ir selbs.

다. 너무 빨리 달리기 때문에 좀처럼 잡기 어렵다. 늙거나 병든 것 정도만을 잡을 수 있다. 타우론(Tauron)이 코로만다이(Choromandae)라 부른 종족도 있다. 이 종족은 숲에서 산다. 말 대신에 소름 끼치는 소리를 내지르고, 몸은 털로 덮여 있으며, 회색의 예리한 눈빛을 쏘며, 개의 이빨을 가지고 있다. 에우독소스(Eudoxus)에 따르면, 인디아의 남쪽에는 남자의 경우, 1완척(腕尺, 약 44cm)의 발을, 여자의 경우 아주 작은 발을 가져서 참새 다리(Struthopodes) 종족이라 불리는 이들이 산다. 25. 메가스테네스에 따르면, 유목하는 인디아인 중에는 이런 종족도 있는데, 이들은 코가 있어야 할 자리에 구멍만 있고 다리는 뱀처럼 끈 모양이다. 그들은 스키리타이(Sciritae)라고 불린다. 인디아의 가장 먼 쪽, 즉 강기스(아마도 갠지즈) 강이 발원하는 곳에는 입이 없는 아스토미(Astomi) 종족이 산다. 이들의 몸은 털로 뒤덮여 있다. 솜옷을 입으며 들이마시는 공기와 코로 통해 들어오는 향기로만 연명한다. 어떤 음식도 먹지 않고 어떤 음료도 마시지 않는다. 뿌리와 꽃과 숲에서 자라는 과일의 향기만을 섭취할 뿐이다. 먼 길을 떠날 때에는 과일을 지니고 가는데, 향이 떨어지지 않도록 하기 위함이다. 향이 너무 강하면, 오히려 그것이 그들의 생명을 위협할 수도 있다고 한다. 26. 이들이 사는 곳의 너머에 있는 산에는 트리스피타미(Trisphithami, 세 뼘) 종족과 피그미(Pygmi) 종족이 산다고 한다. 키가 세 뼘 크기를 결코 넘지 않은 이 종족은 아주 좋은 풍토에서 산다. 북쪽으로 뻗어있는 산맥이 차가운 북풍을 막아주기 때문에 계절은 언제나 봄이다. 호메로스가 두루미의 공격을 받는 종족이라 언급한 적이 있는 그 종족이다. 이런 소문이 전해온다. 봄이 되면 모든 종족이 활과 화살로 무장하며 흰 양과 암염소를 타고 대오를 갖추어 바다로 내려와서, 그 새의 알들과 어린 새끼들을 먹어 치워버린다. 이 원정은 3개월에 걸쳐서 진행된다. 그렇게 하지 않으면, 장차 있게 될 두루미 떼의 공격을 막아낼 수가 없기 때문이라고 한다. 그들은 진흙에 깃털과 알의 껍질을 버무려 지은 집에서 산다고 한다.

인용은 로마의 자연학자 플리니우스(Plinius)의 『자연학』 제7권에서 끌어 온 것이다. 흥미로운 점은 진기한 사람들에 대한 이 이야기들이 사라지지 않고 서양 사람들의 입에서 입으로 회자되었고, 이는 문헌에서 문헌으로 전승된다는 것이다. 이에 대한 대표적인 증거가 1375년에 제작된「카르타 카탈라나(Carta Catalana)」[4]이다.

위(277쪽)의 지도 오른쪽 상단을 보면, 플리니우스가 전하는 진기한 인종들이 그림들로 소개되어 있다. 물론 이 그림들의 원천은 플리니우스가 아닐 수도 있다. 왜냐하면 폴로 이전에 몬테 코르비노의 요한이나 이븐 바투타의 여행기에서 동양의 진기한 인종들의 이야기를 배웠을 가능성도 있기 때문이다. 이에 대해서는 보다 엄밀한 문헌 조사가 요구된다. 아무튼 중앙 아시아의 북부에서 취한 것으로 추정되는 이야기는 끊임없이 서양인의 호기심을 자극했는데, 이에 대한 전거는 대표적으로 맨드빌이 1459년에 지은『여행기』다.

> 돈둔(Dondun)은 강력한 왕이 다스린다. 54개의 큰 섬들로 이뤄져 있다. 각각의 섬은 각기 왕관을 쓴 왕이 다스리지만, 이들 섬들의 왕들은 모두 저 왕에게 복종하고 조공을 바친다. 섬에는 다양한 인종이 산다. 한 섬에 사는 종족은 키가 크고 생김새는 보기만 해도 소름이 돋는다. 외눈박이다. 이마 한 가운데 눈이 하나 달렸다. 날고기와 생선을 먹고 산다. 남쪽의 다른 섬에 사는 종족은 생김새가 흉측하다. 머리가 없다. 눈은 어깨에 달려 있다.(중략) 한 섬에 사는 종족은 윗입술이 매우 크다. 해서 햇볕에서 잠을 자면, 그 입술이 얼굴을 덮는다. 한 섬에는 난쟁이들이 산다. 피그미 종족보다는 크며, 입이 없고 작은 구멍이 나 있다. 음심을 먹고 마실 때는 관이나 깃으로 빨아 먹는다.(중략) 한 섬에는 귀가 무릎까지 내려오는 종족이 산다. 한 섬에는 발이 말발굽인 종족이 산다. 힘이 세고 날새며 튼튼하다.(생략) 한 섬에는 남자이기도 하고 여자이기도 한 종족이 산다.(중략) 한 섬에는 무릎으로 다니는 종족이 산다. 걸을 때는 고꾸라지는 모습으로 보이며 발가락이 여덟 개다.(제22장)

---

4) 현재는 프랑스 국립 도서관의 마자랭 전시관에 소장됨: Morel-Fortio's Sp. MSS. No. 119.

진기한 인종들에 대한 이야기의 출처가 플리니우스든 아니면 맨드빌이 실제로 여행을 통해서 얻은 것들이든, 이것들은 세델(Hartmann Schedel)에 의해서 1493년에 독일에서 출판된 『뉘른베르크 연대기(*Liber Chronicarum*)』에 종합하여 수록된다.

277쪽 도판에서 작은 그림 세 개만 소개하겠다. 먼저, 왼쪽 두 번째의 외눈 종족을 보자. 물론 외눈박이 이야기는 호메로스의 『오뒷세이아』에서 발견된다. 퀴클롭스 이야기가 그것이다. 해서 서양인은 물론 우리의 귀에도 익숙한 이야기다. 플리니우스의 보고는 이렇다.

> 아리마스피(Arimaspi) 종족이 이 곳(아마도 코카서스 산)에 산다. 이 종족은 이마 한 가운데에 눈이 하나밖에 없다.(『자연학』 제7권 10장)

플리니우스는 외눈박이가 사는 지역이 중앙 아시아에 있는 어느 지역이라고 전한다. 어쩌면, 오뒷세우스가 방문한 폴뤼페모스의 동굴이 코카서스 산맥의 어느 산중이었을지도 모르겠다. 물론 이 보고가 황당한 소리로 들릴 수도 있다. 그런데 이보다 더 황당한 이야기가 있다. 각설하고, 외눈박이 이야기가 실은 동양의 신화집인 『산해경』에서도 발견된다.

> 일목국(一目國) 사람은 얼굴 가운데에 눈이 하나 달려 있다.(『산해경』, 「해외북경」)[5]

"눈이 하나"라는 언명 밖에 없어 조금 아쉽다. 하지만 뭔가 연관은 있어 보인다. 물론 우연일 수도 있다. 그렇다면 277쪽의 오른쪽 세 번째 그림으로 가자. 플리니우스의 보고다.

> 판오티이 종족은 아주 큰 귀를 가지고 있다. 귀가 온 몸을 감쌀 정도로 크다. 귀가 없다면, 벌거벗고 있어야 한다.(『자연학』 제4권 93장)

---

5) 『산해경』(서경호 옮김, 안티쿠스 출판사 2006), 208쪽.

『산해경』은 이렇게 전한다.

섭이국(聶耳國) 사람의 귀는 너무 커서 보통 때는 두 손으로 귀 끝을 받치고 있어야 한다. 잘 때는 한쪽 귀를 요 삼아 깔고, 다른 쪽 귀를 이불 삼아 잔다.(『산해경』, 「해외북경」)

이쯤 되면, 『자연학』과 『산해경』의 비교-검증을 심각하게 고려해야 할지도 모르겠다. 물론 황당한 소리로 들릴 수도 있을 것이다. 다시 플리니우스의 보고로 돌아가자.

트리스피타미(Trisphithami, 세 뼘) 종족이 산다.(중략) 봄이 되면 모든 종족이 활과 화살로 무장하며 흰 양과 암염소를 타고 대오를 갖추어 바다로 내려와서, 그 새의 알들과 어린 새끼들을 먹어 치워버린다.(중략) 장차 있게 될 두루미 떼의 공격을 막아낼 수가 없기 때문이다.(『자연학』 제7권 26장)

같은 이야기가 『산해경』에서 발견된다.

소인국 사람은 키가 7~8치밖에 되지 않지만 모두 행동거지가 훌륭하고 예의가 바르며, 300세까지 사는 사람도 많다. 그들은 무척 빨리 걸어서 하루에 1,000리를 가며, 어떤 야수도 감히 그들을 해치지 않는다. 이 사람들은 해곡(海鵠)이라는 새만 무서워한다. 왜냐하면 해곡은 이유를 불문하고 삼켜버리기 때문이다. 그렇지만 소인은 해곡의 뱃속에 들어가도 죽지 않는다. 그들은 수레와 말을 타고 다니는데, 사람이 그들을 잡아먹으면 신선이 될 수 있다.(『산해경』, 「해외남경」)

사정이 이와 같다면, 도대체 『자연학』과 『산해경』에서 발견되는 저 유사함은 어떻게 해명해야 할까? 적어도 한 가지 사실은 이 유사함이 결코 우연적인 것이 아니라는 것이다. 왜냐하면 플리니우스의 보고 자체가 원래 중앙 아시아 혹은 중국의 서쪽 지방에서 수집된 이야기이기 때문이다. 사연인 즉 다음과 같다. 때는 바야흐로 알렉산드로스가 동방 원정을 나섰을 때이다. 그는 안전한 원정과 정복 전쟁을 수월하게 치르기 위해 항상 의사와 자연학자와 지리학자와 같은 학자들은 데리고 다녔다. 이들 학자들이 수행한 임무는 대개는 정복하려는 지역의 지리와 종족의 특성을 미리 탐색하는 일이었다. 알렉산드로스가 오늘날 아프가니스탄 지역에 도착한 시기는 기원전 330년 즈음인데, 마찬가지로 일군의 학자들이 먼저 히말라야 산맥은 물론 인근의 신장 지역과 내몽골 지역 일대를 미리 수색하고 탐사하였다. 이 시기에 이 임무를 수행한 학자는 바로 메가스테네스(Megasthenes)와 바이톤(Baeton)이었다. 참고로 이들은 아리스토텔레스의 제자이자 친척이었다. 결론적으로, 이 이야기들이 히말라야 산맥에서 사는 종족들에 대한 것이라면, 『자연학』과 『산해경』은 어쩌면 같은 종족에 대한 이야기를 수집한 것일지도 모른다. 이와 관련해서 한 걸음 물러나 황당한 이야기의 경우야 믿거나 말거나 한 것이라 치더라도 그 기원이 중앙 아시아 혹은 현대 중국의 서쪽 지방으로 추정되는 많은 식물과 동물 그리고 광물이 지역 구분에 따라 제한적이지만 나름 체계적으로 동양을 서양에 소개한 책이 바로 『자연학』이라는 점 정도만 지적하고자 한다.

사정은 거꾸로도 마찬가지다. 예를 들면, 당나라 때에서 단성식(段成式, 803~863)이 저술한 『유양잡조(酉陽雜俎)』라는 책이 중요하다. 이 책은 30편 20권으로 된 책으로 『사부총간(四部叢刊)』에 수록되어 있다. 이 책은 비서(秘書)와 이사(異事)를 모든 것으로 선불인귀(仙佛人鬼)로부터 각종 동식물들을 소개한다. 30편으로 분류되어 있는 이 책은 충지(忠志), 예이(禮異), 천지(天咫), 옥격(玉格), 호사(壺史), 패편(貝編), 경이(境異), 희조(喜兆), 화조(禍兆),(중략), 낙고기(諾皐記), 광동식(廣動植), 육확부(肉攫部)로 되어 있다. 또한 이 책은 『흥부전(興夫傳)』의 근원설화(根源說

話)라고 일컬어지는 '방이설화(旁說話)'가 수록되어 있다. 이 가운데에서 눈길을 끄는 부분은 식물에 대한 기술이다. 『유양잡조』에 소개되는 식물 목록이 그리스 의학자였던 디오스코리데스(Dioscorides, 서기 1세기)의 『약학(*De materia medica*)』의 약재 목록과 거의 일치하거나 유사하기 때문이다. 이 때문에 단성식이 이 책을 저술을 할 때에 디오스코리데스의 아랍어 번역 혹은 시리아 번역을 참조했을 가능성이 높았을 것이라고 추정된다. 물론 이에 대해서는 보다 엄밀한 문헌 비교가 요청된다. 어쨌든, 어떤 매개 과정을 거쳐서 그리스 문헌들이 중국으로 흘러 들어오게 되었는지를 밝혀주는 연구 가운데에 하나가 『그리스 사상과 아랍 문명』이다.

이왕 말이 나온 김에 이야기를 하나 더 소개하겠다. 다름 아닌 『알렉산드로스 전설』에 대한 이야기다. 소개의 이유는 알렉산드로스 대왕에 대한 전설이 그리스어뿐만이 아니라, 라틴어, 유럽어들, 이집트어, 콥트어, 아르메니아어, 시리아어, 히브리어, 아라비아어, 페르시아어, 에티오피아어, 콥트어, 돌궐어, 심지어는 몽골어로도 기록되어 있기 때문이다. 동양의 관점에서 보면 중앙 아시아에서도 알렉산드로스 대왕의 전설이 발견된다는 점이 눈길을 끈다. 중앙 아시아의 역사와 관련 있는 언어들의 버전들만 참고로 소개하겠다. 돌궐어로 소개된 알렉산드로스 대왕의 전기의 제목은 『익센더 나메흐(*Iskender Nâmeh*)』이다. 저자는 아흐메디(Tâj ud-Din Aḥmed ben Ibráhîm el-Aḥmedî, 1437년 사망)이다. 리외(Rieu, *Catalogue of theTurkish MSS*. In the British Museum, London 1888, p. 162)의 보고이다.

> 아흐메디의 알렉산드로스 전기는 페르시아의 전기를 저본으로 참조하였고, 많은 부분에서 이야기는 독창적으로 구성되었다. 이 점에서 돌궐 버전은 페르시아 버전과는 다르다. 저자 아흐메디는 이야기에 세계의 기원과 세계의 모습에 대한 철학적인 내러티브와 인간에 대한 신체적인 구

성과 심리적인 특성 및 덕과 악덕에 대한 논의도 포함시켰다. 그런데 이 이를 전하는 화자가 아리스토텔레스다. 아리스토텔레스는 또한 알렉산드로스에게 알렉산드로스 이전의 왕들과 그를 이을 후대의 왕들에 대해서도 이야기를 전하는데, 여기에는 동양의 역사가 소개되어있다. 이는 전기의 4분의 1을 차지하는 분량이다.

인용에서 아리스토텔레스가 돌궐 문헌에 등장한다는 사실이 매우 흥미롭다. 어쨌든 『익센더 나메흐』가 저작된 것은 15세기 초이다. 이 문헌은 10세기에서 14세기 사이에 저작된 것으로 추정되는 페르시안 문헌을 바탕으로 한다. 페르시아 버전은 아랍 버전을 바탕으로 저술된 것이다. 알렉산드로스 대왕의 전설은 알렉산드리아의 교부였던 바트릭(Said ibn Batrik)이 『보편 역사』에 소개된다는 점을 지적해둔다. 또한 위그르 문자로 기록된 중기 몽골어 문서(T1D 155(U 588))를 소개하고자 한다. 이 문서는 1902년에서 1903년 사이에 둔황에서 발견된 것이다. 내용은 알렉산드로스 대왕이 불멸의 물을 찾아 다니는 이야기다. 크게 네 부분으로 구성되어 있다. 수메르 산을 오르는 이야기가 첫 부분이고, 해저로 내려가는 이야기가 두 번째 부분이며, 어둠의 나라로 들어가는 이야기가 세 번째 부분이고, 미시르(Misir)로 돌아오는 이야기가 마지막 부분이다. 문서 자체의 기록은 16세기 혹은 17세기로 추정된다.[6] 중요한 것은 이야기의 형성 시기다. 폴커는[7] 그 시기를 서기 7세기경으로 추정하고, 여기에는 중국 북서부에서 이미 세력을 확장한 경교(景敎) 종파의 활동과 관련되어 있을 것이라고 추정한다. 추정은 나름 설득력이 있다. 왜냐하면 8세기에 이르면 경교(경교는 네스토리우스 일파가 세운 그리스도교의 이단 종파로 알려져 있으나, 이에 대해서는 현재 논란 중이다. 당나라에서

6) 참고, V. Rybatzk(2004, 284~296).

7) 참고, V. Rybatzk(2004, 284~285).

공인해 준 경교의 교인들이 네스토리우스 일파인지, 시리아 정교의 분파(멜카이트))인지, 아니면 콥트 정교의 분파(도마)인지에 대해서는 보다 엄밀한 문헌 고증과 현장 검증이 요청된다. 해서, 이 글에서는 네스토리우스 일파라는 명칭을 사용하지 않았다. 당나라 황실의 공인을 받았고, 그 세력도 매우 컸기 때문이다. 왜냐하면 7세기 즈음에는 중앙 아시아에도 알렉산드로스와 연관된 그리스도교 이야기들이 널리 퍼져 있었을 가능성이 높기 때문이다. 이와 관련해서 바르 헤브라이우스가 『왕조들의 역사』[8]에 알렉산드로스를 자세하게 소개한다는 점을 지적한다. 적어도 13세기 이전에 알렉산드로스 대왕에 대한 이야기와 그리스도교의 교리가 이미 중국의 서북부에는 널리 퍼져 있었다는 소리다. 또한 이 책이 흥미로운 이유는 여기에 헤브라이우스가 흉노족의 왕들은 물론 몽골 제국의 칸들에 대해서도 전기를 남겨 놓았기 때문이다. 어쩌면, 서양의 주요 역사에 혹은 동양의 주요 사서에서 변방으로 취급되어 언급되지 않았던 유라시아의 잃어버린 역사, 혹은 적어도 아시아 북방의 역사에 대한 실마리가 이와 같은 이야기와 자료들을 통해서 풀리거나 운이 좋으면 복원이 될지도 모르기 때문이다. 동서 교류에 대한 연구는 이제부터가 시작이라는 점을 강조시키기 위해서 이야기가 좀 길어졌다.

다시, 『그리스 사상과 아랍 문명』으로 돌아가자. 이 책은 주제의 관점에서 볼 때에 그 자체로 하나의 독립적인 연구 영역이다. 하지만 이 연구가 동서교류사의 관점에서 보면 물론 중요한 교점이지만 아직까지는 분과적 연구에 머물러 있다는 인상을 준다. 서기 2세기에 이집트 알렉산드리아에서 활약한 프톨레마이오스가 지은 『알마게스트(*Almagest*, Μαθηματικὴ Σύνταξις)』를 소개하겠다. 이 책은 천문학을 담고 있는

8) 참조 Bar Hebraeus(1663, 89).

그리스 문헌이다. 이 책이 아랍어로 번역된 것은 9세기다. 칼리프 알마문(Al-Ma'mun)의 후원을 받아서 살 이븐 비스르(Sahl ibn Bishr)가 번역하였다. 아리스티푸스(Henricus Arsitippus, 12세기 중엽 활약)가 『알마게스트』를 그리스 원문에서 라틴어로 번역한 시기는 12세기 중엽이다. 따라서 이 때까지도 유럽은 프톨레마이오스의 천문학에 대한 지식을 톨레도 학파의 대표적인 학자였던 크레모나의 제라르도(Gerardo da Cremona, 1114~1187)가 아랍어에서 라틴어로 번역한 책에서 구했고, 실제로 권위와 영향력도 제라르도의 번역이 아리스티푸스의 그것보다 더 컸다. 동쪽으로 갔던 그리스 문헌들의 극적인 귀향인 셈이다. 이렇게 다시 서쪽으로 돌아온 책들도 많지만, 문제는 어떤 책들은 동쪽에서 더 동쪽으로 향해 나간 책들도 있다는 것이다. 바로 프톨레마이오스의 천문학에 대한 책들이다. 단적으로, 원나라 때에 만들어진 회회력(回回曆)이 그 증거다. 이는 다시 명나라를 거쳐 조선에도 들어오는데 『칠정산외편』에서 근본적으로는 프톨레마이오스의 흔적을 추적할 수 있다. 서양 천문학의 흔적을 불교의 대장경에서도 많이 찾을 수 있는데, 서명만 열거하면 다음과 같다: 『T21, n1299 文殊師利菩薩及諸仙所說吉凶時日善惡宿曜經』, 『T21, n1300 摩登伽經』, 『T21, n1301 舍頭諫太子二十八宿經』, 『T21, n1302 諸星母陀羅尼經』, 『T21, n1303 佛說聖曜母陀羅尼經』, 『T21, n1304 宿曜儀軌』, 『T21, n1305 北斗七星念誦儀軌』, 『T21, n1306 北斗七星護摩要儀軌』, 『T21, n1307 佛說北斗七星延命經』, 『T21, n1308 七曜攘災決』, 『T21, n1309 七曜星辰別行法』, 『T21, n1310 北斗七星護摩法』, 『T21, n1311 梵天火羅九曜』. 이렇게 길게 책 제목들은 열거한 이유는 『그리스 사상과 아랍 문명』과 같이 분과적 연구도 중요하지만 동양과 서양의 교류에 대한 연구를 혹은 소위 동서비교학을 바로보는 지평의 확대가 필요하기 때문이다.

중국의 부상으로 요즈음 동서교류에 대한 연구가 호시절을 누리고 있다 해도 지나친 표현은 아닐 것이다. 그런데 동서 교류에 대한 연구들이 각국의 역사적 필요와 이유에 의해서 분과적으로 혹은 고립적으로 연구되고 있다는 점을 지적하고자 한다. 요컨대 중국은 중국대로, 일본은 일본식으로, 한국은 한국적인 이해의 범위에서, 서양은 서양의 관점에서 동양과 서양의 만남과 교류의 연구에 박차를 가하고 있기 때문이다. 예컨대 연구의 방향이 문제인데, 동양은 동양 문화가 동쪽에서 서쪽으로 이동하는 과정, 즉 서진(西進) 역사만을, 서양은 서양 문화가 서쪽에서 동쪽으로 이동하는 과정, 곧 동진(東進) 역사의 추적에만 힘을 기울이기 때문이다. 그러나 아직은 시작 단계이기에, 각각의 연구들이 각자의 위치에서 출발할 수밖에 없다는 점을 인정해야 할 것이다. 물론 언어 문제가 개입되어 있긴 하지만 어떤 연구는 특히 번역 문헌들의 경우, 대개 내용적으로 문헌들이 연결되어 있는 경우가 많다는 점을 지적하고자 한다. 그리스도교 관련 문헌들에 대한 연구가 대표적이다. 이를테면 어떤 문헌의 경우는 그리스 문헌과 시리아 문헌, 시리아 문헌과 아랍어 문헌, 시리아 문헌과 페르시아 문헌, 시리아 문헌과 위구르 문헌, 시리아 문헌과 돌궐 문헌, 시리아 문헌과 소그드 문헌의 비교, 소그드 문헌과 한문 문헌의 비교, 아랍 문헌과 한문 문헌에 대해, 때로는 부분적이고 때로는 전면적인 문헌 비교가 요청되고, 실제로 그렇게 할 때 해독되는 문헌들이 많이 있기 때문이다. 특히 둔황에서 발견되는 문헌 가운데에서 그리스도교와 관련된 문헌들이 그렇다는 점을 마지막으로 지적하고자 한다.

이처럼 언어적인 이유를 차치하더라도 동서비교학 자체가 결코 쉽지는 않은 연구다. 대략 시대별로만 분류해도 이 연구는 고대 시대에 일어난 동서 교류와 비교 분석을 중심으로 진행되는 시노-헬레닉(Sino-Hellenic) 연구, 중세 시대에 있었던 교류 연구, 특히 팍스 몽골리카(Pax

Mongolica) 역사에 대한 연구, 근세에 와서 특히 17세기 이후의 동서 교류, 특히 예수회 신부들의 활동에 대한 연구 등으로 나눌 수 있는데, 이 연구들 하나 하나가 만만치 않는 '미지의 대륙(terra incognita)'이기 때문이다. 하지만 굳이 절망하거나 비관할 필요는 없을 것이다. 이 연구들이 언젠가는 공시적으로든 혹은 통합적으로든 한 자리에 모이게 될 날이 올 것이기 때문이다. 어쨌든 글로벌 시대를 사는 우리의 정체성 규정의 문제를 해결하기 위해서도 동양과 서양의 비교-연구에 대한 필요가 이를 강제할 것이기 때문이다. 어찌되었든 지금 우리는 이미 동서 교류의 단계가 아닌 동서 융합의 세계에 살고 있기에 말이다.

13장
"Regi Corum"은 고려의 충숙왕인가[1)]

1333년 교황 요한 22세는... 고려 충숙왕에게 편지를 썼다.

인용은 2016년 9월 29일에 세계일보에 보도된 기사의 발문이다. 과연 그럴까? 사실, 이번에 처음 제기된 주장은 아니다. 나름 역사를 가진 주장이기 때문이다. 이해를 돕기 위해 논쟁사를 소개하겠다. 가장 최근의 주장부터 소개하겠다. 2016년 12월 2일 사단법인 세계종교평화협의회와 KBS가 주최한 심포지엄("동서의 교류에 있어서 바티칸 시국에서 고려에 보낸 최초의 서신이 가지는 의미")에서 발표된 글을 통해서 퇴펠(Alexander Toepel)은 다음과 같이 주장한다.

> '충숙'의 중국식 발음은 '총수Zhong-su'이다. 따라서 이 '총수'를 'Socus'로 옮겼다고 보기에는 무리가 있다. '고려Goryeo'라는 나라 이름도 중국식으로는 Gao-li인데, 마르코 폴로는 『동방견문록』에서 이를 Cauly로 옮겼다(80장 참조). 하지만 이와 달리 'Cori'라는 명칭은 '고려'라는 이름을 반영한다.

퇴펠은 Socus를 충숙왕으로 보는 것은 "무리가 있다"고 본다. 하지만 기본적으로는 "Regi Corum"을 "고려의 왕"으로 볼 수 있다고 주장한다. 이에 대한 방증으로 그는 충숙왕의 부왕이었던 충선왕이 네스토리우스

---

1) 이 글은 안재원(2016: 129~163)을 바탕으로 재구성.

(Nestorius)파의 수장이었던 Gewargis(Georgus)과 친분이 있다는 점을 든다. 충숙왕이 그리스도교와 연관이 있는 군주였을 개연성이 높다는 주장이다. 퇴펠의 결론이다.

> 하지만 이후에도 계속 고려에서 그리스도교가 전파되었다는 흔적은 나타나지 않는다. 13세기에서 14세기로 넘어가는 시기에 고려에서 그리스도교는 왕실과 지식인들 사이의 관심사로 한정되었던 것으로 보인다. 하지만 그렇다고 당시의 이 사실이 과소평가되어서는 안 될 것이다. 아비뇽의 교황이 세상의 또 다른 끝에 있는 나라의 통치자에게 보낸 이 서신이야말로 서양의 그리스도교 전통과 극동의 유교적 사상 사이에 이루어진 첫 소통과 어쩌면 논쟁적이었을 수도 있는 만남을 보여주는 문헌이기 때문이다.[2)]

퇴펠은 "Regi Corum"을 "고려의 왕"으로 보고 아비뇽의 교황 요한 22세가 보낸 서신을 고려의 국왕에게 보낸 것으로 인정한다. 타나스(Thomas Thanase)도 퇴펠의 입장을 취한다. 「아비뇽 유수 시기에 보내어진 편지들에 나타난 로마 교회의 보편성」이라는 논문의 각주를 통해서 그는 "Soco de Chigista, rex Corum이 코레아의 왕이라는 사실은 의심의 여지 없다"[3)]고 피력한다. 하지만 아쉽게도 타나스는 이를 입증하는 혹은 논증하는 어떤 전거나 논거를 제시하지는 않는다. 이런 사실을 놓고 볼 때에 타나스의 입장도 퇴펠의 경우와 마찬가지로 기본적으로 1949에 출판된 제22차 국제 동방학 자료집에서 실린 리샤르(J. Richard)의 주장을 수용한 것으로 추정된다.[4)] "Regi Corum"이 고려의 충숙왕이라는 점이 리샤르의 주장이다. 리샤르의 주장은 두 개의 유추

---

2) 퇴펠(2016, 번역문 5쪽).

3) Th. Thanase(2011: 577~595).

4) M. J. Ricahrd(1949: 349~50).

에 근거한다. 하나는 Cores가 Gori와 음성적으로 자연스럽게 연결된다는 유추이다. 이를 위해 그는 하구엔나우어(C. Haguenauer)의 논문을 인용 자료로 제시한다.[5] 다른 하나는 "C'un-syuk"에서 "Syuk"의 라틴어 표기가 "Soc"일 것이라는 유추이다. 하지만 Chigista에 대해서는 해명이 어렵다는 점을 인정한다. 리샤르에 따르면, 흥미로운 점은 Regi Corum을 고려의 왕으로 해석한 이가 하구엔나우어가 아니라 소란초(Soranzo)라는 것이다.[6] 참고로 비록 학술적으로 큰 쟁점으로 부상된 것은 아니었지만, 1930년대에 고려와 고려인들이 누구였는지에 대한 논쟁이 벌어졌던 것은 사실이라는 점을 지적하고자 한다. 이를 잘 보여주는 전거가 1929년에 피렌체에서 출판된 『중국의 프란치스코회(*Sinica Franciscana*)』의 서문의 일부이다.

> 그들은 "Magnifico viro Socho de Chigiota(sic) Regi Corum"라는 하나의 서명으로부터, 이 경우에 이는 실제로 코레아를 말하는 것이라고 주장한다. 물론 이 해석이 불가능한 것은 아니다. 하지만 이 해석은 개연성이 떨어진다. 이 시기에 이 나라를 통치했던 왕의 이름에 대해 알려진 바가 전혀 없고, Cori 혹은 Corea의 이름이 아직 통용되지 않았기 때문이다. 코레아의 옛날 이름은 Ko Kou Rey-Kao Kiu li였는데, 중세 저자들 사이에서 통용되던 단어는 Kaoli였지 Cori가 진실로 아니었다.[7]

5) M. J. Ricahrd(1949: 349).

6) M. J. Ricahrd(1949: 349).

7) *Sinica Franciscana*, Introductio, p. LXXVIII, n. 4.: Arguunt ex inscriptione unius earumdem: Magnifico viro Socho de Chigiota Regi Corum in hoc casu loqui de Corea actuali. Solutio haec quamvis possibilis, tamen verisimilis non est, eo quod Rex istius nominis in hoc regno circa hoc tempus penitus ignoratur, et nomen Cori aut Corea tunc nondum in usu erat. Nomen enim antiquum Coreae Ko Kou rey-Kao Kiu li, apud scriptores mediae aetatis sub vocabulo Kaoli non vero Cori.

이 주장을 한 학자는 『중국의 프란치스코회』의 비판 정본을 만든 '프란치스코회' 소속의 아나스타시우스 신부(P. Anastasius Van den Wyngaert O.F.M.)였다. 주목해야 할 점은 소란초, 하구엔나우어, 리샤르, 최근의 퇴펠의 주장들이 실은 아나스타시우스 신부의 주장을 반대하는 진영에 위치하고 있다는 것이다. 결론부터 말하자면, 기본적으로는 아나스타시우스 신부의 견해에 동의한다. 교황 요한 22세가 보낸 서신에 등장하는 "Regi Corum"은 고려의 왕이 아닐 가능성이 높기 때문이다. 물론 결정적인 전거나 물증을 확보하지 않는 상황이기에 섣부른 단정은 금물일 것이다. 이런 이유에서 나는 교황 요한 22세가 보낸 편지에 나오는 Regi Corum은 고려의 왕일지의 물음에 대해서 일단은 열린 입장을 취하겠다.

소위 "Magnifico viro Socho de Chigiota(sic) Regi Corum"은 과연 고려의 충숙왕일까? 이에 대한 답을 하기 위해서는 약간은 우회로를 걸어야 하는데 그 이유는 다음과 같다. 이런 종류의 물음에 대한 해명을 위해서는 문헌에 대한 검증이 일차적으로 요청된다. 하지만 앞에서 소개한 소란초부터 퇴펠에 이르기까지 대략 100여년 동안 제기되어 온 주장들은 필사본에서 인쇄본이 어떻게 바뀌었는지에 대한 문헌 고증과 검증이 반영되어 않는 것들임을 지적하고자 한다. 요컨대 이 물음의 핵심을 차지하고 있는 언표가 "Socho"인데, 위의 주장들은 필사본이 실제로 Socho로 표기되어 있는지의 여부도 확인하지 않은 채 제기된 것들이기 때문이다. 나중에 자세하게 설명하겠지만, Socho라는 표기는 아일랜드 출신으로 프란치스코회의 역사를 저술한 와딩(Luke Wadding, 1588~1657)의 추정 제안(coniectura)에 불과하다. 이도 하나의 사례에 불과하다. 하지만 이것 하나만으로도 100년에 걸친 논쟁의 역사가 와딩의 추정 제안에 근거한 것임이, 그러니까 필사본을 바탕으로 삼지 않았음이 여실히 드러난다. 이를테면 아나스타시우스 신부의 Chigiota도 Chisgista의 오타이거나 이독(異讀)일 가능성이 있다. 이상이 이 글을 전개해 나감에 있어 우회로를 택할 수밖에 없는 이유이다.

'우회로'는 이렇다. 먼저 교황 요한 22세의 서신에 대한 비판 정본(editio critica)을 만들겠다. 다음으로 정본을 바탕으로 주해의 방식을 통해서 이 글이 해명하려는 물음에 대한 답을 시도하겠다. 주해는 크게 세 가지 관점에서 진행될 것이다. 먼저 문헌학적인 관점에서 "Regi Corum"이 과연 고려의 왕으로 볼 수 있는지를 살필 것이다. 다음으로 역사적인 관점에서 서신이 전하는 내용이 고려의 역사에 실제로 부합하는지를 따질 것이다. 마지막으로 이른바 교황 요한 22세가 아비뇽에서 10월 1일 보낸 편지들의 성격과 특징에 대해 고찰하겠다.

문헌 판독 및 비판 정본

필사본과 인쇄본을 소개하겠다. 필사본을 먼저 소개하겠다. 필사본은 현재 바티칸 비밀 문서보관소(Archivum Secretum Vaticanum)에 보관되어 있다. 아래와 같다.

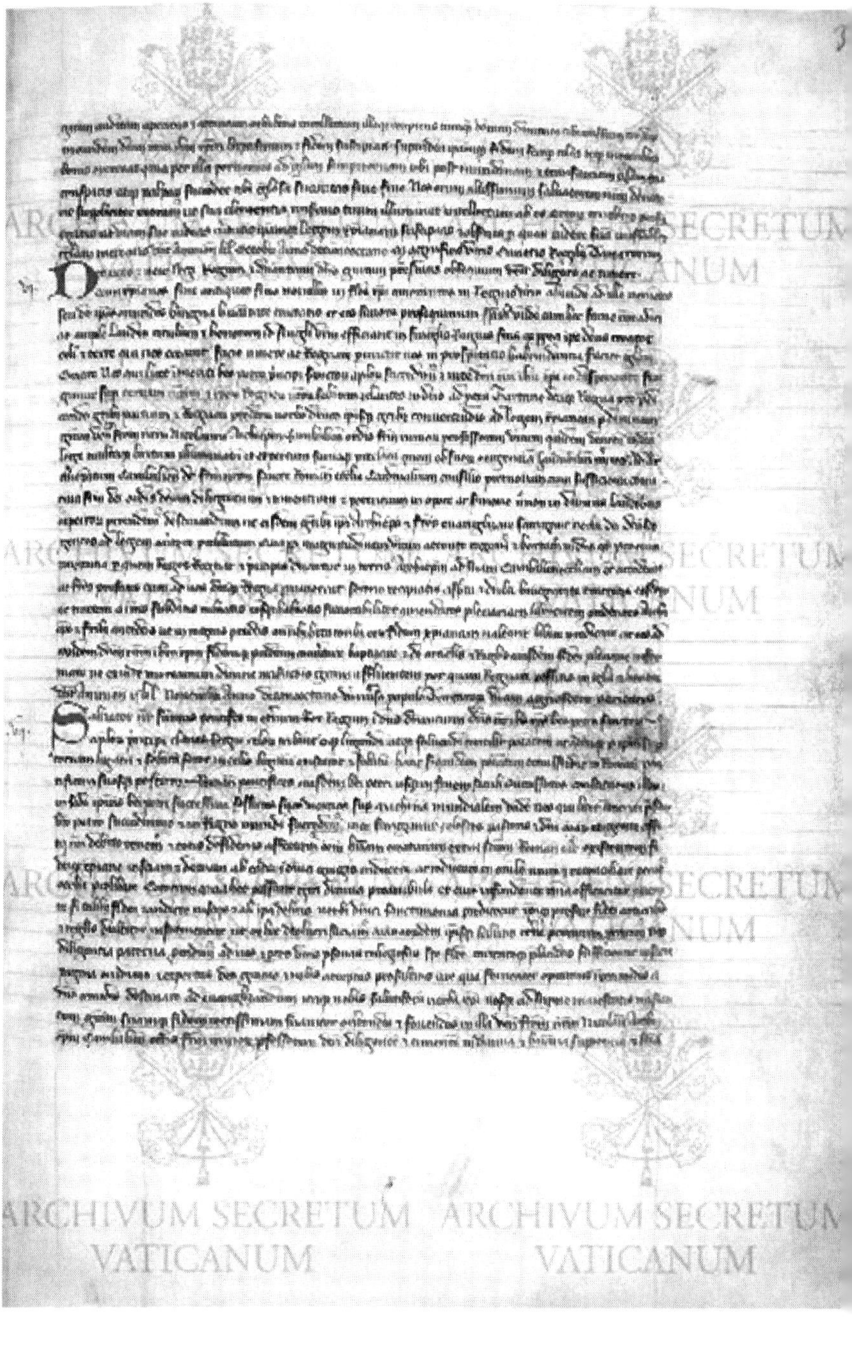
ARCHIVUM SECRETUM
VATICANUM

필사본의 서지 정보는 ms.: A.S.V., Reg. Vat. 106. f. 176 r-v. no. 164이다. 필사본은 대략 300여년 뒤인1652년과 1741년에 인쇄본으로 출판된다. 다음과 같다.

Wadding: *Annales Minorum. In quibus res omnes trium ordinum a s. Francisco institutorum ponderosius et ex fide asseruntur, et praeclara quaeque monumenta ab obliuione vendicantur, 8 voll.*, Sumptibus Claudii Landry, Lugduni 1625~1654.

Odoric: *ANNALES ECCLESIATICI AB ANNO MCXCVIII UBI CARD. BARONIUS DESINIT AUCTORE ODORICO RAYNALDO TARVISINO CONGREGATIONIS ORATORII PRESBYERIO TOMUS XV.* Roma, 1667. p. 524.

Mosheim: *Io. Lavrentii Moshemii Historia Tartarorum Ecclesiastica: Adiecta Est Tartariae Asiaticae Secvndvm Recentiores Geographos In Mappa Delineatio*, Mosheim Johannes Lorenz, Halle, 1741. pp. 157~159.

Theiner: Augustin Theiner, *Monumenta spectantia ad unionem ecclesiarum Graecae et Romanae*, 1872.

Thanase: Thomas Thanase, "L'universalisme romain à travers les registres de lettres de la papauté avignonnaise," *Mélanges de l'École française de Rome - Moyen Âge*, 123~2 | 2011, 577~595:fn.14.

지금까지 추적해서 모은 필사본과 인쇄본들은 여기까지다. 이후에 새로이 발견되는 인쇄본들이 있다면, 추후에 보충하겠다. 이상의 필사본과 인쇄본들의 판독과 대조를 바탕으로 교황 요한 22세의 서한의 비판 정본을 만들었다. 다음과 같다.

■ 비판 정본(editio critica)

Magnifico[8] viro Sece[9] de Chigista[10] regi Corum[11], Deum diligere ac [12] timere.

1.[13] Deo vivo et vero regi regum, et dominantium Domino gratum praestas obsequium, cum Christianos sive antiquos sive novellos in fide Christi commorantes in regno tuo, benigna humanitate prosequeris, et favoris mansuetudine tractas illos ; quod quidem laetanter audivimus te fecisse. Unde cum hoc nomini tuo bonam famam adiiciat et honorem, tu levans mentis tuae oculos ad Divinae Omnipotentiam Maiestatis, circa id benigne continues in posterum, quod hucusque laudabiliter effecisti: nam ab hoc in gloria firmabitur tuum solium dicti regni, et si credideris in Dominum 〈Nostrum〉』[14] Iesum Christum et fueris baptizatus legemque Christianam, sine qua

---

8) pro Magnifico viro, 35. pellicere alios etiam Tartarorum Reges as Christi cultum enisus Pontifex, maximeque Sochum e Chigista Regem Corum, quos nulla ratione facilius soilium firmaturos monuit, quam si religionem Christianam in suis regnis tuerentur: tum ad caeleste consectandum imperium, ac fovendos evangelii praecones solicitavit. Inscriptae vero sunt Regi Corum pontificiae literae in regesto, subiectaque verborum forma conceptae scr. Odoric(1652)

9) sac *aut* soc *aut* sacde *aut* socde *aut* secede *aut* sece soco *aut* sace ms(1333): Secede Odoric(1652): Socho Wadding(1625~1654) : Sece Mosheim(1741) : Secede Theiner(1872): Soco Thanase(2011): *an potius* secae?

10) *an potius* Chingista? *cf. Ecclesiastica Historia, Integram Ecclesiae Christi Ideam*(...) 16.(1574, p.1294): Illud autem à Chingista, primo eorum rege sancitum

11) *alii* Acorum *in crit. app.* Mosheim: Corum(Aeorum) Theiner

12) ac ms.: et edd.

13) numeros *addidi*

14) suppl. Mosheim

nullus salvatur, susceperis et impleveris, salvus eris.[15)]

2. Quare nos, qui licet immeriti beato PETRO principi sanctorum Apostolorum succedimus et[16)] vicariatus officium pro eodem Domino nostro Iesu Christo, eo disponente, gerimus super terram, tuam et ipsius regni salutem zelantes in Domino, qui te omnesque alios extra catholicam et apostolicam ecclesiam existentes et in tenebris ambulantes ad conversionem suamque veram lucem expectat, ad te dictumque regnum aliasque circumpositas regiones et partes, ad praedicandum tibi et gentibus earum verbum Dominicum, teque et gentes ipsas ad Deum suamque fidem orthodoxam[17)] salubriter per ipsius infusionem gratiae convertendum, venerabilem fratrem nostrum Nicolaum Archiepiscopum Cambaliensem, Ordinis Fratrum Minorum professorem, virum quidem in dicta fide fervidum, devotione sincerum, plene in sacra pagina eruditum, in praedicatione ipsius Dominici verbi expertum, et alias potentem in opere et sermone, famaque praeclarum cum sufficienti et honesta comitiva dicti Ordinis, Deum diligentium et timentium, sufficienter in sacra pagina litteratorum et in divinis laudibus expertorum: quem quidem Nicolaum, ob suorum exigentiam laudabilium meritorum, ad

15) *post* eris, interiectisque nonullis, quibus ex apostolico munere se praecones evangelicos in eorum regna ad imbuendos Christiana fide populos submisisse significat, hortatur eum, ut Nicolaum archiepiscopum Cambaliensem regiis studiis complectatur. Dat. Avinione kal. octobris anno XVIII, *adn.*

16) *om.* Edd.

17) odthodossam ms.

Archiepiscopatum Cambaliensem[18] de Fratrum nostrorum Sanctae Romanae Ecclesiae Cardinalium consilio promovimus, quique ad Ecclesiam etiam suam Cambaliensem accedit, salubriter providimus destinandum, ut tibi et eisdem gentibus Archiepiscopus et Fratres praedicti evangelizare satagant Legem Christi.

3. Eapropter magnitudinem tuam attente rogamus et hortamur in Domino Deo nostro, per quem vivis et regnas, quatenus pro eius reverentia et honore, qui te ad imaginem suam creavit et permittit multitudini gentium imperare, et ad cuius imperium solvitur omnis caro, praefatos Archiepiscopum et Fratres cum ad te idemque regnum pervernerint, vultu sereno recipias et a subditis tuis recipi facias et iubeas, benigno affectu pertractes et ab illis facias pertractari, et tam eos quam alios Christianos indigenas, in praedicto regno morantes, ad eandem fidem Christianam conversos, et propitiante Domino, convertendos cum humanitatis dulcedine affluente habeas favorabiliter commendatos ipsis Archiepiscopo et Fratribus in illis, quae circa suscipiendam per te de beneplacito ipsius Domini nostri Iesu Christi, eaque inspirante ac tuae mentis praecordia imflammante, sacri baptismatis gratiam dictamque legem Christianam [conversos][19] et alia tuae ipsorumque subditorum salutis commoda exprimenda et praedicanda duxerint, benignum auditum aperiens, et attentum exhibens intellectum, illaque recipiens tamquam donum divinitus tibi

18) Cambalien **Edd.**

19) *suppl.* **Mosheim**

missum, credas in eundem[20] Dominum nostrum Iesum Christum, baptismum et fidem suscipias supradictam[21] ipsamque fidem semper colas, teque in operibus bonis exerceas, quia per illa pervenies ad gloriam sempiternam, ubi post mundanam et transitoriam gloriam, quam conspicis atque palpas, succedet tibi gloriosa suavitas sine fine.

4. Nos enim Altissimum Salvatorem nostrum devote et suppliciter exoramus, ut sua clementia miserans tuum illuminet intellectum, ab eo errorum tenebris profugatis, ut viam suae videas veritatis, ipsamque legem Christianam suscipias et observes, per quas videre suam ineffabilem gloriam merearis.

Datum Avionione kal. Octotris anno decimo octano.

▪ 문헌 번역

하느님을 사랑하고 두려워함에 있어 뛰어난 키지스타(주해1)의 세케(주해2) [혹은 사케 혹은 소쿠스], 키(주해 3) [혹은 코리 혹은 코레스]인들의 왕에게.

1. 살아계시는 참되신 하느님, 왕들의 왕이시며 다스리는 이들을 다스리는 주님의 은혜에 감사하는 복종을 그대는 보여주었습니다. 오래전부터 믿었던 사람들(주해4)이든 새롭이 믿게 된 사람들이든, 그들이 당신의 왕국에서 그리스도의 신앙에 머물 수 있도록, 그대는 인자한 마음으로 그들을 인간적으로 대해주었습니다. 또한 그대는 호의에서 나온 자애심으로 그들을 돌보고 있습니다. 저는 그대가 이렇게 행했다는 말을 기

20) eumdem Mosheim

21) supradicta Mosheim

쁘게 들었습니다. 이 일이 그대의 이름에 좋은 명성과 명예를 덧붙여 줄 것입니다. 여기에 그대가 하느님의 위대한 전능하심을 향해 마음의 눈을 들어 올린다면, 물론 그대가 지금까지 해 온 일은 칭찬받아 마땅한 것이지만, 이를 자애로운 마음으로 앞으로도 계속 해주신다면, 이로 말미암아 앞에서 말한 왕국에서 당신의 왕권이 영광 안에서 확고해질 것인데, 만약 그대가 주 예수 그리스도를 믿고 세례를 받아서 그리스도의 법을 받아들이고 수행한다면, 그대는 구원을 받을 것입니다. 그리스도의 법 없이는 어느 누구도 구원을 받지 못합니다.

2. 복된 수장 베드로를 계승하고 있고, 우리 주 예수 그리스도의 정하심에 따라 지상에서 그분을 대리하는 직무를 수행하는 저는 주님 안에서 그대와 그대 왕국의 안녕을 진심으로 염원합니다. 주님께서는 그대와 보편 교회와 사도들의 교회 밖에서 머물면서 어둠 속에서 방황하는 모든 사람들이 자신에게로 회심하고 진리의 빛으로 돌아오기를 고대하고 계십니다. 그대와 앞에서 말한 왕국과 다른 여러 주변의 지역들과 지방들을 위해서, 그대와 그 지역들의 종족들에게 주님의 말씀이 설파될 수 있고, 그대와 그 종족 자신들이 주님과 그 분의 올바른 신앙으로 바로 은총의 세례를 통해서 안전하게 회심할 수 있도록, 저의 존경하는 형제인 니콜라우스, 프란치스코 수도회를 가르치는 사람이고, 진실로 앞에서 말한 바의 신앙으로 불타오르는 사람이며, 헌신적이고 신실하며, 성서의 해설에서도 매우 탁월하고, 주님의 말씀의 설교에 있어서도 정통한, 다른 말로 하면 일과 말에 있어서 능력이 있고, 주님을 사랑하고 두려워하는 수도회를 명예롭고 넉넉한 마음으로 이끎으로 명성이 드높은, 학자들의 성서 해석과 전문가들의 주님의 찬양에 해박한 사제인 니콜라우스(주해 5)를, 그 자신의 칭찬받을 만한 장점들의 요청으로 말미암아, 저는 로마의 거룩한 교회의 추기경 형제들의 결정으로 캄발리크(주해 6)의 대주교(주

해 7)로 임명했습니다. 그는 자신의 교구인 캄발리크 교회로 갔습니다. 저는 혹시나 하는 마음에서 그대와 그대의 종족에게 대주교와 앞에서 말한 형제들이 그리스도의 법을 전하는 데 전력을 다 해 줄 것을 이미 당부해두었습니다.

3. 따라서 저는 전하께 진심으로 요청합니다. 우리 주 하느님 안에서 간청합니다. 그 분을 통해서 그대는 살아 있고 그대는 다스리고 있습니다. 그러는 한에서 그 분에 대한 존경과 영광을 위하여 앞에서 말한 대주교와 형제들이 그대와 그대의 왕국에 도착할 때, 그들을 밝은 표정으로(주해 8) 맞아주고 당신의 신하들도 맞아 주도록 명해주길 간청합니다. 자신의 모습에 따라 그대를 창조하신 이도 그분입니다. 많은 종족들을 다스릴 수 있도록 허용해 준 이도 그 분입니다. 그분의 왕국을 위해서 모든 육신이 죽어없어집니다. 인자한 마음으로 형제들을 대해 주고 신하들도 그렇게 대하게 해주길 간청합니다. 이미 앞에서 말한 나라에서 머물며 그리스도의 신앙으로 회심한 그곳의 다른 현지 그리스도 교인들과 주님의 용서를 받고 회심해야 할 이들도 마찬가지로 자애롭고 온화한 마음으로 호의를 베풀어 대주교와 형제들에게 맡겨주길 요청합니다. 그들이 맡은 일들은 다음과 같습니다. 우리 주 예수 그리스도의 은총으로 말미암아 은총의 영성이 깃들여지고 그것을 향해 그대의 마음이 불타올라 성스러운 세례의 은총과 앞에서 말한 그리스도교의 법을 맞이하도록 하는 것이고 그대와 그대 신하들의 구원에 도움이 되는 다른 것들을 글로 짓고 설교하는 것입니다. 그대는 이에 귀를 친절하게 열고 지성의 명민함을 보여주며 이것들이야말로 주님께서 그대에게 보낸 선물이라고 받으면서 우리 주 예수 그리스도에 대해서 믿음을 가지고 세례와 신앙을 받고 위에서 말한 그 신앙을 항상 가꾸며 선한 일들 안에서 그대를 닦아가기를 열망합니다. 왜냐하면 이것들 통해서 그대는 영원한 영광에 도달

할 것이기 때문입니다. 그곳에서는 그대가 보고 만지는 이 세계와 세속의 영광 너머에 끝이 없는 영광의 감미로움이 그대에게 계속 이어질 것입니다.

4. 저는 우리 최고의 구세주에게 간절한 마음으로 애원하는 마음으로 기도 드립니다. 그분께서 자신의 자비를 베푸시어 그대를 불쌍히 여기시고 그대의 지성을 비추어주시길, 그 지성으로 오류의 어두운 세계로부터 벗어나서 그대가 그분의 진리로 가는 길을 보고, 그리스도의 법을 받아들이고 지키시기를 말입니다. 그 길과 법을 통해 말로 형언할 수 없는 그분의 영광을 볼 수 있는 자격을 획득할 수 있기를 말입니다.

[교황 요한 22세 재위] 18년 10월 1일 아비뇽에서.

■ 문헌 주해

주해1) 키지스타.

필사본의 표기는 Chigista이다. 앞에 고향을 표시하는 de가 붙어 있다. 따라서 이는 지명이다. 하지만 이 표기만으로는 이곳이 어디를 가리키는지는 분명치 않다. 다음과 같은 방식으로 풀이될 수 있다. 먼저 Chigista에서 sta를 분리시킬 수 있다. 이에 따르면, 이 표기는 'Chigi인들의 땅' 정도로 해석할 수 있다. 이 경우 Chigi의 g 발음을 어떻게 보아야 하는지가 관건이다. '지'로 볼 수 있고, '위'로도 볼 수 있다. 이에 대해서는 중앙아시아의 중세 발음에 대한 엄밀한 고찰이 요청된다. '키지' 혹은 '키위'로 볼 수 있다. 중요한 점은 'Chigi'가 'Corum'과 문법적으로 연관이 맺어질 수도 있다는 것이다. 요컨대 Corum의 복수 주격의 형태들 가운데에 하나가 Ci이다. 그러니까 Corum의 복수 주격 형태는 세가지로, 그것들은 Cores, Cori, Ci 인데, 이 가운데에서 Ci가 Chigi에 가장 가까운 형태다. 이에 따르면, Chigista는 '키인(Ci)들의 땅'을 뜻하게 된다. 사정이 이와 같다면, Chigi의 지역이 구체적으로 어디에 위치한 곳인지를 물어야 한다. 이와 관련해서는 세 가능성이 있다. 하나는 발음의 유사함에 따르면, Chigista는 키르키즈스탄(Kirkizstan, Kyrgyzstan)에 가깝다. 물론 중세 라틴어 음차 방식에 따라서 Kyrgyzstan가 Chigista로 옮겨지는지에 대한 엄밀한 해명이 요청된다. 이와 관련해서는 『몽고비사(蒙古秘史)』에 나오는 지명을 참조할 필요가 있다. 지금까지 조사한 바에 따르면(참고, Igor de Rachewiltz), Kirghisut의 표기가 239장에 나온다. 이는 Kirghis의 복수형이다. 이 지역은 오늘날 카자흐스탄와 키르키즈스탄에 걸쳐 있는 지역이다. 참고로 이 지역에는 고고학계의 발굴 성과에 따르면 경교도들이 많이 거주했다. 따라서 Chigista가 Kirghis를 지칭하는 가능성이 있다. 물론 Kirghis가 시리아어나 페르시아를 거치면서 Chigista로 옮겨졌을 가능성도 있다. 다른 하나는 Chigista가 흑해 연안에 위치한 "Qirim(Staryi Krym)"과 그 발음이 유사하다는 것이다. 이 지역은 교황 22세 서한 가운데에는 14세기 초반에 흑해 연안에서 벌어졌던 이슬람교도가 그리스도교의 교도들을 박해했던 사건들에 대해서 중앙아시아 지역의 왕들의 보호 조치에 대한 감사의 편지들도 포함되어 있다는 점에서 Qirim 지역도 Chigista의 연관이 있을 가능성이 있다. Qi가 Chigi 혹은 Ci에 유사하기 때문이다. 그도 그럴 것이 Krym의 Kr가 Corum의 Cor에 유사한 발음을 지닌 표기이다. 마지막 가능성은 Chigista이 Khitayn 혹은 Khitan의 라틴식 표기일 수도 있다는 것이다. 음성적으로 Corum의 Ci가 Khi와 가장 근접한다. tayn과 tan은 sta와 같은 뜻으로 땅을 가리키는 표현이다. 이와 과련해서 흥미로운 점은 12세기에 거란족의 일부가 서쪽으로 이동하는데, 이들을 부르는 인명이 Qara Khitan인데, 여기에서 Qara의 발음은 Corum의 복수 주격에 해당하는 Cores 혹은 Cori에 근접한다. 이와 같은 유사함 때문에 Chigista는 Khitan의 라틴어 표기일 수도 있다. 이와 관련해서 『몽고비사』에 나오는 지명을 살펴볼 필요가 있다. 거기에는 흥미롭게도 Qara Kitat이라는 지명과 Qara Quorum이 나온다. 둘 다 가능한 후보지이다. 하지만 라틴어 문법을 엄격하게 적용하면, Quorum은 일견 Corum가 유사해 보이지만 실은 Quorum의 복수 소유격 형태가 Quororum이 되어야 하고, 이에 따르면, Cororum이 되어야 한다. 따라서 나는 Chigista는 Kitat와 더 깊은 연관성이 있다. 물론 『몽고비사』에는 Kitat 혹은 Kitan라는 표기가 여러 차례 언급된다(53장, 132장, 247장, 250장, 251장, 23장, 266장, 271장, 272장). 여기에 등장하는 Kitan은 그런데 주로 중국과 국경 지역에 접하고 있던 지역을 가리킨다. 교황 22세가 보낸 편지에 등장하는 Chigista는 Qara Kitat과 관련이 깊은 것으로 보인다. 왜냐하면 이 지역은 서요(西遼)를 가리키는 곳인데 결정적으로 교황이 편지에서 대주교로 임명한 니콜라우스가 Qara Kitat 지역에 위치한 알말리크(Almaliq)에 도착했다는 전거를 제시할 수 있기 때문이다. 전거는 다음과 같다. 칸발리크의 몬테코르비노(Montecorvino) 대주교가 1328년에 죽자, 교황 요한 22세는 그 후임으로 프란치스코회 수사인 니콜라우스(Nicolaus)를 인명한다. 니콜라우스가 칸발리크에 도착했는가 그러지 못했는가에 대해서는 논란 중에 있다. 하지만 그가 카라 키탄의 중심부에 위치한 알말리크에는 도착했다.[22] 중요한 것은 니콜라우스가 알말리크나 칼발리크에 도착했는지의 여부와 관계없이 니콜라우스가 칸발리크의 대주교로 임명되면서 책임지게 된 도시 가운데에 하나가 알말리크라는 점이다. 이와 관련해서, 그의 전임이었던 몬테코르비노 대주교가 소아시아에서 칸발리크에 이르는 전 지역을 대리했는데, 여기에는 "Khanbaliq, Yang-tcheou, Hang-Tcheou,

22) 참조, 『중국의 프란치스코회』(1929: LXXXV).

Tsiouen-tcheou, et Almaligh(참조, *Sinica Franciscana*, XCIV)이 속한다. Chigista의 실제 지역이 어디인가의 물음과 관련해서 결정적으로 중요한 도시는 Almaligh이다. 이 도시가 실은 앞에서 언급한 Qara Kitan에 위치하고 있기 때문이다. 이와 관련해서, 교황 요한 22세가 10월 1일과 2일에 보내 편지들 중 일단 지금 접근할 수 있는 것은 4통이다. 「타르타루스의 대칸에게 보내는 서신」, 「키 혹은 코르들의 왕인 세케 혹은 사카 혹은 소쿠스에 보내는 서신」, 「아르메니아의 왕 레오에게 보내는 서신」, 그리고 「타르타로스의 모든 백성들에게 보내는 서신」이 그것들이다. 이 서신들에는 한 가지 중요한 공통점이 있는데, 그것들에 다름아닌 "니콜라우스"를 대주교로 임명한다는 언급이 명시되어있다는 점이다. 이 서신들의 용도는 크게 두 가지이다. 하나는 이 서신들이 그 자체로 니콜라우스가 칸발리크의 대주교라는 점을 알리는 공식 문서들이라는 점이고, 다른 하나는 이 서신들이 일종의 안전한 여행을 보장하는 통행증 구실을 했다는 것이다. 후자와 관련해서, 1652년에 출판된 교회의 연대기는 "ut perhumaniter ipsum ac socios acciperent"라고 언표한다. 이는 "그 자신과 동료들을 아주 인간적으로 대해줄 것을" 당부하는 문장이다. 사정이 이와 같다면, 이 4통의 서신에 적힌 나라들은 아르메니아에서 칸발리크에 이르는 여로에 위치한 도시였음이 분명하다. 이 도시는 중앙 아시아의 중심에 위치한 곳으로 교통의 요지였다. 현재는 우즈베키스탄의 영토이다. 아무튼 위에서 지적했듯이 알말리크는 니콜라우스가 거쳐야했던 도시였다. 그런데 Igor de Rachewiltz가 그린 중세 지도에 의하면(p.XX) 알말리크는 카라 키탄에 위치한다. 그렇다면 니콜라우스 대주교가 지나가야 했던 지역은 카라 키탄이었고 Chigista는 Kitan, 더 정확히는 Qara Kitan을 가리키는 지명일 것이다. 그러나 Chigista가 지명이 아닌 인명일 가능성도 배제할 수 없다. 이는 이렇게 해명된다. 즉 Chingista로 표기해야 하는데 n이 빠진 것으로 볼 수 있다. 참고로 Chingista는 칭키즈 칸의 라틴어 표기 가운데에 하나이다. 이에 대한 전거는 다음과 같다: Ecclesiastica Historia, Integram Ecclesiae Christi Ideam(...) 16.(1574, p.1294): Illud autem à Chingista, primo eorum rege sancitum. 참고로 카르피니와 뤼브뤽의 윌리엄의 저서의 비판 정본을 만들었던 비즐리(Beazley)는 Chingista의 문헌 전승을 다음과 같이 전한다. p. 265, n. 7, Chingischam, H; Chingis tam, V.B.; [later Chingista]. [23]이에 따르면, Chingista에 대한 라틴어 식 표기는 Chingischam 였다가 Chingis tam으로 교정되었으며 나중에 Chingista로 통일되었을 것이다. 또한 커틀러(Cutler)에 따르면, "몽골인들은 Chingista(=Genghis Khan)이라는 이름을 표시한 깃발을 들고 다녔다"[24]고 한다. 사정이 이와 같다면 「서신」의 Sece de Chigista는 Secede Chingista로 읽어야 한다.

주해2) 세케

필사본의 표기는 여러 다양한 판독을 허용한다. 다음과 같다.

> sae *aut* sac *aut* soc *aut* soco *aut* sace *aut* sacde *aut* secede *aut* saede *aut* socde **ms**(1333)

필사본이 이처럼 여러 방식으로 읽힐 수 있기 때문에 후대의 편집자들과 연구자들도 필사본을 다양한 방식으로 읽는다.

> Secede **Odorico et alii**(1652): Socho **Wadding**(1625~1654): Sece **Mosheim**(1741): Secede **Theiner**(1872): Soco **Thanase**(2011)

23) Beazley(1903: 265)

24) A. H. Cutler & H. E. Cutler(1986: 115).

위에서 제시했듯이 필사본이 sece 혹은 sae 혹은 soco로 읽힐 수 있기에 오도릭은 Secede로, 와딩은 Socho로, 모스하임은 Sece로, 타이너는 Secede로, 타나스는 Soco로 읽었다. 최근 한국의 언론에서 소개된 교황 요한 22세의 서신에 대한 독법은 타나스의 그것이라고 추정된다. 이것이 원천적으로 불가능한 것은 아니다. 와딩의 독법보다는 타나스의 독법이 필사본에 더 가깝기 때문이다. 아무튼 Soco로 읽는 경우, 이는 숙(肅)으로 해석할 수 있다. 중세 한자음은 siuk이다. Siuk이 라틴어로 Soc으로 표기되는 것은 얼마든지 가능하기 때문이다. 하지만 Soc은 위그르 제국을 다스렸던 소그드(Sogd) 족을 표현하는 라틴식 표기일 가능성도 있다. 이 경우에 필사본을 Socde 혹은 Sacde 혹은 Secde로 읽을 수 있다. 하지만 섣부르게 판단을 내려서는 안된다. 필사본은 Sae로도 읽힐 수 있기 때문이다. 이 경우 Sa의 여격에 해당하다. 그런다면, Sa가 역사적으로 실존하는 왕인지를 추적하는 것이 요청된다. 물론 필사본은 Sace로도 읽을 수 있다. 고전 라틴어 표기 ae는 중세라틴어에서 종종 e로 표기되기 때문에 Sace는 얼마든지 Sacae로 읽을 수 있다. 참고로 Saca는 역사적으로 오늘날 키르키즈스탄과 카자흐스탄에 걸쳐 분포되어있던 종족을 가리킨다. 또한 『몽고비사(蒙古秘史)』에는 Sace라는 인명이 자주 등장한다. Sace beki의 이름이 여러 차례 등장한다. 라케빌츠(Igor de Rachewiltz)에 따르면, Beki는 몽골의 고위관직을 뜻한다. 사정이 이와 같다면, 필사본의 표기를 Sace로 보는 것이 설득력이 있다고 본다. Sace는 서문, 122장, 123장, 130장, 133장, 136장 등에서 칭기즈칸의 핵심 동료로 기록되어 있다. 이런 문헌 사정을 놓고 볼 때에 필사본을 Sace로 읽는 것도 가능하다. 문제는 Sace Beki 가문이 나중에 어느 지역을 관할했는지일 것이다. 이와 관련해서는 원나라의 역사를 추적하는 것이 요청된다. 그런데 카라 키탄 지역은 차가타이가 관할했던 나라에 속한다. 그렇다면 Sace 가문의 후손 가운데에 한 사람이 알말리크 지역에서 카라 키탄을 통치했던 왕일 가능성도 있는데, 이와 관련해서 서신에는 작은 나라의 통치자를 지칭하는 왕의 의미로 통용되는 Regi로 표기되어 있다는 점을 지적하고자 한다. 참고로 타르타루스의 대칸에게 보내는 편지에는 이름 대신에 Cani로 표기되어 있다. 사정이 이와 같다면, 필사본을 Sace로 읽는 것이 가능할 것이다. 문법적으로는 Saca의 여격인 Sacae로 해석할 수 있다. 사정이 이러함에도, 필사본의 표기 자체는 Sece로 읽는 것이 가장 자연스러워 보인다. 아쉽지만 다른 특별한 이유는 없다. 필사본의 표기가 그렇게 보이기 때문이다. 이와 관련해서 Sece는 Sace의 라틴어의 다른 표기일 가능성이 있음을 지적하고자 한다. 참고로 Sece라는 표기는 『몽고비사』 49장에 한 번 나온다. 이런 이유에서 나는 모스하임의 독법을 따른다. 여기에는 다음의 이유가 있다. 그러니까 필사본의 판독을 결정하기 어려운 경우, 이른바 난독 방식(lectio difficilior)을 취하는 것이 그래도 안전한 독법이기 때문이다. 한편으로 필사본은 Sece로 판독하고, 다른 한편으로 그것의 여격인 Secae로 해석하는 것이 안전한 독법일 것이다. 이 경우에 Sece를 Saca의 변이형으로 해석하는 것이 가능하다. 결론적으로 Socho나 Soco는 후대 학자의 추정 제안에 불과하다.

주해3) 키

원문은 Corum이다. 이는 문법적으로 복수 소유격이다. 이런 형태가 나올 수 있는 주격의 형태는 세 가지다. 하나는 Ci이고, 다른 하나는 Cores이며, 마지막은 Cori이다. Cori의 경우, 엄격하게는 Cororum이 복수 소유격의 형태이나 Corum도 가능하다. 이해를 돕기 위해서 단어 변화표를 제시하면 다음과 같다.

주격	Ci	Cores	Cori
속격	Corum	Corum	Cor[or]um
여격	Cis	Coribus	Coris
대격	Cos	Cores	Coros
탈격	Cis	Coribus	Coris

위의 표에서 볼 수 있듯이 Corum이 나올 수 있는 경우는 세 단어이다. 핵심은 이것들 가운데에서 어느 표기를 과연 고려(高麗)의 라틴어 음차 표기로 보느냐인데, 이도 실은 확실치는 않다. 왜냐하면 위에서 언급했듯이 Ci는 Khitan의 Khi나 Qirym의 Qi에 가깝고, Cores나 Cori는 Qara와 Krym(Qirym)에 근접해 있기 때문이다. 이와 관련해서 중세 문헌에 소개되는 고려의 명칭이 어떠했는지 혹은 Corea라는 명칭이 언제부터 사용되었는지를 조사할 필요가 있다. 아쉽게도 Corea라는 표기의 기원에 대해서는 국내는 물론 해외의 학계에서도 명확하게 조명된 바가 없다. Corea는 '고려'에서 유래했다는 정도의 통설만 돌아다니고 있는 실정이다. 조사에 의하면, 아무튼 서양 라틴 문헌들 가운데에서 Caule라는 명칭이 처음 등장하는 것은 『중국의 프란치스코회』에 포함된 뤼브뤽의 윌리엄(Fr. Guilleimus de Rubruc, 대략 1220~1293)이 1253년 5월 7일부터 1255년 8월 15일에 걸쳐 수행한 선교 여행을 기록한 『여행기』이다. 『여행기』(p. 270)에는 다음과 같은 구절이 소개된다.

> Et narravit michi(sic) magister Willelmus quod ipse vidit nuncios quorundam hominum qui dicuntur Caule et Manse qui habitant in insulis quorum mare congelatur in hyeme, ita quod tunc possunt Tartari currere ad eos.(그 때 나에게 윌리엄 선생은 자신이 직접 가울레와 만세라고 불린 사람들의 사절단을 보았다고 말했다. 그들은 겨울에는 바다가 얼어 버리는 섬에 사는데, 이를 이용해서 그 때에 타르타로스인들이 그들에게 돌진할 수 있다고 한다.)

인용에서 "나"는 윌리엄의 말을 받아 적은 제자이고, 중요한 점은 Caule라는 명칭이 여기에서 등장하며, 이 사람들이 거주하는 지역이 대략적으로 압록강과 두만강을 경계로 삼고 있는 한반도를 지칭한다는 것이다. 고려의 현대 중국어 발음도 가올리이다. 따라서 Caule는 고려에서 유래한 것으로 추정된다. 이와 관련해서, 윌리엄의 『여행기』에 대한 정본과 주해서(1929, 피렌체)를 지은 아나스타시우스(P. Anastasius van den Wyngaert) 신부는 주석에서 다음과 같이 주장한다.

> Caule est Kaoli, id est nomen dynastiae Corea usque ad saec. XV versus medium. An. 1241 Corea rex Mongolis se subiecit et nuntios ad eos misit.(가울레는 가올리이다. 이는 코레아 왕국의 이름이다. 이는 15세기 중반까지 사용된 것이다. 1241년에 코레아 왕은 몽골인에게 항복했고 사절단을 그들에게 파견했다.)

문장 자체는 애매한 면이 없지만 가울레라는 이름이 15세기까지 사용된 이름인지, 고려가 15세기 중반까지 유지된 나라를 뜻하는 것인지가 명쾌하지 않다. Corea라는 명칭의 기원이 Caule라는 명칭일 가능성은 매우 높지만, 이 이름들의 음성학적인 연관성에 대한 엄밀한 고증이 필요하다. 그렇다면 고려의 몽골식 발음에 대해서도 조사할 필요가 있을 것이다. 『몽고비사』는 고려를 solangqas(274장)로 표기하고, 『중국의 프란치스코회』에서도 solangi(Iohannes de Plano Carpini, 3장)라는 표현이 명시적으로 등장한다. 본문은 아니고 문헌의 난외에 다음과 같은 기록이 전해진다.

> 3. Terra quidem praedicta est in ea parte posita orientis, in qua oriens, sicut credimus, coniungitur aquiloni. Ab oriente autem terra posita Kytaorum etiam Solangorum: a meridie terra Sarracenorum, inter occidentem et meridiem terra est posita Huiorum, et ab

occidente provincia Naymamnorum; ab aquilone mari ceano circumdatur.

앞에서 말하는 [몽골] 땅은 동쪽의 지역에 위치한다. 그곳은 우리가 믿고 있듯이 동쪽이 북쪽과 연결된다. 동쪽으로는 키타이 인들과 아울러 솔랑가스(고려)인들의 땅이 있다. 남쪽으로는 사라센인들의 땅이 있다. 서쪽과 남쪽 사이에는 후인들의 땅이 있다. 서쪽으로는 나이맘누스인들의 속주가 있고, 북쪽으로는 바다로 둘러싸여 있다.(『몽고사』[25] 1장)

『몽고사』에 의하면 고려는 몽골의 동쪽에 있는 지역임이 분명하다. 그런데 지리 지식과 지역 정보는 선교사들이 알아야 할 핵심 사항이다. 또한 동방으로 선교를 준비하는 사람들이 요한의 『몽고사』를 읽었음은 자명하다. 또한 특히나 십자군 전쟁과 몽골의 서방 정복 때문에, 몽골의 지리와 몽골의 역사에 대한 교황과 교회에 종사하는 사람들의 관심은 두말할 나위없이 컸다. 교황 22세가 요한이 보고한 『몽고사』를 읽지 않을 리가 없다는 것이다. 사정이 이와 같다면, 교황이 실제로 고려인들의 왕에게 편지를 쓰려고 했다면, Corum이 아닌 Solangorum 이나 Caulensium을 사용했을 것이다. 이런 저런 사정을 고려할 때에, Corum은 고려를 지칭하는 표기가 될 수 없다. 그도 그럴 것이, 일단 문법적으로 불가능하기 때문이다. 굳이 고려를 표현하고자 했다면, Caulensium 이나 Solangorum으로 했어야 했다. 결론적으로 Corum은 문법적으로 Caule나 Solangi와는 아무런 관계가 없다. 이와 같은 분석에 근거해서 Corum이 "고려"라는 국명과는 연관이 없다.

Corea라는 표기의 역사를 추적하는 것과 관련해서, 중요한 문헌은 1605년에 벨기에 안트베르펜에서 출판된 *De Rebus Iaponicis, Indicis et*

---

25) 『몽고사』와 『몽고비사』는 다른 책이다. 전자는 카르피니가 지은 책으로 현재는 『중국의 프란치스코회』에 수록되어 있다.

Pervanis epistolae recentiores(『이아포니아(일본), 인디아(인도), 페르바니아(원래 이 지명은 남미 페루의 라틴어식 명칭이나, 이 책에서는 아마도 필리핀의 섬 지역을 지칭하는 것으로 보임)에 대해 서술한 새로운 편지 모음』이다. 여기에는 Corea라는 표기는 아니지만 이에 음성적으로 가까운 Corai라는 표기가 나온다:(174쪽), Corai quanta sit longitudo?(코라이는 얼마나 큰 나라인가?) 그런데 리치는 임진왜란 혹은 조일전쟁을 언급하면서 Coria라는 표기를 사용한다:(324~325쪽) Iapones regnum Coria infestant(이아포네스인들이 코리아 왕국을 침공하다). 문헌학적으로 Corea라는 표기가 처음 등장하는 문헌은 세메도(P. Alvare de Semedo, 1585~1658)가 1645년 파리에서 출판한 *Relatio de magna monarchia Sinarum*에 앞부분에 그려놓은 지도이다. 참고로 이 책은 1655년에 런던에서 영어로 번역되었는데 이 책의 첫 장에는 다음과 같은 지도가 첨부되어 있다.

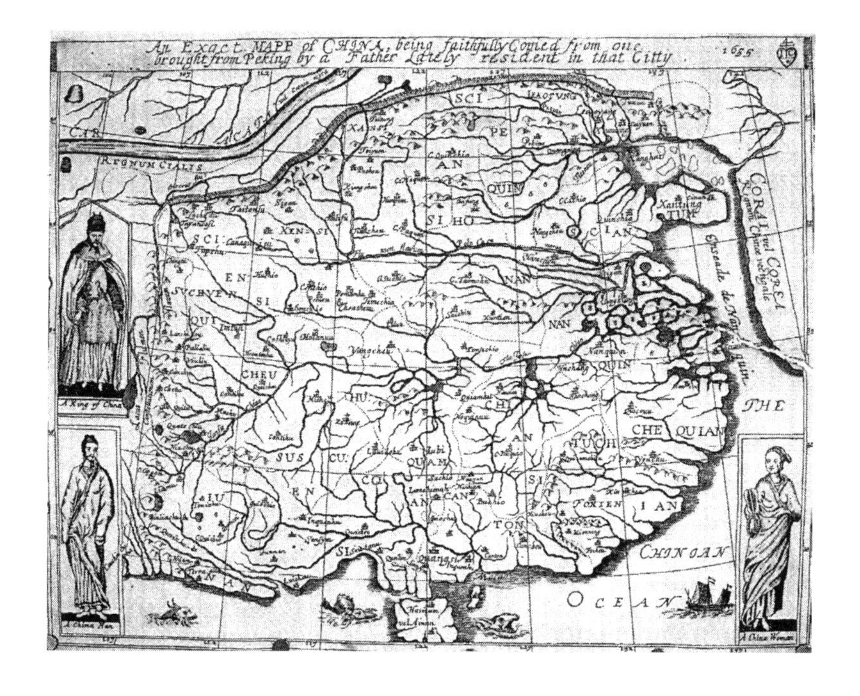

흥미로운 점은 당시 조선을 Corai vel Corea라고 표기하고 있다는 점이다. 이에 따르면 일본식의 Corai와 Corea가 서로 경합 관계에 있었음이 분명하다. 이 번역과 함께 거의 같은 시기(1654년)에 출판된 마르티니(M. Martini, 1614~1661)의 *De bello Tartarico historia*(『만주전쟁』)(p. 124)에는 Corea라는 표기가 나온다. 이상의 진술을 놓고 볼 때, Corai라는 표기와 Corea라는 표기가 일정 기간 동안 서로 경합을 벌이다가 Corea라는 표기가 승리한 것으로 보인다. 마르티니가 1658년에 뮌헨에서 출판한 *Sinicae Historiae decas prima*(『고대 중국사』)에는 "Corea"(p. 87)로 표기가 등장하고, 1672년에 출판된 *Historica relatio de ortu et progressu fidei orthodoxae in regno Chinensi per missionarios Societatis Jesu ab anno 1581 usque ad annum 1669*(『아담 샬의 전기』)에는 소현 세자를 Rex Coreanorum(코레아 인들의 왕, p. 139)이라는 표기가 나오기 때문이다. 인토르체타와 쿠플레도 Corea로 표기하고, 쿠플레도 *Tabula Chronologica* 『중국연대표』(p. 9)에서 기자를 소개하는 대목에서 Corea를 사용한다.

주해 4) 오래전부터 믿었던 사람들

오래전부터 믿었던 사람들, 이들은 경교도를 가리킨다. 하지만 이들을 소위 네스토리우스 일파로 함부로 단정해서는 안된다. 『중국의 프란치스코회』에 따르면, 14세기에 동방으로 선교를 나온 선교사들의 기록에 의하면, 몽골과 만주의 일부 지역에 소위 네스토리우스 일파들이 살고 있었고, 그리스 정교를 따르는 알라니아(알바니아 정교), 게오르기아(조지아 정교), 아르메니아 일파도 당시 중앙 아시아에서 많이 살고 있었기 때문이다. 또한 최근에 중국에서 출판된 『십자연화(十字蓮花)』[26]에 따르면,

26) 牛汝極, 2008.

도미니코 수도회와 연관이 있어 보이는 비문도 있고, 프란치스코 수도회와 관련되는 것으로 보이는 비문도 있으며, 시리아 정교와 관련이 있는 비문들도 다양 발견되었기 때문에 교황 요한 22세가 말하는 "오래전부터 믿었던 사람들"을 일괄적으로 경교도로 보기는 어려울 듯 싶다. 어쩌면, 원나라에 크게 유행했던 아라온 교도일 가능성이 높은데, 아라온교는 알라니아 교도, 즉 알바니아 교도를 지칭하는 것으로 추정된다. 교황 요한 22세가 보낸 편지와 『중국의 프란치스코회』에 전해지는 기록들에는 알라니아 정교도를 개종시킨다는 사례들을 아주 쉽게 찾아볼 수 있기 때문이다. 문제는 알라니아 교도이든 네스토리우스 교도이든, 그리스도교도들이 고려에 아주 오래전부터 있었다는 기록이 남아 있어야 하는데, 그런 기록이 전혀 없다는 것이다. 이와 관련해서, 요한 22세는 "이미 앞에서 말한 나라에서 머물며 그리스도의 신앙으로 회심한 그곳의 다른 현지 그리스도 교인들과 주님의 용서를 받고 회심해야 할 이들도 마찬가지로 자애롭고 온화한 마음으로 호의를 베풀어 대주교와 형제들에게 맡겨주길 요청합니다"라고 재차 언급하는데, 이는 그리스도 교인들의 수가 이미 상당한 정도에 이르렀다는 것을 뜻하고, 적어도 대주교를 임명해서 파견할 수 있는 정도의 수는 되어야 함을 뜻한다. 그렇다면 교황청에 보고될 정도의 그리스도 교인들이 있어야 하는데, 그런 기록을 전혀 찾아볼 수 없다는 점에서 Corum은 고려가 될 수 없다. 참고로 마니놀의 요한의 보고에 따르면, 카타이 제국에 살았던 그리스도 교인의 수는 30,000명 정도였다고 한다.[27]

27) 참조, 『중국의 프란치스코회』(1929: 529).

주해 5) 니콜라우스

니콜라우스는 보트라스 출신으로 1333년에 교황 요한 22세로부터 임명장을 받고서 1334년에 칸발리크로 출발해서 여정 중에 알말리크까지 도착했다고 알려진 인물이다. 그는 알말리크에서 머물던 중이거나 칸발리크로 가는 여정 중에 순교한 것으로 추정된다. 이 지역에서 이슬람 교도들이 봉기한 해는 1338년이다. 하지만 니콜라우스 대주교가 칸발리크에 도착했는지 아닌지에 대해서는 의견이 서로 엇갈린다.

주해 6) 캄발리크.

이는 "칸의 도시"를 뜻한다. 한자로는 汗八里로 음차되고, 대도(大都)를 뜻한다. 마르코 폴로는 이를 나중에 Cambaluc으로 표기한다. 칸발리크에는 가톨릭교회의 대주교좌가 설치되었고, 1328년 복자 요한 몬테코르비노(Johannes de Montecorvino, 若望 孟高) 대주교가 선종하면서 공석이 된 자리에, 이 편지에 언급된 니콜라우스가 후임으로 임명된다.

주해 7) 캄발리크의 대주교

위키피디아에 따르면, 북경에서 활동한 대주교의 이름들과 활동 시기는 다음과 같다.

Archbishops of Khanbalik 汗八里

- Archbishop Guglielmo da Villanova, O.F.M.(1370? ~ ?)
- Archbishop Nicolas da Botras, O.S.F.(尼古拉)(1333 ~ 1338)
- Patriarch Giovanni da Montecorvino, O.F.M.(若望 · 孟高维诺)(July 23, 1307 ~ 1328)
- Archbishop Ulrico da Seyfridsdorf, O.F.M.(Bishop)(1307? ~1308)
- Archbishop Nicolò da Banzia, O.F.M.(later Bishop)(1307? ~ 1308)

■ Archbishop Andreuccio da Assisi, O.F.M.(Bishop)(1307? ~ 1308)

인용은 아시아의 그리스도교 역사에 대한 연구가 매우 시급함을 보여준다 하겠다. 이와 관련해서는 요한네스 라우렌티우스 모스하임이 1741년에 출판한 『타르타로스 인들의 교회사(*Historia Tartarorum Ecclesiastica*)』에 대한 연구가 중요하다.

주해 8) 밝은 표정으로

원문은 vultu sereno이다. 이 표현은 교황이 사절단을 파견할 때에 사절단을 보호하고 환대해 줄 것을 요청하는 공식문구이다. 전거는 아래와 같다.

> cum animi laetitia et vultus serenitate(N. XX. Abaghae Regi Tartarorum ..., *ed*. **Mosheim**, p. 71): 기쁜 마음과 밝은 표정으로.
> Nos autem nuntios ipsos et literas libenti animo, vultuque sereno acepimus.(N. XXVI. Nicolaus Argoni Regi Tartarorum .... *ed*. **Mosheim**, p. 86): 우리는 사절단과 편지를 기쁜 마음과 밝은 표정으로 맞이하였습니다.
> vultu sereno recipias(N. LXVIII. Magnifico viro magni Cano Regi Tartarorum ... *ed*. **Mosheim**, p. 156): 밝은 표정으로 맞아주시길.
> vultu benevolo et sereno recipias(N. LXXXXIIII. Magnifico viro Camo Regi Tartarorum...): 밝고 호의어린 표정으로

인용은 교황 요한 22세가 Chigista의 왕에게 보낸 편지가 니콜라우스 대주교와 그의 동료들의 안전한 여행을 보장해주는 장치이고 이 편지가 일종의 통행 허가증이었음을 확인시켜준다. 사정이 이와 같다면, 문제의 Chigista 지역은 아비뇽과 칸발리크의 사이에 있는 어느 지역임이 분명하다.

맺는 말

교황 요한 22세가 보낸 서신에 나오는 Regi Corum은 과연 고려의 충숙왕이었을까? 조심스럽지만 Regi Corum은 고려의 충숙왕이 아닐 가능성이 높다. 여기에는 두 가지 이유가 결정적이다. 하나는 Regi Corum을 고려의 충숙왕으로 읽기 위해서는 문헌학적인 관점에서 텍스트의 내적 증거들이 요청되는데, 그 증거들이 서신 안에서 발견되지 않는다는 것이다. 예컨대 Corum의 문법적인 형태를 고려해 볼 때, Corum은 Ci이고 이는 Khitan에 더 근접해 있으며, Khitan은 그런데 Chigista로 자연스럽게 연결되기 때문이다. 이외에도 또 다른 가능성도 고려할 수 있는데, Sece de Chigista를 Seecede Chingista로 읽는 것도 가능하기 때문이다. 이 경우도 고려와는 아무런 관계가 없다. 다른 하나는 텍스트의 외적 증거들이다. 만약 필사본의 Regi Corum을 고려인들의 왕으로 읽고자 한다면, 먼저, 역사적으로 고려에 그리스도 교도들이 오래전부터 있었고 그 수가 많았음이 입증되어야 한다. 아쉽게도 이에 대한 기록은 없다. 다음으로, 니콜라우스 대주교가 칸발리크로 가는 여정 가운데에 고려가 들어 있어야 한다. 요한 22세의 서신이 실은 아비뇽에서 북경으로 가는 여정에서 안전을 보장하는 통행증이었기 때문이다. 그러기에는 고려는 너무 동쪽에 있다. 이미 14세기에 통용되었던 고려의 명칭이 있었다는 점을 지적하고자 한다. 몽골어인 Solangi 혹은 한자어 Caule가 그것들이었다. 사정이 이와 같다면 필사본의 Regi Corum을 "고려인들의 왕"으로 읽을 수는 없을 것이다. 이 주장의 성립을 위해서 요청되는 내적 증거이든 외적 증거가 충족되지 않기 때문이다.

그렇다면 Corum은 어디에 위치한 지역일까? 이와 관련해서 Corum이 Ci의 복수 속격이고, Ci는 Kitan의 라틴식 음차 형태일 가능성이 높을 것으로 보인다. 이와 관련해서 니콜라우스가 칸발리크로 가는 중에 알말리크라는 도시에 들렀고 그곳에서 상당 기간 머물렀다는 사실이 중요하다. 왜냐하면 한편으로 알말리크는 아비뇽에서 칸발리크로 가는 여정에 위치한 도시이고, 다른 한편으로 알말리크가 위치한 카라 키탄에 위치하고 있기 때문이다. 이러한 근거를 바탕으로 Corum Regi는 키인들의 왕, 즉 키탄 인들의 왕일 것이라고 추정한다.

그렇다면 필사본의 Sece 혹은 Soco 혹은 Sace 혹은 Secede는 누구였을까? Seca 혹은 Saca일 가능성이 높다. 『몽고비사』에 Saca 혹은 Seca라는 표현이 자주 등장하기 때문이다. 그렇다면 카라 키탄 지역을 통치했던 왕이 Saca 가문의 사람이었을 가능성이 있는데, 이 물음은 원사(元史)를 전공하는 연구자와 공동으로 조사할 문제이다. 이런 이유에서 이번 글에서는 그 추적을 여기에서 멈추겠다. 이에 대해서는 후속 연구를 통해서 해명하겠다. 이상의 논의를 정리하겠다. 결론적으로 필사본을 Magnifico viro Sece de Chigista regi Corum으로 읽고, "키인들의 왕 키지스타의 세케" 정도로 번역하는 것이 안전한 독법이라고 제안한다.

결론적으로 "Regi Corum"은 고려의 충숙왕이 아닐 가능성이 높다. 그럼에도 교황 요한 22세가 보낸 서신의 역사적인 가치와 의미가 줄어드는 것은 결코 아니다. 서신의 비판 정본과 주해 작업을 하는 과정에서, 한편으로 이미 13세기 이전부터 중앙 아시아와 중국에 예컨대 프란치스코회의 수도사들과 선교사들이 활동하였고 로마와 아비뇽의 교황청으로부터 주교들이 임명될 정도의 세를 형성했으며, 다른 한편으로 아르메니아와 그루지아의 알라니 정교의 세력도 원나라에서 큰 세력을 형성했고 여기에 당나라 때에 번창했던 경교(Nestorius)의 세력도 일정 정도 명맥을 유지했다는 점을 확인할 수 있었기 때문이다. 전자와 관련해서는, 『중국의 프란치스코회』에 대한 본격적인 연구가 요청된다. 학문적으로 신뢰할 수 있는 비판 정본이 이미 출판되었기에 일차적으로 한국어 번역과 이차적으로 학술 주해가 시급하다. 후자와 관련해서는, 17세기 모스하임이 저술한 *Io. Lavrentii Moshemii Historia Tartarorum Ecclesiastica*과 같은 문헌에 대한 연구가 요청된다. 이 문헌은 중앙 아시아, 몽골 그리고 북만주 지역에서 번창했던 알라니 정교와 경교도에 대한 역사적인 보고이다. 하지만 이 문헌은 18세기에 출판된 것이기에 이 문헌의 비판 정본과 학술주해가 요청된다. 또한 17세기 시안에서 발굴된 『대진경교비문』의 연구도 중요하다. 이상의 문헌들에 대한 연구가 중요한 이유는 이 문헌들이 한편으로 천주교의 동방 선교의 역사 서술과 관련해서 그 시작 시점을 예수회가 본격적으로 활동했던 16세기가 아니라 프란치스코회가 중국으로 간 13세기 이전으로 거슬러 올라가야 함을 입증하는 전거들이고, 다음으로 더 나아가 중세 시대 혹은 그 이전 시기에 이루어졌던 동서 교류의 양상과 규모가 실제로 어떠했는지를 살필 수 있는 소중한 자료들이기 때문이다.

14장
SINACOPA 1.0[1)]

이 글은 16세기에서부터 18세기 사이에 유럽에서 중국으로 온 책들과 중국에서 간 책들에 대한 보고이다. 유럽에서 중국으로 온 책들이 어떤 목적과 어떤 과정을 통해서 모아졌고, 전승 과정에서 어떤 운명을 거치게 되었는지를 추적하고, 유럽에서 온 책들에 대해서 중국인들이 보인 반응을 소개하겠다. 마찬가지로 중국에서 유럽으로 간 책들의 운명들에 대해서 살피겠다.

유럽에서 중국에 온 책들에 대하여

다음은 16세기 이후 유럽에서 중국에 온 책들을 정리한 『북당 도서관 목록』(이하 『목록』)이다.

이 목록은 남당 도서관과 동당 도서관, 서당 도서관, 북당 도서관과 여타 군소 도서관에 소장된 책들을 최종적으로 북당 도서관에서 모아 정리한 것이다. 북당에서 정리되었기 때문에 『북당 도서관 목록』으로 총칭되었다. 하지만 『목록』에 기재된 책들의 주요 소장처는 남당 도서관이었다. 이는 위의 목록에서 쉽게 확인된다. 소장자가 확인된 책들의 수가 2,855종인데, 그 가운데에 거의 절반을 차지하는 수의 책들이 남당 도서

1) 이 글은 안재원(2017, 3~37)을 바탕으로 재구성.

Fr Thierry's Catalogue		*Peit'ang Library*	
1. Scripture	205	1. Nant'ang Donation Paul V	457
2 Patrology	123	— J. de St Laurent	29
3a. Theology dogmat. & moral	637	— Missionis Sinensis	143
3b. — polem. & mystical	204	— Ulterior acquisit.	738
4. Canon law & civil law	305	2. Tungt'ang	13
5. Sermons & catecheses	300	3. Peit'ang	290
6. History	531	4. Hsit'ang	102
7. Liturgy	173	5. Mgr Mezzabarba	69
8. Asceticism	700	6. Mgr Polyc. de Souza	115
9. Philosophy	265	7. Mgr Alex. de Gouvea	512
10. Geography & hydrography	96	8. Residence Chi-nan	82
11. Literature	178	9. — Chen-kiang	42
12. Mathematics	378	10. — Hang-chow	35
13. Astronomy & Gnomonics	438	11. — Huai-an	43
14. Physics & chemistry	178	12. — Nanking	67
15. Mecanics & Arts	131	13. — Cheng-ting	16
16. Natural history	148	14. — K'ai-feng	6
17. Medicine & pharmacy	308	15. — Shanghai	8
18. Linguistics	120	16. — Wu-ch'ang	6
19. Biography	196	17. — Chiang-chow	7
20. Varia	316	18. Lazarists	75
Total	5929		2855
[sic pro]	5930	Anonymous books	2278
		Total	5133

관의 소장품들이기 때문이다. 그 수는 1,367 종이다. 수집된 책들 가운데에 자연학을 포함한 인문학 관련 서적들이 많다는 점이 눈길을 사로잡는다. 두 가지 관점에서 흥미롭다. 한편으로 서양 학문에 대한 중국의 관심이 어디에 놓여 있는지를 잘 보여주고, 다른 한편으로 서양에서 출판되었던 서적들이 거의 동시에 중국에서 읽혔다는 것을 보여주기 때문이다. 이를 방증해주는 사례로 17세기에 번역된 『명리탐(名理探)』을 소개하겠다.

	원문	한글
그리스본	[1a] Ὁμώνυμα λέγεται ὧν ὄνομα μόνον κοινόν, ὁ δὲ κατὰ τοὔνομα λόγος [τῆς οὐσίας] ἕτερος, οἷον ζῷον ὅ τε ἄνθρωπος καὶ τὸ γεγραμμένον· τούτων γὰρ ὄνομα μόνον κοινόν, ὁ δὲ κατὰ τοὔνομα λόγος [τῆς οὐσίας] ἕτερος· ἐὰν γὰρ [5] ἀποδιδῷ τις τί ἐστιν αὐτῶν ἑκατέρῳ τὸ ζῴῳ εἶναι, ἴδιον ἑκατέρου λόγον ἀποδώσει.	[1a] 1. 동명이의적이라고 말해지는 것은 사물 중 이름만 공통적이고 그 이름에 해당하는 정의는 다른 것을 말한다. 예를 들어 "동물"은 사람과 [그것을 모방한] 그림이 그런 것이다. 이것들은 이름만 공통적이고 그 이름에 해당하는 정의는 다르다. 왜냐하면 누군가가 이들 각자에게 부여된 동물[이란 이름이] 무엇을 의미하는지를 명확히 하고자 한다면 [1a5] 각각의 속성에 따른 정의를 제시할 것이기 때문이다.
라틴본	[a] Aequivoca dicuntur ea [b] quorum nomen solum commune est, [c] ratio vero substantiae [d] nomini accommodatadiversa, ut animal dicitur et ipse homo et id quod est pictum. Horum enim nomen commune tantummodo est, ratio vero substantiae nomini accommodata diversa. Si quispiam enim, quaenam sit utriusque ratio animalis, voluerit assignare, rationem utrisque profecto propriam assignabit.	[a] 동명이의적이라고 말해지는 것은 [b] 사물 중 이름만 공통적이고 [c] [각] 이름에 해당하는 실체에 대한 정의는 [d] 다른 것이다. 예를 들어 "동물"은 사람 자체와 [사람을 모방한] 그림이 그런 것이다. 이것들은 이름만 공통적이고 그 이름에 해당하는 실체에 대한 정의는 다르다. 왜냐하면 만약 누군가가 그 "동물"에게 해당하는 정의가 무엇인지를 명확히 하고자 한다면 [1a5] 각각의 속성에 따른 정의를 분명히 제시할 것이기 때문이다.
한문본	物倫首辯, 同名歧義. 活人塑人, 皆謂之人. 厥名雖同, 體義則異. 外名內義, 皆合斯物, 是謂同名, 而亦同義.	사물의 구분에서 먼저 변론해야 하는 것은 '동명이의'다. 산 사람이나 만들어진 사람이나 모두 '사람'이라고 하는데, 그 이름[名]은 비록 같지만 體義[실체로서의 의미]는 다르다. 밖으로 드러난 이름[外名]과 안에 들어 있는 뜻[內義]이, 모두 그 사물[斯物]과 합치하면 이것을 일컬어 동명(同名)이라 하고, 또한 동의(同義)라고 한다.

위의 비교에 소개된 텍스트는 아리스토텔레스의 『범주론』의 도입에 해당하는 부분이다. 비교는 서양에서 온 책들이 장서용으로 온 것이 아님을 분명하게 보여준다. 이와 관련해서 한문본의 저본에 해당하는 라틴어 원문에 해당하는 문헌의 목록 번호는 『목록』 1365이다. 여기에서 『목록』의 학술적 가치가 분명하게 드러나는데, 그것은 17~18세기에 중국에서 저술된 책들의 저본들이 무엇인지를 파악할 수 있다는 점이다. 아쉽게도 서양에서 온 책들과 동양에서 만들어진 책들이 구체적으로 어떤 관계를 맺고 있는지에 대해서는 해명이 된 게 거의 없는 실정을 감안할 때, 또한 그래서 한문으로 번역되거나 만들어진 책들의 해명이 거의 이루어지지 못한 상황을 놓고 볼 때, 『목록』은 앞으로 본격적으로 이뤄지게 될 서양 저본들과 한문 저술들 사이의 대조 연구에 없어서는 안될 중요한 자료로 활용될 것이다. 이런 이유에서 『목록』은 그 자체로도 가치가 있지만 소위 "콜렉션(collection)" 이상의 가치를 지닌 문건이다. 소위 르네상스 학술 운동이 서양만의 것이 아니라 동양에서도 동시에 진행되었던 사건이었음을 입증해줄 수 있는 문헌이기 때문이다. 중요한 점은 서양에서 온 책들을 바탕으로 중국에서 번역과 저술 작업이 진행된 공간이 남당 도서관이라는 것이다.

■ 남당 도서관

남당 도서관은 리치의 서재에서 시작되었다. 리치의 말이다.

> 기하학, 시계, 천체 관측기들과 관련한 많은 책들이 내게 있다. 기본 서적으로 충분하다.[2)]

다음은 천문 지리와 관련해서 유럽에서 온 문건 가운데에 하나인 지도이다.[3)]

---

2) 리치가 1605년 5월 5일에 쓴 편지.

3) 오르텔리우스(Abraham Ortelius) 1570: 『북경 도서관 목록』에 따르면, 오르텔리우스의 지도 두 질이 중국에 들어왔다. 참조, 『목록』 2355~56.

오르텔리우스(Abraham Ortelius, 1570년).

이 지도를 바탕으로 리치가 1610년에 제작된 것이 『만국전도』이다.[4]

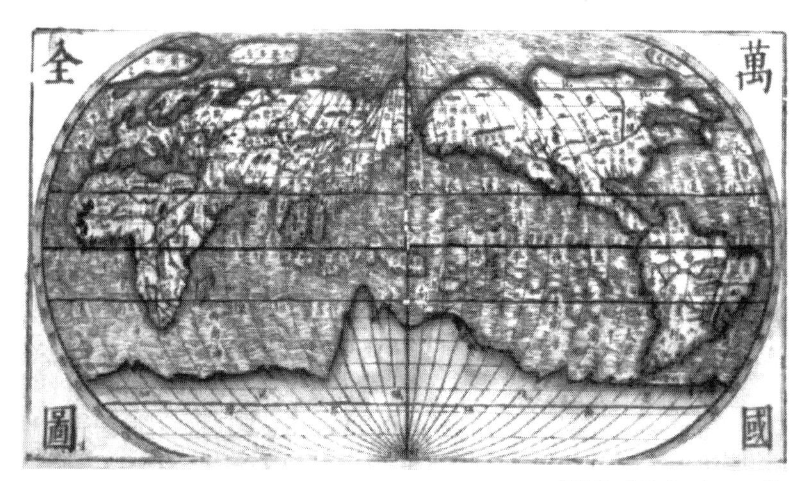

리치의 만국전도(1610년).

4) 참조, Shijian Huang, The Exploration of Matteo Ricci's World Map, in *New Perspectives on the Research of Chinese Culture*, 2012, pp. 119~136(trans. and revis., *Chinese Culture Quaterly*, 7, 2005, pp. 154~81).

이를테면 중심이 대서양에서 태평양으로 옮겨진 것과는 같은 약간의 변동이 있지만, 경도와 위도의 구획을 통해서 세계를 포착하고 있다는 점은 기본적으로 같다. 한마디로 서양에서 온 문헌 덕분이다. 남당 도서관을 본격적으로 구축하기 시작한 사람은 트리고다. 아래 사진은 유럽에서 책을 수집하는 여행 중에 루벤스(Peter. P. Rubens, 1577~1640)가 1617년 1월 17일에 그려준 트리고의 초상화이다.[5)]

루벤스가 16717년 1월 17일에 그린 초상화.

트리고의 책 여행은 이랬다. 1613년에 마카오를 출발한 트리고는 1614년 11월에 로마에 도착하였다. 1617년 1월 2일에 트리고는 자신의 책 여행을 알리는 보고서[6)]를 북경으로 보냈는데, 이에 따르면, 책 여행은 롱고바르디(Nicolo Longobardi, 龍華民, 1559~1654)의 염원에서 비롯

5) 참조, Anne-Marie Logan and Liam M. Brockey, "Nicolas Trigault: A Portrait by Peter Paul Rubens," in *Metropolitan Museum Journal* 38, 2003 pp. 157~169.

6) 이 보고서는 Fr. Edmond Lamalle S.J.에 의해서 1940년에 *La Propaganda du P. Nicolas Trigault en faveur des missions de Chine*(1616), in *Archivum historicum S.J. Vol. IX*에 출판되었다.

했다. 롱고바르디의 말이다.

> 교황 성하의 힘을 빌어서 우리는 북경에 기초 도서관을 구축해야 한다. 보다 쉽게 이를 성취하기 위해 우리는 교황 성하께 리치 형제가 지은 기록의 번역을 헌정할 것이다. [『중국에서의 그리스도교 원정사(De Christiana Expeditione Apud Sinas, 1615)』가 그것이다.] 교황 성하의 초상화는 중국인들의 눈에 헌정의 기억을 영원토록 간직하도록 할 것이다. 이 기초 도서관은 우리가 유럽에 있는 최고의 도서관에 견줄 수 있어야 하고, 이 밖에도 우리는 다른 것들이 필요하다. 중국의 도서관에 어울리는 보다 많은 것들이 필요하다.[7]

롱고바르디의 염원대로 교황 바오로 5세는 중국에 도서관을 세우려는 계획을 적극 지지했다. 교황의 말이다.

> 도서관 구축은 교황에게 어울리는 사업이다. 이는 사도좌(Apostleship of the Sea)에서 극동의 나라에 파견된 보편신앙의 영원한 기념이 될 것이다.[8]

바오로 교황은 500권의 책과 1,000두캇(1두캇은 5파운드의 가치를 지녔음)을 제공하였다. 이 밖에도 트리고는 도서관 구축을 위해서 유럽 전역을 여행하였다. 독일과 네델란드의 여러 지역들을 방문하였다. 가는 곳마다 큰 후원과 많은 기부를 받아냈다. 기부 물품 가운데에는 책 이외에 천문 관측 기구들과 의료 기구들도 포함되었다. 물론 당연히 책들과 천문 기구들을 구입하였다. 여기에 들어간 금액은 10,000두캇이고 약 7천 권 정도였다. 이렇게 수집된 책들은 1618년 4월에 리스본을 출항해서 1620년 7월 22일에 마카오에 당도한다. 책 여행을 떠난 지 7년만에

---

7) 『목록』(1949: vii–viii).

8) 『목록』(1949: viii).

거둔 쾌거였다. 하지만 그 사이에 중국의 사정은 악화되었다. 박해로 인해서 집들은 불타버렸고 사람들은 흩어져 버렸기 때문이다. 이런 사정으로 말미암아 트리고의 책들은 남당이 다시 문을 열었던 1623년까지 마카오에 머물렀어야만 했다. 이후에도 남당 도서관의 운명은 결코 순탄치 못했다. 1655년 역법 사건으로 인해서 남당이 양광선의 개인 소유로 넘어가면서 남당 도서관도 그의 수중에 들어갔다. 그러나 양광선은 책을 훼손하지 않았다. 18세기에 북당 도서관을 세운 고빌(Antoine Gaubil, 1689~1759)의 증언이다.

> 그들은(아마도 남당 도서관) 아주 오래된 도서관을 가지고 있다. 아주 잘 갖추어진 도서관이었다. 역사, 성서 주석서, 신학, 수학 서적들을 보유했다. 그들은 또한 의료 시술, 라틴어와 프랑스어로 저술된 자연학, 물리학, 천문학, 지리학 서적들을 가지고 있다. 그들은 이 나라(아마도 중국)를 위해서 도서관을 완성하기로 결정했다. 그들은 책을 이탈리아, 네델란드, 프랑스 그리고 영국 등등에서 구입하기 위해서 많은 돈을 썼고, 그들이 기구들을 구입하기 위해서 들인 거금의 비용은 포르투갈 출신의 신부들이 유럽에서 거대한 후원을 받았다는 사실을 명백하게 보여준다.[9]

인용은 북당 도서관의 사서로 일하면서 북당 도서관을 구축하기 위해서 노력한 프랑스 출신의 신부인 고빌이 자신의 동료에게 1723년에 9월 23일에 보낸 편지에서 밝힌 것으로, 남당 도서관을 부러워하는 내용을 담고 있다.

9) 『목록』(1949: xii).

북당 도서관

1688년 2월 8일은 부베, 퐁테내이, 르 콩트, 비스델로 일행이 북경에 도착한 날이다. 이들은 수학자와 천문학자를 보내달라는 강희제의 요청을 받고서 루이 14세가 유럽 전체에서 선발한 학자들이었다. 고빌은 이들보다 한 세대 뒤에 북경에 도착한다. 그가 착수한 일은 남당 도서관에 준하는, 아니 더 좋은 도서관을 구축하는 것이었다. 고빌의 말이다.

> 그들은(아마도 남당 도서관) 아주 많은 책들을 가지고 있다. 대수학, 기하학, 천문학 등과 또한 건축학, 약학, 의료 시술, 자연학, 물리학 서적들이 그것들이다. 대부분은 종교 관련 서적들이다.[10)]

인용은 고빌이 1722년 6월 22일에 친구에게 보낸 서신의 일부이다. 이와 관련해서 베르나르 신부가 다음과 같은 말을 남긴다.

> 그들은 우호적이었지만 경쟁 관계에 있었다. 이 관계는 종종 그들로 하여금 가치 있는 책들을 이중으로 사도록 만들었다. 그래서 우리는 북당에 비치된 책들을 남당에서도 가질 수 있게 되었다.[11)]

『목록』을 총괄한 페어해렌(H. Verhaeren)에 따르면, 운이 좋았더라면, 남당 도서관의 책들이 조선으로 올 수도 있었다고 한다. 기해박해 때에 조선에서 순교한 1838년 2월에는 앵베르 주교가 북당 도서관의 책을 조선으로 가져오려고 했지만 성사되지 못했다. 모든 서적들은 남당 도서관으로 옮겨졌다. 유럽에서 온 책들의 이후 운명은 다음과 같다. 그것들은 기본적으로는 박해 탓이었지만 여러 정치적인 혼란으로 말미암아 러시아 정교회로 옮겨진다. 책들을 맡아준 사람은 러시아 정교회 주교 카멘스키

10) 『목록』(1949: xiv).

11) 『목록』(1949: xv).

(Kamenski)였다. 그 시기는 1838년경으로 추정된다. 그러다가 1860년 10월 23일에 불-영 연합군이 북경을 침공한다. 티에리(Fr. Thierry)에 따르면, 책들은 다행히도 전쟁의 참화를 면할 수 있었다고 한다.

> 남당 도서관은 참화를 면했다. 러시아 정교회 주교가 그리스도 교인들을 도와주었고, 그들에게 여건이 호전되면 원래의 소유주에게 책들을 돌려주겠노라고 약속했다. 그리스도 교인들은 이를 받아들였고 주교와 그의 후계자들은 책들을 1860년까지 안전하게 보관해 주었다.[12)]

러시아 정교회에서 북당 도서관으로 되돌아온 책들은 5,400권이다. 1949년 1월 21일에 페어해렌이 남긴 책들에 대한 걱정이다.

> 이 도서관은 동양과 서양에서 발전한 두 위대한 문명이 평화롭게 만날 수 있게 해주는 중개자 역할을 해 왔다.(...) 12월 15일부터 시작된 북경 포위 공격에 휩싸여 있는 와중에 이 글을 남긴다. 도서관은 아직까지는 경미한 피해도 입지 않았다. 평화 협상이 시작된 것으로 알고 있다. 그래서 전쟁의 채찍이 우리 신부님들의 경이로운 유산을 때리지 않기를 진심으로 기원한다.[13)]

유럽에서 온 책들에 대한 반응과 영향

유럽에서 온 책들에 대한 중국인들의 반응은 과연 어땠을까? 그로인해 태어난 후속 책들은 어떤 것일까? 전자에 대한 대답은 물론 양가적이다. 이 글에서는 긍정적인 측면만 소개하겠다. 하지만 모든 이를 소개할 수 없으므로 대표적인 사례로 강희제가 보인 반응을 소개하겠다. 다음은 부

---

12) 『목록』(1949: xxv).

13) 『목록』(1949: xxvii).

베가 지은 『강희제 전기』의 일부이다.[14)]

> 황제가 몰두했던 것은 중국의 학문만이 아니다. 그는 태생적으로 좋은 것들에 대한 안목을 가지고 있었다. 유럽의 학문에 대해 조금 알게 되자마자 이것을 배우려는 굉장한 열정을 보여주었다. 황제 스스로가 우리에게 이야기한 것과 같이, 그가 유럽의 학문을 처음 접하게 된 것은 중국 내에서 최근에 있었던 박해의 장본인인 불경한 양광선과 예수회의 페르디낭 베르비에트 사이의 차이점이 계기가 되었다. 문제는 중국의 천문학이었다. 위선자 양광선은 중국의 천문학이 매우 정확하며 유럽의 천문학을 통해 전혀 수정할 필요가 없다고 주장했다.(...) 16~17세밖에 되지 않은 황제는 모든 부서로 이루어진 전체조정회의로부터 중국의 천문학을 위해 확실한 입장을 정해달라는 강한 압력을 받았다. 그는 비록 어렸지만 자신이 직접 사실을 명확히 밝히고자 했다.(...) 양광선은 아무 대답도 하지 못했고 페르비스트 신부는 제안하기를, 황제가 원하는 길이의 막대를 그들에게 주면 양광선과 페르비스트 각자가 다음날 정오에 이 막대의 그림자가 정확히 어느 지점에 도달할 것인지 측정하겠다는 것이다. 황제는 이 제안이 그럴 듯하다고 판단하여 이를 승인하고 막대를 정해주었다. 페르비스트 신부는 이것의 그림자를 계산하고 이 그림자가 다음날 정오에 정확히 도달할 지점을 표시했다. 계산은 완벽히 결과와 일치했다. 한편 양광선은 계산할 줄도 몰랐고 자신의 지식에 대한 어떤 근거도 보여주지 못했다. 황제는 유럽의 천문학이 우월하다고 판결했다.
>
> 황제는 예수회 선교사들을 만나서 알게 된 지식을 계기로 수학을 배우려는 열망을 가졌다.(...) 강희제는 수학에 전념했다. 그는 2년 동안 규칙적인 일들을 하고 남는 시간 모두를 연구하는 데 사용할 정도로 많은 수고를 들여 수학을 배웠다. 그는 수학을 가장 큰 즐거움으로 여겼다. 페르비스트 신부는 바로 이 2년 동안 중국에서 강희제에게 수학의 주요도구들의 사용법과 기하학, 정역학(靜力學), 천문학을 이해하는 데 가장 흥미

---

14) Bouvet(1697).

롭고 쉬운 것들을 설명했다. 이를 위해 신부는 이 분야에 대해 가장 이해하기 쉽게 책을 썼다. 또한 이 시기에 강희제는 우리 음악의 원리를 배우고자 했고, 페레이라(Thomas Pereira, 1645~1708) 신부가 도움을 주었다. 페레이라 신부는 강희제를 위해 이 분야에 대한 책을 중국어로 썼고, 다양한 악기를 황제를 위해 만들게 했다. 그리고 강희제에게 이 악기들로 약간의 노래를 연주할 수 있도록 가르쳤다.

(...) 만주어가 중국어보다 훨씬 쉽고 분명했다. 우리의 언어 실력을 향상시키기 위해 그는 우리에게 한 달 이상 선생들을 붙여주었다.(...) 강희제는 우선 우리에게 만주어로 에우클레이데스(이하, 유클리드)의 기하학을 설명하라고 했다.(...) 그는 계산과 도구의 사용법을 연습했고 논증을 더 잘 기억하기 위해 유클리드의 가장 중요한 명제에 대해서 자주 복습했다. 그 결과 5~6달만에 그는 기하학의 기본원리에 매우 친숙해졌다. 유클리드의 기본원리의 명제와 관련이 있는 것을 이해하는 것을 그는 어려워했으나, 이제는 명제와 증명을 즉시 기억해냈다. 또한 어느 날 우리에게 말하기를, 그는 처음부터 끝까지 12번도 더 그것을 읽었다고 한다.(...) 유약한 삶과 한가함의 적대자인 이 군주는 보통 매우 늦게 잠자리에 드는데도 불구하고 이른 아침에 일어나는 것을 멈추지 않았다. 그 결과 우리가 일찍 궁에 가기 위해 꽤 서두르는데도 우리가 도착하기 전에 자신이 했던 계산을 검토하게 하기 위해 혹은 새로운 문제 때문에 그가 우리에게 사람을 보내는 일이 자주 있었다.(...) 대중은 이 두 가지 흥미로운 기구의 발명을 왕립 아카데미의 학자들에게 빚지고 있다. 황제는 우리에게 이것의 사용법과 중국 달력에 적용하는 방식을 설명하라고 명했다.(...) 프랑스에서 만들어진 수학 도구들뿐만 아니라 중국에 들어온 모든 예술작품에 대해 현재 그가 수준 높은 견해를 가지기 시작했을 때, 유럽에서 만들어진 수학 도구들에 대한 존중은 곧 황제에게서 궁정의 대신들에게로 옮겨 갔다.(...) 연구에 전념하는 것과 함께 학문에 대한 강한 열정은 한 개인에 있어서는 충분히 칭송할 수 있는 점이지만, 중화제국만큼이나 거대한 국가를 지배하는 군주에게 있어서는 아마도 칭찬보다는 비난할 일일지도 모른다.(...) 황제는 지금 제국이

초창기처럼 번영하기를 열망했다. 게다가 자신의 제국에서 학문과 앞선 기술들을 융성하게 하고 자신의 통치를 훌륭하게 이끌기 위해서 자신이 본보기로 학문에 열중하여, 다른 모든 이들을 고취시키는 방법이 가장 좋다고 생각했다. 기하학 다음에 황제는 철학 또한 배우고자 했다.(…) 우리가 참고한 고대와 현대의 모든 철학서들 중에서 왕립 아카데미의 뒤 아멜의 고대와 현대 철학서 말고는 우리가 가진 목적에 더 적절해 보이는 것을 찾지 못했다. 이 탁월한 철학자의 견해의 견고함과 명료함 그리고 정확성 때문에 이 철학자의 저작은 우리가 책을 쓰는데 내용을 참조하는 주된 원천이었다.
황제는 이 시기에 위중한 병에 걸려서 모든 이들, 특히 의사들이 그에게 건강 회복에 해로운 그의 연구를 그만두라고 설득하는 데 전념했다. 그래서 황제는 철학서의 입문용으로 우리가 쓴 표면적으로 짧은 논리학서만을 보았다.(…) 신체의 부분들 간의 관계와 상호적인 연쇄작용을 보고, 이것의 전체 구조를 이해하도록 만들었다. 우리는 이 저작에 이 시대에 발견된 가장 흥미롭고 유용한 모든 것들과, 유명한 베르네와 이 분야에서 탁월한 왕립 아카데미의 다른 학자들의 성과들을 담았다.(…) 우리는 황제가 우리에게 명령한 바에 따라, 2~3달 안에 여러 가지 질병에 대한 18에서 20개의 개론을 썼다.(…) 이 기회에 간절한 청원을 받아들였다. 황제는 우리의 신성한 종교가 여러 해 동안 고통받고 있는 예속으로부터 자유로워지게 하는, 그토록 기다리던 칙령을 허용하였다.
(…) 황제는 위중한 병에 걸리고 얼마 되지 않아 자신의 의관들의 치료법이 소용없다는 것을 확인하고는 우리의 치료법을 동원하였고, 이 치료법은 그가 처한 위험에서 그를 구출했다.(…) 다행히 이 시기에 중국에 온 퐁트네와 비델루 신부가 가져온 기나나무(quinquina)를 통해서만 황제는 나을 수 있었다. 하늘이시여, 우리는 이 일에서 당신의 특별한 도움을 경험했습니다. 아마도 하늘의 뜻은 작년에 이 황제가 우리 종교에 승인해준 자유에 대해 황제에게 보상을 주고, 이를 통해 더욱더 황제가 앞으로도 복음의 사제들을 많이 도와주도록 하게 만들기 위한 것 같다.

그러면 부베의 『강희제 전기』를 중심으로 서양에서 온 책을 바탕으로 탄생한 책들과 문건들을 소개하겠다. 크게 여섯 사례를 들겠다. 첫째, "유럽에서 온 천문학이 우월"하다는 강희제의 판결과 관련해서, 부베가 당시 중국에서 벌어진 역법 논쟁을 유럽에 소개하는 글을 소개하겠다.

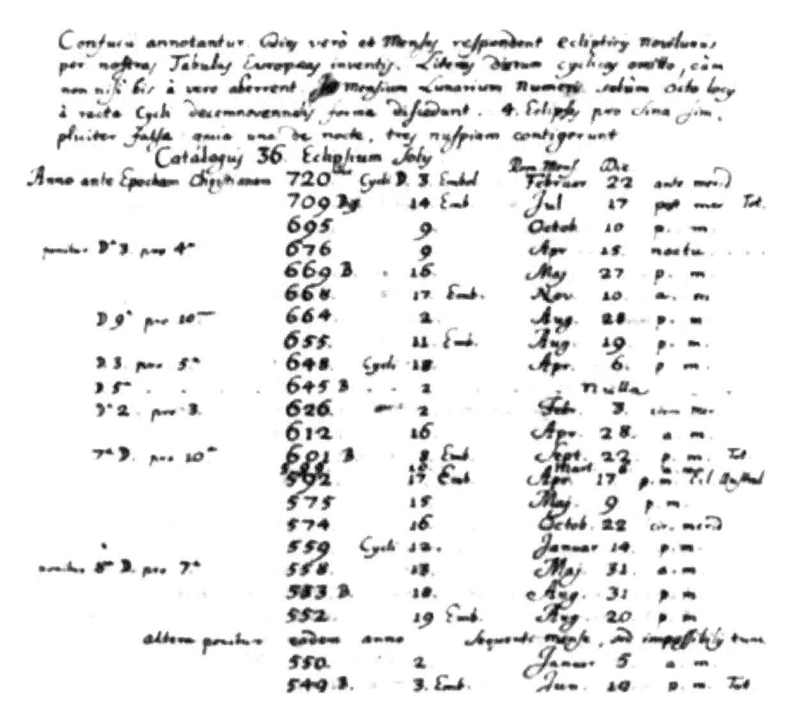

Catalogus 36. Eclipsium Solis

Anno ante Epocham Christianam	Cycli	Mens	Die	
720	Cycli D. 3. Embol	Februar	22	ante merid
709	14 Emb	Jul	17	post mer. Tot.
695	9	Octob	10	p. m
676	9	Apr	15	noctu
669	16	May	27	p. m
668	17 Emb.	Nov	10	a. m
664	2	Aug	28	p. m
655	11 Emb.	Aug	19	p. m.
648	Cycli 18	Apr.	6.	p. m.
645	1	Nulla		
626	2	Feb	3	circa mer.
612	16	Apr	28	a. m
601	8 Emb	Sept	23	p. m. Tot
592	17 Emb	Apr	17	p. m.
575	15	May	9	p. m
574	16	Octob.	22	cir. merid
559	Cycli 12	Januar	14	p. m
558	13	Maj	31	a. m
553	18	Aug	31	p. m
552	19 Emb.	Aug	20	p. m
eodem anno				
550	2	Januar	5	a. m
549	3. Emb.	Jun	10	p. m. Tot

Par. cod. 17.239. p, 67

위의 사진은 파리 국립도서관에 소장되어 있는 부베의 필사본에서 가져온 것이다. 사진은 기원전 720년부터 일어났던 일식을 계산해서 정리한 것이다. 참고로 이 필사본에는 동양의 천문학과 서양의 천문학이 대립하는 모습을 전하는 여러 편의 글들이 실려있다. 보다 엄밀한 문헌 고증이 요청된다. 아무튼 사진은 서양에서 온 책들이 장식용 서적들이 아니라 논쟁의 한 중심에 있었던 문헌들이었음을 잘 보여준다. 둘째, 서양의 음악을 배우기 위해서 강희제가 명해서 페레이라 신부가 한자로 저술한 『율려찬요(律呂纂要)』에서 가져온 것이다.

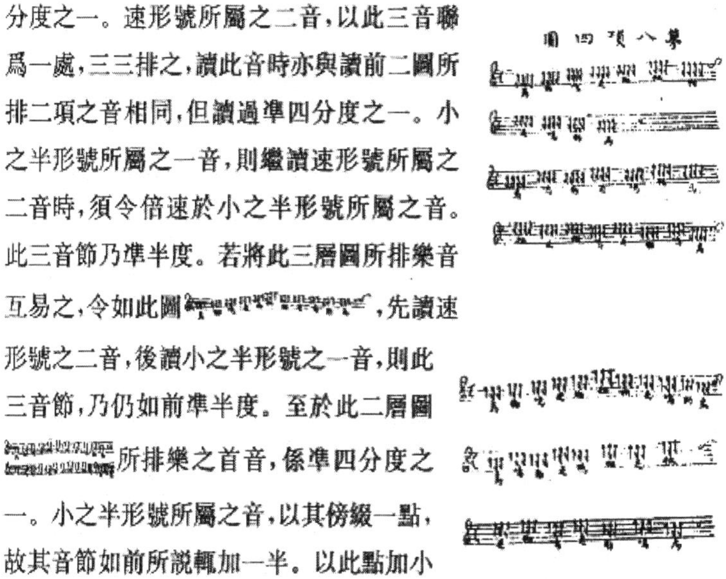

分度之一。速形號所屬之二音,以此三音聯
爲一處,三三排之,讀此音時亦與讀前二圖所
排二項之音相同,但讀過準四分度之一。小
之半形號所屬之一音,則繼讀速形號所屬之
二音時,須令倍速於小之半形號所屬之音。
此三音節乃準半度。若將此三層圖所排樂音
互易之,令如此圖,先讀速
形號之二音,後讀小之半形號之一音,則此
三音節,乃仍如前準半度。至於此二層圖
所排樂之首音,係準四分度之
一。小之半形號所屬之音,以其傍綴一點,
故其音節如前所說輒加一半。以此點加小

『명청지제서학문본(明清之際西學文本)』 제4권, 中華書局. p. 1849.

사진에서 확인할 수 있듯이 『율려찬요』는 오선(五線) 악보 기법을 중국에 소개하는 책이다. 책이 만들어진 해가 1707년이므로, 서양 음악이 소개된 것은 적어도 그 이전이었음이 분명하다. 성당에서 미사를 집전할 때에 음악은 필수적이었기에 서양 음악은 아주 이른 시기에 소개되었음이 분명하다. 참고로 리치가 서양 악기("西琴")를 소개한 해는 1601년이다. 강희제도 서양 음악에 대해서 큰 관심을 가졌다. 이를 잘 보여주는 문헌이 『율려정의(律呂正義)』이다. 이 책을 지은 이는 페드리니(Th. Pedrini, 1670~1746) 신부이다. 이 책은 페레이라 신부의 『율려찬요』

를 보충한 것으로 서양악보법을 본격적으로 중국 음악에 도입하려는 의도에서 지어진 것이다. 사진은 서양에서 본격적으로 발전하고 있었던 음악 이론이 거의 동시대에 중국에 소개되고 있음을 명백하게 보여준다. 이 문헌들에 대한 본격적인 연구가 요청된다. 요컨대 이 책을 제대로 이해하기 위해서는 이 책을 지을 때에 저본으로 사용된 서양의 책들은 무엇이었는지를 추적하는 것이 급선무이기 때문이다. 셋째로 소개할 문헌은 라멜리(Augustino Ramelli, 1531~1610)가 지은 『다양한 기계들(*Le Diverse et Artificose Machine*, 1588)』이라는 책이다. 『목록』에 따르면, 이 책도 중국에 아주 이른 시기에 들어왔다. 목록 번호는 3422이다. 이 책을 『기기도설』의 서명으로 한자로 옮긴 이는 테렌츠(J. Terenz, 1576~1630)이다. 『기기도설』은 정약용이 읽고 활용한 책으로도 유명하다. 아래의 비교는 라멜리의 책이 어떻게 중국의 그것으로 옮겨지고 있는지를 잘 보여준다.

비교는 기계와 관련된 핵심적인 내용에는 별 차이가 없다. 기계를 다루는 이가 서양인에서 동양인으로 변해있을 뿐이다. 『기기도설』이 탄

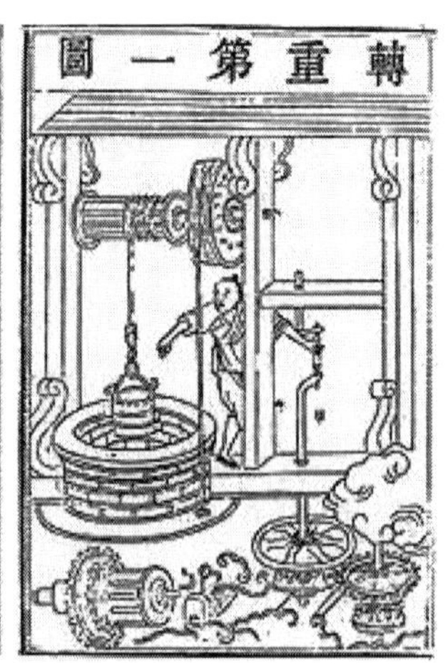

라멜리의 『기계들』

테렌츠의 『기기도설』

생한 해가 1627년이다. 정확하게 39년만에 서양의 책이 동양의 책으로 옮겨졌는데, 이도 또한 서양의 학술이 거의 실시간으로 중국에 소개되고 있었음을 잘 보여주는 사례라 하겠다. 넷째로 눈여겨 볼 대목은 서양에서 들어 왔던 철학 서적들의 행로이다. 마찬가지로 앞에서 『명리탐』의 사례를 통해서 살폈듯이 책들은 번역되거나 요약 및 발췌의 형식으로 한자로 옮겨졌다. 이와 관련해서 중요한 점은 강희제가 "아멜(Du Hammel)"의 책에 관심을 보였다는 것이다. 아쉽게도 부베에 따르면, 강희제가 병을 얻어 자세하게 읽지는 못했다. 아무튼 흥미로운 점은 서양의 대학에서 사용되었던 교과서가 중국에 소개되었던 점이다. 서명은 『학교 교육을 위한 오래된 철학과 새로운 철학(*Philosophia Vetus et Nova ad Usum Scholae Accommodata*)』이다. 서명에서 확인할 수 있듯이 책은 서양 고중세 철학과 당대에 새로이 여기저기에서 일어나고 있던 철학을 포괄하고 있는데, 이도 또한 서양의 학술적 논의가 중국에서도 동시에 이뤄지고 있었음을 보여주는 사례라 하겠다. 이와 관련해서 『명청지제서학문본(明清之際西學文本)』에는 서양 철학을 요약 발췌의 형식으로 소개하는 소책자들이 포함되어 있다. 이것들과 아멜의 책에서 다루고 있는 여러 철학 주제들 사이에 있는 문헌적인 관계에 대한 해명도 시급하다. 다음의 비교는 이 해명이 왜 시급한지를 잘 보여준다.

이해를 돕기 위해서 『명청지제서학문본』의 목차를 소개하면, 제2책: 『수신서학(修身西学)』, 『제가서학(齐家西学)』, 『치평서학(治平西学)』, 『비학(譬学)』, 『체도기언(达道纪言)』, 『서방답문(西方答问)』, 『오십언여(五十言余)』, 『초성학요(超性学要), 『구우편(逑友篇)』, 『서방요기(西方要纪)』, 『사말진론(四末真论)』, 『궁리학(穷理学), 『격치오략(格致奥略)』이 바로 그것이다.

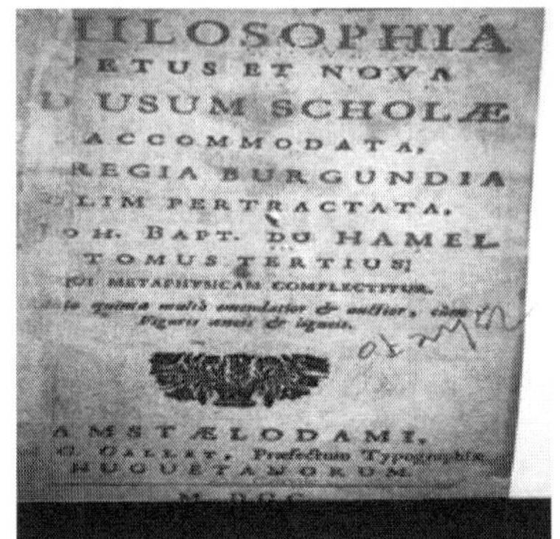

아멜의 책 표지.

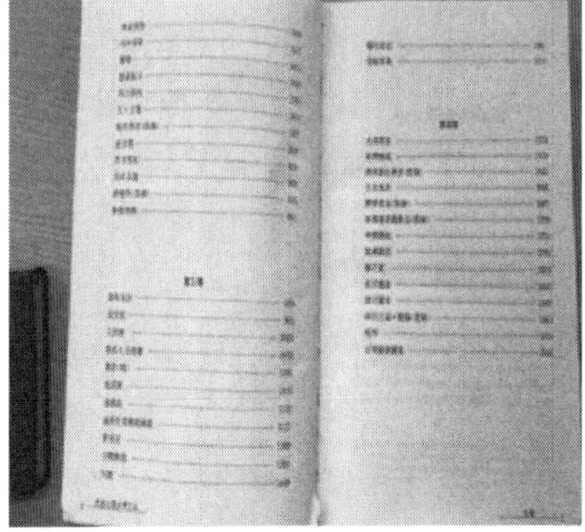

『명청지제서학문본(明淸之際西學文本)』 목차.

마지막으로 눈길을 끄는 것은 "퐁트네와 비델루 신부가 가져온 기나나무(quinquina)"이다. 두 가지 점에서 그렇다. 한편으로 서양 신부들이 가져온 기나나무로 만든 약 덕분에 강희제가 말라리아에서 나을 수 있었고, 이에 감동한 강희제가 1691년에 천주교 선교의 자유를 보장하는 칙령을 내렸기 때문이다. 아래의 사진이 이를 명백히 보여준다.

흥미로운 점은, 기나나무에서 추출한 말라리아 치료약이 개화기에 금계랍의 이름으로 조선에서도 유통되었다는 것이다. 다음은 1896년 11월 7일자 〈독립신문〉에 실린 광고이다.

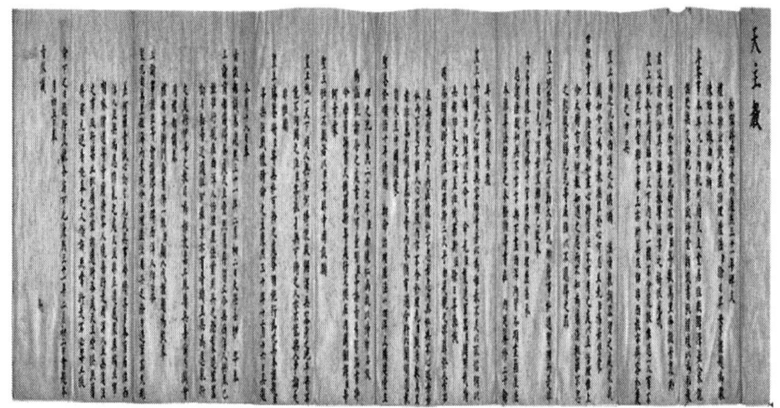

천주교 인정서(1691년).

1896년 11월 7일자 〈독립신문〉 광고.

이상의 진술을 정리하자. 한마디로 서양에서 온 책들 덕분에 벌어진 일들이 결코 작은 사건들이 아니었음을 알 수 있다. 하지만 책들의 행방과 행로에 대한 연구는 이제 시작 단계에 있다고 해도 틀린 말은 아닐 것이다. 따라서 서양에서 온 책들이 동양에 끼친 이야기는 이쯤에서 멈추겠다.

중국에서 유럽으로 간 책들

서양에서 중국으로 온 책들의 수와 종에 못지않게 중국에서도 유럽으로 많은 종과 수의 책들이 갔다. 이와 관련해서 중요한 인물은 쿠플레(Ph. Couplet, 1623~1693)이다. 1684년에 쿠플레는 중국의 전례 논쟁을 해결하고 중국인 출신의 사제를 임명하기 위해서 로마로 돌아가는데, 이 때에 그는 중국에서 대략 400여 책을 가지고 간다. 다음은 쿠플레가 1685년에 교황 인노첸시오 11세에게 책을 헌정하면서 작성한 『중국책들의 목록』의 첫 장이다.[15]

15) 참조, C. Y. Dong(2001: 507~554).

CATALOGVS
LIBRORVM SINICO-
RVM

Volumen 1.

Volumen 2.

위의 사진에 따르면, 『중국책들의 목록』의 1번은 Copia impressa Monumento Lapideo Eruto in Provincia Xensi Matropoli Anno 1625, Ubi Lex Chiristiana describitur, et nomina Septuaginta Evangelii Praeconum Religiosorum ex Palastina exprimuntur이다. 이는 다름아닌 『大秦景教流行中國碑』를 라틴어로 번역한 것이다. 흥미로운 점은 『대진경교비문』에 70명의 선교사 이름이 새겨져 있고, 그들이 팔레스티나 출신으로 소개한다는 것이다. 이에 대한 보다 엄밀한 조사가 필요하다. 아무튼 『중국책들의 목록』은 『대진경교비문』을 필두로 316종, 414책의 서명을 라틴어로 번역해서 소개하는데, 여기에 소개된 책들은 바티칸 도서관에 헌정된다. 종과 수에 있어서 쿠플레가 1684년에 중국에서 유럽으로 가져간 책들의 종과 수는 트리고가 1620년에 서양에서 동양으로 가지고 온 책들의 그것들에 맞먹는다. 이와 관련해서 한 가지 추정할 수 있는 점은 동양에서 갔든 서양에서 왔든 책들은 낱개가 아니라 체계적인 수집을 통해서 집단적으로 이동했다는 것이다. 쿠플레의 다음 증언이 이를 잘 보여준다.

> 이 책들이 내가 가진 전부다. 마지막 박해의 화염으로부터 구할 수 있었던 것들이다. 물론 많은 책들이 소실되었다. 이것들이 나와 함께 올 수 있었던 책들이다. 나는 이 책들을 인노첸시오 교황 성하께 바친다. 이렇게 해야 할 필요는, 『중국 선교』 첫 백 년의 작은 노력과 작은 중국 도서관이 바티칸 도서관의 한 구석에 머무를 수 있도록 하기 위해서다.[16]

인용은 쿠플레가 중국에서 저술된 책들을 가져온 이유를 분명하게 보여준다. 그것은 트리고가 서양에서 책들을 중국으로 가져온 이유와 같은 맥락에서 해명된다. 다름아닌 그것은 "작은 중국도서관"을 바티칸 도서관을 세우기 위해서다. 그 이유에 대해서 쿠플레는 다음과 같이 해명한다.

> 적어도 이 노력이 결실을 맺을 것이다. 만약 어떤 이가 종교와 관련해서 우리가 기울인 노력으로 탄생한 저술들을 검토하는 날이 온다면 말이다. 어쩌면 유럽인들이 한자를 읽을 수 있는 날이 언젠가는 찾아 올 것이다.[17]

인용은 쿠플레가 책들을 로마로 가져간 이유를 분명하게 보여준다. 두 가지다. 하나는 전례 논쟁[18]에서 리치의 보유론을 특징으로 하는 적응주의 노선을 정당화하기 위해서였고, 다른 하나는 서양에서도 한자와 한문을 읽을 수 있는 독자와 학자가 생겨나기를 바라는 염원이었다. 적어도

16) 참조, C. Y. Dong(2001: 513).
17) 참조, C. Y. Dong(2001: 513).
18) 안재원(2015: 5~42) 참조.

지금까지의 역사 전개만 놓고 볼 때에 쿠플레의 염원은 절반의 성공을 거두었다 하겠다. 전자와 관련해서는 그 이후의 역사가 쿠플레의 바람과는 반대로 전개되었기 때문이고, 후자와 관련해서는 대성공을 거두었다 말할 수 있기 때문이다.

목록 작업의 선구자들

쿠플레 이후에 중국에서 서양으로 간 책들의 목록 작업을 본격적으로 시작한 사람은 코르디에(H. Cordier, 1849~1825)이다. 아래는 그의 말이다.

> 중국에 도착한 지 어언 10년이 넘었다. 나는 이 방대한 제국의 역사, 과학, 도덕, 풍속에 대한 연구를 진행할 때, 무한히 깊고 넓은 연구 영역에 최초로 들어간 모든 사람이 겪는 곤경에 부딪혔다. 중국과 관련해서 방대한 양의 출판물들의 한 가운데에서, 온갖 언어로 저술된 것들 사이에서, 너무도 다양한 연구 주제들 사이에서 나를 이끌어 줄 이가 누구일까? 나의 첫 생각은 믿을 만한 목록에 의지하자는 것이었다. 그러나 그런 것은 없었다.

피스터(Louis, Pfister S. J., 1833~1891)에 따르면, 1552~1800년 사이에 중국에 입국한 예수회 선교사는 975명이다. 그 가운데 동남아시아나 마카오 출신 중국인을 제외한 서구 선교사는 721명이다. 그리고 이들이 남긴 유럽어 저서는 770종이며, 그 가운데 다수의 저자는 프랑스와 이탈리아 국적의 예수회 선교사들이었다. 저서는 대부분 라틴어로 쓰였다. 다음은 16세기 후반에서 18세기 말 사이에 중국에 파견된 예수회 선교사의 수와 국적에 대한 통계[19]이다.

19) 이하의 통계는 인하대 중문과 민정기 교수와 공동으로 작업한 「동서문헌교류 아카이브 구성을 위한 기획」이라는 연구 계획서에서 가져온 것이다. 아쉽게도 이 계획서는 실현되지 못하고 있다.

	강희이전	강희년간	옹정년간	건륭년간	합계
포르투갈	136	118	17	66	337
프랑스	26	89	7	34	156
이탈리아	50	49		8	107
네덜란드 (벨기에 포함)	22	13			35
독일	7	16		11	34
스페인	22	6			28
오스트리아	7	4		6	17
폴란드	3	3		1	7
합계	273	298	24	126	721

1687~1793년 사이에 중국에서 활동한 예수회 선교사의 수와 중국 관련 서양어로 저술된 책들의 수는 대략 아래와 같다.

국적	저자 수	저작 수	국적	저자 수	저작 수
프랑스	48	499	포르투갈	20	40
이탈리아	19	60	폴란드	1	14
벨기에	6	52	체코	3	12
독일	8	49	중국	1	2
오스트리아	6	42	전체	112	770

서양의 예수회 선교사들은 한문 저술도 많이 남겼다. 한문 저술은 주로 1584년부터 1758년 사이에 출판되었으며, 전체 437종에 달한다. 그 중 종교에 관한 서적이 251종으로 전체 57%를 점하고, 자연과학(수학, 천문, 생물, 의학 등)분야는 131종으로 30%를, 인문과학(지리, 언어, 문

학, 철학, 교육 등) 분야는 55종으로 전체에서 13%를 점하고 있다. 참고로 중국에서 유럽으로 간 책들의 행방과 행로에 대한 목록 작업으로 『북당 도서관 목록』과 같이 일목요연하게 정리한 연구 결과는 아직 없다. 그 이유는 책들의 행방과 행로에 대한 추적 작업이 이제 본격적으로 이루어지기 때문이다. 이는 다음의 목록 작업에서 쉽게 확인된다.

1. *Notices biographiques et bibliographiques sur les Jésuites de l'ancienne mission de Chine*(1552~1773), Louis Pfister, Shanghai: Impr. de la Mission catholique, 1932/1934.
在華耶蘇會士列傳及書目 費賴之(Louis Pfister) 著, 馮承鈞 譯, 中華書局, 1995
▶ 청말에 중국에서 활동한 프랑스 예수회 선교사 루이 피스터가 프란시스코 하비에르로부터 시작하는 467명의 재중 예수회 선교사의 열전과 그들이 편찬한 서적을 기록한 것이다. 1886년경에 원고가 마무리되었으며, 1932년과 1934년에 상해(上海)에서 두 권으로 발행되었다. 1936년에 풍승균(馮承鈞)의 중역본 『入華耶蘇會士列傳』이 발행되었고, 1995년에 『在華耶蘇會士列傳及書目』으로 제목을 고쳐 발행되었다.

2. *Répertoire des Jésuites de Chine de 1552 à 1800* Joseph Dehergne, Paris/Rome, 1973. 在華耶蘇會士列傳及書目補編 榮振華(Joseph Dehergne) 著, 耿昇 譯, 中華書局, 1995.
▶ 루이 피스터의 책이 당시 가톨릭계 내부의 사정 등으로 인해 참고하지 못한 자료가 있는 점 등을 보완하기 위해 프랑스의 예수회 신부 조셉 드 에르뉴가 저술하였고 1995년에 중국어로 번역되었다. 1.과 함께 예수회 문헌 연구의 기초가 되는 자료다.

3. *Chinese Books and Documents in the Jesuit Archives in Rome: A Descriptive Catalogue Japonica-Sinica I-IV*, Albert Chan, S.J., M.E.Sharpe, 2002.
▶ 로마 예수회 문서고에 소장된 중국-일본 문헌에 대한 서지로서, 예수

회 관련 문헌은 약 320종이 수록되어 있다.

2. *Chinese Christian Texts from the National Library of France, Textes chrétiens chinois de la Bibliothèque nationale de France*(法國國家圖書館明清天主教文獻), Nicolas Standaert(鐘鳴旦), Ad Dudink(杜鼎克), Nathalie Monnet(蒙曦) 編, Taipei Ricci Institute(臺北利氏學社), 2009

▸ 프랑스 국가도서관에 소장된 명청시기 천주교 문헌을 수록하였다. 26책 191종의 자료를 영인하여 수록하고 있다.

5. *Chinese Christian texts from the Roman Archives of the Society of Jesus*(耶蘇會羅馬檔案 館明淸天主教文獻), Nicolas Standaert(鐘鳴旦), Ad Dudink(杜鼎克) 編, Taipei Ricci Institute(臺北利氏學社), 2002

▸ 로마 예수회 문서고에 소장된 명청시기 천주교 문헌을 수록하였다. 12책 98종의 자료를 영인하여 수록하고 있다.

6. 『徐家滙藏書樓明淸天主教文獻 鐘鳴旦』, 杜鼎克, 黃一農, 祝平一 等 編, 臺灣輔仁大學神學院, 1996

▸ 上海 徐家滙藏書樓에 소장된 천주교 문헌을 수록하였다. 총 5책 37종을 영인하여 수록하고 있다.

7. 『家滙藏書樓明淸天主教文獻續編 鐘鳴旦, 杜鼎克』, 王仁芳 主編, 臺北利氏學社(Taipei Ricci Institute), 2013

▸ 상해서가회장서루(上海 徐家滙藏書樓)에 소장된 천주교 문헌을 수록하였다. 총 34책 84종을 영인하여 수록하고 있다.

8. 『明末淸初耶蘇會思想滙編』 樓宇烈 顧問, 鄭安德 編輯, 北京大學宗教研究所, 2003.

▸ 총 5권 60책으로 되어 있다. 프랑스 국립(?)도서관과 바티칸 교황청 도서관으로부터 수집한 자료를 수록하였다. 다른 목록들이 모두 영인본

인 것에 비해, 본 목록은 수록 문헌을 모두 현대 간체자로 전환한 다음 구두점을 찍어 읽기에 편리하다. 각 문헌에 상세한 해제가 달려 있어 내용 파악에 극히 도움이 되며, '편집자의 말'에는 수록된 각 문헌의 간략한 서지사항까지 제시되어 있다.

9. 『天學初函』(中國史學叢書 23) 李之藻, 臺北學生書局, 1965(1626).
▸ 중국에서 출판된 천주교 관련 최초의 목록으로서, 李之藻가 1626년에 작성하였다. 리편(理編)과 기편(器編)이 각각 10종씩, 모두 20종을 수록하고 있다.

10. 『天主教東傳文獻(中國史學叢書 24)』, 吳相湘 編, 臺北學生書局, 1965.
▸ 바티칸 교황청 도서관 소장본 명청시기 천주교 관련 문헌 중에서 『西國記法』, 『熙朝定案』, 『不得已辯』(利類思), 『不得已辯』(南懷仁), 『代疑篇』, 『熙朝崇正集』 등 6종을 영인하여 수록하고 있다.

11. 『天主教東傳文獻續編(中國史學叢書 40)』, 吳相湘 編, 臺北學生書局, 1966.
▸ 天主教東傳文獻의 속편(續編)으로서, 바티칸 교황청 도서관 소장본 명청시기 천주교 관련 문헌 3책 20종을 영인하여 수록하고 있다.

12. 『天主教東傳文獻三編(中國史學叢書續編 21)』, 吳相湘 編, 臺北學生書局, 1972.
▸ 天主教東傳文獻의 3편(三編)으로서, 바티칸 교황청 도서관 소장본 명청시기 천주교 관련 문헌 6책 14종을 영인하여 수록하고 있다.

13. 『梵蒂岡圖書館所藏漢籍目錄』 伯希和 編, 高田時雄 校訂•補編, 郭可譯, 中華書局, 2006.
▸ 프랑스의 중국학자 폴 펠리오가 1922년에 작성한 『바티칸도서관 소장 한문 사본 및 인쇄본 서적간명목록(*Inventaire sommaire des manuscrits et imprimés chinois de la Bibliothèque Vaticane*)』

과 일본의 중국학자 다카타 도키오가 작성한 『바티칸도서관 소장 한문목록보편(*Supplément à l'inventaire des livres chinois de la Bibliothèque Vaticane*)』으로 이루어진 일본어판(1995년)을 중국어로 번역했다.

14. 『明淸間耶蘇會士譯著提要』 徐宗澤, 上海世紀出版集團, 2010
▸ 중국 예수회 신부 서종택이 1949년 中華書局에서 출판한 것을 최근 재출간한 것이다. 『四庫全書總目提要』를 모방하여, 명청시기 예수회 선교사들의 譯著와 중국 본토의 저작 약 200여종에 대한 제요를 작성하였고, 徐家滙藏書樓, 프랑스국립도서관, 바티칸도서관의 書目도 수록하였다.

15. 『東傳福音』 中國宗敎歷史文獻集成編纂委員會 編, 黃山書社, 2005.
▸ 총 25책 가운데 제1책-제11책에서 명청시기 예수회 관련 문헌 약 130여종의 영인본을 수록하였다.

이상의 목록들은 중국과 대만과 서양에서 출판된 것들이다. 여러 곳에서 개별적으로 이루어진 까닭에 아직 총체적인 정리는 이루어지지 않은 상태다. 일본에서는 선교사들의 서신을 뽑아 번역한 자료집 등이 출간된 바 있다. 국내에서 이에 상응하는 작업은 아직 시도조차 되지 않았다. 사정이 이러함에도 한 가지 다행인 것은 디지털 도서관들이 전 세계적으로 만들어지고 있다는 점이다. 굳이 여행을 가지 않더라도 책들의 행방을 검색할 수 있고, 운이 좋으면 앉은 자리에서 원문까지 받아 볼 수 있는 연구 환경이 만들어지고 있기 때문이다. 이와 관련해서 「고대 중국」 사이트(www.chineancienne.fr)를 소개하겠다. 이 사이트의 시작 화면이다.

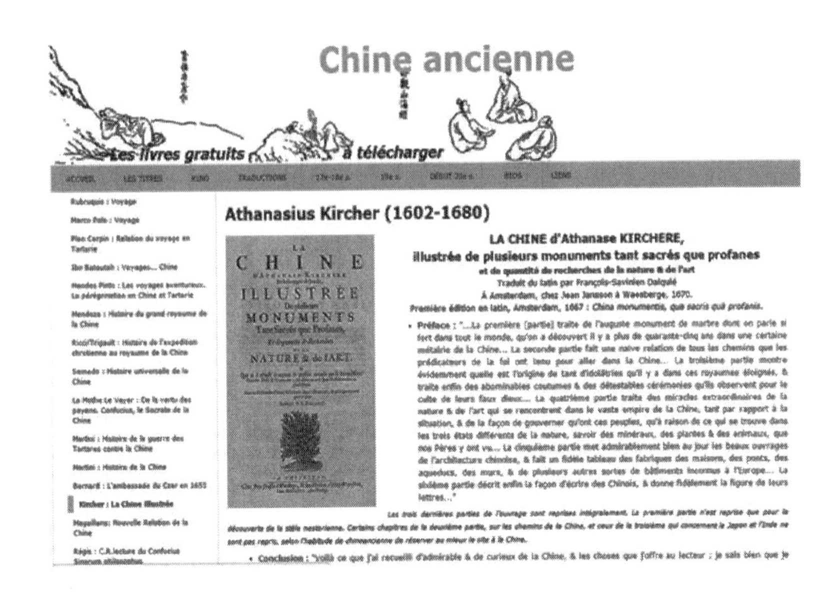

다음은 「고대 중국」에서 제공되는 키르허의 『중국도설』의 원문 이미지이다.

리치와 서광계(徐光啓)의 만남을 기리는 사진이다. 디지털 정본 작업을 통해서 책의 원색을 복원했다.[20] 디지털 도서관의 새로운 발전 동향을

20) 키르허의 『중국도설』, p. 152.

살필 수 있기에 흥미롭다.

중국에서 간 책들에 대한 반응과 영향

중국에서 간 책들은 유럽에서 어떤 대접을 받았을까? 또한 이 책들로 말미암아 무슨 일들이 벌어졌을까? 전자와 관련해서는 대표적인 사례로 쿠플레의 「루이 14에게 바친 헌사」와 인토르체타의 「유럽의 젊은이에게 보내는 편지」를 소개하겠다. 후자와 관련해서는 『역경』에 라이프니츠의 입장을 소개하겠다. 쿠플레의 헌사 가운데에 일부이다.

> [9] 더 나아가, 자신들의 스승 공자가 전하로부터 합당한 명예와 대접을 받았다는 소식을 들었을 때, 그들이 지을 기쁨의 표정이 어떨지 자못 궁금합니다. 전하께서 궁전 도서관의 다른 서책들 사이에 공자를 위한 공간을 마련하라고 지시하셨기 때문입니다. 라틴어 헌사와 공자의 초상(肖像)과 그가 지은 책들과 그의 제자들의 행장을 놓을 곳을 말입니다. 이곳에는 중국에서 출판된 목판 인쇄물뿐만이 아니라 아주 우아하게 주조된 청동 활자로 찍은 인쇄물도 함께 보관되어 있습니다. 지금까지는 중국에서만 알려졌던 공자가 이제는 갈리아 전체에 알려질 것이다. 또한 갈리아에서 전 유럽으로 알려지는 것은 시간 문제일 것입니다. 자신이 의당 받아야 하는 대접을 그는 어디에서든 모든 사람들로부터 받을 것입니다. 때가 되면 저들은 진심으로 위대하신 전하의 성은에 감사할 것입니다. 한 목소리로 전하의 이름을 소리 높여 기릴 것입니다. 전하를 위한 축원도 올릴 것입니다. 새로이 개종한 교인들은 앞을 다투어 전하의 강녕(康寧)과 또한 전하께서 착수한 모든 사업들의 성공과 왕국의 융숭한 번영과 중국에서 안착한 가톨릭 교회가 순조롭고 빠르게 번성하기를 소리 높여 기도할 것입니다. 이 모든 기도를 지고하신 주님이 들으실 것이고 축복해주실 것입니다. 또한 주님께서는 저토록 위대하신 전하를 갈리아와 전 그리스도의 세계를 위해서 오래도록 지켜주실 것입니다. 가톨릭의 세계와 교회 전체가 또한 정직한 사람들이라면 물론 전하의 백성들은 물론 이방의 사람들도 그들이 모름지기 올바른 사람이면 모두 축원과 축

도를 받아 마땅하신 분이 바로 전하이시기 때문입니다. 그러나 다른 어느 누구보다도 전하께 헌신과 충성을 바치기를 열망하고 이를 영광으로 여기는 신하, 예수회 소속 필립 쿠플레가 바치는 기도를 주님께서 들어 주실 것입니다.(「루이14세에게 바치는 쿠플레의 헌사」[21])

흥미롭게도 인토르체타의 입장은 쿠플레와 그것과는 완전히 다르다. 사실, 쿠플레가 아래의 편지는 1687년에 『중국인 철학자 공자』를 출판하면서 삭제해 버린 것이다. 이유는 쿠플레는 루이 14세에게 이 책을 헌사한 것이고, 인토르체타는 중국에서 선교 활동을 희망하는 젊은이들과 중국의 고대에 대해서 학문적인 호기심을 가진 사람을 위해 번역 작업을 시작했기 때문이다.

나는 중국에서 가장 학식이 깊고 가장 중요한 학자의 엄밀한 주해와 함께 이 책들을 중국어에서 라틴어로 옮겨 여러분에게 선물하고자 한다.(...) 여러분은 정치-도덕에 대한 학문을 막힘 없이 설명할 것이고, 이를 들은 [중국] 인들은 당연히 경이로움을 표할 것이고 동시에 즐거워할 것일 뿐만 아니라 여러분의 권위도 함께 커질 것이다. 이 때에 여러분은 무엇보다도 저 학문 자체를 여러분이 알고 있는 철학의 심판대로 소환해서 엄중하게 검사하고, 마치 자연에서 막 캐어 다듬지 않고 아직 모양을 갖추지 못한 은 덩어리를 용광로에 넣듯이, 형이상학이라는 시료를 이용해서 불순물과 쓸모 없는 찌꺼기들을 걸러내어야 한다. 또한 이어서 에우로파 표현법의 세련된 장식과 기품 있는 위엄을 덧붙여야 한다. 마치 보석들로 금을 갈무리 하듯이 말이다. 여기에 마지막으로 복음의 태양에서 흘러나오는 빛으로 감싸주게 되면, 여러분은 이 학문을 바로 하늘로 끌어 올리게 될 것이다. 따라서 내가 이 책을 출판한 것은 에우로파 사람들에게 중국의 지혜를 제시하기 위함이 결코 아니다. 공자와 맹자의 책을 에우로파에 제시하는 것은 마치 몇 잔의 물을 바다에 붓는 것과 같고, 그래서 나

21) 참조, Ph. Couplet et al.(1687: 7~8).

는 이를 결코 현명한 일이라고 생각하지 않았다. 대신에 나는 동방 세계에 선교를 희망하는 지원자들인 여러분들에게 조언을 해 주기를 희망했다.(...) 다른 한편, 이미 소크라테스와 플라톤의 전통은 바닥에 떨어졌고, 세네카와 플루타르코스의 전통도 거의 시들어버린 저 에우라파에서 그들에게 내가 소개하는 중국의 에픽테토스가 [그들에게] 박수 소리를 되찾아 줄 것이라고 나는 희망하는데, 이것이 그저 희망 사항에 불과할까?(어쩌면 트리스메기스토스(헤르메스)로 부르는 것이 더 맞을 것이다. 그도 자신의 비밀스런 생각을 라코니아의 방식으로 간략하게 표현했는데, 이는 거의 성스러운 기호(상형 문자)로 된 그림을 통해서 표현한 것에 다름 아닌 것으로 볼 수 있기 때문이다)(...) 이 책이 옛날 것들을 귀하게 여기는 모든 사람들 사이에서 제대로 된 평가와 대접을 받기를 말이다. 마음껏 즐기길 그리고 건강하기를! [이 일을 시작하게 된 경위에 대해서는 이 정도면 충분할 것이다.] 만인의 종 프로스페로 인토르체타.[22]

중국에서 간 책들에 대해서 유럽인들이 보인 반응과 관련해서는 대표적으로 『역경』을 소개하겠다. 다음은 1703년 5월 18일에 라이프니츠가 부베에게 보낸 편지이다.

복희의 사각형은 그 자신의 원형과 같다. 사각형은 원형을 설명해준다. 원형 안에서는 그 순서가 약간 무너져있다. 나는 아래의 오른쪽에서부터 시작하겠다. 곤괘와 복괘 및 기타 괘들이 0과 1로 아니면 000000과 000001으로 된 대목부터 말이다.[23] (『서간집』, p. 404)

인용에서 말하는 사각형과 원형은 『역경』의 괘도를 말하는데, 아래의 그림은 부베가 라이프니츠에게 1701년 11월 4일에 보낸 것이다.[24]

---

22) 참조, Par. Cod. Lat. 6277, 8v–9r.

23) 이 편지는 라이프니츠가 1703년 5월 18일에 부베에게 보낸 것이다. 참조, G. W. Leibniz(2006: 404).

24) 참조, G. W. Leibniz(2006: 376~77).

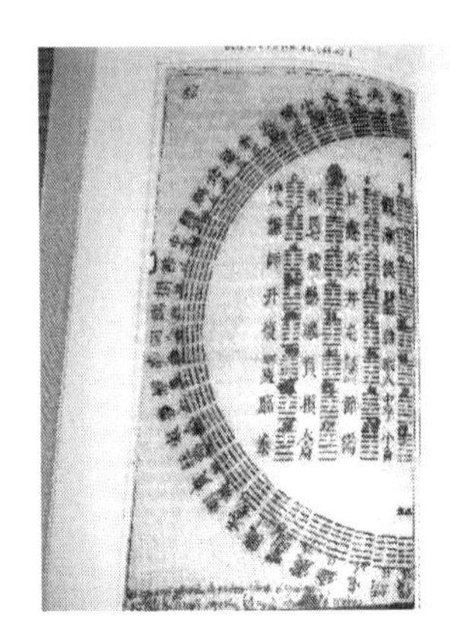
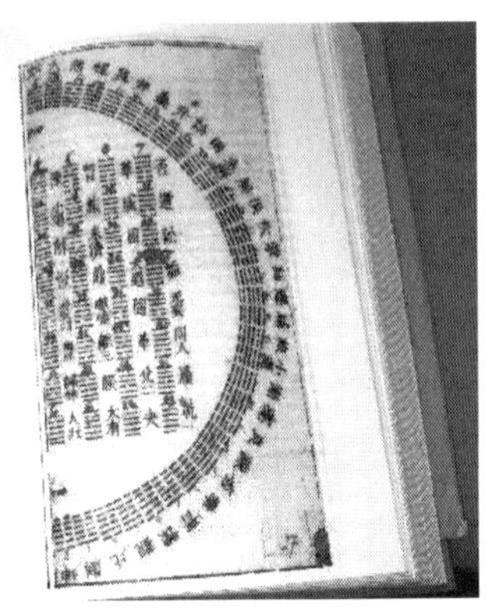

다음은 라이프니츠가 지은 『중국에 대한 최신 소식(*Novissima Sinica*)』에 실린 『역경』에 대한 그림이다.[25)]

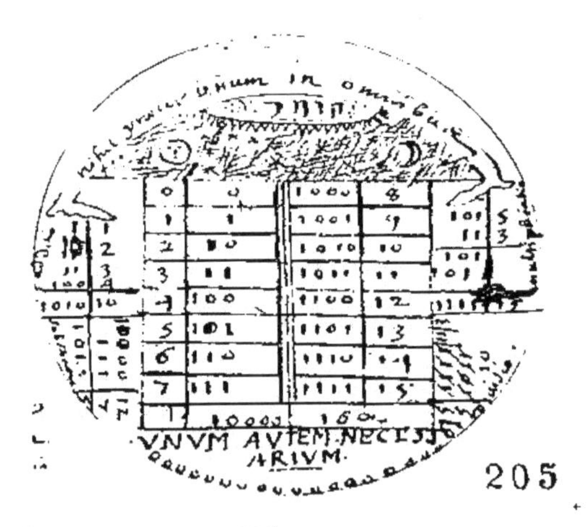

(*Novissima Sinica* p. 361)

그렇다면 『역경』의 어떤 면이 라이프니츠를 설득할 수 있었을까? 물론 『역경』의 세계는 음양으로 이분하는 범주 구조와 그 구조가 대립적인 배제 관계가 아닌 상호 반대와 상호 차이를 포함하는 운동 구조로 이뤄져

25) 참조, G. W. Leibniz(1697: 361).

있다. 이와 관련해서 음에서 양으로 혹은 양에서 음으로의 추이를 수로 계산할 수 있다는 부베의 『역경』 해설이 라이프니츠의 이진법(二進法)에 대한 생각에 영향을 끼친 것은 분명하다. 이에 대해서는 많은 연구가 있고, 따라서 이 글에서 자세하게 언급할 필요는 없을 듯 싶다. 각설하고, 『역경』에 대한 부베의 연구가 라이프니츠와 같은 서양 철학자들로 하여금 자연학 혹은 자연과학의 탐구로 나아가도록 자극했다는 점은 분명하다. 그런데 흥미로운 점은 중국에 머물면서 『역경』을 연구했던 예수회 신부들에게는 정반대의 길로 나아가게 했다는 것이다. 이와 관련해서, 프랑스 국립도서관에서 발굴한 새로운 문헌을 하나 소개하겠다. 다음과 같다.

> *Idea generalis doctrinae libri I-King(易經), seu Brevis expositio totius systematis philosophiae hieroglyphicae in antiquis Sinarum libris contentae, facta R.P. Joanni Paulo Gozani, Visitatori, hanc exigenti, Ms. in quarto, singnè Bouvet, à la Bibliothèque Nationale.*(『역경』에 담긴 보편적인 가르침에 대한 이해 혹은 중국 고대의 서책들에 담긴 상형에 대한 철학의 전체 체계에 대한 간략한 설명』)[26]

이 글에 눈길이 가는 이유는 색은(索隱)주의의 시작이 언제 그리고 누구에 의해서 본격화되었는지를 잘 보여주는 문헌이기 때문이다. 참고로 색은주의는 루지에리나 리치와 같은 예수회 소속의 초기 신부들이 취했던 적응주의 노선에서 한 걸음 더 치고 나아가, 이를테면 예수 그리스도의 탄생 이전의 고대 중국의 신화와 역사가 『구약성경』에 나오는 이야기들과 일치하거나 유사하며, 중국의 기원과 뿌리가 셈족에서 혹은 적어도

26) 참조, Par. cod. 17.239. 35r~ 38r.

중앙 아시아의 어느 지역에서 발원했다는 것을 입증하려 했던 학술 노선이다. 예컨대 홍수 문제를 해결했던 중국의 전설적인 인물인 우왕(禹王)을 노아(Noa)에 비교하려는 시도가 그 한 사례이다. 황당무계한 이야기로 들릴 수도 있겠지만, 이와 같은 관점에서 중국의 상고시대를 연구한 대표적인 신부가 프레마르(J. H. Prémare) 신부이다. 『중국의 상고 시대에 지어진 책들에서 찾아낸 그리스도 교회의 탁월한 가르침의 흔적들(*Selecta Quaedam Vestigia praecipuorum Christianae Religionis dogmatum, ex antiquis Sinarum libris eruta*)』라는 저술에서 그는 『시경』, 『서경』, 『역경』, 『산해경』 등의 중국 고대 문헌들을 샅샅이 뒤졌고, 이를 바탕으로 그는 심지어 인류가 하나의 기원에서 갈라져 나왔다고 주장한다. 이와 같은 대담한 주장 때문에 색은주의 노선을 취했던 신부들의 연구는 지금도 그렇지만 당시에도 많은 반대에 부딪혔고, 많은 문헌들의 출판이 허용되지 않거나 금지당했다. 레기스의 라틴어 『역경』도 그 중 하나였다. 이 책은 우여곡절 끝에 아래의 서명으로 1834년과 1839년에 출판되었다.

> *Y-King, Antiquissimus Sinarum liber quem ex latina interpretatione P. Regis Aliorumque ex Soc. Jessu, P.P. edidit Julius Mohl. Vol.I & II., cum quatuor tabulis*, 1834(Vol. I), 1839(Vol. II). Stuttgartiae et Tubingae. Sumptibus J. G. Cottae.(역경은 중국에서 가장 오래된 책으로 레기스 신부와 예수회 소속의 다른 신부들의 번역한 것으로 줄리우스 모올이 편집했다. 책은 1권과 2권으로 구성되어 있으며, 4개의 도표도 함께 출판되었다. 책은 1834년과 1839년에 슈투트가르트와 튀빙엔에서 코타가 후원한 비용으로 출판되었다.)

한마디로 라틴어 『역경』에 대한 18세기 서양인들의 관심은 매우 컸는데, 이는 성격에 따라 크게 두 가지로 나뉜다. 신학적인 관심과 자연학적인 관심으로 말이다. 신학적인 관심과 관련해서 『역경』을 번역하겠다는 사람들의 초기 입장을 소개하겠다. 모올의 주장이다.

> 『역경』은 자신의 명성과 존경을 중국인들 사이에서만 누리는 것이 아니다. 이는 중국인들을 그리스도의 신앙으로 전교하기 위해서 로마 교회가 파견한 신부들 사이에서도 마찬가지였다. 많은 사람들이 중국인들이 이 책에 깊이 빠져들어 바치는 존경하는 것과 같은 정도로 이 책에 심취해 있다. 이들은 조만간에 이 책에서 그리스도의 교리에 담긴 비의(秘意)를 발견할 것이라고 스스로를 설득하고, 이 책을 바탕으로 그 위에 중국인들에게 전하고자 하는 신앙을 세우려고 시도한다. 그래서 이 책의 이름이 유럽에 전해졌으며, 많은 사람들이 많은 것을 이 책에 대해서 썼고, 많은 사람들은 망상에 사로잡혀있다. 마치 미지의 세계에 대해서 그렇듯이 말이다.[27]

『역경』에 대한 자연학적 관심과 관련해서는 다시 부베의 말을 소개하겠다.

> 『역경』은 중국에서 가장 오래된 책이다. 아마도 전 세계에서 가장 오래된 것이다. 이 책은 중국의 고유 원천이다. 학자들에 따르면 중국의 모든 학문과 전례를 만든 것이 이 책이다. 하지만 많은 사람들은 의심한다. 이 책이 잘못된 가르침을 담고 있으며 미신들로 가득 차 있고 근거와 확고한 원리를 갖추지 못한 것이라고 말이다. 하지만 나는(부베) 이 의심에 동의하지 않는다. 대신에 나는 확신한다. 저들의 의심이 잘못된 것이고, 고대의 중국인들을 부당하게 대하는 것이라고 말이다. 고대의 중국인들은 그 시초에 진실로 순수하고 명백한 철학을 가졌다고, 오히려 고대 중국의 철학이 더 확고했고 오늘날 우리의 철학보다 더 완벽했다고 나는

27) 참조, *Y-King*. praefatio(1834: vi-vii).

감히 생각한다.[28]

부베의 이와 같은 주장에 대해서는 물론 여러 다른 반론이 제기될 수 있을 것이다. 하지만 『역경』의 유럽 소개 문제와 관련해서 부베의 이와 같은 생각이 라이프니츠에게 그대로 전해졌고, 라이프니츠로 하여금 『역경』에 대한 새로운 해석을 하도록 만들었다는 점이 중요하다. 라이프니츠를 설득함에 있어서 힘을 발휘했던 『역경』에 대한 부베의 주장을 하나 더 소개하겠다.

> 한편으로 4000년이 넘는 중국 학자들의 연구 역사를 증인 삼아 볼 때에도 다른 한편으로 내가(부베) 백 곳이 넘는 문장들을 통해서 확인해 볼 때에도, 중국인들의 생각과 원리들은 우리 유럽의 상고 시대 현인들의 생각과 원리들에 일치한다. 이 일치는 학문 전체를 아우르고 여기에 종교까지 포함하는 것이다. 이 일치를 바탕으로 놓고서 저 기발한 괘상들에 대한 새로운 탐구를 수 년간에 걸쳐서 수행해 왔다. 그 결과 다음과 같은 확신에 도달하였다. 원천의 관점에서 볼 때에 아마도 이 일치는 같은 것이고 하나인 무엇이라는 확신에 말이다. 포희의 괘상은 보편적인 상징을 표상하고, 이 상징은 메르쿠리우스 트리스메기스투스가 발명했던 것 같은 정도로 고대의 아주 비범한 천재가 만들었고, 이는 모든 학문들의 가장 추상적인 토대를 눈앞에 제시하기 위함이라는 것을 말이다.[29]

인용에서 눈 여겨 보아야 할 표현은 "보편적인 상징"이다. 중요한 점은 이 상징이 기호로 구성되고 이 기호는 다름아닌 수의 체계를 반영한다는 것이다. 참고로 『역경』의 괘상이 17~18세기에 유럽의 지성계의 핵심 논쟁 가운데에 하나인 "보편 문자(universal character)" 논의로 직결

---

28) 이 편지는 라이프니츠가 1703년 5월 18일에 부베에게 보낸 것이다. 참조, Leibniz(2006: 404).

29) 참조, G. W. Leibniz(2006: 277).

되는 것은 잘 알려진 사실이다. 베이컨 이후에 서양의 자연학자들은 자연을 탐구함에 있어서 혹은 접근함에 있어서 자연 언어라는 색안경을 극복하려 시도했고, 이를 위해 새로운 표현 도구와 기제를 발견하고 발명했다. 이와 관련해서 『역경』을 상징 체계로 보고 그 체계를 수(數)의 관계로 해명할 수 있다는 부베의 생각이 이후의 서양 근대 과학의 시작에서, 특히 기호와 부호 체계의 발명과 개발에 일정 정도 영향력을 행사했다. 참고로 18세기 이전까지 서양의 자연학 문헌들은 자연언어로 기술되었는데, 이 말은 오늘날 우리가 사용하는 수학 부호 등을 사용하지 않았다는 얘기다. 프랜시스 베이컨이 "ipsa scientia potestas est(아는 것이 힘이다)"라는 주장을 하면서 새로이 개발하려고 했던 새로운 도구(novum organum)들이 실은 바로 이와 같은 새로운 부호 체계였다. 새로운 부호와 기호에 대한 논의 과정에서 부베와 라이프니츠가 서로 주고 받은 서신 교환도 이와 관련된 중요한 사례이다. 그렇다면 라틴어 『역경』의 어떤 면이 라이프니츠를 설득할 수 있었을까? 부베의 말이다.

> 딱 하나의 일치는, 내가 보기에 부분적으로도 그렇고 전체적으로 볼 때에도 『역경』의 수 체계는 피타고라스와 플라톤의 그것에 일치하는 것으로 보이는데(모든 앎 가운데에서, 사람들이 이 분야의 철학의 경우 사람들이 사태의 분명하지 않은 부분을 표시하는 것과 관련해서 그 출발을 플라톤에게는 돌리는 표시에 대한 앎은 이미 키케로의 시대에 제대로 그 흐름이 끊기고 말았다. 위대한 연설가의 말이다. "이것(수수께끼 부호, aenigma)은 플라톤의 수보다도 더 어둡다."[30]), 이 일치에 대한 나의 입장은 이렇다. 복희의 수 체계와 키케로가 어둡다고 언명했던 플라톤의

30) *Ad Att*. Ⅶ.13. 5. 키케로의 원문은 다음과 같다: aenigma [Oppiorum ex Velia] plane non intellexi; est enim numero Platonis obscurius.

그것은 같은 것이고 하나인 체계이다.[31)]

나가는 말

동양의 책들과 서양의 책들 사이에 벌어졌던 짝짓기 양상이 범상치 않다. 이와 관련해서 이상의 논의를 바탕으로 나는 두 가지를 새로이 주장한다. 하나는 서양의 르네상스 학술 운동이 서양 역사만의 전유물이 될 수 없다는 것이고, 다른 하나는 16세기 이후 급속도로 전개된 세계의 근대화도 마찬가지로 서양 주도로만 이뤄진 것은 결코 아니며 동양과 서양의 교류와 충돌을 통해서 이뤄진 합성이라는 것이다. 그렇다면 이런 합성에 대해 어떻게 접근하고 이해해야할까? 적어도 그 바탕에 책들의 교류가 있었고, 그 와중에 많은 짝짓기가 있었음은 분명하다. 이와 관련해서 유럽에서 중국으로 온 책들과 중국에서 유럽으로 책들의 짝짓기를 보여주는, 그리고 그 짝짓기로 탄생한 후손들의 모습을 살필 수 있는 디지털 도서관의 구축 프로젝트부터 시작하기를 제안한다. 제안의 이유는 간단하다. 연구를 위해서는 자료부터 모아야 하기 때문이다. 이는 가능하다고 본다. 기술적으로도 문제가 없다고 본다. 의지와 뚝심의 문제라고 본다. 원천 자료가 없어도 이제는 얼마든지 가능하기 때문이다. 도서관은 기본적으로 디지털 콜렉션, 디지털 정본, 디지털 사전으로 구성될 것이다. 먼저 디지털 콜렉션을 소개하겠다. 이는 원천 자료가 없어도 가능하다. 이에 대한 사례는 「Bibliotheca Sinica 2.0」이다. 다음과 같다.

31) 참조, G. W. Leibniz(2006: 281).

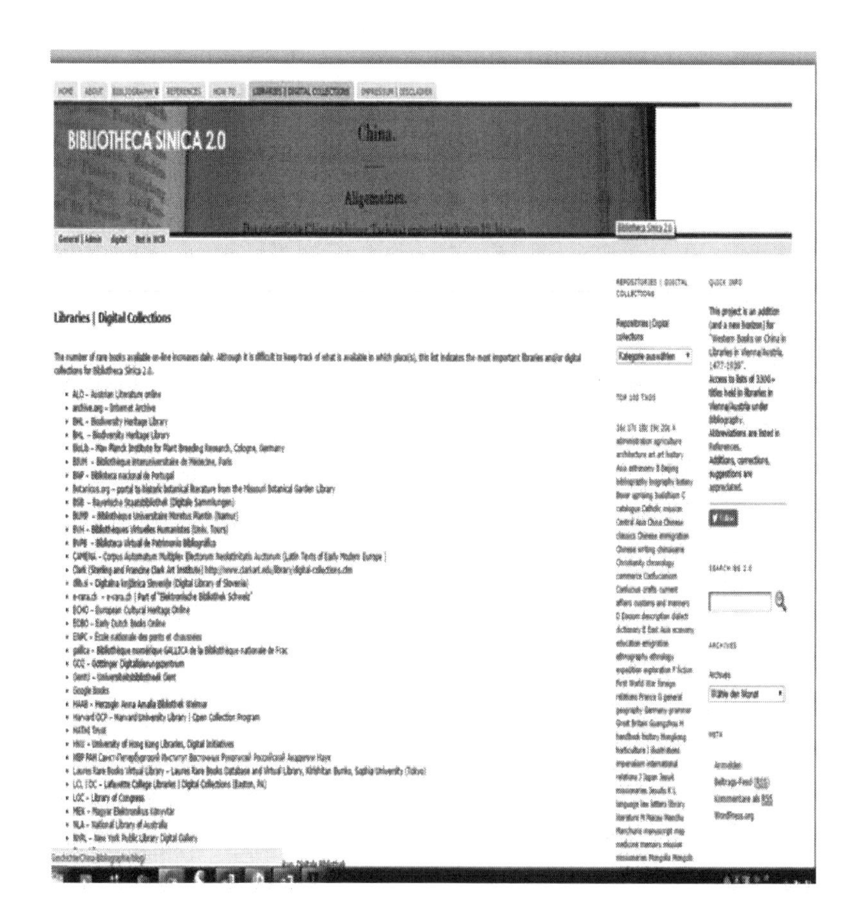

다음으로 신뢰성, 표준성, 편이성의 원칙에 따라 제작된 디지털 정본을 제공하자고 제안한다. 비판 정본 혹은 교감본만이 지식 시장에서 살아남는데, 이는 디지털 시대에도 유효하기 때문이다. 이해를 돕기 위해서 비판 정본이 왜 시급한지를 보여주는 사례로 『천주실의』를 소개한다. 『천주실의』는 리치가 자신의 동료이자 선배인 루지에리가 라틴어로 지은 *Vera et brevis divinarum rerum expositio*(1581) 버전을 바탕으로 한문으로 지은 『편서축국천주실록(編西竺國天主實錄)』을 바탕으로 저술된 문헌이다. 『천주실의』의 완성과 출간 시기에 대해서는 학자들의 의견이 갈리었는데, 주목해야하는 연구는 피스터[32], 엘리아[33], 그리고 서종택[34] 등의 주장이다. 방호[35]와 임동양의 주장도 경청의 가치가 있다. 하지만 그동안 학계에서 검토되지 않았던 새로운 문헌들도 많다. 아래와 같다.

1)『천주성교실록』, 루지에리, 라틴어본(Bibl. Nazionale di Roma, Ges. 1276. Per la descrizione del Ms. vedi Prolegomeni, n.7): Est praeterea idem sapientissimus, nempe qui non solus res procreaverit, verum etiam suis quasque locis disposuerit, talemque ordinem eis praescripserit easque propensiones singulis inseruerit, ut universa haec machina, sine perturbatione diu multumque conservetur, et nisi ipse Deus aliud fore decrevisset, in hoc perpetuo statu permansura esset. [*Vera et Brevis Divinarum Rerum Expositio*, Cap. 2 De Divinis virtutibus c. 12]

2)『天主聖教實錄』, 羅明堅, 북경대학종교연구소, 2000(1584.8):天主有權衡能幹, 而能宰制乾坤, 生養人物. 夫當世之王者, 且能行政 · 平治天下, 況天主乎? 是以稱其權衡能幹.(천주께서는 권형(權衡)과 능간(能幹)이 있으셔서 천하를 재제(宰制)하시고, 사람을 포함하여 만물을 만드시고 기르신다. 대개 이 세상의 왕이 천하를 운용하고 다스리는데, 하물며 천주에 있어서랴? 이러한 까닭에 천주를 권형과 능간이라 일컫는 것이다.)

3) *Lettere edifiantes et curieuses ecrites des missions etrangeres 25*, 1783년

4) *Lettere edifiantes et curieuses ecrites des missions etrangeres 14*, 1819년

---

32) L. Pfister(1932: 34~35).

33) P. M. d'Elia(1942~49: I, 379~380; II, 292~293).

34) 徐宗澤(1949:142~143).

35) 林東陽(1978: 26~44)

ciel. Vous dites qu'il a créé les cieux, la terre, l'homme et toutes choses; qu'il gouverne tout et maintient tout dans le bel ordre où nous le voyons. Je n'ai jamais rien ouï de semblable, et nos plus grands philosophes des temps passés n'en ont jamais rien dit. Je serois bien aise d'être instruit là-dessus.

(『천주실의[프랑스어본 번역]』: 너희들이 말하길, 그분이 하늘과 땅과 사람과 만물을 창조하셨다. 그리고 그 분이 모든 것을 다스리시고 그리고 아름다운[좋은] 질서 안에서 모든 것을 유지[안전하게 보호하다]시키시니, 그 질서 안에서 그 분을 볼 수 있다.)

5) 『天主實義』 [한문본] 慈母堂藏板, 主教 趙方濟准, 1868:天主, 始制天地萬物, 而主宰安養之(천주께서 천지만물을 처음 만드시고 그것을 주재하시고 안양하신다.)

6) 『與猶堂全書』, 「春秋考徵」, 정약용, 1934~1938, 新朝鮮社: 上帝者何? 是於天地神人之外, 造化 天地神人萬物之類, 而主制安養之者也. 謂帝爲天, 猶謂王爲國, 非以彼蒼蒼有形之天指之爲上帝也.(상제란 무엇인가. 상제는 천지와 귀신과 인간 밖의 존재로, 천지와 귀신과 인간과 만물을 '조화(造化)'하고 '주제(主制)'하며 '안양(安養)'하는 존재이다. 천에 있어 제라 하는 것은 나라에 있어 왕이라 하는 것과 같으니, 저 푸르고 푸른 형체 있는 하늘을 가리켜 상제라고 해서는 안 된다.)

다산의 문장은 『천주실의』가 비판 정본이 왜 시급한지를 보여주는 결정적인 사례이다. 문장의 표현들에 따르면 다산이 천주실의를 참조한 것은 분명하다. 문제는 어느 문헌인지이다. 비판 정본이 왜 시급한지에 대해서는 이 정도로 충분할 것이다. 다음의 문헌들은 『천주실의』의 비판 정본이 시급함을 보여준다.

1) 루지에리의 *Vera et brevis divinarum rerum expositio*(『天主聖教實錄』), 1581).
2) 리치의 『천주실의』(1607)
3) 『천주실의』 중각본(1868)
4) 『만주어 천주실의』(년도미상:프랑스 BNF 3237)
5) 『한글 천주실의』(1800년대 초반, 양화진 순교자 기념관)

더 엄밀한 문헌 추적이 요청되지만, 위의 문헌들의 계보도는 아래와 같다.

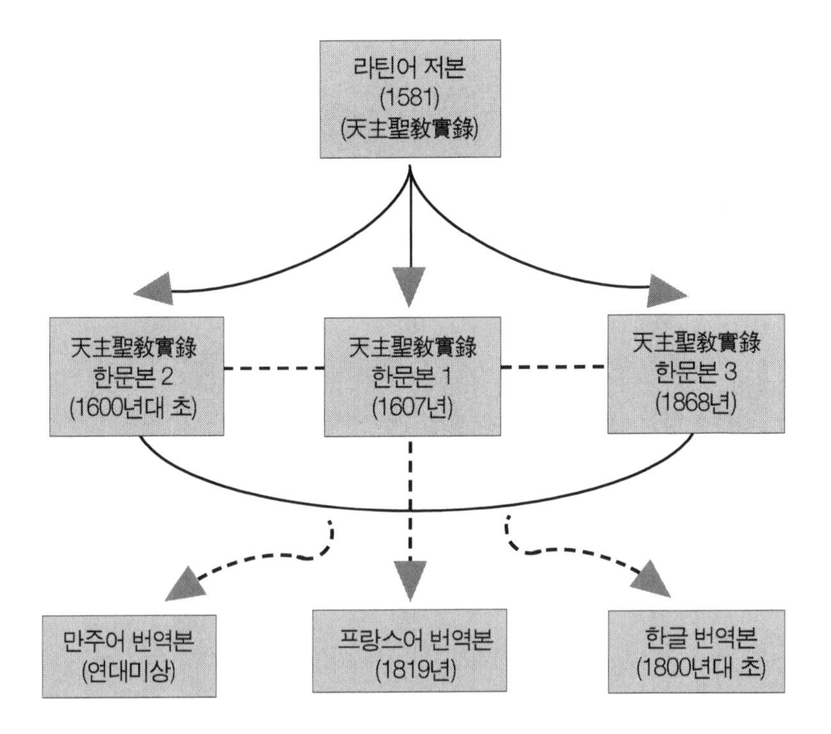

마지막으로 디지털 정본과 하이퍼 텍스트로 연동되는 디지털 사전을 제안한다. 아쉽지만 이와 관련해서는 중국학 혹은 동서 문헌 교류학

관련 사이트에서는 디지털 사전 기능을 제공하는 곳을 아직까지는 발견하지 못했다. 혹시 도움이 되길 바라는 마음에서 앞에서 언급했듯이 서양 고전학 분야의 대표적인 디지털 도서관인 페르세우스 디지털 도서관이 제공하는 디지털 역동 사전을 제안한다. 디지털 콜렉션, 디지털 정본, 디지털 사전이 연동되는 디지털 도서관을 아우르는 이름으로 "BIBLIOTHECA SINACOPA 1.0"을 제안한다. 이제 시작이다. 하지만 천천히 서둘러야 할 것이다. 그도 그럴것이 SINA와 EUROPA를 아울러야 하고 COREA도 포함되어야 하기 때문이다.

맺는 말

왜 비판 정본인가[1)]

모든 텍스트는 소통을 위해 태어난다. 텍스트는 대개 문헌을 통해 전승된다. 이 문헌은 언어로 기록되는 매체다. 하지만 언어는 변한다. 언어의 이런 속성 때문에 시간이 흐르면서 텍스트 내용도 크게 달라지게 된다. 일례로 호메로스의 『일리아스』를 들 수 있다. 『일리아스』는 원래 이오니아 지방의 방언으로 불려진 서사시다. 요컨대 서사시가 하나의 이야기로 완결된 후 대략 400년이 지난 기원전 3세기에 이르면, 『일리아스』는 최초의 원전에서 많이 벗어나 정체성을 파악하기 어려울 정도로 바뀌게 된다. 이 시기에 이르면 원전이라 할 수 없는 내용도 많이 삽입되기 때문이다. 대표적인 사례가 『일리아스』 제2권 선박 목록 대목이다. 이는 트로이 원정에 참여했던 그리스 군대들이 어느 지방에서 온 부대인지를 소개하는 대목이다. 그런데 선박 목록에 도시 아테네의 이름은 원래 없었다. 트로이 전쟁 당시 아테네는 이름도 없는 어느 해안가에 불과했기 때문이다. 그러나 후대에 아테네가 당시 강대해지자, 아테네인들은 자신들의 조상도 트로이 전쟁에 참전했다는 기록을 『일리아스』에 삽입하게 된다. 이는 기원전 5세기 아테네의 참주였던 페이시스트라토스가 명령한 것으로 알려져 있다. 이렇게 해서 아테네가 선박 목록에 삽입된다. 하

1) 이 글은 안재원(2012: 31~57, 2014: 256~296)을 바탕으로 재구성.

지만 호메로스 서사시는 아테네 버전만 있는 것이 아니다. 다른 지방에도 전해지는데, 아테네의 참전 이야기는 후대에 삽입된 위문(僞文)으로 훗날 학자들에 의해 판명된다.

물론 한국고전의 경우, 이에 대해서 다른 이해와 다른 접근 방식이 있을 것이다. 따라서 약간은 조심스러운 대목인데, 이에 대한 양해를 구하고자 한다. 요컨대 이런 문제에 부딪히면 서양 고전 문헌학자들은 원전과 원전이 아닌 것을 구분한다. 당장은 이해가 되지 않더라도 전승된 표현을 존중한다. 이해가 되지 않는 낯선 표현이라 할지라도 자신들이 이해하는 수준에서 함부로 바꾸지 않는다. 전승된 표현을 일단은 존중하지만 이해가 되지 않는 경우는 주석을 통해서 해결한다. 이런 방식으로 서양 고전 문헌학자들이 정본 작업을 하는 데에는 다음이 세 가지 생각이 바탕에 깔려있다.

우선 서양 사람들은 소위 '원본'이 있다는 생각으로부터 '정본' 개념을 상정한다는 것은, 후대의 문헌학자가 만든 '정본'이 원본이라는 보장을 할 수 없기 때문이다. 이런 이유에서 그들은 "비판 정본(editio critica)"이라는 용어를 사용한다. "비판"이라는 말을 덧붙인 이유는 정본과 원본 사이에 있는 거리를 최대한 좁히려는 노력은 하지만 그것이 어쩌면 구조적으로 불가능하다는 점을 인정하기 때문이다. 후대의 문헌학자들이 만든 본문이 원저자가 쓴 원문은 아닐 수 있다는 의미가 '비판'이라는 말에 함의되어 있다.

다음으로, 서양 고전 문헌학자들은 전승된 표현을 바탕으로 원전을 복원하는 과정에서 가능한 편집자의 주관적인 판단을 배제한다. 이를 위한 실천 방식이 판본의 비교이다. 라틴어로는 collatio라고 부른다. 비판 정본을 만들다 보면 최고본(最古本)이 항상 좋은 것이 아니고 후대본이 더 나은 원전에 가까운 경우가 많기 때문이다.

마지막으로, 이렇게 판본비교를 통해서 정본을 만드는 것은 문헌 자체에 대한 이해와 문헌을 단지 잘 보존하기 위함에만 있는 것이 아니라, 문헌을 당대의 텍스트로 복원해서 그것을 안전하게 연구자들과 다른 일반 독자들에게도 제공하기 위해서다.

정본 사업이 왜 시급한지에 말하고자 한다. 사례를 통해 말씀을 드리는 것이 이해에 도움이 될 것이다.

사례 1: 『춘향전』 시작 대목

[몽룡의 탄생으로부터 이야기가 시작되는 『춘향전』 계열]

ID:남원고사(南原古詞)

P#0010#『1-앞』텬하명산 오악지즁에 형산이 놉고 놉다 당시절의 졀문이 경문이 능통ᄒᆞ므로(…) 이 셰상의 ᄆᆡ오 이상ᄒᆞ고 신통ᄒᆞ고 거록ᄒᆞ고 긔특ᄒᆞ고 ᄑᆡ려ᄒᆞ고 ᄆᆡᆼ낭ᄒᆞ고 희한ᄒᆞᆫ 일이 잇것다

P#0030#젼라도 남원부ᄉᆞ 니등ᄉᆞᄯᅩ 도임시의 ᄌᆞ제 니도령이 년광이 십뉵셰라 얼골은 딘유ᄌᆞ오 풍ᄎᆡᄂᆞᆫ 두목지라 문당은 니태ᄇᆡᆨ이오 필법은 왕희지라

ID:동양문고본 춘향전

P#0010#『1-앞』텬하명산 오악지즁의 형산이 놉고 놉다 당시의 졀문이 경문이 능통키로(…) 잇 ᄯᆡ의 ᄆᆡ오 이상ᄒᆞ고 신통ᄒᆞ고 거록ᄒᆞ고 긔특ᄒᆞ고 ᄑᆡ려ᄒᆞ고 ᄆᆡᆼ낭ᄒᆞᆫ 일이 잇깃다 한 노ᄅᆡ로 긴 밤 ᄉᆡ랴 니 문자ᄂᆞᆫ 그만두고 말명 ᄒᆞ나 쳥ᄒᆞ리라

P#0030#젼나도 남원부ᄉᆞ 니등 사도 도임시의 샷도 ᄌᆞ뎨 니도령이 년광이 십뉵셰라 녀동빈의 얼골이오 두목지 풍ᄎᆡ로다 문장은 니ᄇᆡᆨᄋᆞ오 필법은 왕희지라

ID:정문연 소장 59장본 춘향전

P#0030#덕겸지가라 자제 ᄒᆞᆫ 분 두어씨되 그 얼골언 영파노탁의 호지 이졍노ᄒᆞ고 그 문ᄌᆞᆼ은 장구필마의 담열쳥빙ᄒᆞ던 ᄆᆡᆼ호연과 방불ᄒᆞ던 게 엿짜

ID:신문관본 활자본 고본 춘향전

P#0030#젼라도(全羅道) 남원부ᄉᆞ(南原府使) 리등ᄉᆞ도(李等使道) 도임시(到任時)에 ᄉᆞ도ᄌᆞ뎨(使道子弟) 도령(道令)님이 년광(年光)이 십륙셰(十六歲)라 김부식(金富軾)의 얼『6』골리오 리덕형(李德馨)의 풍신(風神)이라 문쟝(文章)은 최고운(崔孤雲)이오 필법(筆法)은 김ᄉᆡᆼ(金生)이라

[춘향의 탄생으로 이야기가 시작되는 『춘향전』 계열]

ID:정문연 소장 35장본 춘향전

P#0010#『1-앞』졀ᄃᆡ가인 ᄉᆡᆼ길젹의 강산졍긔 타셔난다 져라산 야야게의 셔씨가 죵츌ᄒᆞ고 군산만학 부형문의 왕쇼군이 ᄉᆡᆼ장ᄒᆞ고 쌍각산이 슈려ᄒᆞ여 녹쥬가 ᄉᆡᆼ겨시며 금강유리아미슈의 셜도 환츌ᄒᆞ여썬이 호남좌도 남원부난 동으로 지리산 셔으로 젹셩강 산슈졍신 얼의여셔 츈향이가 ᄉᆡᆼ겨ᄉᆞ나

ID:김동욱 소장 49장본 춘향전

P#0010#『1-앞』(…) 젼라 남원부 일등 명기 월ᄆᆡ란 사람이 잇난ᄃᆡ 셩등ᄂᆡ 슈쳥 ᄊᆡ 춘향을 나은고로 셩춘향이라 힛거다 그시에 남원부사로 잇넌 양반이 동촌 리씨인ᄃᆡ 일남자를 두신ᄇᆡ 남즁일식 호걸이요 룡몽을 어더 나은고로 일홈을 몽룡이엿다 월ᄆᆡ 쌀 셩춘향과 이몽룡과 천년을 ᄆᆡ진 근본이엿다

ID:보급서관본 활자본 옥중화

P#0010#『1』絕對佳人(절디가인) 삼겨날 졔 江山精氣(강산뎡긔) 타셔난 ᄃᆞᆺ(…) 雙角山(쌍각산)이 秀麗(수려)ᄒᆞ야 綠珠(록주)가 삼겻스며(…) 南原府(남원부)ᄂᆞᆫ 東(동)으로 智異山(지이ᄉᆞᆫ), 西(셔)으로 赤城江(젹셩강) 山水精神(ᄉᆞᆫ수정신) 어리어셔 春香(츈향)이가 삼겨잇다

[판소리 계열 『춘향가』]

ID: 신재효 동창 춘향가(가람본)

P#0020#잇ᄯᅴ의 三淸洞 李進士가 忠勳의 后裔시요(…) 南原府使 ᄒᆞ엿ᄭᅮ나 到臨ᄒᆞ신 一朔內의 거리거리 木碑로다 골목골목 頌德이라

ID: 김소희 창본 『춘향가』

P#0010#(아니리)영웅열사(英雄烈士)와 절대가인(絕代佳人)이 삼겨날 제(…) 우리나라 호남좌도 남원부(南原府)난 동(東)으로 지리산(智異山), 서(西)으로 적성강(赤城江) 산수정기 어리어서 춘향(春香)이가 생겼것다. 숙종대왕(肅宗大王) 직위 초(卽位初)에(…)

인용은 주마간산(走馬看山) 격으로 정리해 본 『춘향전』 판본들이다. 어렵게 모은 자료를 선뜻 제공해 준 경희대 고전문학연구팀에게 진심으로 감사한다. 연구팀에서 목포대학의 최운호 교수를 통해 보내 준 판본의 수는 105개다. 이것으로만 볼 때에도 족히 『춘향전』의 판본이 이 수를 훌쩍 뛰어넘을 것이다. 이쯤 되면 서양 고전 문헌학자라면, 당장 이런 물음부터 던질 것이다. 도대체 이 판본들 가운데에서 『춘향전』의 원본 아니 표준 정본이 무엇인지를 말이다. 누군가가 『춘향전』에 대한 논문을 쓴다고 할 때에 어떤 판본을 정본으로 삼아야 할지부터가 문제이기 때문이다. 아니 제목부터가 문제다. 『춘향가』인가 아니면 『춘향전』인가? 주

인공은 춘향인가 혹은 몽룡인가? 누구를 중심으로 이야기를 풀어가는 것일까? 시작 부분에 이런 차이는 왜 생겨났을까? 도대체 어느 판본이 가장 오래된 것일까? 어느 판본이 어느 판본의 저본 구실을 한 것일까? 아니면 베끼었을까? 또한 지은이는 누구일까? 아니면 지은이 없이 이렇게 저렇게 구전이 축적되어 만들어진 것일까? 몽룡의 탄생으로 시작한 판본들 계열에서 포착되는 이야기의 일정한 유사성과 차이는 어떻게 설명해야 할까? 예컨대 "왕희지의 필법"에서 "김생의 필법"으로 바뀐 것은 무엇을 의미하는 것일까? 예컨대 왜 숙종 때가 강조되며(*어떤 판본은 인조 때로 시작함), 장녹주가 등장하는데("綠珠(록주)가 삼겻스며"), 『춘향전』의 탄생과 무슨 관계가 있는 것일까? 그런데 이 시기의 표기 방식은 어느 시대의 표기 특징일까?

이와 같은 물음에 대해서 한국 고전 연구의 전통이 서양 고전 문헌학 전통과 다르기 때문에 다른 관점에서 접근할 수도 있겠다. 하지만 『춘향전』을 지금 한글로 옮긴다면, 어느 판본을 선택해야 할까? 아마도 각기 자신이 소장하는 판본을 내세우려 할 것이다. 하지만 가람본을 표준 정본으로 내세울 수 있을까? 당장 시작 부분만 살펴보아도 이전 판본들과 『춘향전』의 이해가 달라 보인다. 이런 이유에서 결론적으로, 판본과 판본의 비교 연구가 시급함을 강조하고자 한다. 설령 문헌학적인 판본 연구를 하는 것이 아닐지라도 한국을 대표하는 고전이란 할 수 있는『춘향전』에 대한 이해를 외국에 소개한다고 할 때에, 도대체 어느 판본을 기준으로 삼을지에 대한 것도 아직 정리되지 않은 것으로 보이기 때문이다. 판본 연구의 상황이 이와 같다면, 사실 『춘향전』에 대해서 자신있게 말할 수 있는 한 부분도 없을 것이다. 적어도 이야기의 시작 대목만 본다면, 주인공이 춘향인지 혹은 몽룡인지도 의심스럽고, 제목부터도 정해지지 않았기 때문이다.

『춘향전』의 경우, 서양 고전 문헌학의 관점에서 보면 소위 “열린 관계”에 속한다. 기본적으로 문헌 계보도의 작성이 어려운 경우이다. 하지만 가능한 범위 내에서 문헌 계보는 추적해야 한다. 왜냐하면 텍스트를 새로이 편집해야 할 때 모든 문헌들을 다 고려할 수는 없고 참조-반영해야 할 필사본들을 줄여 나가야 하기 때문이다. 물론 반드시 서양식으로 판본을 최소화하거나 문헌 계보도를 작성해야 하는 이유가 없을지도 모르겠다. 하지만 도대체 문헌들이 어떤 관계를 맺고 있는지는 조사해야 한다. 다시 말해서, 판본 비교는 반드시 해야 한다. 결론적으로 판본과 판본 사이의 내용적 거리가 너무 멀어서 서양식의 비판 정본을 굳이 만들 수 없거나 만들 이유가 없다 하더라도, 최소한 판본 비교는 매우 시급한 것으로 보인다. 『춘향전』 이해와 관련해서, 판본 비교를 통해서 얻게 될 새로운 이해와 관점이 많이 나올 것이고, 이는 연구자는 물론 일반 독자에게도 『춘향전』에 대한 새로운 관심을 촉발할 것이기 때문이다.

사례 2: 『대장경』 사례

다음 사례는 7세기에 저술된 것으로 추정된 둔황 문서들[2]이다. 먼저, 『서청미시소경일권(序聽迷詩所經一卷)』이라는 문헌을 소개하겠다. 이 문서는 판본 비교 혹은 텍스트 비교가 왜 시급한지를 보여주는 사례다. 『서청미시소경』은 경교 초기 문서다. 이 자리에서 소개하려는 텍스트는 다음과 같다.

2) 이 문헌들은, 일본학자 사에키의 견해에 의하면, “序聽迷詩所經은 연대상으로 一神論 두루마리보다 약간 앞선다. 그는 역사적, 언어적, 신학적 이유를 제시한다: 첫번째로 世尊布施論 223랭에, “메시아 탄생이래 641년에 그의 이름이 온 세상에 알려졌다”고 하였다. 이에 근거해서 이 문서는 641년 경에 씌여졌다고 말할 수 있다. 그런데 태종 황제는 네스토리안 선교사 阿羅本에게 그리스도교 경전들을 번역하도록 명하였고, 3년 황제는 경전들을 읽어본 후 경교의 선교를 허용하였다. 그러므로 633년에서 638년 사이에 모종의 문서가 집필되고 한문으로 번역되었을 것이다. 사에키는 序聽迷詩所經이 바로 이 시기에 속한 문서일 것으로 본다.”

惡業人乃將彌師訶
別處向沭上枋枋處名為訖句

惡業人乃將彌師訶別處。向處。名爲訖句

악업을 쌓은 이들이 메시아(彌師訶)를 '술상방방'이라는 곳으로,

이름하여 '골고다(訖句)'라고 불리는 곳으로 데리고 갔다.

우선 "彌師訶"와 "訖句"는 메시아와 골고다의 음역이다. 그리스어 본문이 시리아어와 중앙 아시아를 거쳐 중국어로 음역된 표현으로 보인다. 그런데 이 문서에는 沭上扐扐이 나온다. 그 뜻이 아직도 해결되지 않고 있다. 어쨌든, 문서 이해의 열쇠를 쥐고 있는 표현은 "沭上扐扐"이다. 이것이 무슨 뜻인지 밝혀져야 본문이 제대로 파악되기 때문이다. 흥미로운 것은, 이 구절이 『대정신수대장경』 외교부(외래종교) No. 2142에도 수록되어 있다는 점이다. 그런데 『서청미시소경』 텍스트의 沭上扐扐이 『대정신수대장경』에서는 "沭上枋枋"으로 바뀌어 있다. 전거는 아래와 같다.

卽受死。惡業人乃將彌師訶別處。向沐上枋
枋處。名爲訖句。卽木上縛著。更將兩箇刦道

미묘한 변화가 일어나고 있음이 확인된다. 물론 당시 표기 문제와 관련해서 이체자(異體字) 연구가 요청되지만, 당장 눈에 띄는 글자들의 변화를 살펴보면 다음과 같다. 우선 沭이 沐으로, 扐이 枋으로 바뀌어 있다. 전자는 沭의 점이 떨어지면서 생겨난 현상이고, 후자는 扌이 木과 비슷하게 보였기 때문에 생겨난 현상인 것 같다. 또한 "沭上扐扐"이든 "沐上枋枋"이든 그것이 무슨 뜻인지 그 의미가 파악되지 않는 것도 문제다. 이는 어떻게 해결해야 할까? 뜻밖에도 한자 문화권이 아닌 다른 언어 문화권에서 그 해결책이 발견될 가능성이 있다. 물론 보다 엄밀한 비교 검증을 해보아야 하겠지만, "沭上扐扐"[3]이 맞는 표기일 것이다.[4] 어쨌든 서양의 경우, 이런 사례들이 『신약성경』에도 많이 발견되기 때문이다. 이런 사정에서 불가타(Vulgata) 판본이라는 말도 나오게 되었다. 따라서 사정이 이와 같다면 적어도 정본으로 알고 있던 『대정신수대장경』

3) 이는 당시 이체자(異體字)에 대한 연구가 요청되는 문제이다.

4) 이 말은 "땅의 머리"를 뜻하는 소그드어 "Sarbwmb"(사르방브)의 음역일 가능성이 높다. 보다 엄밀한 문헌 비교가 요청된다.

도 의심해 보아야 할지도 모르겠다.[5] 참고로 정본 작업이 왜 중요한 지를 보여주는 한 사례로 요즈음 둔황학의 유망주로 주목받는 중국인 학자 리탕(Li Tang)의 경우를 소개하겠다. 이야기인 즉, 다음과 같다. 리탕은 *A Study of the History of Nestorian Christianity and Its Literature in Chinese: Together with a New English Translation of the Dunhung Nestorian Documents*(Peter Lang, 2004)를 출판한다. 그런데 이 책에 대한 미케센(G. Mikkesen)의 서평은 다음과 같다.

> 그녀(리탕)의 작업에서 결정적이고 명백한 사실은 그녀의 번역이 기본적으로는 사에키의 작업을 바탕으로 한 것이지만, 문제는 그 번역이 결정적으로 사에키의 결함이 많은 편집본에 기초한다는 것이고, 또한 원문에 해당하는 필사본이나 출판된 모사본들을 참조하지 않았다는 데에 있다.[6]

다음으로, 『일신론(一神論)』[7]이라는 문헌을 소개하겠다. 이 문헌도 판본 비교 혹은 텍스트 비교가 왜 시급한지를 보여주는 사례다. 『일신론』은 경교 초기 문서다. 이 자리에서 소개하려는 텍스트는 다음과 같다.

5) 참고로 『대정신수대장경』은 일본의 사에키가 편집한 것이다. 그런데 판본 전승을 전해진 그대로 반영하지 못하고 있기에, 이런 방식으로 작업된 문헌 편집은 오히려 후속 연구에 막대한 지장을 초래하고, 궁극적으로는 올바른 연구 작업의 수행을 불가능하게 만든다. 참고로 사에키는 "술상방방"을 "그들은 그의 머리를 거기에서 감겼다"로 해석한다(P. Y. Saeki, *The Nestorian Documents and Relics in China*, Tokyo: The Maruzen Co., 1937; 2nd ed., 1951, "they washed his hair there"). 하지만 이는 솔직히 말이 안되고, 거의 넌센스에 가까운 해석이다. 이는 동방그리스도교 이동의 맥락에서, 즉 그리스어, 시리아어, 아랍, 페르시아, 소그드어 문헌과의 비교를 통해서 해명될 수 있기 때문이다. 따라서 이 표현은 "해골" 혹은 "머리"와 관련된 서역언어의 음역일 가능성이 높으며, 동방그리스도교 문헌에서 그 전거와 어원을 추적해야 한다.

6) G. Mikkesen(2007: 233).

7) 참조, 王蘭平(2016).

亦不須放向自家國土
(L356)

인용의 텍스트에 주목해서 보아야 할 글자는 放(보낼 방)이다. 이 글자는 편집자들의 손을 거치면서 放(보낼 방)이 아니라 改(고칠 개)로 바뀌고 있기 때문이다. 그 과정은 아래와 같다.

(1) 亦不湏放。向自家國土。

(2) 亦不須改向自家國土。

(1) 사에키(佐伯好郎), 『景教の研究』, 東方文化學院東京研究所 1935, 667쪽.

(2) 나향림(羅香林), 『唐元二代之景教』, 中國學社 1966, 205쪽.

(3) 亦不须改向自家国土

(3) 학전화(穆尔), 『一五五〇年前的中国基督教史』, 郝镇华译, 中华书局 1984, 312쪽.

(4) 亦不须改向自家国土

(4) 옹소군(翁紹軍), 『汉语景教文典诠释』, 生活 · 讀書 · 新知三联书店 1996, 152쪽.

(5) 亦不湏放。向自家國圡 (土)

(5) 섭지군(聂志军), 『唐代景教文献词语研究』, 湖南人民 2009, 350쪽

인용에서 살필 수 있듯이, 『일신론』의 초판본(editio princeps, 1933)을 출판한 사에키는 전승된 텍스트에 따라 문제가 된 자리의 한자를 放으로 제대로 읽었다. 하지만 나향림은 자신의 편집본에서 문제의 자리를 改로 읽는데, 이후 중국에서 나온 텍스트들은 나향림의 독법에 따라 改로 읽는다. 옹소군도 改로 읽는다. 아에, 그는 改向을 주석하는 자리에서 再回到(p. 177, 改向:再回到)라는 설명까지 덧붙인다. 하지만 옹소군의 주석은 학습용 단어 풀이이지, 전승 판본에 비판 장치는 아니다. 또한 위에서 살필 수 있듯이, 이는 섭지군의 텍스트 편집과는 표점에 있어서 큰 차이를 보인다. 이와 같은 사례들은 적어도 나향림에서부터 옹소군에 이르는 편집자들이 전승 판본을 엄밀하게 판독하지 않았다는 것을 보여준다. 한데 옹소군의 편집본은 상세한 주석을 겸비하고 있기에, 경교 연구에 있어서 표준본으로 인정받는다. 이런 의미에서 『일신론』의 텍스트는 섭지군의 편집본이 가장 신뢰할 만한 것으로 보인다. 물론 섭지군의 텍스트도 엄밀하게 살필 필요가 있겠지만, 어쨌든 문제의 해당 텍스트 자리와 관련해서 그는 전승 판본에 입각해서 텍스트를 放으로 읽기 때문이다.

예컨대 그는 須와 土를 전승 판본에 따라 표기하기 때문이다. 그런데 이는 당태종 시절의 이체자(異體字) 연구에도 중요한 자료이기도 하다. 따라서 이러한 섭지군의 노력은 칭찬받아 마땅하다. 이는 아마도 중국에서 국가 사업으로 추진 중인 『儒藏』 편찬 사업의 영향으로 보인다. 결론적으로 여러 편집본들 가운데에서 섭지군의 편집본이 전승된 판본에 가장 가깝게 편집된 것으로 보인다. 하지만 섭지군의 이와 같은 노력에도 불구하고 섭지군의 편집본은 아직은 소위 "비판 정본"이라 부르기는 어렵다. 그동안 앞선 연구자들, 특히 나향림이나 옹소군이 전승 판본을 왜 改로 읽었는지에 대한 일체의 해명이 없기 때문이다. 그러나 문헌학은 틀린 전통, 심지어 명백하고 심각한 오류라 할지라도, 이를 기록해주어야 한다. 요컨대 옹소군의 텍스트를 바탕으로 많은 번역들이 출판되었는데, 이 번역들의 오류를 바로잡으려 할 때에도 옹소군이 무엇을 잘못 보았는지는 밝혀주어야 이 오류들이 교정될 수 있기 때문이다. 하지만 섭지군의 편집본에는 이에 대해 아무런 정보를 제공하지 않는다. 예컨대 비판장치를 텍스트 본문에 병기했다면 좋았을 것이다. 하나의 시범적인 사례로 제시하고자 한다.

■ 본문

亦不湏放。向自家國圡(土)

■ 비판장치

須(氵) 둔황L356(傳, 異), 사에키, 섭지군: 須 나향림, 학전화, 옹소군,
放 둔황L356(傳), 사에키, 섭지군: 改 나향림, 학전화, 옹소군
圡 둔황L356(傳, 異), 섭지군: 土 사에키, 나향림, 학전화, 옹소군
* 傳 = 傳承, 異 = 異體字

사례 3: 이중환의 『택리지(擇里志)』

黃海道

黃海道, 居京畿 · 平安之間.(…) 又北回而止於文化九月山, 卽檀君[8] 故都.(...) 平山亦有瘴, 然西有綿岳, 東麓有花川洞. 洞有高巓大塚, 諺傳淸人祖墓[9] .(...) 江東西岸皆挾水築長堤, 內皆水田秔[10] 稻 一望無際 如中原之蘇湖矣.(...) 串下海中, 又產鰒魚 · 及黑蟲. 黑蟲無骨, 只一塊黑肉如瓜, 而全身有肉刺者也. 中原人用以染[11]. 鰒魚卽漢書王莽所啗者, 登 · 萊雖有之, 味之珍厚, 不及我境所產[12], 故採海蔘時, 並採之, 以利重, 故登 · 萊海船[13] 歲益增至 頗爲沿海民害.(...) 海州, 爲監司所治. 在首陽之南. 而海水闌兩山[14]間, 滙渟於面前山外, 爲一大湖, 土人謂之小洞庭. 潔城實據其勝, 頗有臨眺之致.(...) 最爲可居, 亦有自漢陽流寓之士族矣. 但土瘠易旱, 不宜木綿. 居人喜以舟楫通江海之利, 東通二道[15], 南通兩湖, 貿遷交易, 常得奇羨.

이 자료는 서울대 규장각에 근무하시는 양진석 선생이 현재 편집 중인 『택리지』의 '황해도' 편의 일부다. 자료를 보내주신 선생께 진심으로 감사드린다. 해당 원문은 A4 용지로 한 장 반 정도의 분량이다. 이 정도의

8) 『東國山水錄』(규 11638)에는 '氏'로 표현됨.
9) 『東國山水錄』(규 11638)과 숭실대본에는 '地'로 표현됨.
10) 숭실대본에는 '粳稻'로 표기됨.
11) 『東國山水錄』(규 11638)과 숭실대본에는 '緞'으로 표현됨.
12) 『東國山水錄』(규 11638)에는 '我境所產', 광문회본에서는 '我境產', 숭실대본에는 '此產'으로 표현됨.
13) 『東國山水錄』(규 11638)과 숭실대본에는 '登萊船'으로 표현됨.
14) 『東國山水錄』(규 11638)과 숭실대본에는 '山'이 생략되어 있음.
15) 『東國山水錄』(규 11638)과 숭실대본에는 '都'로 되어 있음.

분량임에도 판본들 사이에 많은 차이가 있음을 확인할 수 있다. 예컨대 '君'과 '氏'의 경우에, 저자 이중환은 어떤 글자로 썼을까? 전승 사정에 따르면 이는 결국 편집자가 결정해야 하는 문제이다. 그런데 이와 관련해서 양 선생은 '君'을 본문에 택했지만, 주석에 다른 가능성, 즉 "氏"를 제공해 준다. 소위 서양식으로 말하자면, 양 선생의 편집은 이른바 "비판정본"이라 하겠다. 또한 흥미로운 대목이, "『東國山水錄』(규 11638)에는 '我境所産', 광문회본에서는 '我境産', 숭실대본에는 '此産'으로 표현됨"이다. 섣부르지만 일련의 판본들 사이에 있는 유전 관계를 추적할 수 있기 때문이다. 아마도 광문회본과 "『東國山水錄』 사이에는 깊은 유전 관계가 있는 것으로 추정된다. 둘 중에 어떤 하나가 다른 하나를 베끼거나 참조했을 가능성이 높다는 얘기다. 이와 관련해서 양 선생은 광문회본이 "『東國山水錄』을 저본으로 사용했다고 전한다. 결론적으로, 양 선생의 작업 방식과 관련해서 지적하고자 하는 것은, 그것이 19세기 서양 고전문헌학자들의 편집 방식과 거의 유사하다는 사실이다. 양 선생의 편집본은 판본들을 비교하고 다양한 판본들의 텍스트를 한 자리에 모아 전해주고 있기 때문이다. 이는 중요한 사실인데, 한편으로 우리에게서도 이미 비판 정본 작업이 시작되었음을 보여주는 사례이고, 다른 한편으로 비판정본 작업이 왜 시급하고 필요한지를 보여주는 결정적인 사례이기 때문이다. 양 선생은 스스로 '아직은 초기 상태'라고 겸손해 하지만 선생의 작업은 주목해서 보아야 할 사례라고 생각한다. 이와 관련해서 한 가지 주시해야 할 점은, 비록 우리의 전승 문헌들이라 할지라도, 정본 작업은 외국에서도 얼마든지 할 수가 있다는 것이다. 더욱이 일본의 교토대학과 같은 곳에서 말이다. 요컨대 서양의 경우, 이런 사례가 많다. 예를 들어 키케로는 로마인이다. 하지만 그의 저술들은 이탈리아의 것이 아닌 영국의 옥스퍼드 대학 출판사나 독일 토이브너 출판사의 텍스트가 더 정본으로 인정받기 때문이다. 사정이 이렇게 될 경우, 만약 예컨대 양진석 선생의 『택리지』와 같은 정본이 없다면 어쩌면 우리는 비판 정본 작업이 발달한 일본에서 비판 정본을 수입해다 읽어야 할지도 모를 일이다. 이것이 또한 비판 정본 작업이 시급한 또 다른 이유이기도 하다. 그나마 다행스러운 일은 이 책을 마무리하는 중에 성균관대의 안대희 선생 팀이 6년의 노고를 통해서 『완역 정본 택리지』를 출판하였다는 소식을 접하게 되었다. 이 책을 아직 엄밀하게 읽어보지는 못했지만, 이런 비판 정본이 작업이 속도를 내기를 희망한다.

이런 희망을 품고 있지만 실은 마음 깊은 곳에는 회의적인 생각을 떨쳐버릴 수가 없다. 왜냐하면 비판 정본 작업은 개인의 희생과 노력만으로는 달성하기 어려운 연구이기 때문이다. 즉 국가가 나서서 지원해야 성공이 가능한 연구가 비판 정본 작업이기 때문이다. 구조적인 이유에서 그러한데 그 이유로 크게 세 가지를 들 수 있다. 먼저 정본 사업을 하기 위해서는 기본적으로 문헌들을 수집해야 한다. 하지만 이 일은 개인이 비용적인 측면에서 볼 때에 감당하기 어렵고, 또한 개별 소장 문고에 접근하는 것도 어려운 문제이기 때문이다. 설령 개인이 나서서 어느 집안에 소장된 문헌들을 열람하려 해도 자료의 손실 내지 유실에 대한 문제 때문에, 접근 자체가 불가능한 것이 비일비재하다. 또한 판본 비교를 거치는 과정에서 자신들이 소장한 문헌이 중요하지 않다고 판명이 날 경우, 소장하고 있는 자료의 경제적 가치가 떨어지는 것을 염려해 아예 문헌 자체의 공개를 거부하는 경우도 생겨날 것이기 때문이다.

다음으로, 개인이 지속적으로 작업하기에는 정본 작업은 경제적으로 감당하기 어려운 일이기 때문이다. 『춘향전』의 경우, 판본이 최소한 100종은 넘는다. 어떤 연구자가 판본과 판본을 비교하는 연구 결과를 출판한다 해서, 이를 통해서 그 연구자가 생계를 유지할 수 있을까? 하지만 정본 작업은 장기적으로 연구에 집중했을 때에야 믿을만한 결과가 산출된다. 따라서 국가가 제도적으로 안정적인 연구 기반을 제공해 주지 않으면 불가능하다. 서양에서도 일부 출판사들은 정본 작업을 지원한다. 예를 들면 독일의 토이브너 출판사(B. G. Teubner Verlag)를 들 수 있다. 하지만 한국의 출판사는 이를 제도적으로 뒷받침해주고 수행할 만한 경제적 규모가 아니다. 대학 출판사의 경우는 사정이 크게 다르지 않다. 이런 현실 사정을 감안할 때에 정본 사업은 결국은 국가가 지원해야 할 것이다.

그러면 정본 사업에 국가가 나서야 하는 마지막 이유를 제시하겠다. 기본적으로 지금까지의 한국의 인문학은 "수입인문학"이다. 백년 전까지 우리는 우리의 지식을 한문 문헌에서 빌어다 사용했다. 최근까지도 일본어 문헌에서 가져다 썼고, 요즘은 주로 영어 문헌에서 많이 빌어다 쓰고 있다. 물론 세종대왕의 한글 창제 이후 한글로 된 문헌들이 있다. 하지만 이 문헌들이 한국의 현재 지식 시장을 감당할 정도는 아니다. 지식 시장에서 한글 문헌이 차지하고 있는 몫이 아주 작다는 점은 누구나 인정할 수밖에 없는 현실이다. 그렇다면 한국 인문학을 수입인문학이 지배하는 상황에서 벗어나려면 어떻게 해야 할까? 결론적으로 한국 인문학이 자생인문학으로 나아가는 길 가운데 하나가 정본 작업일 것입니다. 왜냐하면 원전 장악 능력이 부족하면, 결국은 소위 권위자들의 의견을 빌어다 쓸 수밖에 없기 때문이다. 우리의 경우는 대개 그 권위자들이 해외에 있다. 동양학의 경우는 일본과 중국, 요즘은 서양에도 많다. 예컨대 앞에서 리탕의 사례에서 살펴보았듯이, 둔황학의 주도권은 이미 비판 정본을 장악한 곳으로 넘어가고 있다. 어쩌면 얼마 안 있으면, 한국학의 경우도 유럽의 학자들에게 담론의 주도권을 빼앗길 지도 모르겠다. 지금 둔황학이 그렇듯이 말이다. 독자적인 이론 구성 능력과 관련해서 동양의 인문학자들이, 물론 인정하긴 싫지만 서구의 학자들에 비해서 밀리고, 정본 작업도 하지 않기 때문이다. 물론 그 권위자의 의견이 탁월해서 수입할 수밖에 없지만, 이런 현상의 배경에는 기본적으로는 원전에 대한 자신감 부족이 근본적인 이유일 것이다. 이와 관련해서 근대 학문이 발전하는 과정에서 그 시작이 원전에 대한 해석이다. 그런데 그 원전에 대한 해석의 기본적인 주도권을 원천적으로 쥐고 있는 비판 정본 만들기에서 비롯되었다는 점을 지적하고자 한다. 이것이 또한 비판 정본 사업을 국가가 지원해야 하는 이유 가운데에 하나라 하겠다. 이와 같은 비판 정본 과정을 통해서 하나의 문헌은 하나의 텍스트로 머무는 것이 아니라 출판을 통해서 국가의 공동 자산이 된다. 여기에서 국가가 비판 정본 사업을 지원해야 하는 또 다른 이유가 나온다. 산업 용어를 빌려 표현하자면, 비판 정본 사업으로부터 크게 세 가지 정도의 기본 자원을 확보할 수 있기 때문이다.

첫째는 언어 자원이다. 참고로 『라틴어 대사전』이 탄생하게 된 배경을 다시 한 번 상기시키고자 한다. 단적으로 이 사전도 정본 작업 덕분에 탄생한 것이다. 대체로 판본을 읽다 보면 크게 두 가지 문제에 직면하게 된다. 전승 과정 중 잘못 표기된 단어들의 처리가 그 중 하나다. 잘못 베낀 단어들 대부분은 단 한번만 표기된(hapax legomena)다. 이런 사정 때문에 틀렸다고 함부로 지우거나 교정해서는 안 된다. 다른 하나는 단어들이 올바르게 표기되어 전해졌다 해도, 의미 변화로 인해 텍스트 이해가 안 되는 경우가 그것이다. 예를 들어 원래는 일상어였는데 특수 전문어로 사용된 경우, 즉 사회 문화사적 변동으로부터 생겨난 의미 변화 경우도 이해가 안 된다고 해서 함부로 텍스트를 교정하거나 고쳐서는 안 되는 것이다. 이런 사정들 때문에 당시의 문헌학자들은 한 단어가 형태적으로 시대와 지역에 따라 어떻게 변화해 가는지 그리고 그 단어의 의미 변화가 어떻게 나타나는지를 보여주는 사전을 가지기를 꿈꾸어 왔다. 이 꿈이 구체화되어 나온 것이 바로 『라틴어 대사전』이다. 우리 나라에는 이런 사전이 아직은 없다. 그 이유는 단적으로 비판 정본이 없기 때문이다.

두 번째는 텍스트 자원이다. 21세기는 디지털 시대다. 새로운 매체의 등장은 학문의 주도권도 결정적으로 바꿔놓는다. 대표적으로 1494년 알두스 출판사가 그랬다. 그런데 1994년은 르네상스 시대에 인문학을 주도한 알두스 출판사 창립 500주년이 되는 해였는데, 이를 기념하는 대대적인 기념 행사가 미국에서 열린 것도 이런 이유에서다. 미국의 프린스턴 대학이 이 행사를 주도했다. 미국이 이 행사를 주도한 것은 다음의 이유에서였다. 즉 새로운 매체의 발견, 컴퓨터 그리고 인터넷 시대의 도래 때문이었다. 그러니까 이는 새로운 알두스 프로젝트를 시작해야 함을 선언하는 사건이라 하겠다. 알두스가 서양 고전 문헌학을, 인문학을 유럽에 확신시켰다면, 지금 활발하게 진행되고 있는 디지털 프로젝트는 서양 고전을, 서양 인문학 텍스트를 언제 어디서나, 누구나 쉽게 접근할 수 있도록, 그리고 누구나 간편하게 이용하도록 만들자는 선언이었다. 이런 정신을 통해서 탄생한 것이 앞에서 언급한 페르세우스 디지털 도서관이다. 페르세우스 디지털 도서관은 기본적으로 미국 의회가 지원하는 프로젝트다. 서양 고전과 관련된 모든 텍스트들이 전산화되어 미국 시민은 물론 전 세계인에게 무료로 원전 텍스트는 물론 번역과 주해와 2차 연구 논문을 서비스하고 있다. 이런 일은 어떻게 가능했을까? 일차적으로 디지털 텍스트의 신뢰도를 확보했기 때문이다. 아무리 자료가 많다 해도 신뢰도가 떨어지면 그 자료는 이용되지 않는다. 페르세우스 디지털 도서관이 성공할 수 있었던 것은 비판 정본이 확보되어 있었기 때문이다. 하지만 우리나라에는 아직 이런 디지털 도서관이 없다. 이런 종류의 디지털 도서관이 구축되지 않은 이유는 기본적으로 신뢰할 만한 비판 정본이 마련되지 않아서 일 것이다. 예컨대 국내 유수의 포털 사이트에 검색을 해 봐도 신뢰할 만한 비판 정본 텍스트를 찾기가 어렵기 때문이다. 이도 또한 국가적으로 큰 손실이다. 결론적으로 이것이 국가가 정본 사업을 지원해야 하는 두 번째 이유이다. 콘텐츠 자원 확보의 가장 기초 단계가 정본 사업이기 때문이다.

세 번째는 학문의 기초 도구 자원의 확보와 관련되어 있다. 정본 작업에는 여러 분야의 도움이 요청된다. 특히 비판 정본 작업은 서지학, 목록학, 비문학, 문법, 운율학, 수사학, 논리학, 어느 시대에 속하는 작품인지를 구별할 수 있도록 도와 주는 시대별 문예 사조의 특징을 잡아낼 수 있는 능력, 해당 문헌의 내용에 대한 문해 능력, 고대 세계와 관련한 역사 지식 일반이 있을 때에 가능하기 때문이다. 이 과정에서 서양 고전 문헌학의 경우 다음과 같은 보조 학문도 함께 발전했다(문헌학의 기초학문들, 그리스어문법, 라틴어문법, 수사학, 근동고대사, 그리스사, 로마사, 그리스의 국가이론, 그리스와 로마의 병법와 전쟁술, 철학사, 수학사, 자연과학사, 고고학, 그리스문학사, 라틴문학사, 중세라틴문학사, 고대법학사, 비잔티움 연구서 등). 어쩌면 한국인문학이 수입인문학일 수밖에 없는 것도 소위 공구학이 발달하지 못한 것이 한 원인일 것이다. 이도 실은 비판 정본 작업과 직결된 문제이다.

참고문헌

[필사본]

A.S.V., Reg. Vat. 106.

Bav. Vat. Lat. 13201.

Laon, BM. Ms. 447.

London, BL, Add. 17148, 51A.

München BSB Clm. 6253.

Par. Lat. 7530.

Par. Cod. 17.239.

Par. Lat. 6277.

Par. Gr. 1741

[출판본]

P. Alvare de Semedo(1645), *Relatio de magna monarchia Sinarum*. Paris.

P. Anastasius(1929), *Sinica Franciscana*, Firenze.

ANNALES ECCLESIATICI AB ANNO MCXCVIII UBI CARD. BARONIUS DESINIT AUCTORE

Annales Minorum. In quibus res omnes trium ordinum a s. Francisco institutorum ponderosius et ex fide asseruntur, et praeclara quaeque monumenta ab obliuione vendicantur(1625~1654). Lugduni.

K. Arndt(2001), *Göttinger Gelehrte. Die Akademie der Wissenschaften zu Göttingen in Bildnissen und Würdigungen 1751-2000*. Göttingen.

W. Ax(1986), "Quadripertita Ratio: Bemerkungen zur Geschichte eines aktuellen Kategoriensystems," *Historiographia Linguistica* 13.

C. R. Beazley(ed.)(1903), *Libellus historicus Joannis de Plano Carpini in Texts and Versions of John de Plano Carpini*. Hakluyt Society.

D. E. Berry & A, Fagerjord(2017), *Digital Humanities*. Cambridge.

Th. Birt(1882/1959), *Das antike Buchwesen in seinem Verhaeltnis zur*

Literatur. Berlin.
B. Bischoff(1966), "Die europaische Verbreitung der Werke Isidors von Sevilla," *Mittelalterliche Studien, I*, Stuttgart..
A. Boeckh(1881/1966), *Enzyklopädie und Methodenlehre der philologischen Wissenschaften*, ed. by E. Bratauscheck. Leipzig.
S. F. Bonner (1960), Anecdoton Parisinum in *Hermes* 88~3.
J. Bouvet(1697), *Portrait Historique de L'Empereur de la Chine presente' au Roy*. Paris.
W. W. Briggs, Jr & H. W. Benario (ed.) (1986), *Basil Lanneau Gildersleeve: An American Classicist*. Johns Hopkins University Press: Baltimore.
B. Bretholz(1912), *Lateinische Palaeographie*. Leipzig-Berlin.
H. Breimeier(1990), *Praemonenda de Rationibus et Usu Thesauri*, Teubner: Stuttgart.
S. L. Burns(2015), The Politics of Philogy in Japan: Ancient Texts, Language, and Japanese Identity, in *World Philology*, ed. by Scheldon Pollock, Benjamin A. Elman, and Ku-Ming Kevin Chang. Harvard University Press.
W. Canter(1577), *De ratione emendandi Graecos auctores syntagma*. Antwerpen.
Cassiodorus, *Expositio Psalmorum*, ed. by M. Adriaen, CCSL 97~98, Turnhout: Brespols, 1957.
A. Chan S. J.(2002), *S. J. Chinese Books and Documents in the Jesuit Archives in Rome: A Descriptive Catalogue Japonica-Sinica I-IV*. M. E. Sharpe.
K. K. Chang(2015), "Philology or Linguistics?: Transcontinental Responses," in *World Philology*, ed. by Scheldon Pollock, Benjamin A. Elman, and Ku-Ming Kevin Chang. Harvard University Press.
Cicero, *Orator*, Wilkins, A. S., (1903 편집), Clarendon: Oxford.
Cicero, *Topica*, Wilkins, A. S., (1903 편집), Clarendon: Oxford.
Ph. Couplet(1685), *Copia impressa Monumento Lapideo Eruto in Provincia Xensi Matropoli Anno 1625. Ubi Lex Chiristiana describitur, et nomina Septuaginta Evangelii Praeconum Religiosorum ex Palastina exprimuntur*. Paris.

Ph. Coupllet et alii(ed. 1687), *Confucius Sinarum Philosophus sive Scientia Sinensis*, Paris.

A. H. Cutler & H. E. Cutler(1986), *The Jew as Ally of the Muslim*. University of Notre dam Press.

J. Dean(1935), "Epiphanius' Treatease on Weights and measures: The Syriac Version," in *Studies in Anicent Oriental Civilizations 11*. Chicago.

H. Decimator(1617), *Thesaurus Linguarum*, Lipsiae Typis et Sumptibus Henningi Grosii Lipsiae.

J. Dehergne(1973), *R épertoire des Jésuites de Chine de 1552 à 1800*, Paris/Rome. 在華耶蘇會 士列傳及書目補編 榮振華(Joseph Dehergne) 著, 耿昇 譯(1995).中華書局.

C. Y. Dong(2001), *Chinese Language Books and The Jesuit Mission in China: A Study on the Chinese Missionary Books Brought by Philippe Couplet from China, in Miscellanea Bibliothecae Apostolicae Vaticanae. Bd. 8*, ed. by Leonard E. Boyle, Città del Vaticano.

W. Ehlers(1968), *Der Thesaurus Linguae Latinae Prinzipien und Erfahrungen*, in D. Kroemer(1994 편집), *Wo die Blaetter am Baum stehen, so wechseln die Woerter*, Teubner Stuttgart.

J. Facciolati(1771년 편집), *Totius Latinitatis Lexicon*. Patavi.

P. Flobert(1985 편집), Varron *La Langue Latine*, Les Belles Lettres Paris.

H. Fränkel(1961), *Apollonius Rhodius, Argonautica*. Oxford.

W. Freund(1834 편집), *Woerterbuch der Lateinschen Sprache*. Leipzig.

H. Funaioli (1907 편집), *Grammatica Romana. Vol. I*. Leipzig.

S. Füssel(1999), *Gutenberg und seine Wirkung*,(hersg. v.), ed. Elmar Mittler. Frankfurt am Main.

Gellius, *Noctes Atticae*, Marschall, P.K., (1968 편집). Oxford.

J. M. Gesner(1769년 편집), *Novus Linguae et Eruditionis Romanae Thesaurus*, Lipsiae.

D. Hagedorn(1997), Papyrologie, in *Einleitung in die Griechische Philologie*. ed. by H-G. Nesselrath. Stuttgart/Leipzig.

C. Haguenauer(1949), "Encore la qustion des Gores et Les Gores(mise au point)," in *Journal Asiatique, t. 226*.

D. Harlfinger(1980), *Griechische Kodikologie und Textüberlierferung*. Darmstadt.

J. Hay et alii(1606), *De Rebus Iaponicis, Indicis et Pervanis epistolae recentiores*. Antwerpen.

F. Heerdegen(1910), *Geschichte und Litteratur der lateinischen Lexikographie, in Stolz- Schmalz, Lateinische Grammatik, Handbuch der Altertumswissenschaft* II. 2, C.H. Beck, München.

F. Heerdegen(1910), *Theorie der lateinischen Lexikographie, in Stolz- Schmalz, Lateinische Grammatik, Handbuch der Altertumswissenschaft* II. 2, C.H. Beck, München.

J. B. Hofmann(1951), *Lateinsche Syntax und Stilistik*, C. H. Beck München.

Horatius, *Ars Poetica*, Wickham, E. C., (1955 편집), Clarendon: Oxford.

D. B. Honey(2001), *Incense at the altar: Pioneering Sinologists and the Development of Classical Chinese Philology. American Oriental Series vol. 86*. New Haven/ 『위대한 중국학자』, 최정섭/안재원 번역. (2018). 글항아리.

S. Huang(2006), The Exploration of Matteo Ricci's World Map, in New Perspectives on the Research of Chinese Culture(2012: 119~36). *Chinese Culture Quaterly* 7.

HUGONIS DE SANCTO VICTORE DIDASCALICON DE STUDIO LEGENDI, ed. by C. H. Buttimer, Washington D.C: Catholic University Press, 1939.

W. v. Humboldt(1793), On the study of Antiquity and of Greek Antiquity in particular(1967).

H. Hunger(1975), Antikes und Mittelalterliches Buch und Schriftwesen, *Die Textüberlieferung der antiken Literatur und der Bibel*. Dtv:München.

H. Hunger(1911/1977), *Griechische Palaeographie, I : Das Buchwesen im Altertum und im Byzantiinischen Mittelalter*. Leipzig.

Igor de Rachewiltz(2004), *The Secret History of the Mongols*. Leiden.

Isidorus, *Etymologiarum Libri*, Lindsay, W. M., (1903 편집). Oxford.

G. Jäger(1975), *Einführung in die Klassische Philologie*. München.

D. Köler(1820), *Über die Einrichtung eines Thesaurus der Lateinischen*

Sprache, in D. Krömer & M. Flieger(1996 공동 편집), Thesaurus - Geschichten. Stuttgart.

Fr. E. Lamalle S. J.(1940), *La Propaganda du P. Nicolas Trigault en faveur des missions de Chine*(1616). *Archivum historicum S. J. Vol. IX*.

G. W. Leibniz(1689~1714), Der Briefwechsel mit den Jesuiten in China, R. Widmaier(herg. 2006). Hamburg.

G. W. Leibniz(1697), *Novissima Sinica historiam nostri temporis illustrata*.

A.-M. Logan and L. M. Brockey(2003), "Nicolas Trigault: A Portrait by Peter Paul Rubens," *Metropolitan Museum Journal 38*.

P. Maas(1927), *Textkritik*. Leipzig.

Marcellus, *De compendiosa doctrina*, W. M. Lindsay(1903). Oxford.

M. Martini(1654), *De bello Tartarico historia*. Antwerpen.

M. Martini(1658), *Sinicae Historiae decas prima*. Amsterdam.

L. Miniopaluello(1949), *Aristotelis Categoriae et Liber de Interpretatione*. Clarendon: Oxford.

L. Mosheim(1741), *Lavrentii Moshemii Historia Tartarorum Ecclesiastica: Adiecta Est Tartariae Asiaticae Secvndvm Recentiores Geographos In Mappa Delineatio*. Halle.

D. E. Mungello(1989), *Curious land: Jesuit accommodation and the origins of Sinology*. University of Hawaii Press; 『진기한 나라, 중국: 예수회 적응주의와 중국학의 기원』. 이향만 외 옮김. 2009. 나남.

ODORICO RAYNALDO TARVISINO CONGREGATIONIS ORATORII PRESBYERIO TOMUS XV(1652). Roma.

M. Olender(1992), *The Languages of the Paradise: Race, Religion, and Philology in the Nineteenth Century*. Havard University Press.

W. Ong(1982), *Orality and Literacy: The Technologizing of the Word*. Routledge: London and New York; 『구술문화와 문자문화』, 이기우/임명진 옮김 (1995), 문예출판사.

G. Pasquali(1952), *Storia della tradizione e critica del testo*, Florenz.

M. Parry(1930), Studies in the Epic Techniques of Oral Verse-Making: 1. Homer and Homeric Style, in *Harvard Studies in Classical Philology*

41: 73~148
R. Pfeiffer(1968/1998), *Classical Scholarship : From the Beginnings to the End of the Hellenistic Age*. Oxford.
R. Pfeiffer(1976/1978), *Classical Scholarship: From 1300 to 1850*. Oxford.
L. Pfister(1932/1934), *Notices biographiques et bibliographiques sur les Jésuites de l'ancienne mission de Chine(1552~1773)*, Shanghai: Impr. de la Mission catholique.
H. F. Plett(1991), *einführung in die rhetorische textanalyse*. Helmut Buske: Hamburg.
E. Pöhlmann(1994), *Einführung in die Überlieferungsgeschichte und in die Textkritik der antiken Literatur*. Darmstadt.
Th. Poiss(2009), *Die unendliche Aufgabe. August Boeckh als Begründer des Philologischen Seminars*. In Annette M. Baertschi, Colin Guthrie King ed by. *Die modernen Väter der Antike. Die Entwicklung der Altertumswissenschaften an Akademie und Universität im Berlin des 19. Jahrhunderts (= Transformationen der Antike 3)*. De Gruyter, Berlin, New York.
Quintilianus, *Institutiones Oratoriae*, M.Winterbottom(1970 편집). Oxford.
P. Regis et al., *Y-King, Antiquissimus Sinarum Liber*, J. Mohl(1834). Stuttgart et Tubingae.
L. D. Reynolds & N. G. Wilson(1968/1991), *Scribes and Scholars: A Guide to the Transmission of Greek and Latin Literature*. Oxford.
F. Robertello(1577), *De arte sive ratione corrigendi antiquorum libros disputatio*. Antwerpen.
J. E. Sandys(1913), "Epigraphy", in *A Companion to Latin Studies*, Cambridge.
J. G. Scheller(1783/1879), *Ausführliche lateinisch- deutsche Handwörterbuch*. Lipsiae.
U. Schindel(1981), "Christian Gottlob Heyne als Schulreformer," *Gymanasium 88*.
W. A. Schröder(2009), Immanuel Bekker-der unermüdliche Herausgeber vornehmlich griechischer Texte. In Annette M. Bartschi, Colin G. King ed by. Die modernen Väter der Antike. *Die Entwicklung der*

Altertumswissenschaften an Akademie und Universität im Berlin des 19. Jahrhunderts (=Transformationen der Antike. Bd. 3). de Gruyter, Berlin.

O. Seel(1977), *Quintilian oder Die Kunst des Redens und Schweigens*, dtv:München.

A. Schall v. Bell(1672), *Historica relatio de ortu et progressu fidei orthodoxae in regno Chinensi per missionarios Societatis Jesu ab anno 1581 usque ad annum 1669*. Hanckwitz.

A. Sigrides(1994), *De Centesimo Anniversario Thesauri Linguae Latinae*, in *Vox Latina* 121. Saarland.

E. Steinová(2016), *Notam Superponere Studui: The use of technical signs in the Middle Ages*, Utrecht.

N. Standaert(鐘鳴旦), Ad Dudink(杜鼎克), N. Monnet(蒙曦) 編(2009), *Chinese Christian Texts from the National Library of France, Textes chr étiens chinois de la Biblioth èque nationale de France* (法國國家圖書館明清天主敎文獻). Taipei Ricci Institute(臺北利氏學社).

R. Stephanus(1531), *Thesaurus Linguae Latinae*. Thurnisius Basileae.

S. A. Stephens & Ph. Vasunia(2010), *Classics and National Cultures*. Oxford.

Th. Thanase(2011), " L'universalisme romain à travers les registres de lettres de la papauté avignonnaise", in *Mélanges de l'École française de Rome – Moyen Âge. 123~32*.

A. Theiner(1872), *Monumenta spectantia ad unionem ecclesiarum Graecae et Romanae*. Roma.

S. Timpanaro(1971), *Die Entstehung der Lachmannschen Methode*. Hamburg.

L. Traube(1901), *Die Geschichte der tironischen Noten bei Suetonius und Isidorus*. Berlin

H. Verhaeren(1949), *Catalogue of the Pei-T'ang Library*. Peiking: Lazarist Mission Press.

P. Weber(1903), *Quaestionum Suetonianarum capita duo*. Halle.

W. Weinberger(1930), *Wegweiser durch die Sammlungen altphilologischer Handschriften*. Sitz. Berlin-Wien.

M. L. West(1973), *Text Criticism and Editorial Technique*. Teubner:Stuttgart.

A. N. Whitehead(1979), Process and Reality. Free Press.

U. v. Wilamowitz(1872), *Zukunftsphilologie: eine Erwidrung auf Friedrich Nietsches "Geburt der Tragoedie"*. Berlin.

U. v. Wilamowitz(1914), Die Altertumswissenschaften, in *Deutschland unter Kaiser Wilhelm II*. Berlin.

U. v. Wilamowitz(1921), *History of Classical Scholarship*, trans. by A. Harris, ed. by Hugh Lloyd-Jones(1982). Johns Hopkins University.

E. Wölfflin(1902), *Moderne Lexikographie*, in Kroemer, D., (1994 편집: 201~222), *Wo die Blätter am Baum stehen, so wechseln die Wörter*. Teubner: Stuttgart.

E. Wölfflin(1882), *Über die Aufgaben der lateinischen Lexikographie*, in Philologus 37, Frankfurt am Main.

Fr. A. Wolf(1795), *Prolegomena to Homer*, trans. by Anthony Graffon(2016), Princeton University Press.

Fr. A. Wolf(1820), *Litterararischen Analekten, vorzüglich fuer alte Litteratur und Kunst, deren Geschichte und Methodik*. Berlin.

Fr. A. Wolf(1831), *Encyclopädie der Philologie*. Leipzig.

杜鼎克, 黃一農, 祝平一 等 編(1996), 『徐家 滙藏書樓明淸天主敎文獻 鐘鳴旦』, 臺北: 臺灣輔仁 大學神學院 .

伯希和 編, 高田時雄 校訂 · 補編, 郭可 譯(2006), 『梵 蒂岡圖書館所藏漢籍目錄』, 北京: 中華書局 .

徐宗澤(2010), 『明淸間耶蘇會士譯著提要』 上海: 上海世紀出版集團 .

中國宗敎歷史文獻集成編纂委員會 編(2005), 『東傳福音』, 合肥: 黃山書社.

吳相湘 編(1965), 『天主敎東傳文獻(中國史學叢書24)』, 臺北: 臺北學生書局.

王蘭平(2016), 『당대돈황한문경교사경연구』, 돈황학문고, 북경: 민족문화사.

吳相湘 編(1966), 『天主敎東傳文獻續編(中國史學叢書40)』, 臺北: 臺北學生書局.

吳相湘 編(1972), 『天主敎東傳文獻續編(中國史學叢書21)』, 臺北: 臺北學生書局.

李之藻(1965), 『天學初函』(中國史學叢書23), 臺北: 臺北學生書局 .

鄭安德 編輯(2003), 『明末淸初耶蘇會思想 滙 編』, 北京: 北京大學宗敎硏究所 .

黃興濤, 王國榮 編(2013), 『明淸之際西學文本』, 北京: 中華書局.

강상진, 서양 중세의 수사학 – 수사학의 그리스도교화를 중심으로, 서양중세사학회 제44 회 연구발표회(2006년 6월 10일), 2006.
곽재이(이홍진, 이종진 공역) (2012),『훈고학입문』. 이화여자대학교출판문화원.
귀시량 외(이강재 외 번역)(2016),『고대 중국어』. 역락.
그린블랫(St. Greenblatt, 2011),『1417, 근대의 탄생(*The Swerve, How the World became modern*), 이혜원 옮김(2013). 까치.
김남두(2009), The Education and Research of Western Classical Studies in Korea,『서양고전학연구 39』.
김덕수(2010), Retrospect and Prospect of the Western Ancient History Studies in Korea: On the Occasion of the "50th Anniversary of The Korean Society of Western History",『서양고전학연구 40』.
김월회(2017), "세상의 중심 '중국'은 문명의 표준을 장악했기에 가능했다", <경향신문> 2017년 2월 24일.
김월회/안재원(2016),『고전의 힘』. 현암사.
김효신(2017),『단고논쟁과 청대 교감이론의 형성연구』, 서울대학교 박사학위논문.
라이신샤(박정숙 역)(2009),『중국의 고전목록학』. 한국학술정보.
바텔리(Giullio Batteli, 1998),『서양 고서체학 개론(Lezioni Paleografia)』, 김정하 옮김(2010), 대우학술총서 596: 아카넷.
벤저민 엘먼(Benjamin A. Elman, 1984/2001),『성리학에서 고증학으로(From Philosophy to Philology)』, 양휘웅 옮김(2004). 예문서원.
서울대학교 코어사업 공동연구 지원사업 심포지엄 편(2017),『동서양의 고전문헌학 비교 연구』.
서원남(2005),『중국문화 연구방법론에 대한 고찰』. 제인앤씨.
안재원(2006),「라틴어 대사전에 대하여」,『서양고전학연구 25』. 한국서양고전학회.
______(2008),「서양고전문헌학의 방법론: 문헌 계보도, 편집, 번역, 주해를 중심으로」,『규장각32』. 서울대 규장각.
______(2011),「왜 '정본'인가?」,『정신문화연구 36-3』. 한국학중앙연구원.
______(2014),『인문의 재발견』. 논형.
______(2015),「인토르체타가『중용』을 라틴어로 번역한 이유는 무엇인가?」,『교회사학 12』. 수원교회사연구소.
______(2016),「교황 요한 22세가 보낸 편지에 나오는 Regi Corum은 고려의 충숙

왕인가?」, 『교회사학 13』. 수원교회사연구소
______(2017a), 「서양고전문헌학과 동양고전문헌학의 만남」, 『서양고전학연구 56-1』. 한국서양고전학회.
______(2017b), 「유럽에서 온 책들과 중국에서 간 책들」, 『중국문학 93』. 한국중어중문학회.
예기심(신승운 역)(2014), 『교감학개론』. 한국고전번역원.
차태근(2016), 「학술과 민족, 그리고 국가상상」, 『중국현대문학 76』. 한국중어중문학회.
천이아이(陳以愛: 2001), 『현대 중국의 학술운동사: 베이징대학 연구소 국학문(國學門)을 중심으로』, 박영순 옮김(2013). 도서출판 길.
최정섭(2016), 「국학과 한학의 접점으로서의 문헌학-하가 야이치(芳賀矢一)와 량치차오(梁啓超)를 중심으로」, 『중국현대문학 76』. 한국중어중문학회.
『채근담』(1977), 노태준 해역. 홍신문화사.
파올리(Cesare Paoli, 1889), 『서양 고문서학 개론(Diplomatica)』, 자코모 바스카페 엮음, 김정하 옮김(2004). 대우학술총서 570: 아카넷.

[인터넷 정보]
www.chineancienne.fr
www.univie.ac.at/Geschichte/China-Bibliographie/blog/
www.perseus.tufts.edu

색인

〈인명〉

〈사항〉

(ㅈ)

원천으로 가는 길
서양 고전 문헌학 입문

초판 1쇄 인쇄 2019년 1월 20일
초판 1쇄 발행 2019년 1월 25일

지은이 안재원
펴낸곳 논형
펴낸이 소재두
등록번호 제2003-000019호
등록일자 2003년 3월 5일
주소 서울시 영등포구 양산로 19길 15 원일빌딩 204호
전화 02-887-3561
팩스 02-887-6690
ISBN 978-89-6357-218-5 94100
값 22,000원

* 이 도서는 한국출판문화산업진흥원의 출판콘텐츠 창작자금 지원 사업의 일환으로 국민체육진흥기금을 지원받아 제작되었습니다.